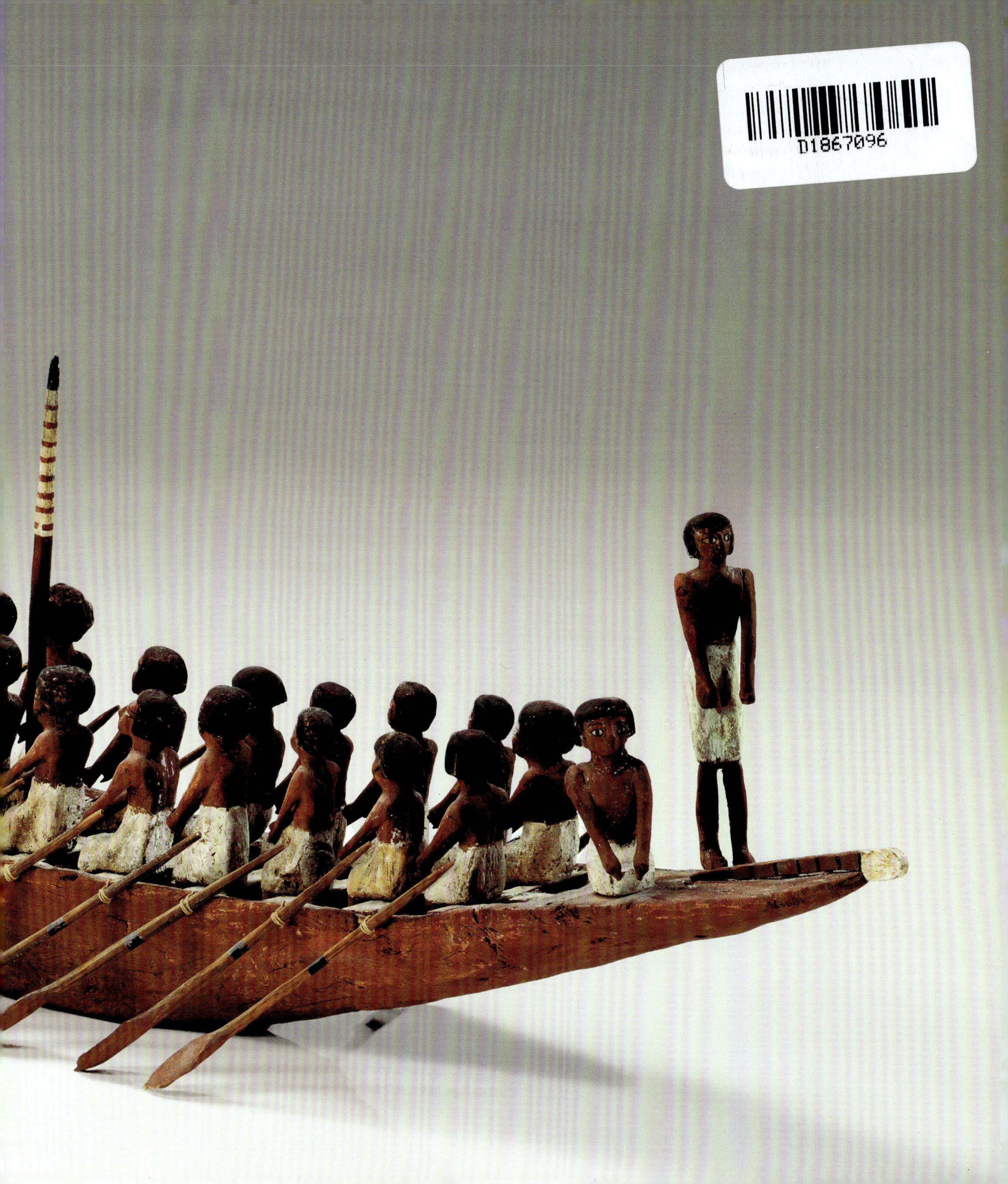

ÄGYPTEN
Augenblicke der Ewigkeit

Unbekannte Schätze aus Schweizer Privatbesitz

Madeleine Page-Gasser · André B. Wiese

unter Mitarbeit von
Thomas Schneider und Silvia Winterhalter

Verlag Philipp von Zabern · Mainz

Ägypten
Augenblicke der Ewigkeit

ANTIKENMUSEUM BASEL UND
SAMMLUNG LUDWIG
18. März – 13. Juli 1997

MUSÉE D'ART ET D'HISTOIRE, GENÈVE
(Musée Rath)
26. September 1997 – 11. Januar 1998

AUSSTELLUNGSORGANISATION

Projektleitung: Peter Blome

Konzept: André B. Wiese, Madeleine Page-Gasser, Vera Slehoferova

Katalog: André B. Wiese, Madeleine Page-Gasser

Fotos: Claire Niggli, Andreas F. Voegelin

Assistenz: Silvia Winterhalter, Thomas Schneider

Materialbestimmung: Henry A. Hänni, Rudolf Hänny

Organisation und Marketing: Andrea Bignasca

Versicherungen: Vera Slehoferova

Transporte: André B. Wiese, Madeleine Page-Gasser

Gestaltung, technische Realisation, Internet: Markus Zimmer

Gestaltungsassistenz: Christian Schaffner

Technische Dienste: Theo Meyer

Administration und Sekretariat: Ursula Hügin, Irène Zimmer, Gregor Minzer

Koordination der Führungen: Jacqueline Furrer

Restaurierung und konservatorische Betreuung: Karl Faltermeier, Corinna Faltermeier, Robert Faltermeier, Claudia Geissmann

Werkstatt: Niklaus Deschler

Öffentlichkeitsarbeit: Andrea Bignasca, Vera Slehoferova

Agorà: Anne-Käthi Wildberger, Ruedi Jaberg, Helen Ellenberger, Silvia Winterhalter, Boris Schibler

Übersetzungen: Matthieu Poux, Marie-Claire Crelier

Book-Shop: Käthi Hecker, Silvia Thaler

Kasse: Annemarie Baldesberger, Inge Bitterli, Marianne Frank

Aufsicht und interne Dienste: Roland Inverardi, Robert Baumgartner, Horst Aebi, Romolo Cea, Ernst Futterknecht, Erwin Thäler

Die Ausstellung in Basel wird gefördert von:

MÖVENPICK

La Roche & Co Banquiers
GEGRÜNDET 1787

CERAMICA-STIFTUNG

Die Deutsche Bibliothek – CIP-Einheitsaufnahme

Ägypten – Augenblicke der Ewigkeit : unbekannte Schätze aus Schweizer Privatbesitz ; [Antikenmuseum Basel und Sammlung Ludwig, 18. März – 13. Juli 1997 ; Musée d'Art et d'Histoire, Genève (Musée Rath), 26. September 1997 – 11. Januar 1998] / Madeleine Page-Gasser ; André B. Wiese. Unter Mitarb. von Thomas Schneider und Silvia Winterhalter. – Mainz : von Zabern, 1997
(Katalog-Handbücher)
ISBN 3-8053-2004-3
ISBN 3-8053-2265-8 (Museumsausg.)
NE: Page-Gasser, Madeleine; Wiese, André B.; Antikenmuseum Basel und Sammlung Ludwig

Umschlag: Kat. Nr. 103
Vorsatz: Kat. Nr. 59
Titel: Kat. Nr. 155 (Detail)

Katalog-Handbuch: VIII, 340 Seiten mit 271 Farb- und 29 Schwarzweißabbildungen

ISBN 3-8053-2004-3
ISBN 3-8053-2265-8 (Museumsausgabe)
Satz: Wolf Typo-Studio GmbH, Mainz
Lithos: M & R, Wiesbaden
Papier: Papierfabrik Scheufelen, Lenningen
Druck: Kunze & Partner, Mainz
Gesamtherstellung: Verlag Philipp von Zabern, Mainz am Rhein
Printed in Germany/Imprimé en Allemagne
Printed on fade resistant and archival quality paper
(PH 7 neutral)

Inhaltsverzeichnis

Das Antikenmuseum Basel und das Musée d'art et d'histoire Genf durften von den folgenden Sammlern Leihgaben und Informationen entgegennehmen:

Elsa und Dr. Pierre Henri Bloch-Diener
Dr. Peter H. Bloch
Monsieur et Madame J.-F. Bouvier
Tilly und Herbert A. Cahn
Roland Cramer
Monsieur et Madame J.-P. Croisier
Richard und Ulla Dreyfus-Best
M. und E. Ebnöther
Carlo M. Fallani
Fondation Jacques-Edouard Berger, Lausanne
Katja und Hans Guth-Dreyfus
P. Hartmann
Hans und Sonja Humbel
Daphné Koutoulakis
Emmanuel Koutoulakis
Otto Markés
Dr. Leo Mildenberg
Philippe Nordmann
F. Nussberger
Alfred Obrecht
George Ortiz
Janie und Malte Peters
Ursula und Edwin Peters
Alfred Richterich
Stiftung für Kunst, Kultur und Geschichte, Winterthur
Stiftung für ein Schweizerisches Orientmuseum, Basel
R. Wegmüller
sowie von all jenen, die anonym bleiben wollen

Vorwort

Unter den großen Hochkulturen der Antike besaß und besitzt die ägyptische einen besonderen Nimbus: Wie sich das fruchtbare Land des Niltals von der umgebenden Wüste absondert, so grenzt sich die ägyptische Kultur von den anderen geographischen und historischen Räumen Nordafrikas und des Nahen Ostens ab und geht, sich selbst genügend, den langen und stolzen Weg durch über 3000 Jahre Geschichte. Und noch an ihrem Ende ist sie so stark, daß sie die hellenistischen und römischen Eroberer in ihren Bann schlägt. Die abendländische Bewunderung ist durch Napoleons Feldzug neu angefacht worden und beflügelt nun seit 200 Jahren das Studium der Wissenschaftler und die Phantasie der Laien.

Neben den Monumenten in Ägypten selbst sind es die zahllosen Kunstwerke in den europäischen Sammlungen, die zur Auseinandersetzung mit ägyptischer Kunst anregen. Die Schweiz als kleines Land ohne Kolonien konnte im 19. Jahrhundert naturgemäß keine Sammlung ägyptischer Monumente vom Rang der Museen in Paris, London, Berlin oder Turin aufbauen. Die Initiative lag schon damals und liegt bis heute beim Privatsammler. So scheint es uns gerade in der Schweiz sehr sinnvoll, die bisweilen seit mehreren Generationen gesammelten Bestände in einer Ausstellung der Fachwelt wie dem interessierten Publikum zugänglich zu machen, zumal die Objekte zum überwiegenden Teil unpubliziert oder höchstens in schwer zugänglichen Publikationen erwähnt sind. Es schien überdies sinnvoll, die Ausstellung in Basel und Genf zu zeigen, um dadurch die geographische Verteilung der Sammlungen in der deutschen bzw. welschen Schweiz adäquat zu berücksichtigen. So geht mein erster Dank an meinen Freund und Kollegen Cäsar Menz, Direktor des Musée d'art et d'histoire in Genf. Vom ersten Gespräch an konnten wir eine für beide Häuser erfreuliche Zusammenarbeit etablieren – ein musealer Beitrag zur weiteren Vertiefung der traditionell guten Beziehungen zwischen Genf und Basel. Und gemeinsam danken wir nun allen beteiligten Sammlerinnen und Sammlern altägyptischer Kunst, die uns überaus großzügig die rund 300 Werke liehen, von denen sie sich über ein Jahr lang trennen müssen.

Für die Auswahl und Bearbeitung der ausgestellten Werke konnten zwei kompetente jüngere Ägyptologen gewonnen werden: Frau lic.phil. Madeleine Page-Gasser und Herr Dr. André B. Wiese. Sie haben ganze Arbeit geleistet und legen als Gemeinschaftswerk diesen Katalog vor, zu dem ich die beiden Autoren beglückwünsche. Als Mitarbeiter standen ihnen Thomas Schneider und Silvia Winterhalter zur Seite. Auch einem Nichtägyptologen – und das sind die allermeisten Benutzer – wird der Einstieg und der Einblick in das Wesen und vor allem in die Funktion altägyptischer Kunst leichtgemacht, ohne daß dabei die solide fachliche Grundlage verlorenginge. Der Gang durch die kulturgeschichtlichen Epochen vom 4. Jahrtausend v. Chr. bis in die griechisch-römische Zeit wird zum Vergnügen, um so mehr als die an sich ja bekannten epochenspezifischen Kriterien an weitgehend un- oder wenig bekannten Monumenten erprobt werden können. Für einmal muß Nofretete – so hinreißend schön sie auch ist – nicht erneut beschrieben werden.

Neben dem Wort ist für einen Ausstellungskatalog das Bild entscheidend. Den überwiegenden Teil der Aufnahmen, nämlich alle Objekte der Kleinkunst, hat Claire Niggli hergestellt, die langjährige, sturmerprobte Fotografin des Antikenmuseums Basel. Mit großem Einfühlungsvermögen hat sie sich den Werken mit der Kamera genähert und mit Erfolg versucht, das Faszinosum ägyptischer Kunst festzuhalten. Mit nicht minder sicherem Auge hat Andreas F. Voegelin die großen und schweren Monumente im Bild festgehalten. Beiden gilt unser Dank, ebenso Franz Rutzen, der das Buch in den Verlag Philipp von Zabern aufgenommen und in bewährter Zusammenarbeit hergestellt hat.

An der Inszenierung der Ausstellung waren wie immer nahezu alle Chargen des Antikenmuseums Basel beteiligt – sie sind namentlich im Katalog verzeichnet. Das Konzept wurde von den beiden Autoren des Kataloges entwickelt; ihnen stand Vera Slehofer mit Rat und Tat zur Seite. Für das Marketing der Ausstellung zeichnet wiederum Andrea Bignasca verantwortlich, für einen großen Teil der grafischen Präsentation Markus Zimmer. Großer Einsatz wurde einmal mehr von Chefrestaurator Karl Faltermeier und seinen Mitarbeitern geleistet, zu denen Claudia Geissmann als externe Restauratorin stieß.

Ohne großzügiges Sponsoring durch die Privatwirtschaft wäre auch diese Ausstellung gerade in Zeiten immer knapper werdender staatlicher Mittel nicht realisierbar gewesen. So geht mein herzlicher Dank an zwei sehr verschiedene, aber gleich willkommene Unternehmen: an die Teilhaber der alteingesessenen Basler Privatbank La Roche & Co. sowie an die Geschäftsleitung des weltweit – auch in Ägypten – operierenden Mövenpick-Konzerns. Mövenpick hält für den Austellungsbesucher eine besondere Annehmlichkeit bereit, nämlich ein eigens im Museumshof aufgestelltes Zelt, in dem er sich nach dem Kunstgenuß kulinarisch regenerieren kann – ein Grund mehr, die Ausstellung zu besuchen.

Das Fach Ägyptologie hat in Basel seit Jahrzehnten einen erstklassigen Ruf, dafür stehen die Namen von Ursula Schweitzer, Siegfried Morenz und Erik Hornung, dem derzeitigen Inhaber des Lehrstuhls an unserer Universität. Ich bekenne auch gerne, daß die jetzt realisierte Ausstellung sozusagen akademische Wurzeln hat – die Idee wurde nämlich in einem gemeinsamen Gespräch mit Erik Hornung und Elisabeth Staehelin geboren. Die Ausstellung ist so auch ein Symbol für die fruchtbare Zusammenarbeit zwischen Universität und Museum, wie dies schon bei der Präsentation des Grabes von Sethos I. vor einigen Jahren der Fall war. Auf Altägypten bezogen währte der «ewige Augenblick» drei Jahrtausende – möge von diesem Beharrungsvermögen auch etwas auf die Gegenwart und Zukunft ägyptischer Kulturvermittlung in Basel ausstrahlen.

PETER BLOME
Direktor Antikenmuseum Basel
und Sammlung Ludwig

Einführung

André B. Wiese

DIE FASZINATION ÄGYPTISCHER KUNST

Als Ägyptenreisende oder Museumsbesucher stehen wir staunend und voller Bewunderung vor den Denkmälern der alten Ägypter, die nichts von ihrer ursprünglichen Ausstrahlung verloren haben – seien es nun grandiose Bauwerke wie die Pyramiden oder das bezaubernde Kunsthandwerk, das uns die Privatgräber überliefert haben. Trotz der unermeßlichen Verluste im Lauf der vergangenen Jahrtausende hat uns keine andere alte Zivilisation so viel wertvolles Kulturerbe hinterlassen.

Seit vielen Jahrhunderten ist Europa von der materiellen und geistigen Hinterlassenschaft der Pharaonen fasziniert. Schon die frühen Reisenden des 16. und 17. Jahrhunderts brachten von ihren Unternehmungen erste ägyptische Kunstwerke mit, und noch heute wird ägyptische Kunst mit Begeisterung gesammelt. Auch die Schweiz kann sich einer ansehnlichen Zahl von Sammlern erfreuen. Mit unendlicher Sorgfalt werden ägyptische Kunstwerke restauriert, gepflegt und der Wissenschaft und Öffentlichkeit zur Verfügung gestellt. Unsere Ausstellung «Ägypten – Augenblicke der Ewigkeit» stellt hervorragende Originale aus Schweizer Privatbesitz vor, die in repräsentativer Weise die verschiedenen Gattungen und Epochen der ägyptischen Kunst vom 4. Jahrtausend v. Chr. bis zum 4. nachchristlichen Jahrhundert illustrieren. Wir sprechen dabei immer auch die Frage an, was ägyptische Kunst eigentlich ist, welche Aussage sie besitzt und von welchen Gesetzen sie bestimmt wird.

Die Auseinandersetzung Europas mit der ägyptischen Kunst geht eigentlich schon auf die Griechen und Römer zurück. Im Zuge der Hellenisierung hat sie später in vielfältiger Weise auf die christliche Kunst eingewirkt. Das Interesse an der ägyptischen Kunst flammte während der Renaissance erneut auf, wobei sich die Auseinandersetzung mit ihr weitgehend auf die pharaonischen Denkmäler stützte, die sich damals bereits in Italien befanden. Ganz besondere Faszination übte die Hieroglyphenschrift aus, die ebenfalls als Teil der ägyptischen Kunst zu betrachten ist. Die Gelehrten der damaligen Zeit und etwas später der Jesuitenpater Athanasius Kircher (1601–1680), der eine symbolische Interpretation der Zeichen verfocht, gelangten jedoch nicht zu einer korrekten Entzifferung der Hieroglyphen. Diese romantische Ägyptophilie (so die Charakterisierung Alfred Grimms) reichte bis unmittelbar vor die Ägyptenexpedition Napoleons (1798–1801), die den Grundstein zur modernen Erforschung Altägyptens legte. Mit ihr setzte eine aufgeklärte Ägyptomanie ein, die aber stets von einer romantischen Strömung begleitet wurde. Die ägyptische Formensprache wurde im 19. Jahrhundert regelrecht Mode und überall nachgeahmt. Ägypten selbst wurde zu einem begehrten Reiseziel und bildete ein herrliches Experimentierfeld für Maler und Photographen, die in den vortrefflich erhaltenen Grab- und Tempelanlagen und der romantischen Nillandschaft dankbare Sujets fanden. Durch die erste wissenschaftliche Auseinandersetzung mit dem pharaonischen Ägypten im modernen Sinne entwickelte sich damals auch ein großer Kreis von Sammlern ägyptischer Kunst.

Die moderne Kunst des späten 19. und des 20. Jahrhunderts hat sich immer wieder durch die ägyptischen Bildwerke, die in den großen Museen Europas am Original studiert werden konnten, inspirieren lassen. Diese erstaunliche Aufgeschlossenheit wurde erst durch die Revolution möglich, die sich um die Jahrhundertwende in der europäischen Kunst vollzog. Dieser Wandel brachte den weitgehenden Verzicht auf räumlich-illusionistische Darstellungstechniken mit sich und näherte sich damit altägyptischen Darstellungsweisen an, wie sie für die vorhergehende europäische Kunst undenkbar gewesen waren. Auch die altägyptische Kunst hatte mit großer Konsequenz auf die Darstellung der dritten Dimension (vgl. weiter unten), der Bewegung und der Mimik verzichtet. Sie hatte stets die Linie als das Hauptgestaltungsmittel angesehen sowie im Flachbild präzis gegeneinander abgegrenzte Flächen verwendet, und insbesondere die Plastik des Mittleren Reiches zeichnet sich durch kuboide Formen aus.

Ägyptische Kunst ist aber nicht Kunst im modernen Sinn, sondern steht im «Dienste des Jenseits», wie es Erik

Hornung prägnant formuliert hat. Sie gehorcht anderen Gesetzen als die europäische Kunst. Walther Wolf hat es in seiner «Kunst Ägyptens» anders ausgedrückt: «Die ägyptische Kunst ist etwas ganz anderes, als was der moderne Sinn unter «Kunst» versteht. In Ägypten ist das Bildwerk kein Gebilde, sondern ein Gerät, ein magischer Gebrauchsgegenstand. Er trägt seinen Sinngehalt nicht in sich, sondern er wartet darauf, daß sein Sinn durch den Akt einer Verwendung erfüllt wird. Ästhetische Gesichtspunkte bleiben bei seiner Entstehung völlig aus dem Spiel.» Letzteres Urteil trifft mit Sicherheit nicht zu. Obwohl viele der von uns heute als Kunstwerke betrachteten Objekte ursprünglich sicher Geräte mit religiöser Funktion waren, kann man sie nicht als «magische Gebrauchsgegenstände» abtun. Im Gegenteil hat sich die ägyptische Kunst «mit großer Konsequenz der Ästhetik verschrieben» (Maya Müller). Es kommt nicht von ungefähr, daß noch heute die berühmte Büste der Königin Nofretete im Berliner Museum den Inbegriff absoluter Schönheit darstellt. An ägyptischen Kunstwerken sind Ästhetik, Qualität und auch unbändige Kreativität zu erkennen und zu messen, wie es bei griechischen oder römischen Kunstwerken der Fall ist. Form und Gehalt werden allerdings letztlich durch den Verwendungszweck bestimmt.

«Will man über eine ästhetisierende Wertung der Kunstdenkmäler hinaus zu einem echten Verstehen kommen, so muß man die religiösen Vorstellungen kennen, die in der Kunst Gestalt angenommen haben», stellt Wolfhart Westendorf zu Recht fest. Zentrales Anliegen der ägyptischen Religion und ihrer kultischen Praktiken war die Überwindung der Vergänglichkeit, der Zeit. Davon war nicht nur die Formgebung beeinflußt, sondern auch die Wahl des Materials – bevorzugt wurde der unvergängliche Stein. Die konkrete Form beruhte auf ganz bestimmten Gesetzen, die weiter unten zu erörtern sein werden. Formbildend waren neben den Jenseitsvorstellungen auch der Götterglaube und die Königsideologie. Ob es neben der religiös und ideologisch begründeten Kunst auch eine weltliche gab, ist schwer zu sagen, da aus dem säkularen Bereich so wenig erhalten blieb. Man weiß, daß Paläste und private Wohnhäuser mit Malereien, die entzückende Motive zeigen, ausgestattet waren, doch es ist kaum wahrscheinlich, daß sie bloße Dekoration waren. Eine dekorative Kunst, wie sie die Hellenen oder Römer kannten, wäre wohl für den Ägypter undenkbar gewesen. Trotz der Einbindung der ägyptischen Kunst in die hellenistische Welt durch Alexander den Großen 332 v. Chr. und in das Römische Reich 30 v. Chr. hat sie bis zu ihrem Ausklang in der Spätantike stets eine kultisch-religiöse Funktion gehabt, ohne die sie nicht zu verstehen ist.

Zur ägyptischen Kunst zählen die Architektur, die Skulptur (Plastik und Relief), die Malerei und das Kunsthandwerk. In gewissem Sinne können wir auch die Hieroglyphen – eine Schrift in Bildern, aber keine Bilderschrift – zur Kunst zählen, da jedes Schriftzeichen ein Kunstwerk für sich ist und Texte oft kunstvoll arrangiert sind. Relief (in erhabener oder versenkter Technik), Malerei und Zeichnung sind in der ägyptischen Kunst nicht scharf zu trennen und werden im allgemeinen unter dem Begriff «Flachbild» zusammengefaßt. Zeichnungen findet man in der Regel nur in unfertigen Gräbern als Vorstufe des Reliefs oder der Malerei, aber auch als Skizzen auf Kalksteinscherben, den sog. Bildostraka. Zur Malerei zählt nicht nur die Grabmalerei, sondern auch die Vasenmalerei, Sargmalerei und Buchmalerei. Wir bezeichnen heute eigentlich einen Großteil der materiellen Hinterlassenschaft der Ägypter überhaupt als Kunst. Sie ist somit Bestandteil des «imaginären Museums», wie es André Malraux (1901–1976) skizzierte. In Ägypten finden wir die einmalige Situation vor, daß wir die Entwicklung der Kunst in einem abgeschlossenen Raum über mehrere Jahrtausende hinweg ungestört verfolgen können. Abgesehen von der prädynastischen Zeit gab es im Prinzip nie eine regionale Aufspaltung der Kunst.

Unsere Ausstellung zeigt weitgehend Werke aus dem kunsthandwerklichen Bereich, die ursprünglich zu dem beweglichen Grabinventar von Privatpersonen und Königen gehörten. Unter den Rundbildern treten mengenmäßig die Totenfiguren und Götterbronzen hervor, die zum einen Grabbeigaben, zum andern Votivgaben in Tempeln waren. Doch sind auch lebensgroße Plastiken aus Stein vertreten. Das Flachbild ist mehr noch als das Rundbild an den architektonischen Rahmen – Tempel oder Grab – gebunden, doch finden sich in privaten Sammlungen immer wieder Fragmente von Malerei oder Reliefs. Dieser Umstand ist sicher zu bedauern, wurde dabei doch ein Denkmal an Ort und Stelle zerstört. Dabei gilt es aber zu bedenken, daß die Zerstörung etwa von Tempeln oft bereits im Altertum geschah, die Bruchstücke solcher Denkmäler im 19. und frühen 20. Jahrhundert nach Europa gelangten und dadurch vor Zerstörung oder Verfall bewahrt blieben. Natürlich wurde schon im 19. Jahrhundert Mißbrauch getrieben, indem sogar von namhaften Ägyptologen aus intakten Gräbern Reliefs und Malereien herausgeschnitten wurden. Solche Zerstörungen sind auf das schärfste zu verurteilen. Allein deswegen bereits vor 50 oder mehr Jahren entfernte und mittlerweile als verschollen geltende Fragmente nicht zu zeigen ist aber nach unserer Meinung falsch, da die Zerstörung selber nicht mehr rückgängig gemacht werden kann und die Fragmente der Wissenschaft nicht vorenthalten werden dürfen.

Im 19. und 20. Jahrhundert wurden sogar auf Anordnung der ägyptischen Altertümerverwaltung teilweise zerstörte Monumente abgetragen, in das ägyptische Museum Kairo gebracht oder nach Europa verschenkt. Die letzte Aktion dieser Art wurde durch den Bau des Hochdammes bei Assuan (Sadd el-Ali) verursacht, der die Versetzung der ägyptischen Tempel Unternubiens zur Folge hatte. Das Projekt des Sadd el-Ali hatte die bis anhin größte Rettungsaktion von Kulturgut zur Folge. Wegen der drohenden Überschwemmung mußte zunächst das gesamte Territorium archäologisch untersucht werden. Parallel dazu wurden die wichtigsten Tempel und Kirchen mit Hilfe der UNESCO versetzt, was nicht immer unproblematisch war – viele Blöcke und Kapitelle wurden beim Versuch, sie hochzuheben, zerstört; außerdem mußten zahlreiche einmalige archäologische Stätten preisgegeben werden. Im Zuge dieser Rettungsaktion wurden ganze Tempel an europäische und amerikanische Museen verschenkt.

Literatur: Ägyptische und moderne Skulptur; Brunner, H., Der künstlerische Wert der Schrift, in: Allgemeine Grundlagen der Archäologie (Hg. U. Hausmann), München 1969, 320–329; Desroches Noblecourt, Nubiade; Eggebrecht, Faszination und Abenteuer; Egyptomanie; Geschenk des Nils, 9–13; Müller, Amenophis III.; Müller, M., Die ägyptische Kunst aus kunsthistorischer Sicht, in: Studien zur ägyptischen Kunstgeschichte, (Hg. M. Eaton-Krauss – E. Graefe), HÄB 29, Hildesheim 1990, 39–56; Sethos (Basel 1991), 7–12; Theatrum, Hieroglyphicum.

DER WEG ZUM VERSTÄNDNIS DER ÄGYPTISCHEN KUNST

J. J. Winckelmann (1717–1768), der Begründer der Klassischen Archäologie, und Johann Wolfgang von Goethe (1749–1832) gingen von der Kunst der klassischen Antike aus und bewerteten die ägyptische Kunst weitgehend negativ. Der Grund dafür war der, daß man die ägyptische Kunst zu dieser Zeit noch nicht «lesen», d. h. ihre nach damaliger Ansicht befremdliche Ausformung nicht verstehen konnte. Hinzu kam, daß Kunstwerke der eigentlichen Blütezeiten des pharaonischen Ägypten – des Alten, Mittleren und Neuen Reiches – in Europa kaum greifbar waren. Dem Rundbild z. B. wurde mangelnde Bewegung und dem Flachbild fehlende Perspektive vorgeworfen. Generell sagte man ihr einen Mangel an Individualität nach. Zu dieser Zeit ahnte man noch nicht, daß die Individualität im Namen verborgen sein könnte und dieser nach ägyptischer Vorstellung Wesensträger war. Spott und Hohn ernteten die Mischwesen aus Menschenleib und Tierkopf. Aber gerade diese Mischwesen zeugen von einem überaus hohen ästhetischen Gefühl der alten Ägypter, da solche Schöpfungen niemals abstoßend oder monströs wirken. Harmonisch gehen Tierkopf und Menschenleib ineinander über, wobei der Übergang in genialer Weise durch eine Perücke verdeckt wird.

Die erste ernsthafte Beschäftigung Europas mit der ägyptischen Kunst erfolgte durch die berühmte Ägyptenexpedition Napoleon Bonapartes (1798–1801), die von einem ganzen Stab von Wissenschaftlern begleitet war. Ihre Ergebnisse wurden in der *Description de l'Egypte* zwischen 1809–1822 veröffentlicht. Darauf folgten die großen Tafelwerke von Giovanni Battista Belzoni (1821–1822), Jean Jacques Rifaud (1830), Ippolito Baldessare Rosellini (1832–1844), Jean-François Champollion (1835–1845) und Carl Richard Lepsius (1849–1858). In der ersten Hälfte des 19. Jahrhunderts entstanden auch die großen Sammlungen in London, Turin, Paris und Berlin. Der englische Generalkonsul Henry Salt (1780–1827) und sein französischer Kollege Bernardino Drovetti (1776–1853) beauftragten ihre Agenten – am bekanntesten sind Giovanni Battista Belzoni und Giovanni d'Athanasi –, ägyptische Kunstwerke aufzutreiben, um sie in den Heimatländern verkaufen zu können. Auch der berühmte Basler Orientreisende Johann Ludwig Burckhardt, besser bekannt als Scheich Ibrahim, stand kurze Zeit im Dienste von Salt.

Erst die durch den Stein von Rosette ermöglichte Entzifferung der Hieroglyphen durch den Franzosen Jean-François Champollion im Jahre 1822 ermöglichte es, allmählich einen Zugang zu der ägyptischen Kunst zu finden. Von diesem Zeitpunkt an konnten die Texte mit zunehmender Genauigkeit gelesen und damit die Kunstdenkmäler immer besser verstanden werden. Trotz lobender Anerkennung der ägyptischen Kunst und Erklärung ihrer Darstellungskonventionen im 19. Jahrhundert durch Carl Schnaase (1843), Charles Blanc (1867) und vor allem Georges Perrot (1882) vollzog sich der entscheidende Wandel in ihrer Beurteilung erst zu Beginn des 20. Jahrhunderts. Die Kunsthistoriker, allen voran Alois Riegl (1901) und Ludwig Curtius (1913), begannen, die ägyptische Kunst in ihrer Eigenständigkeit zu akzeptieren. Endlich wurde versucht, ihre Gestaltungsprinzipien und ihr Wesen aus der ägyptischen Geisteswelt heraus zu erklären. Die nichtperspektivische Darstellungsweise wurde als eine der perspektivischen Kunst ebenbürtige Ausdrucksweise behandelt. Nach Curtius ist das Wesen der ägyptischen Kunst durch den Jenseitsglauben geprägt, und er spricht direkt vom Ewigkeitscharakter der Bildwerke: «So gewinnt das Bild ein Dasein höherer Art: es soll die Quintessenz vom Leben überhaupt wiedergeben, um Unsterblichkeit zu sichern (. . .). Im Ägyptischen mündet er [der Jenseitsglaube] in der künstlerischen Aufgabe, dem Bilde die höchste realistische Potenz und zugleich die ruhige Typik des Ewigen zu verleihen.»

Es war dann der Ägyptologe Heinrich Schäfer, der 1919 in seiner Studie «Von ägyptischer Kunst» die theoretischen Grundlagen der ägyptischen Kunst, ihre Eigengesetzlichkeiten und Darstellungsprinzipen herausarbeitete. Er beschäftigte sich vornehmlich mit der Darstellungsweise im Flachbild, die er als «geradansichtig-vorstellig» bezeichnet. Schäfer stellt fest, daß die ägyptische Art der bildlichen Wiedergabe mehrdeutig ist, d. h., daß wir ihr nicht genau entnehmen können, wie ein Gegenstand, der im Bild erscheint, in der Wirklichkeit ausgesehen hat und wie sein räumliches Verhältnis zu anderen Objekten war. Das Hauptanliegen Schäfers war herauszuarbeiten, aus welchen Teilansichten Gegenstände, Tiere und die menschliche Figur zusammengesetzt sind. Schäfers Deutung ist bis heute noch gültig, doch schlug 1963 Emma Brunner-Traut vor, seinen umständlichen Begriff «geradansichtig-vorstellig» durch «Aspektive» zu ersetzen. «Mit Aspektive bezeichnen wir ein eingeschränktes Sehen, ein auf ein Einzelteil ausgerichtetes Anblicken» (s. weiter unten).

Zu der Bildkomposition – wie einzelne Figuren zueinander stehen oder zu Gruppen kombiniert werden, wie Bildstreifen, sog. Register, ja ganze Wände aufgebaut sind – hat sich höchst selten jemand geäußert. In diesem Zusammenhang sind Namen wie H. Balcz, H. Senk, R. Hanke und P. Munro zu erwähnen. Noch weniger äußerte sich die Forschung über die zeitspezifischen Merkmale der ägyptischen Kunst, über ihren Stil. Eine Stilgeschichte existiert weder für das Rund- oder Flachbild noch für die kunsthandwerklichen Erzeugnisse. Einzig der klassische Archäologe Max Wegner hat eine Stilentwicklung der Flachbilder in den thebanischen Privatgräbern vorgelegt. Fehldatierungen von Kunstwerken um mehrere hundert, ja tausend Jahre waren und sind noch heute keine Seltenheit. Eines der meistdiskutierten Kunstwerke der ägyptischen Spätzeit ist der sog. Grüne Kopf im Berliner Museum, dessen Datierung von 500 v. Chr. bis 35 v. Chr. schwankt.

Neben der Aspektive gehört der Proportionskanon des menschlichen Körpers zu den wichtigsten Grundgesetzen der ägyptischen Kunst. Bereits Richard Lepsius hat in der Mitte des 19. Jahrhunderts auf ihn aufmerksam gemacht. 1955 legte dann Erik Iversen eine ausführliche Behandlung des Proportionskanons vor, die er 1975 in Zusammenarbeit mit Yoshiaki Shibata revidierte. Neue Überlegungen zum ägyptischen Maßsystem und zum Proportionskanon hat nun Elke Roik vorgelegt. Eine wirkliche ägyptische Kunstgeschichte verfaßte 1957 Walther Wolf, wobei er als erster die theoretischen Grundlagen Schäfers und anderer mit der geschichtlichen Entwicklung der Kunst verknüpfte. Weitere Gesamtdarstellungen der ägyptischen Kunstgeschichte folgten, von denen die wichtigsten in der unten angeführten Literatur zitiert sind.

Die ägyptische Kunstgeschichte wird heute in drei Epochen aufgeteilt, die den drei großen Blütezeiten der altägyptischen Kultur – dem Alten, Mittleren und Neuen Reich – entsprechen. Als klassische Periode der ägyptischen Kunst wird oft – wohl in Parallele zu Sprache und Literatur – das Mittlere Reich angesehen. Ein solche Beurteilung scheint aber wenig sinnvoll, da jede der drei Blütezeiten auf ihre Art eigenständig ist. Dies wird vor allem bei der ägyptischen Bildniskunst deutlich. Eigene wichtige Epochen bilden die Vorgeschichte, die im engeren Sinn das 4. Jahrtausend v. Chr. umfaßt und in der die Wurzeln der ägyptischen Kunst liegen, und die Frühzeit, in der sich der ägyptische Stil festigt.

Eine Epoche für sich stellt dann auch die auf das Neue Reich folgende Spätzeit dar, ebenso die griechisch-römische Zeit. Beurteilung und Abgrenzung der Spätzeit sind immer noch problematisch, da in ihr verschiedene Tendenzen zusammenlaufen. Ihr Grundtenor ist der Rückgriff auf vergangene Epochen. Der erste Abschnitt der Spätzeit, die Dritte Zwischenzeit, steht noch ganz in der Tradition des Neuen Reiches und führt deren künstlerische Entwicklungen fort, indem sie Eigenständiges wie die Buch- und Sargmalerei ausbildet, aber auch die Bronzekunst vervollkommnet. Etwas anders steht es mit der 25. bis 30. Dynastie, der Spätzeit im engeren Sinn, die auf die vergangenen Blütezeiten zurückgreift und sich durch einen ausgesprochenen Eklektizismus auszeichnet. Jan Assmann geht sogar soweit, diese Epoche als «erste Welle von Ägyptomanie, deren Träger die Ägypter selbst sind» zu bezeichnen.

Etwas stiefmütterlich, teilweise auch abschätzig wird die griechisch-römische Kunst Ägyptens behandelt. Weder die klassischen Archäologen noch die Ägyptologen setzen sich mit dieser Zeit gerne auseinander, obwohl sich damals eine höchst interessante Mischung ägyptischer und griechischer Kunstformen herausbildete. Bedeutende eigenständige Leistungen dieser Epoche sind z. B. die ägyptisierenden griechisch-römischen Terrakotten (u. a. die sog. alexandrinischen Grotesken) oder die nur hier bezeugten römischen Mumienporträts.

Literatur: Assman, J., Ägypten. Eine Sinngeschichte, München/Wien 1996; Brunner, H., Zum Verständnis der archaisierenden Tendenzen in der ägyptischen Spätzeit, Saeculum 21, 1970, 151–161; Brunner-Traut, Frühformen des Erkennens; Curtius, L., Ägypten und Vorderasien, Handbuch der Kunstwissenschaft, Wildpark-Potsdam 1923; Davis, W., The Canonical Tradition in Ancient Egyptian Art, Cambridge 1989; Donadoni, S., Arte egizia, Torino 1955; Drioton, E. – du Bourguet, P., Les pharaons à la conquête de l'art, 1965; Hornung, E., Einführung in die Ägyptologie, Darmstadt 1993[3], 133–151; Iversen, E., Canon and Proportions in Egyptian Art, London 1955; Iversen, E. – Shibata, Y., Canon and Proportions in Egyptian Art, Warminster 1975[2]; Kunst des Alten Reiches; Malraux, A., Das imaginäre Museum, Stimmen der Stille, Teil 1, Baden-Baden (Übersetzung der französischen Ausgabe 1947); Manniche, L., L'art égyptien, Paris 1994; Müller, Amenophis III.; Müller, H. W., Ägyptische Kunst, Monumente Alter Kulturen, Frankfurt 1970; Müller, H. W., Der Kanon in der ägyptischen Kunst, in: Der «vermessene» Mensch. Anthropometrie in Kunst und Wissenschaft, München 1973, 9–31; Müller, M., Die ägyptische Kunst aus kunsthistorischer Sicht, in: Studien zur ägyptischen Kunstgeschichte, (Hg. M. Eaton-Krauss – E. Graefe), HÄB 29, Hildesheim 1990, 39–56; Neureiter, S., Eine neue Interpretation des Archaismus, SAK 21, 1994, 219–254; PKG; Roik, E., Das Längenmaß im Alten Ägypten, Frankfurt 1993, 57ff.; Schäfer, H., Von Ägyptischer Kunst, 4. verbesserte Auflage (Hg. E. Brunner-Traut), Wiesbaden 1963, 395–423; Schäfer, H., Von ägyptischer Kunst besonders der Zeichenkunst, 2 Bde., Leipzig 1919; Smith, Art and Architecture; Wegner, M., Stilentwicklung der thebanischen Beamtengräber, MDAIK 4, 1933, 38–164; Westendorf, W., Das Alte Ägypten (Kunst im Bild), Baden-Baden 1968; Wildung, D., L'art de l'Egypte, Paris 1988; dt. Die Kunst des alten Ägypten, Freiburg i. Br. 1988 (Lizenzausgabe unter dem Titel «Ägyptische Kunst», 1989); Wilkinson, R. H., Reading Egyptian Art, London 1992; Woldering, I., Ägypten. Die Kunst der Pharaonen, Baden-Baden 1964[2]; Wolf, Kunst; Wolf, W., Frühe Hochkulturen. Ägypten – Mesopotamien – Ägäis, Stuttgart 1969.

DER AUFTRAG DER ÄGYPTISCHEN KUNST

Die Wurzeln der ägyptischen Kunst gehen auf das 4. Jahrtausend v. Chr. zurück, als man begann, den Verstorbenen kunstvoll geformte bemalte Gefäße und Schminkpaletten mit ins Grab zu geben. Diese Fürsorge um die Toten läßt bereits für diese frühe Kulturstufe auf einen Glauben an ein Fortleben nach dem Tode schließen. Schon damals hatte die ägyptische Kunst offenbar einen klaren Auftrag: Sie sollte dem Menschen ein Leben nach dem Tode ermöglichen. Dieser Auftrag wurde zunehmend umfassender und lieferte im späten 4. Jahrtausend v. Chr. den Anstoß zur Entwicklung der Hieroglyphenschrift. Von nun an war man in der Lage, Gebäude, Flachbilder, Statuen und kunsthandwerkliche Erzeugnisse mit Namen von Göttern, Königen, Beamten und Örtlichkeiten zu versehen. Wort und Bild waren von nun an untrennbar vereint.

Die heute als Kunstwerke betrachteten Objekte waren primär Instrumente ritueller und kultischer Vorgänge, deren Ziel es war, die Vergänglichkeit des Menschen, der Götter und nicht zuletzt der allzeit gefährdeten Weltordnung zu überwinden. So ist es gewiß kein Zufall, daß die ägyptischen Kunstwerke fast ausschließlich aus dem Bereich der Gräber und Tempel stammen – als «magische» Gerätschaften waren sie räumlich und funktional gebunden. Ihr Wesen ist nur aus der kultischen Bindung heraus zu verstehen, ebenso ihre Form und Beschaffenheit. Dennoch kann nicht allein die kultische Notwendigkeit, sondern müssen auch die ästhetischen Bedürfnisse einer herrschenden Oberschicht formgebend gewesen sein. Beispielsweise wurden viele der dem Verstorbenen mit ins Grab gegebenen und kunstvoll verzierten Möbel und Gerätschaften (z. B. die Grabbeigaben der Königin Hetepheres) schon zu Lebzeiten vom Grabbesitzer benutzt. Diese Objekte sprechen für einen ausgeprägten ästhetischen Sinn der Ägypter, deren Bedürfnis nach Luxus und Repräsentation im diesseitigen und jenseitigen Leben gleich groß war. Nach einem Formfindungsprozeß in der Frühzeit entwickelte sich im Alten Reich aus religiösem Antrieb, aber auch aus dem Streben nach Schönheit und handwerklicher Vollendung ein fester Kanon, der bis zum Ausklang der ägyptischen Kunst verbindlich blieb.

Hinter den idealisierten und kanonisierten Darstellungsweisen, die über drei Jahrtausende praktisch unverändert in Gebrauch blieben, standen also tiefe religiöse Vorstellungen. Rund- und Flachbild hatten die Aufgabe, die Vergänglichkeit zu überwinden und das Göttliche sichtbar zu machen. Götter und Menschen strebten gleichermaßen danach, in dauerhaften Abbildern weiterzuleben und am Opferkult teilzuhaben. Die Abbilder von Menschen sind Ersatzleiber, mit deren Hilfe sie im Jenseits fortexistieren, indem sich ihre Seelen in ihnen niederlassen, um atmen, sehen, hören, essen und trinken zu können. Auch in den Abbildern der Götter wohnen deren Seelen ein. Wie die Menschen kön-

nen sie nur durch ihre irdischen Bilder an den Opfern des Königs und der Priester in den Tempeln teilnehmen und dadurch leben. Diese Abbilder sind auf Ewigkeit angelegt, was ihre Gestaltung und die Wahl des Materials betrifft, wobei Stein nach Möglichkeit bevorzugt wurde. Angestrebt wurde ein idealer, straffer und jugendlicher Körper. Ein besonderes Problem stellt dabei das Bildnis dar (s. unten).
Als Lebensbereich der Götter mußte der Tempel und seine architektonische Ausgestaltung die ganze Welt wiedergeben und von jeglicher Unvollkommenheit rein sein. Als Lebensbereich der Götter sind die Tempel aber gleichzeitig auch Teil einer anderen Welt, die den Menschen nicht zugänglich ist. Diese Abgeschlossenheit wird in den gewaltigen Lehmziegelmauern deutlich, die das Tempelhaus umgeben. Im Tempel wurden die Weltschöpfungsvorstellungen architektonisch in Stein umgesetzt. Das Fundament und der Boden bilden den Urhügel bei der Schöpfung, die Pflanzen werden durch die Säulen repräsentiert und das Dach mit dem Sternenhimmel bildet das Himmelszelt. Die Pylonanlage repräsentiert beide Horizonte, in denen die Sonne unaufhörlich auf- und untergeht. Die Umfassungsmauer mit ihren wellenförmig angeordneten Lehmziegellagen stellt den Urozean dar, aus dem das Leben hervorging. Die Darstellungen auf den Tempelwänden zeigen die für den Fortbestand der Welt zentralen Handlungen – Opfer für die Götter im Tempelinnern, Vernichtung der Feinde an den Außenwänden. Im Mittelpunkt dieser Handlungen steht der König.
So wie der Tempel ein Abbild des Diesseits ist, ist auch das Grab – v. a. das Königs- und Privatgrab des Neuen Reiches – ein Abbild des Jenseits. Die königlichen Felsgräber mit ihren absteigenden Treppen, schrägen Rampen und ihren Kammern geben dreidimensional den Weg der Nachtfahrt des Sonnengottes durch die Unterwelt wieder. Dasselbe wird mit den gewundenen Abgängen zur Grabkammer in den Privatgräbern angedeutet.

Literatur: Arnold, Tempel, 13–66; Barta, W., Das Selbstzeugnis eines altägyptischen Künstlers, MÄS 22, Berlin 1970; Brunner-Traut, E., Drei altägyptische Totenboote und vorgeschichtliche Bestattungsgefäße (Negade II), RdE 27, 1975, 41–55; Hermann, A., Zur Anonymität der Ägyptischen Kunst, MDAIK 6, 1936, 150–157; Hornung, E., Bedeutung und Wirklichkeit des Bildes im Alten Ägypten, in: Kunst und Realität. Akademischer Vortrag an der Universität Basel, Basel 1973, 35–46; Hornung, E., Zur geschichtlichen Rolle des Königs in der 18. Dynastie, MDAIK 15, 1957, 120–133; Ucko, Anthropomorphic Figurines; Winter, E., Der Auftrag der Kunst im Pharaonenreich, Trierer Beiträge: Aus Forschung und Lehre an der Universität Trier, Heft XVIII, März 1991, 3–9.

DIE GRUNDGESETZE DER ÄGYPTISCHEN KUNST

Zu den Grundgesetzen, von denen die ägyptische Kunst bestimmt wird, gehört zunächst der Proportionskanon der menschlichen Figur, der sowohl für das Rund- wie auch für das Flachbild verbindlich ist. Die Aspektive, eine Darstellungsweise ohne Verwendung der Perspektive, kennzeichnet die Wiedergabe im Flachbild. Mit diesen sind bestimmte Ordnungsprinzipien eng verbunden. Hinzu kommt der Farbkanon, der auch die Farbgebung der Hieroglyphenschrift mitbestimmt. Im Fall des ägyptischen Bildnisses stellt sich das besondere Problem, ob es sich um realistische Porträts oder um idealisierte Abbilder handelt.

Der Proportionskanon der menschlichen Figur

Die Menschenfigur unterliegt im Rund- und Flachbild einer bestimmten Darstellungsweise und einem festgelegten Proportionskanon, dessen Grundlagen schon um 3000 v. Chr. geschaffen wurden. Zu den wichtigsten Grundtypen zählt die stehende oder sitzende menschliche Idealfigur, deren Gestalt zwar auf der menschlichen Anatomie beruht, mit dieser aber nicht in jeder Hinsicht übereinstimmt (siehe unten). Ihr war als Raster ein Quadratnetz unterlegt, mit dessen Hilfe man die einzelnen Körperpartien in einem bestimmten Verhältnis zueinander wiedergeben konnte.
Der Proportionskanon wurde zunächst für das Flachbild entwickelt und erst später auf das Rundbild übertragen. Seit dem Alten Reich weisen unfertige Darstellungen der menschlichen Figur rote oder schwarze Hilfslinien auf, die die Figur in einem bestimmten Verhältnis unterteilen (Abb. 1). Das Grundgerüst bilden die Standlinie und die Mittelachse, die im Rundbild der Basis und dem Rückenpfeiler entsprechen. Bei der aufrechtstehenden Figur ist das rechte Bein das Standbein und das linke Bein vorgestellt. Das Körpergewicht ist auf beide Füße gleichwertig verteilt, d.h. beide Sohlen liegen auf der Standlinie bzw. der Basis flach auf. Im Gegensatz zu der entwickelten griechischen Kunst gab es bei den Ägyptern keine Ponderation, also keine Differenzierung in ein Spiel- und Standbein. Einzig in der Kunst Amarnas scheint in der berühmten Szene des

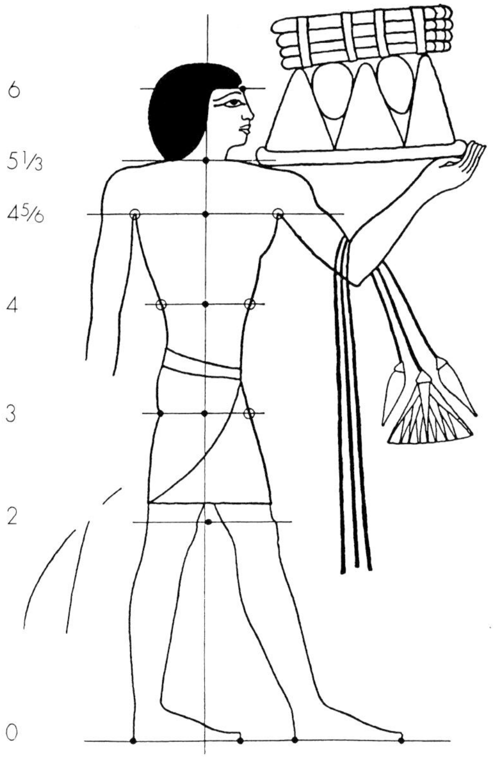

Abb. 1 Einfaches Liniensystem: Standlinie und Mittelachse

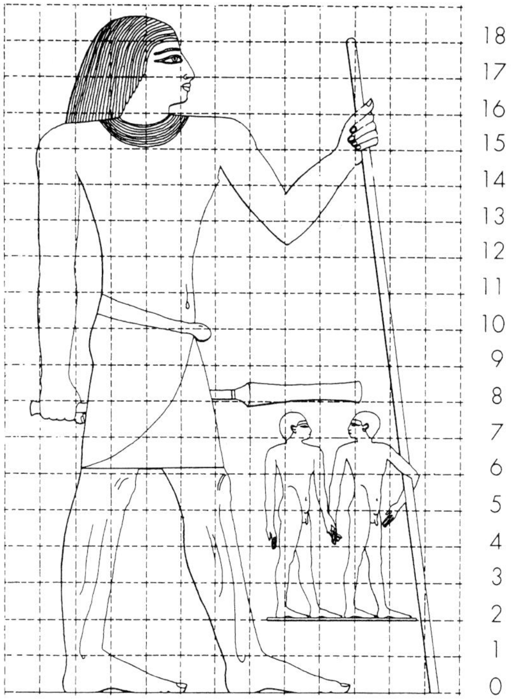

Abb. 2 Quadratnetz mit 18 Einheiten

«Spaziergangs im Garten» der Versuch gemacht worden zu sein, den König (Echnaton?) im Flachbild mit Stand- und Spielbein wiederzugeben.

Parallel zur Standlinie laufen sechs Linien, die die Proportionen der Figur angeben: Die erste Linie führt durch das Knie, die zweite durch das Gelenk der herabhängenden Hand und den Einziehungspunkt des Gesäßes, die dritte durch den Ellbogen, die vierte durch die Achselhöhlen, die fünfte durch den Halsansatz und die sechste durch den Haaransatz über der Stirn. Seit dem frühen Mittleren Reich wurde die Figur mit einem Quadratnetz überzogen (Abb. 2), das den Menschen in 18 Einheiten gliedert. Von der Fußsohle bis zur Knielinie sind es sechs, bis zum Gesäßmuskel neun, bis zum Ellbogen zwölf, bis zur Achselhöhle 14,5, bis zum Halsansatz 16 und bis zum Haaransatz 18 Einheiten. Man spricht in diesem Fall vom «Kanon 18», der vom Alten bis ins Neue Reich in Gebrauch war. In der Spätzeit, etwa ab 650 v. Chr., hat man das Quadratnetz offenbar um drei Einheiten erweitert. Man spricht in diesem Fall vom «Kanon 21» (Abb. 3). Das Quadratnetz wurde zumindest seit dem Mittleren Reich auch zum Kopieren von Darstellungen eines Entwurfes von einer Papyrusvorlage auf die Wand verwendet. Die Linien schneiden in diesem Fall die bewegten Figuren an einer beliebigen Stelle und wurden nicht zu deren Konstruktion verwendet. Die Grundlage für das absolute Maß der ägyptischen Proportionslehre bildet das ägyptische Maßsystem. Problematisch ist dabei, daß verschiedene solcher Systeme nebeneinander in Gebrauch waren. Das klassische ägyptische Längenmaß war die Normalelle (gemessen vom Ellbogen bis zur Daumenspitze = 45 cm). Daneben gab es die etwas längere Königselle (gemessen vom Ellbogen bis zum Ende des Mittelfingers = 52 cm). Untereinheiten sind die Faust (10 cm), die Handbreite (7,5 cm) und zuletzt der Finger (1,8 cm).

Der Proportionskanon wurde bald auf das Rundbild übertragen. Das Gerüst bilden dabei Basis und Rückenpfeiler. Auf die geglätteten Flächen des Werkblocks wurden die Umrisse der Figur und der Raster übertragen

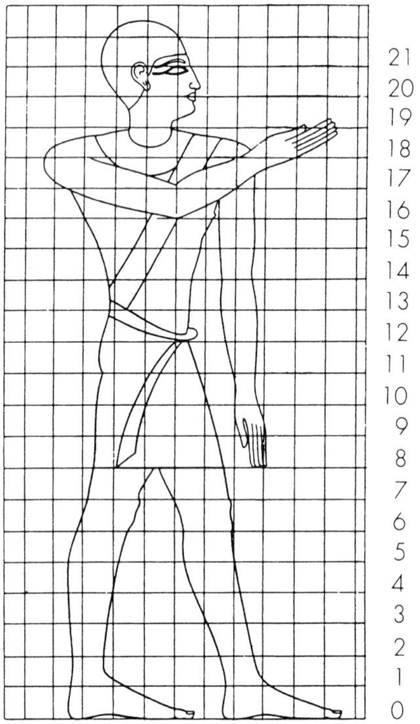

Abb. 3 Quadratnetz mit 21 Einheiten

Abb. 4 Werkblock eines Sphinx mit Vorzeichnung und Raster

(Abb. 4). Stufenweise hat der Bildhauer dann die Figur herausgemeißelt, wobei das Liniennetz immer wieder abgearbeitet wurde. Aus diesem Grund hat man zunächst die Basis und den Rückenpfeiler fertiggestellt, um von dort die Proportionen mit Lot und Meßstock auf die eigentliche Statue zu übertragen. Besonders gut ersichtlich sind solche Quadratnetze auf ptolemäischen Bildhauermodellen, doch schon Statuen der Amarnazeit weisen Hilfslinien auf (Mittellinie). Basis und Rückenpfeiler hatten aber auch immer eine statische Funktion als Stützen, wie wir sie bei römischen Marmorkopien von griechischen Bronzeoriginalen vorfinden. Bei Werken aus Holz, Kupfer oder Bronze waren sie nicht notwendig und fehlen dementsprechend. Bei Werken aus Stein waren dagegen aus statischen Gründen meist auch die Arme und Beine mit dem Körper verbunden.

Sowohl der Privatmann als auch der König werden in drei Grundstellungen wiedergegeben. Die Standfigur mit vorgestelltem linken Bein (Schrittstellung) spiegelt die Aktionsfähigkeit des Menschen wider. Dagegen werden Frauen öfters mit geschlossenen Beinen dargestellt, ebenso Kinder, die zusätzlich häufig den Gestus «Finger am Mund» zeigen. Die Sitzfigur kennzeichnet den Würdenträger und Repräsentanten einer hohen sozialen Stellung. Sowohl Stand- als auch Sitzfiguren können zu Gruppenstatuen verbunden werden. Der König kann mit seiner Gemahlin bzw. einer oder mehreren Gottheiten wiedergegeben werden. Bei Privatstatuen wird die Familie kunstvoll zu einer Gruppe vereint. Dabei wird die Hauptperson in einem größeren Maßstab als die Nebenfiguren abgebildet (sog. Bedeutungsmaßstab). Die Kniefigur, die einen Menschen in betender Haltung darstellt, also die Nähe zu einer Gottheit betont, begegnet im Alten Reich noch selten. Ein weiterer wichtiger Grundtypus ist seit der 4. Dynastie derjenige des Schreibers, der mit untergeschlagenen Beinen und Schreibutensilien in der Hand am Boden sitzt. Dieser Statuentyp repräsentiert ganz allgemein den Staatsbeamten. Eine besondere Form, deren Bedeutung noch nicht restlos geklärt ist, besitzt der Würfelhocker (Kat.-Nr. 154), der sich im Mittleren Reich herausbildete. Überhaupt zeichnet sich die Plastik des Mittleren Reiches durch geschlossene, kuboide Formen aus. Dazu zählt auch die Mantelstatue, von der es stehende, thronende und kniende Varianten gibt. Im Neuen Reich wurden aus den Kniestatuen die sogenannten Naophore und Stelophore entwickelt, d. h. Figuren, die vor sich eine Stele, einen Götterschrein oder ein Götteremblem halten. Im späten Neuen Reich hat man unter Ramses VI. sogar gewagt, das alte Bildmo-

tiv des Niederschlagens der Feinde, das sonst nur im Flachbild bezeugt ist, in Form einer dynamischen Gruppe ins Rundbild umzusetzen.
Das damit angesprochene ägyptische Rundbild besitzt eine strenge Vorder- und Seitenansicht, die «vergängliche» Dreiviertelansicht existiert nicht. Seit dem Alten Reich gab es allerdings eine Gruppe von Statuen, die nicht den üblichen Gesetzen und dem Proportionskanon unterworfen sind, sondern alle möglichen Positionen und Bewegungen aufweisen: die Dienerfiguren. Im Gegensatz zu der offiziellen Plastik, die stets mit Namen von Göttern, Königen oder Beamten versehen war, bleiben die Dienerfiguren (Kat.-Nr. 30) anonym. Sie stehen stellvertretend für die ganze Berufsgattung der Diener und sollten im Jenseits für den Verstorbenen arbeiten. Die Dienerfiguren des Alten Reiches finden ihre Fortsetzung in den Personen der Holzmodelle des Mittleren Reiches (Kat.-Nr. 59), die z. T. ganze Wirtschaftbetriebe abbilden. Im Neuen Reich leben sie in den Figuren weiter, die mit den Toilettengegenständen (Kat.-Nr. 82) verbunden sind. Es sind bewegte, lebendige Menschen, wie sie im alltäglichen Leben überall anzutreffen waren. Dieselbe Darstellungsart findet sich auch bei den Figuren in den Szenen des täglichen Lebens im Flachbild.

Literatur: grundlegend: Iversen, E., Canon and Proportions in Egyptian Art, London 1955; Iversen, E. – Shibata, Y., Canon and Proportions in Egyptian Art, Warminster 1975[2]; Neue Überlegungen zum Kanon unter Verwendung eines anderen Längenmaßes: Roik, E., Das Längenmaß im Alten Ägypten 1993, 57ff. Zusammenfassend: H. W. Müller, Der Kanon in der ägyptischen Kunst, in: Der «vermessene» Mensch. Anthropometrie in Kunst und Wissenschaft, München 1973, 9–31.

Aspektive: Die Wiedergabe im Flachbild ohne Perspektive

Als eigenwilligste Kennzeichnung der ägyptischen Kunst empfand man seit jeher die besondere Darstellungsweise von Personen, Tieren und Sachen im Flachbild ohne Verwendung der Perspektive. Heute bezeichnen wir diese Art von Wiedergabe nach dem Vorschlag Emma Brunner-Trauts als Aspektive. Der Begriff bringt zum Ausdruck, daß einzelne Aspekte, ausgewählte Ansichten eines Gegenstandes oder einer Person festgehalten werden. Das ägyptische Flachbild ist nach Heinrich Schäfer kein Sehbild, sondern ein Denkbild – der Betrachter muß sich den Bildgegenstand erdenken, er kann ihn sich nicht «ersehen», wie wir dies bei der Verwendung der Perspektive, die sich auf einen fiktiven Fluchtpunkt bezieht, tun können. Das ägyptische Flachbild will jeden Gegenstand in seiner Ganzheit abbilden und erfassen (Abb. 5 a–d). Alles, was man von ihm weiß, muß hier möglichst vollständig dargestellt sein, damit er im Jenseits seine Funktionalität beibehält. Die Perspektive dagegen, die danach strebt, einen Gegenstand in seiner Tiefe zu erfassen, würde einen Gegenstand im Flachbild verzerren und ihn entweder nicht lebensfähig oder unbrauchbar machen. Das ägyptische Flachbild stellt die gewußte Wirklichkeit – nicht die gesehene Welt – durch überschaubare, sinnvoll ausgegrenzte und nebeneinander gesetzte Flächen dar. Es gibt weder einen Fluchtpunkt noch einen fiktiven Standort. Drei hintereinander gestellte Schreine erscheinen im Flachbild z. B. übereinander, die Sitzfläche eines Stuhles oder Bettes wird aufgeklappt, ebenso die verdeckte Satteltasche eines Esels. Der Inhalt von Körben oder Schalen wird über ihnen dargestellt. Unübersichtlicher wird es bei Darstellungen von Häusern oder Tempelanlagen.
Die Aspektive führt zu einer starken Schematisierung. Vor allem Gegenstände, die uns wenig oder nicht vertraut sind, werden dadurch schwer verständlich. Menschen- und Tierbilder erkennen wir dagegen sofort und empfinden sie als harmonisch und ausgewogen. Aber auch die Menschenfigur wird im Flachbild aus verschiedenen Teilansichten zusammengesetzt (vgl. Abb. 1). Während der Kopf der Person im Profil gezeigt wird, erscheint der Oberkörper in Vorderansicht, der Bauch dagegen in einer merkwürdigen Dreiviertelansicht und die Beine wieder im Profil. Auch das Gesicht setzt sich aus ganz verschiedenen Teilaspekten zusammen. Auge und Augenbrauen erscheinen in Vorderansicht, Nase und Mund im Profil. Trotz dieser verschiedenen Teilansichten wirkt die Menschenfigur heute auf uns natürlich, ja beinahe klassisch, da sie frei ist von jeglichen barocken Zusätzen. Selten werden z. B. Köpfe von Feinden oder Ausländern in Frontalansicht wiedergegeben. Der Ägypter verstand es vortrefflich, Tiere zu charakterisieren und sie in der für sie typischen Ansicht festzuhalten. Dabei hob er bestimmte Merkmale geschickt hervor, überzeichnete sie sogar, um eine bestimmte Form zu verdeutlichen. So werden etwa beim Wüstenhasen die ohnehin schon langen Ohren überlang dargestellt.
Das einfachste Prinzip der Anordnung im Flachbild ist die Standlinie, die zu Beginn der geschichtlichen Zeit eingeführt wurde. Viele Standlinien ergeben auf einer Wand eine Einteilung in horizontale Register, mit deren Hilfe verschiedene Geschehnisse und Vorgänge, die parallel oder nacheinander stattfinden, dargestellt werden können. Der für das Rundbild schon angesproche-

Abb. 5 a Grundriß eines Gebäudes mit Beamten

Abb. 5 b Palmenhain mit Teich

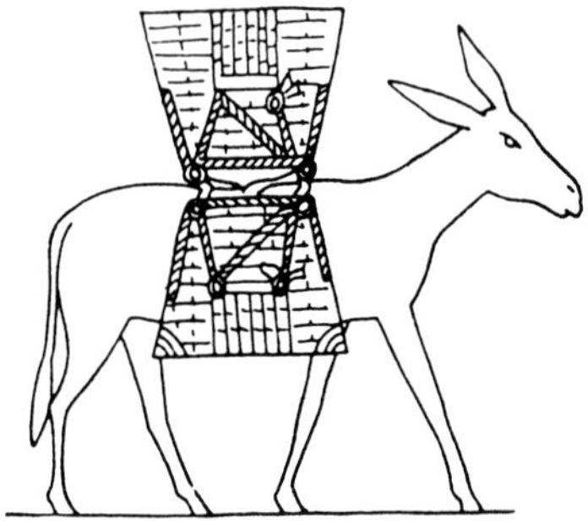

Abb. 5 c Esel mit aufgeklappter hinterer Satteltasche

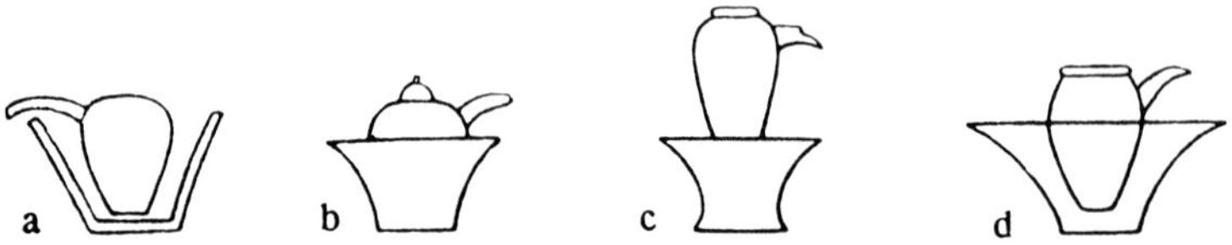

Abb. 5 d Verschiedene Darstellungsmöglichkeiten eines Waschgeschirrs

ne Bedeutungsmaßstab dient auch im Flachbild der (Rang-)Ordnung von Personen: Wichtige Personen werden groß, weniger wichtige kleiner abgebildet. Mit dem Begriff der Staffelung (von Menschen und Tieren) wird die einander überlappende Darstellung gleicher Figuren bezeichnet, die auf derselben Standlinie stehen. Dabei bleibt als einziger nur der Umriß der vordersten Figur unverdeckt. Auch hier findet keine perspektivische Verkleinerung statt. Diese Art der Anordnung dient auch der Wiedergabe einer größeren Menge von Menschen oder Tieren. Von der Seitenstaffelung zu unterscheiden ist die Hochstaffelung, bei der die Staffelung der Figuren nicht hintereinander, sondern übereinander erfolgt. Anfänglich waren solche Staffelungen noch locker gestaltet, während sie später immer dichter wurden. Aus Gründen der Übersichtlichkeit können bei der Seitenstaffelung Bein- oder Armpaare wegfallen, ohne daß wir dies optisch wahrnehmen würden. Hier liegt die Kunst des Ägypters in der perfekten Abstraktion, ja Illusion. Staffelungen bringen darüber hinaus eine gewisse Bewegung und Raumtiefe ins Bild.

Abb. 6 Der König besiegt die Feinde

Neben solchen streng gehandhabten Ordnungsprinzipien gab es auch Darstellungen von Menschen und Tieren in bewußter Unordnung (Abb. 6). Während die Ägypter stets in das ordnende System eingebunden sind – dazu gehören z. B. Darstellungen von Arbeiterkolonnen, des ägyptischen Heeres oder sonstiger Gruppen der Bevölkerung –, werden die Feinde und das Wild der Wüste bewußt ohne Ordnung wiedergegeben, weil sie dem chaotischen Bereich des ägyptischen Weltbildes angehören. Wild purzeln die Gegner auf der Flucht vor dem ägyptischen Heer durcheinander, ebenso das Wüstenwild, das vom König gejagt wird.
Eine weitere Spezialität des ägyptischen Flachbildes sind die symmetrischen Kompositionen, die sich vornehmlich über Türen befinden oder die Scheintüren schmücken. Dabei handelt es sich fast ausschließlich um Zierinschriften, die symmetrisch angeordnete Namen und Titel oder Königsnamen mit kurzen Beischriften enthalten. Zuweilen sind sie auch mit figürlichen Darstellungen versehen. Solche Zierinschriften weisen stets Abweichungen in der Symmetrie auf, die früher als Fehler der Steinmetze gedeutet wurden (Abb. 7). Nach Erik Hornung handelt es sich dagegen um eine bewußte Durchbrechung bzw. Auflockerung der Symmetrie, da der Ägypter nach Möglichkeit mechanische Wiederholungen vermieden habe. Die einfachste und häufigste Form solcher Durchbrechung ist die Umstellung von Zeichen.

Literatur: Schäfer, H., Von ägyptischer Kunst besonders der Zeichenkunst, 2 Bde., Leipzig 1919; Schäfer, H., Von Ägyptischer Kunst, 4. verbesserte Auflage (Hg. E. Brunner-Traut), Wiesbaden 1963, 395–423; Brunner-Traut, Frühformen des Erkennens; Hornung, E., Zur Symmetrie in Kunst und Denken der Ägypter, in: DAI Sonderschrift 18, 1982, 71–77.

Der Farbkanon

Die Farbgebung spielte in der ägyptischen Kunst eine ganz wesentliche Rolle. Sie war mitverantwortlich für die Lebensfähigkeit einer Statue oder die Funktionalität eines Gegenstandes. Im Gegensatz zu der in vielen Fällen vergleichbar bemalten griechisch-römischen Plastik

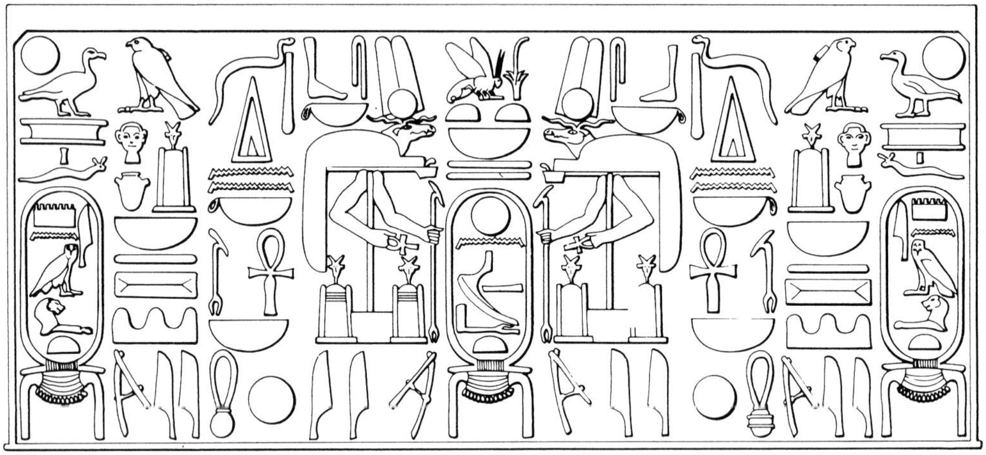

Abb. 7 Zierinschrift Amenemhats III. mit durchbrochener Symmetrie

und Architektur ist die Farbigkeit der Denkmäler in Ägypten dank dem trockenen Klima viel besser erhalten geblieben, insbesondere in den Gräbern. Seit dem Alten Reich verwendete man sechs verschiedene Farben: Weiß (auf der Basis von Kalk oder Gips), Rot (Kupfer- und Eisenoxyde), Gelb (Ocker), Grün (Malachit), Blau (Azurit) und Schwarz (Holzkohle). Diese Grundfarben sind auch durch die wenigen erhaltenen Farbpaletten belegt. Selten ist Braun und Grau bezeugt; im Neuen Reich kommt Rosa hinzu. Die Bindung der Farben erfolgte mit Eiweiß oder einem wasserlöslichen Baumharz. Die Verschmelzung der Farben mit Bienenwachs führte in der römischen Kaiserzeit zu der Technik der Enkaustik (s. Kat.-Nr. 215). Das angewandte Malverfahren war die Polychromie und nicht die Koloristik. Erst im Neuen Reich begann man bei den Malereien in den thebanischen Privatgräbern zu kolorieren, um z.B. den Stoff eines Gewandes realistisch nachzuahmen. Die Farbe diente auch der Imitation kostbarer Materialien. So konnte mit gelber Farbe Gold oder mit einer rot-weiß-schwarzen Sprenkelung roter Assuangranit imitiert werden. Andererseits wurden aber auch Statuen aus wertvollen Gesteinen übermalt. Die Farben – insbesondere Grün, Blau, Rot und Schwarz – besaßen darüberhinaus auch symbolische Bedeutung.

Zum Kanon der menschlichen Figur gehörten nicht nur die exakten Proportionen, sondern auch die richtige Farbgebung: Der Körper des Mannes wurde im allgemeinen in roter, jener der Frau in gelber Farbe wiedergegeben. Die Haare erhielten eine schwarze, die Gewänder dagegen eine weiße Bemalung, ganz im Unterschied zu den Darstellungen von Ausländern, die meist bunt bemalte Kleider tragen. Die in der Rundplastik belassenen Verbindungsstücke zwischen Körper und Armen bzw. zwischen den Beinen wurden schwarz bemalt, da Schwarz auch die symbolische Bedeutung von «Nichts» hatte, so daß die in Wirklichkeit nicht vorhandenen Stützen wegzudenken sind. Götter können aus symbolischen Gründen eine grüne, blaue und schwarze Hautfarbe aufweisen. Im allgemeinen werden Pflanzen grün, das Wasser, der Himmel und Gegenstände aus Ton blau, Holz rot wiedergegeben. Schwarz ist der fruchtbare Nilschlamm, rot die menschenfeindliche Wüste. Überhaupt ist Rot eine Farbe mit negativer, ja gefährlicher Konnotation. Rot dient aber auch zur Hervorhebung von Überschriften in hieratischen Texten oder zur Vorzeichnung auf Grabwänden. Wie jedes Objekt im Idealfall seine bestimmte Farbe besaß, so hatte auch jede Hieroglyphe ihre ihr eigene Farbgebung. Diese Tatsache verdeutlicht, wie nahe die Hieroglyphenschrift der Kunst steht.

Der genannte Farbkanon wurde nicht immer eingehalten, am wenigsten bei der Hieroglyphenschrift. Dies lag oft ganz einfach daran, daß nicht immer alle Farben vorhanden waren oder man aus religiösen Erwägungen bestimmte Farben bevorzugte. So sind z.B. die Pyramidentexte des Alten Reiches vorzugsweise einheitlich mit blauen Hieroglyphen geschrieben. Daneben gab es

Experimente wie die Monochromie, die wir in einigen Gräbern von Deir el-Medineh antreffen, wo nur eine oder zwei Farben Verwendung fanden.

Literatur: Brunner-Traut, E., LÄ II, 117–128, s. v. Farben; Hermann, A., Reallexikon für Antike und Christentum 7, 1969, 358–447, s. v. Farbe; Hornung, Ramses IV. und VII., 101–119; Kees, H., Farbensymbolik in ägyptischen religiösen Texten, NAWG 11, Göttingen 1943, 413–479; Lucas – Harris, Materials; Müller, H. W., Ägyptische Malerei, Berlin 1959; Murray, Saqqara Mastabas I, pls. 41–45; Schenkel, W., Die Farben in der Ägyptischen Kunst, ZÄS 88, 1963, 131–147; Smith, Sculpture and Painting, 257–263. 366–382.

Die Bildniskunst

Ein Problem, das die Kunstwissenschaft immer wieder beschäftigt, ist die Bewertung des Porträts. Die Frage, wie ein Bildnis in der Kunst des Altertums zu verstehen ist, ist schwierig zu beantworten, zumal wir nicht wissen, wie die Menschen in Wirklichkeit aussahen, und wir heute andere Ansprüche an das Porträt stellen. So muß für Luca Giuliani das Porträt «einen bestimmten, tatsächlich lebenden oder gelebt habenden Menschen darstellen; es muß die Unverwechselbarkeit von dessen Erscheinung festhalten, ähnlich sein und dem Betrachter eine Vorstellung von der individuellen Eigenart des Dargestellten vermitteln.» Gerade die Ägypter scheinen ähnlich gedacht zu haben, denn das ägyptische Wort für Statue ist von einem Wort abgeleitet, das «ähnlich sein» bedeutet. Betrachtet man aber die ägyptischen Bildnisse näher, so stellt man fest, daß mit Ähnlichkeit nicht viel mehr gemeint ist als der unverwechselbare Bezug zu einem bestimmten Menschentyp. Im Altertum und gerade in Ägypten, wo Statuen im Dienste des Jenseits standen, gab es höhere bzw. andere Wirklichkeiten, die ins Bildnis umgesetzt wurden. Die individuelle Zuordnung einer Statue legte der Alte Ägypter im Namen und den Titeln einer Person fest. Der Name ist der Wesensträger, der das Individuum ausmacht. Dies bezeugt die oft angewendete Praxis der Usurpation, bei der man sich ein Denkmal aneignete, indem man seinen eigenen Namen an die Stelle des ursprünglichen setzte.

Nach vielen unbefriedigenden Versuchen ist nun Jan Assmann ein Durchbruch im Verständnis der Entwicklung des ägyptischen Bildnisses gelungen, auf dem die folgenden Ausführungen beruhen.

Die ägyptische Bildniskunst verläuft nicht linear. Die Stellung des Ägypters zum Porträt wurde in jeder der drei großen Blütezeiten neu definiert, während die Zeit der 25. bis 30. Dynastie dann auf die Porträtkunst des Mittleren und Neuen Reiches zurückgreift und sie zu einer Renaissance führt. Die Anfänge der ägyptischen Bildniskunst gehen auf die Frühzeit zurück, ein erster Höhepunkt findet sich in der 4. Dynastie, einer Zeit, in der die Grabplastik in großem Stil einsetzte. Erstaunlicherweise ist diese erste Phase der ägyptischen Grabplastik von einem ausgesprochenen Realismus geprägt. Es war offenbar der Auftrag der Künstler, die physiognomischen Eigenheiten des Auftraggebers bzw. des Grabherrn individuell festzuhalten und in Stein umzusetzen. Diese Absicht ist besonders schön an den Ersatzköpfen aus Gisa zu erkennen. Offenbar arbeitete man nach einem bestimmten Werkverfahren, bei dem Gipsabformungen vom lebenden oder toten Gesicht verwendet wurden. Entsprechende Abgüsse sind erhalten geblieben. Auch beim Königsbild läßt sich Ähnliches beobachten, wobei aber der individuelle Charakter durch überindividuelle, überirdische Züge abgeschwächt wird. Hinzu kommt, daß die Privatstatuen zu dieser Zeit nur für das Jenseits geschaffen und nach der Fertigstellung in einem abgeschlossenen Raum des Grabes, dem Serdab, unsichtbar aufgestellt wurden. Die königlichen Statuen dagegen befanden sich in den Totentempeln und waren den Blicken der Priester ausgesetzt, hatten also auch eine gewisse repräsentative Aufgabe, die die Privatplastik damals noch nicht besaß. Der Grund für dieses naturalistische Interesse der 4. Dynastie ist uns nicht bekannt.

In der 5. und 6. Dynastie wandelten sich die Bildnisse grundlegend, indem ein offenbar erst jetzt geschaffenes einheitliches Menschenbild die Individualität verdrängte, so daß sich die Grabherren alle zum Verwechseln ähnlich sehen. Assmann bezeichnet diesen Aspekt in der Entwicklung des Bildnisses nicht als Idealität, sondern als Generalität, da mit dem neuen Porträt nicht ein idealisiertes, sondern ein allgemeines Menschenbild der ägyptischen Oberschicht definiert ist. Dieser allgemeine Bildnistyp blieb nicht unbeeinflußt von gewissen Herstellungsverfahren wie der Serienproduktion, die nun zur Anwendung kam, weil die Grabstatuen einer breiten Beamtenschicht zugänglich geworden waren. So sind wir mit dem Phänomen konfrontiert, daß am Anfang des ägyptischen Porträts ein realistisches Menschenbild steht, das erst allmählich durch einen allgemeinen Typus ersetzt wird.

Die Bildniskunst des Neuen Reiches läßt sich nach Assmann eher als «ideal» bezeichnen, da sie auf Schönheit, höchste Anmut und sinnliche Lebendigkeit ausgelegt ist. Dies zeigt insbesondere die Bildniskunst kurz vor und kurz nach der Amarnazeit, der nicht ein allgemeines Menschenbild wie im fortgeschrittenen Alten Reich zugrunde liegt, sondern eines, das auf makellose Schönheit angelegt ist. Die Gesichtszüge sind nicht nüchtern und trocken, sondern weich und lieblich, jugendlich und zart. Schräggestellte, mandelförmige Augen, die mit Schminkstrichen optisch verschönert wurden, kleine Nasen und volle Lippen kennzeichnen das Porträt dieser Zeit. Die Kunst Amarnas scheint anfänglich gegen dieses Schönheitsideal revoltiert zu haben. Das Königsbild wurde ins Groteske, ja geradezu Karikaturhafte verzerrt. Ganz anders sieht es in der zweiten Phase der Amarnakunst aus: Die Bildnisse Nofretetes und ihrer Töchter wurden nun wieder nach einem bestimmten Schönheitsideal stilisiert. Auch die Künstler der Amarnazeit, u.a. der bekannte Bildhauer Thutmose, scheinen nach Gipsabgüssen vom lebendigen Gesicht gearbeitet zu haben, die dann in Hinblick auf das Schönheitsideal überarbeitet und idealisiert wurden. Aus literarischen Quellen wissen wir von dem großen Interesse der Amarnazeit an der Natur und ihren Vorgängen. Mit der Büste der Nofretete hat sie ein zeitloses Schönheitsideal geschaffen, das noch heute seine Gültigkeit hat. Dieses hochgezüchtete Ideal der Oberschicht des Neuen Reiches läßt sich auch anhand der unzähligen Kosmetikartikel und der Verwendung raffinierter Perücken belegen. Nach Assmann dienten diese Mittel zur Unterdrückung der individuellen Erscheinung zugunsten einer ins Schöne übersteigerten Wirklichkeit. Privat- und Königsplastik gingen dabei denselben Weg, wobei die Königsplastik immer als Vorbild diente.

Völlig eigene Wege beschritt die Bildniskunst des Mittleren Reiches. Obwohl die Königsbildnisse äußerst realistisch wirken und nach dem lebenden Vorbild ausgeführt zu sein scheinen, entsprechen sie kaum der Wirklichkeit. Diesen Eindruck vermitteln vornehmlich die Porträts Sesostris' III. und Amenemhats III. (vgl. Kat.-Nr. 40). Ihre Gesichter weisen in unterschiedlich ausgeprägter Form tiefliegende Augen mit gesenkten Oberlidern auf, Tränensäcke, eine realistische Wiedergabe der Mundmuskulatur, markante Nasolabialfalten und zusammengepreßte Lippen. Vergeblich suchen wir nach verschönernden Schminkstrichen. Die Physiognomie dieser Könige wird in der wissenschaftlichen Literatur als Ausdruck kraftvoller Entschlossenheit und männlichen Tatendranges charakterisiert, aber auch gerade gegensätzlich als Zeichen von Resignation und Melancholie. Einige Literaturwerke dieser Zeit geben uns Hinweise zur Deutung dieser königlichen Gesichtszüge: Sie sind Ausdruck der schweren Bürde und Verantwortung des Königsamtes, des Tatendrangs und der Entschlossenheit der Herrscher, aber auch ihrer Einsamkeit und Weisheit. Diese Gesichtszüge, die durchaus nach der natürlichen Form des gealterten Gesichtes geschaffen wurden, sind somit nichts anderes als Chiffren für die innere Einstellung dieser Könige. Ungemein stark hat das Königsbild dieser Zeit auf die Privatplastik ausgestrahlt, so daß wir vergleichbare Züge fast überall – allerdings in abgeschwächter Form – antreffen (vgl. Kat.-Nr. 42f.).

Jan Assmann bezeichnet das Mittlere Reich mit Recht als die Blütezeit der ägyptischen Ethik. Tugenden wie Klugheit, Weitsicht, Bescheidenheit und Freundlichkeit stellen immer wiederkehrende Themen zeitgenössischer Autobiographien und Weisheitslehren dar, während Selbstherrlichkeit, Triebhaftigkeit und Rücksichtslosigkeit verpönt sind. Diese Vorstellungen sind durch gesellschaftliche und politische Wandlungen begründet. Unter Sesostris III. wurde die selbstherrliche Macht der Gaufürsten gebrochen, der Staat fortan durch eine zentralistisch-höfische Bürokratie kontrolliert. Diese Haltung fand in den Bildnissen dieser Zeit ihren Ausdruck. Die Plastik des Mittleren Reiches hatte wie jene des Neuen Reiches neben der Funktion als Ersatzkörper des Verstorbenen noch andere Aufgaben. Sie diente der Repräsentation, da sie für jedermann sichtbar im Grab und im Tempel aufgestellt war. Wir könnten sie im Grunde als rundplastische Idealbiographien bezeichnen. Ihre Idealisierung erfolgte allerdings nicht im Hinblick auf ein äußeres Schönheitsideal, sondern auf ein inneres Persönlichkeitsideal, das sich durch Werte wie Weisheit, Verantwortungsbewußtsein und Selbstbeherrschung auszeichnete. Assmann bezeichnet diese künstlerische Gestaltung als expressiven Realismus.

Literatur: Assmann, J., Ikonologie der Identität. Vier Stilkategorien der Altägyptischen Bildniskunst, in: Das Bildnis in der Kunst des Orients, (Hg. M. Kraatz et al.), Stuttgart 1990, 26–32; Fecht, G., Vom Wandel des Menschenbildes in der ägyptischen Rundplastik, Zeitschrift des Museums zu Hildesheim 16, Hildesheim 1965; Lange, K., Ägyptische Bildnisse, München 1957; Menschenbild (Hamburg 1982); Schäfer, H., Das altägyptische Bildnis, LÄS 5, Glückstadt/Hamburg/New York 1936; Through Ancient Eyes; Vandersleyen, Cl., Objectivité des portraits égyptiens, BSFE 73, 1975, 5–27; Wolf, Kunst, 192ff.

DIE ANONYMITÄT DER ÄGYPTISCHEN KUNST

Ein weiterer kennzeichnender Zug der ägyptischen Kunst ist ihre Anonymität. Wir kennen weder Künstlersignaturen noch Berichte von Künstlern über ihr Schaffen. Dies ist in der Stellung des ägyptischen Königs begründet, der bei seinem Amtsantritt die Rolle des Schöpfergottes übernimmt und dessen mythische Taten in die geschichtliche Wirklichkeit umsetzt. Alles was entsteht, entsteht auf Willen Pharaos. Sein Tun wird als welterhaltend angesehen, wobei jeder König die Taten seines Vorgängers übertreffen soll. Die Künstler sind – wie die Priester, die stellvertretend für den König die täglichen Opfer darbringen – nur das ausführende Organ. Da das schöpferische Element beim König lag, konnte es in Ägypten eigentlich keine Künstler in unserem modernen Verständnis geben. Das altägyptische Wort, das wir mit «Künstler» wiedergeben, bedeutete eigentlich «Handwerker» und wurde mit der Hieroglyphe des Steinbohrers geschrieben. Es gab keine freischaffenden Künstler, sondern nur staatliche Handwerker. So kommen wir zu der heute unvorstellbaren Definition, daß der Künstler ein Staatsbeamter war.

Diese Handwerkerschaft umfaßte eine Fülle von Spezialisten – Bildhauer, Maler, Metall- und Schmuckarbeiter, Schreiner, Lederfabrikanten usw. Innerhalb der einzelnen Handwerksbereiche wurde weiter differenziert. Ein einzigartiges Beispiel einer Handwerkergemeinschaft ist die Arbeitersiedung von Deir el-Medineh in Theben, die wohl von Amenophis I. gegründet wurde (ein Ableger von ihr dürfte die Künstlerschule von Tell el-Amarna gewesen sein, zu der wohl auch das Atelier des Thutmose gehört hat). Diesen Spezialisten oblag der Bau und die Dekoration der königlichen Gräber, der Privatgräber der Oberschicht und der dazugehörigen Grabausstattung. Urkunden, Ostraka und eine Fülle von Gebrauchsgegenständen vermitteln uns ein anschauliches Bild des Alltagslebens, aber auch ihres künstlerischen Schaffens. Eine wichtige Erkenntnis daraus ist, daß es den Künstler oder Handwerker, der *allein* für die Herstellung eines «Kunstwerks» verantwortlich ist, nicht gab. Vielmehr arbeitete eine Vielzahl von Handwerkern im Kollektiv. Ein schönes Beispiel dafür sind die Reliefs. Zunächst übertrugen Zeichner eine Vorzeichnung von einer Papyrusvorlage in roter Farbe auf die – zuvor geglättete – Wand, dann erfolgte in schwarzer Farbe eine Korrektur. Erst jetzt traten die Steinmetze in Erscheinung, und letztendlich die Maler. Gerade im Bereich der Kleinkunst, des Kunsthandwerks, dürfen wir aber doch einzelne wahre Künstler erkennen, die z. B. die wunderbaren kleinen Holzstatuetten von Harimsdamen schnitzten oder die kunstvoll verzierten Toilettengegenstände anfertigten.

Die Handwerker waren einander alle ungefähr gleichgestellt. Eine gewisse Sonderstellung nahmen die Bildhauer und Maler ein, die für den Bau des Grabes und die Herstellung der Grabausstattung von Privatleuten verantwortlich waren. Sie standen in direktem Kontakt mit den Grabherren, da sie doch für deren Fortexistenz im Jenseits mitverantwortlich waren. Manchmal erhielten die Künstler sogar das Privileg, sich in diesen Gräbern zu verewigen. Bekannt ist z. B. die Darstellung des Oberbildhauers Nianchptah im Grab des Wesirs Ptahhotep in Sakkara (5. Dynastie) oder die Darstellung des Malers Iri im Grab des Nianchpepi in Meir (6. Dynastie). Aus dem Neuen Reich sind uns in Gräbern mehrere Nennungen von Malern und Bildhauern bekannt.

Wenn die Künstler selber zu Worte kommen, betrifft dies meist Äußerungen über technische Fertigkeiten und Erfindungen. So rühmt sich Nefermaat, ein Sohn Snofrus, der Erfindung des Pastenreliefs oder im Neuen Reich Inene der Erfindung des Lehmverputzes als Malunterlage. Ein einzigartiges Zeugnis in der ägyptischen Kunstgeschichte ist uns von einem gewissen Irtisen erhalten geblieben, der unter Mentuhotep II. Nebhepetre Vorsteher der Handwerker und sowohl Maler als auch Bildhauer war. Seine Stele, die er in Abydos aufstellen ließ, feiert ihn als «Wiederentdecker» des Proportions- und Farbkanons, dessen Kenntnis nach dem Zusammenbruch des Alten Reiches verloren gegangen war. Dabei handelt es sich aber nicht um eine Neuerfindung, sondern der Zweck der Inschrift war die Tradierung der Grundgesetze der bildenden Kunst.

Literatur: Drenkhahn, Handwerker; Hermann, A., Zur Anonymität der ägyptischen Kunst, MDAIK 6, 1936, 150ff.; Hornung, E., Zur geschichtlichen Rolle des Königs, MDAIK 15, 1957, 120–133; Junker, H., Die gesellschaftliche Stellung der ägyptischen Künstler im Alten Reich, Wien 1959; Kees, H., Ägypten, Kulturgeschichte des Alten Orients I (Hg. A. Alt et al.), München 1933, 132–171; Schott, E., LÄ III, 833–836, s. v. Künstler; Wolf, W., Das Problem des Künstlers in der Ägyptischen Kunst, Hildesheim 1951.

Die Kunst der Vorgeschichte und der Frühzeit

DIE VORGESCHICHTE (4000–3000 V. CHR.)

Noch um 1880 bezweifelte man ernsthaft die Existenz einer Vorgeschichte auf ägyptischem Boden. Die Geschichte und Kultur des Alten Ägyptens ließ man direkt mit den Pyramiden beginnen, obwohl klar sein mußte, daß so grandiose Bauwerke nicht aus dem Nichts entstanden sein konnten. Die Entdeckung der ägyptischen Vorzeit verdanken wir dem englischen Ägyptologen Sir William Matthew Flinders Petrie (1853–1942) und seinem Kollegen James E. Quibell (1867–1935). Sie offenbarte sich den beiden Forschern im Jahre 1895 bei den oberägyptischen Dörfern Ballas, Tuch und Negade, die reichlich prähistorisches Material lieferten. Von dem letztgenannten Ort erhielt die hier aufgedeckte neolithische Kultur ihren Namen.

Die ägyptische Vorgeschichte erscheint als Abfolge verschiedener «Kulturen», von denen die oberägyptische Kultur von Negade die bedeutendste ist. Anhand der gefundenen Tonware konnte sie in zwei Phasen unterteilt werden, die als Negade I (1. Hälfte des 4. Jt.s v. Chr.) und Negade II (2. Hälfte des 4. Jt.s v. Chr.) bezeichnet werden. Heute trennt man davon noch eine dritte Phase als «Negade III» ab (protodynastische Zeit oder «Dynastie 0»). Die Jungsteinzeit (Neolithikum) läßt sich im Niltal allerdings bis ins 6. Jahrtausend v. Chr. zurückverfolgen. Die zunehmende Austrocknung der Steppen auf dem westlich vom Niltal gelegenen Hochplateau (der späteren Libyschen Wüste) veranlaßte den Menschen, in die Nillandschaft vorzudringen, dort seßhaft zu werden, Ackerbau und Viehzucht zu treiben. Für das 5. Jahrtausend sind vor allem die unterägyptischen Kulturen von Merimde, Faijum, Omari und Maadi zu nennen, die alle ein vorderasiatisches Gepräge haben, sowie die oberägyptische Tasa- und Badari-Kultur, die dem nubisch-sudanesischen Kulturhorizont angehören. Der ägyptischen Hochkultur gingen also zwei sowohl in ihrer räumlichen Verbreitung als auch ihrem materiellen Erscheinungsbild verschiedene Kulturfolgen voraus. Zu Beginn des 4. Jahrtausends breitete sich dann allerdings die oberägyptische Negade-Kultur über ganz Ägypten aus. In ihr liegen auch die Wurzeln der ägyptischen Kunst.

Mangels schriftlicher Zeugnisse stehen die Kunstdenkmäler dieser Zeit für sich allein. Es handelt sich in der Regel um Grabfunde, die den Glauben an ein Fortleben im Jenseits dokumentieren. Das 4. Jahrtausend ist die Blütezeit nicht nur der ägyptischen Vasenmalerei, sondern der Töpferkunst insgesamt, die annähernd Vergleichbares erst wieder im Neuen Reich hervorgebracht hat. Die Bewußtseinswerdung des Menschen der Vorgeschichte findet ohne Zweifel im Bereich der Keramik ihren Ausdruck. Zu nennen sind insbesondere rotpolierte Gefäße mit schwarz geschmauchtem Rand sowie die Tongefäße mit weiß- und rotfiguriger Malerei, die uns eindrückliche Jagd- und Bestattungsszenen vor Augen führen. Hinzu kommen die reizvollen Schminkpaletten aus Schiefer in Tiergestalt und verschiedene Elfenbeinschnitzereien. Auch Waffen wie Keulenköpfe aus verschiedenen Gesteinen oder Messer und Pfeilspitzen aus Silex wurden kunstvoll ausgeführt. Daneben existieren kleinformatige rundplastische Werke aus Ton oder Knochen, Tier- und Menschenfiguren. Bereits in der 1. Hälfte des 4. Jahrtausends stellte man Gefäße aus Stein her, die die Keramik während der 2. Hälfte des 4. Jahrtausends allmählich verdrängten. Die Kunst der Steingefäßherstellung erreichte einen ersten Höhepunkt. Schwer datierbar sind die Felsbilder in der Arabischen Gebirgs- und der Libyschen Sandwüste, aus denen, wie man vermutet, die Vasenmalerei hervorgegangen ist. Die Architektur bestand im 4. Jahrtausend aus vergänglichen Schilfmatten-Bauten.

Um 3500 v. Chr. können wir mit dem sog. Fürstengrab von Hierakonpolis und seinen Malereien erstmals politische Strukturen fassen. Bereits um 3150 v. Chr. – oder noch früher – dürfte ein gesamtägyptisches Reich unter der Herrschaft eines Königs bestanden haben. Zumindest dem Namen nach sind uns zahlreiche Herrscher der folgenden 150 Jahre bekannt, an deren Ende der bekannte Narmer steht. In dieser Zeit entstand die Schrift, und es bildeten sich allmählich die typischen Eigenheiten der ägyptischen Kunst heraus, die uns auf

den reliefierten Schminkpaletten und Keulenköpfen vor Augen treten. Zwar finden sich jetzt auch sog. «mesopotamische» Motive und Stilformen, doch handelt es sich dabei vielleicht weniger um Übernahmen aus dem Vorderen Orient als viel mehr um Zeugnisse einer einheitlichen vorgeschichtlichen Kunst im gesamten Nahen Osten.

Zeitloses, immer wiederkehrendes Geschehen ins Bild zu fassen wußte schon der Ägypter des 4. Jahrtausends v. Chr., aber erst das Mittel der Schrift machte es ihm möglich, Informationen, die die Aussagemöglichkeit des Bildes sprengten, festzuhalten und weiterzugeben. Dazu gehören vor allem Namen von Königen, Beamten und Städten sowie Produkten. Als Schriftzeichen benutzte er Bilder, die er seiner Umwelt entnahm, eine Schrift in Bildern, aber keine Bilderschrift! Daß gerade das Bild als Schriftzeichen gewählt und bis zuletzt beibehalten wurde, liegt vielleicht daran, daß der Ägypter seine Umwelt stets intensiv wahrnahm und das Geschehen in der Natur religiös zu deuten suchte. Frühe Schriftzeugnisse findet man z.B. auf Prunkschminkpaletten und Prunkkeulenköpfen kurz vor 3000 v. Chr., die Weihegaben an ein bedeutendes Falkenheiligtum im oberägyptischen Hierakonpolis waren. Gerade in der Frühzeit bildeten Schrift und Kunst noch in viel stärkerem Maße eine Einheit als später, ja Wort und Bild wären isoliert betrachtet unverständlich. Es fehlen noch die Mittel, um Verben, aber auch den Plural und weibliche Endungen wiederzugeben. Das Fehlende wird durch die Bilder ergänzt. So sind die Grenzen zwischen Flachbild und Schrift am Anfang noch fließend. Erst durch das Bedürfnis, auch längere, vom Bild losgelöste Texte zu schreiben, wird die Schrift ein eigenständiger Informationsträger, doch bleiben Wort und Bild bis an das Ende der ägyptischen Kultur eng miteinander verbunden.

DIE FRÜHZEIT (1.–2. DYNASTIE, 3000–2740 V. CHR.)

Begründer der 1. Dynastie ist um 3000 v. Chr. Horus Aha. Mit ihm setzt die historische Epoche ein. Die 1. und 2. Dynastie werden als Frühzeit bezeichnet. Es ist eine archaische Epoche, in der sich der so typisch ägyptische Kunststil festigt und jegliche fremden Elemente ausgeschieden werden. In zunehmendem Maße erscheinen nun Schriftzeugnisse auf Steingefäßen, Stelen und Rollsiegeln.

In der Frühzeit entsteht z. B. die monumentale Lehmziegelarchitektur. Überlebensgroße Skulpturen aus Holz und Stein werden angefertigt. Zweifellos ist die Frühzeit die große Blütezeit der Steingefäße, die jetzt in jeglicher Form und Größe hergestellt wurden. Dabei spielten auch die Farbe und Beschaffenheit der Gesteine keine unwesentliche Rolle. Es scheint geradezu, als habe man möglichst viele verschiedene Gesteinsarten verwenden wollen. So treffen wir neben Kalkstein und Kalzit-Alabaster auch auf herrliche Gesteine wie Granit, Gneis, Diorit und Breccie.

Zu dieser Zeit machten die Ägypter grundlegende Erfahrungen mit den verschiedenen Steinbruchtechniken und Transportmöglichkeiten. Sie bildeten das Fundament für den im Alten Reich entstehenden Monumentalbau aus Stein.

AW

Literatur: Asselberghs, Chaos; Hoffman, M. A., Egypt before the Pharaohs – The Prehistoric Foundation of Egyptian Civilization, rev. ed., Austin 1991; Kaiser, W., Zur inneren Chronologie der Naqadakultur, Archaeologia Geographica 6, 1957, 69ff.; Midant-Reynes, B., Préhistoire de l'Egypte. Dès premiers hommes aux premiers pharaons Paris 1992; Spencer, A. J., Early Egypt. The Rise of Civilisation in the Nile Valley, London 1993; Spencer, J. (Hg.), Aspects of Early Egypt, London 1996; The Followers of Horus. Studies dedicated to Michael Allen Hoffman (Hg. R. Friedman – B. Adams), Egyptian Studies Association No. 2, Oxbow Monograph 20, Oxford 1992.

1

Tongefäß in Gestalt eines Nilpferdes

Privatsammlung Elsa und Dr. Pierre Henri Bloch-Diener, Bern

Gebrannter Ton
H. 16,6 cm; L. 20,4 cm; H. der Tülle 6,1 cm;
Dm. der Tülle 4,2 cm
Ausgußtülle im oberen Teil beschädigt
Prädynastisch, um 3500 v. Chr. (spätes Negade Ic
bis Negade IIa)
Ehemals Sammlung Colonel N. R. Colville

Tönerne Gefäße in Tiergestalt sind in Ägypten seit etwa der Mitte des 4. Jt.s v. Chr. bekannt. Geläufig sind vor allem Gefäße in Form von Fischen und Vögeln, seltener Schweinen. Obwohl Nilpferdgefäße aus Stein im ganzen 4. Jt. v. Chr. beliebt waren, ist unser Beispiel aus Ton ohne Parallele.

Der Gefäßkörper wird von der Figur eines Nilpferdes gebildet. Mit festem Stand und geschlossenem Maul blickt es uns mit seinen Knopfaugen drollig entgegen. Seine kleinen Ohren liegen eng am Kopf an; die Hautwulste im Nacken des Tieres sind durch zwei leichte Wellen im Ton angedeutet. Die Öffnung, deren Rand mehrfach beschädigt ist, bildet ein kaminartiger Aufsatz auf dem Nilpferdrücken. Verblüffend ist die Verbindung zweier Keramikgattungen: Während die Oberfläche des Ausgusses rot poliert und dessen Rand schwarz geschmaucht ist (sog. black-topped ware), ist die Oberfläche des Gefäßkörpers roh, d.h. unpoliert, belassen (sog. rough-faced ware). Die rot polierte Keramik mit schwarz geschmauchtem Rand ist typisch für die ältere Negadekultur (1. Hälfte des 4. Jt.s v. Chr.), die an der Oberfläche roh belassene Ware setzt dagegen erst mit der jüngeren Negadeperiode ab Mitte des 4. Jt.s v. Chr. ein. Es ist daher am wahrscheinlichsten, dieses Gefäß in die Übergangszeit der beiden Kulturstufen zu datieren, also etwa in die Zeit um 3500 v. Chr.

Das Nilpferd besaß im 4. Jt. v. Chr sicher große wirtschaftliche Bedeutung als Fleischlieferant. Spätere Quellen spiegeln eine ambivalente symbolische Bedeutung wider: Es wurde gejagt wie verehrt, kam zu göttlichen Ehren oder wurde verfemt. Eine entsprechende Bedeutung im prähistorischen Weltbild ist plausibel. Die im 4. Jt. v. Chr. besonders hoch eingeschätzte Macht des Nilpferdes bezeugen neben Malereien und Steingefäßen auch nilpferdgestaltige Schminkpaletten, Amulette und kleine Fayencefiguren. AW

Publikation: unveröffentlicht. Die Echtheit des Gefäßes wurde durch eine Thermolumineszenz-Analyse in Oxford bestätigt.
Parallelen: Nilpferdgefäß aus Elfenbein (Badari-Kultur/frühes Negade I): Brunton, Mostagedda, pl. XXIII, 3. Hohle Nilpferdfigur aus Ton mit geöffnetem Maul (Negade IIb): Crowfoot Payne, Predynastic Egyptian Collection, 20, no. 52, fig. 13. Ein Fischgefäß mit ähnlichem, «kaminartigem» Ausguß (Negade IIa) bei Crowfoot Payne, Predynastic Egyptian Collection, 34, no. 110, fig. 23. Ein Negade-I-Gefäß mit Beinen bei Bissing, Tongefäße, 21, Nr. 2008, Taf. I; Needler, Predynastic and Archaic Egypt, 187, no. 28, pl. 7. Bei zahlreichen theriomorphen Tongefäßen der Negade-II-Zeit scheint es sich um Schweine und nicht um Nilpferde zu handeln: Crowfoot Payne, Predynastic Egyptian Collection, 113, no. 927, fig. 50; Bissing, Tongefäße, 37f., Nr. 2147, Taf. V; F. W. von Bissing, Altägyptische Gefäße im Museum von Gise, ZÄS 36, 1898, 122ff.; Antiquités préhistoriques (Bruxelles 1994), 30–31, nr. 7; Egyptian Art (Cambridge 1995), 10, no. 1.
Literatur: Zur chronologischen Abfolge der Keramikgattungen im 4. Jt. v. Chr. s. W. Kaiser, Zur inneren Chronologie der Naqadakultur, Archaeologia Geographica 6, 1957, 69ff. Zu den Gefäßen in Tiergestalt s. Vandier, Manuel I,1, 306–317. Zu Nilpferddarstellungen in prähistorischer Zeit allg. Behrmann, Nilpferd I, Dok. 150. Zur Bedeutung des Nilpferdes vgl. Wiese, Stempelsiegel-Amulette, 136f.

2

Vier rot polierte Tongefäße mit schwarz geschmauchtem Rand

Privatsammlung Elsa und Dr. Pierre Henri Bloch-Diener, Bern (A)
Privatsammlung H. H., Zürich (B)
Privatsammlung J. P. C., Genf (C)
Privatsammlung Kilchberg (D)

A
Gebrannter Ton
H. 21,6 cm; Dm. 7,9 cm (Öffnung)
Intakt
Prädynastisch, 4000–3500 v. Chr. (Negade I)

B
Gebrannter Ton
H. 22,6 cm; Dm. 7 cm (Öffnung)
Aus mehreren Fragmenten zusammengesetzt. Moderne Ritzung (Widder)
Prädynastisch, 4000–3500 v. Chr. (Negade I)
Ehemals Sammlung Spencer-Churchill

C
Gebrannter Ton
H. 23,3 cm; Dm. 12 cm (Öffnung)
Intakt. Kleine Bestoßungen am Rand retuschiert
Prädynastisch, 4000–3500 v. Chr. (Negade I)

D
Gebrannter Ton
H. 52,6 cm; Dm. 14,3 cm (Öffnung)
Aus mehreren Fragmenten zusammengesetzt
Prädynastisch, 4000–3500 v. Chr. (Negade I)

Das 4. Jt. v. Chr. bildet die Blütezeit der ägyptischen Keramikproduktion sowohl in der Formgebung als auch in der Vasenmalerei. Erst im Neuen Reich, also rund 2000 Jahre später, wurden wieder annähernd so hochstehende Gefäße geformt und bemalt.

Die handgemachte Keramik der älteren Negadekultur zeichnet sich durch ihre Farb- und Formgebung aus. Nur selten sind Gefäße mit ornamentalen oder figürlichen Motiven in weißer Farbe dekoriert (vgl. Kat.-Nr. 4). Häufiger dagegen sind eingeritzte Topfmarken. Das Besondere an diesen schlichten Tongefäßen ist der herrliche Rot-Schwarz-Effekt. Während der Gefäßkörper leuchtend rot poliert ist, weist der Rand eine metallisch glänzende Schwarzfärbung auf. Diese Zweifärbung wurde in einem Brandvorgang bewerkstelligt. Um die Rotfärbung zu erreichen, wurden die Gefäße vor dem Brand mit Ocker überzogen und mit einem Polierstein geglättet. Danach steckte man sie mit der Öffnung nach unten in die Asche des Töpferofens, welche die charakteristische Schwarzfärbung des Randes und der Innenfläche bewirkte. Noch in der jüngeren Negadekultur wurden solche Gefäße neben der rotbemalten Keramik hergestellt.

Zumeist sind es schlanke Becher (C) mit mehr oder weniger ausladendem Rand oder bauchige Töpfe (A, B), die unten spitz zulaufen bzw. über eine kleine Standfläche verfügen. Selten erreichen die Gefäße eine Höhe von über 50 cm (D). Erhalten blieben sie uns als Vorratsgefäße in einfachen Grubengräbern. Sie dokumentieren die intensive Fürsorge für den Verstorbenen und den damit verbundenen Glauben an ein Fortleben im Jenseits bereits in dieser frühen Kulturstufe. Neben den relativ kleinen und zierlichen Gefäßen aus der prähistorischen Zeit Ägyptens, die wohl vorwiegend als Grabbeigaben dienten, gab es immer auch große und gröbere Ausführungen für den täglichen Gebrauch. Zu dieser Art von Keramik zählt das vorliegende, handgeformte Beispiel (D), das ebenfalls vom beachtlichen handwerklichen Können der Töpfer der damaligen Zeit zeugt. Das hohe, nach unten zusammenlaufende Gefäß mit rot polierter Oberfläche und schwarz geschmauchtem Rand besitzt trotz seiner Größe eine ausgewogene Form. Die Lippe wird von einem feinen Wulst gebildet, die Standfläche ist relativ schmal. AW

Publikation: unveröffentlicht.
Parallelen: vgl. etwa Needler, Predynastic and Archaic Egypt, 171ff.; Crowfoot Payne, Predynastic Egyptian Collection, 29–32; Petrie, Corpus, pl. VI,58a (D).
Literatur: zur chronologischen Abfolge der Keramikgattungen in den Negade-Kulturen vgl. W. Kaiser, Zur inneren Chronologie der Naqadakultur, Archaeologia Geographica 6, 1957, 69ff.; ferner Petrie – Quibell, Naqada, 11ff.; Petrie, Diospolis Parva, Vorsatzblatt; Vandier, Manuel I,1, 297ff.; Scharff, Altertümer I, 102ff.; Kayser, Kunsthandwerk, 73ff. Zur Herstellungstechnik s. A. Lucas, Black and Black-Topped Pottery, ASAE 32, 1932, 93–96; P. Davies, Red and Black Egyptian Pottery, JEA 48, 1962, 19–24; Lucas – Harris, Materials, 367–385, bes. 377–381; Arnold – Bourriau, Pottery.

Gefäßen dieser Zeit. Häufiger bezeugt sind einfache geometrische Töpfermarken.
Tierdarstellungen, wie wir sie auf der Vorderseite unseres Gefäßes sehen, sind uns seit dem 6./5. Jt. v. Chr. als Felsbilder aus dem Sudan und Oberägypten bekannt. Zumeist sind es Abbildungen von Elefanten, Giraffen, Antilopen, Schafen und Nilpferden. Man nimmt an, daß diese Felszeichnungen Vorbilder für die ägyptische Vasenmalerei des 4. Jt.s v. Chr. lieferten. Eine eindeutige Identifizierung des in hohem Maße abstrahierten Tieres auf unserem Gefäß ist nur schwer möglich. Der Körper ist wenig charakteristisch gezeichnet. Dagegen erinnert der Kopf mit seinen hörnerartigen Fortsätzen – ein langes schmales «Horn» scheint ein kürzeres breites zu überragen – entfernt an prähistorische Darstellungen von Nashörnern. Der Zweig, der sich über dem Rücken des Tieres wölbt, mag die Landschaft andeuten. AW

Publikation: unveröffentlicht.
Parallelen: zum Graffitto vgl. Petrie – Quibell, Naqada, pl. LI,25; Crowfoot Payne, Predynastic Egyptian Collection, 37, no. 143, fig. 20; Needler, Predynastic and Archaic Egypt, 173, no. 5, pl. 1 (mit Vierfüßler); Antiquités préhistoriques (Bruxelles 1994), 19, nr. 1.
Literatur: zur Keramikgattung vgl. die Literaturangaben zu Kat.-Nr. 2. Zum Nashorn s. Störk, Nashörner, 97ff. 142ff. Zu den Felsbildern vgl. Winkler, Rock-Drawings I, 29f., pl. XIV. XX. XXI; Boessneck, Tierwelt, Taf. 73f.

3

Tongefäß mit Ritzzeichnung

Privatsammlung Elsa und Dr. Pierre Henri Bloch-Diener, Bern

Gebrannter Ton
H. 21,1 cm; Dm. 13 cm (Öffnung)
Bestoßungen am Rand, Oberfläche teilweise versintert
Prädynastisch, gegen 3500 v. Chr. (Negade Ic)

Das vorliegende Gefäß gehört zur Gattung der rotpolierten Tonware mit schwarz geschmauchtem Rand (vgl. Kat.-Nr. 2), die typisch für die ältere Negadekultur ist, aber auch noch im späten 4. Jt. v. Chr. hergestellt wurde. Das Besondere an diesem ovalen Topf ist seine Ritzzeichnung, die uns wahrscheinlich ein jagdbares Wild der Steppe mit einem Zweig darüber zeigt. Solche figürlichen Ritzzeichnungen findet man nur selten auf

4

Drei rotpolierte Tongefäße mit weißer Bemalung

Privatsammlung Elsa und Dr. Pierre Henri Bloch-Diener, Bern (A)
Privatsammlung Dr. Peter H. Bloch, Solothurn (B, C)

A
Gebrannter Ton
H. 18,6 cm; Dm 7,1 cm (Öffnung)
Ca. 8 cm langer Riß am Rand, weiße Farbe stellenweise abgeplatzt, Standfläche berieben
Prädynastisch, gegen 3500 v. Chr. (Negade Ic)

B
Gebrannter Ton
H. 4,3 cm; Dm. 10,2 cm (Öffnung)

4 A–C

4 A

Bestoßung am Rand, an zwei Stellen ergänzt
Prädynastisch, gegen 3500 v. Chr. (Negade Ic)

C
Gebrannter Ton
H. 4,5 cm; Dm. 11,1 cm (Öffnung)
Am Rand leicht abgesplittert und an einer Stelle ergänzt
Prädynastisch, gegen 3500 v. Chr. (Negade Ic)

Charakteristisch für die ältere Negadekultur, aber keineswegs häufig, sind weiß bemalte Tongefäße. Die mit gelblich-weißem, kalkhaltigem Tonschlicker aufgetragenen Dekorationsmuster auf rot poliertem Grund sind vorwiegend geometrischer Art und ahmen in manchen Fällen das Flechtwerk von Körben nach. Häufig sind z. B. Dreiecksmuster, wobei wie bei unserem Beispiel (B) die von der Malerei ausgesparten Flächen einen Stern ergeben können, oder mehrfache Zickzacklinien, die von Umrandungen begrenzt werden (C). Die Malerei wurde vor dem Brennen mit einer Art Pinsel aufgetragen. In seltenen Fällen können weißfigurige Gefäße auch einen schwarz geschmauchten Rand aufweisen. Häufig sind bei dieser Keramikgattung flachbodige Formen wie Näpfe, Schalen und Schüsseln sowie tulpenförmige Becher. Sehr selten nur begegnen Darstellungen von Menschen und Tieren, die offensichtlich von den älteren Felsbildern beeinflußt sind (vgl. Kat.-Nr. 3). Neben einzelnen Tieren wie Schafen, Nilpferden und Krokodilen werden auf einigen tulpenförmigen Vasen ganze Jagdszenen oder Tänzerinnen mit erhobenen Armen sowie Schiffe abgebildet.

Auf unserem tulpenförmigen Becher (A) erkennen wir auf dem Gefäßkörper vier größere, im Kreis angeordnete Tiere, deren Identifizierung nicht eindeutig ist. Es dürfte sich wohl um verschiedene Gazellen oder Antilopen handeln. Die schraffierten Dreiecke, die von oben und unten ins Bildfeld ragen, mögen die Landschaft andeuten, eine Zickzacklinie gar einen Flußlauf. Einmal scheinen zwei Hunde eine Gazelle zu jagen. Dasselbe Tier wird auch von einem Pfeil (?) getroffen. Das unterste Drittel des Bechers und der Lippenrand sind weiß bemalt. AW

Publikation: unveröffentlicht.
Parallelen: A) vgl. Crowfoot Payne, Predynastic Egyptian Collection, 62, no. 422f., fig. 30.
Literatur: vgl. die Literatur bei Kat.-Nr. 2; Petrie, Corpus, pl. XX–XXVII; Vandier, Manuel I,1, 267–288; Crowfoot Payne, Predynastic Egyptian Collection, 56ff., no. 387ff.; Needler, Predynastic and Archaic Egypt, 183ff; Antiquités préhistoriques (Bruxelles 1994), 23, nr. 3; E. Finkenstaedt, The Location of Styles in Painting: White Cross-Lined Ware at Naqada, JARCE 18, 1981, 7–10. Zur Herstellungstechnik s. A. Scharff, Some Prehistoric Vases in the British Museum and Remarks on Egyptian Prehistory, JEA 14, 1928, 261–276.

5
Weißbemaltes Tongefäß mit aufgesetzter Randverzierung

Privatsammlung Roland Cramer, Genf

Gebrannter Ton
H. 22,8 cm (ohne Stiere); Dm. 8,8 cm (Öffnung); L. (der Stiere) 5,5–6,5 cm
Aus mehreren Fragmenten zusammengefügt. Aufgesetzte Verzierung bestoßen. Zwei der ursprünglich vier Stiere fehlen.
Prädynastisch, um 4000–3500 v. Chr. (Negade I)
Ehemals Privatsammlung Ernest Cramer

Eine besondere Variante der weißfigurigen Tonware der Negade-I-Zeit bilden Gefäße, die mit plastisch ausgeführten Tierfiguren verziert sind. Diese wurden entweder auf den Rand gesetzt oder – seltener – direkt auf der Gefäßwandung mit Tonschlicker appliziert. Nur wenige Belege dieser Gefäßart sind bekannt, zumeist hohe zylindrische Becher oder niedrige Näpfe bzw. Schüsseln.
Unser Gefäß ist von hoher zylindrischer Gestalt, wobei sich die Wandung leicht nach außen wölbt. Die Außenseite ist mit den typischen Mustern der weißfigurigen Tonware verziert. In die senkrechten Streifen sind geometrische und pflanzliche Ornamente eingepaßt. Der abschließende, nach außen kragende Rand trägt zwei Figuren von schreitenden Rindern, die mit einem rötlichen Slip überzogen sind.
Solche aufgesetzten Randverzierungen gehören mit zu den frühesten rundplastischen Erzeugnissen, die wir aus dem alten Ägypten kennen. Es sind in der Regel dieselben Tiere, die wir auch in der weißfigurigen Dekoration finden – vor allem die mächtigen Tiere des Wassers wie Nilpferd und Krokodil, aber auch große Landtiere wie Elefanten und Rinder bzw. Stiere. Ein jüngst im prähistorischen Friedhof von Abydos entdeckter Napf weist sieben auf dem Rand aufgesetzte Büsten von nackten Frauen auf. Zweifellos hatten diese Tier- und Menschenfiguren eine – uns unbekannte – symbolische und religiöse Bedeutung. AW

Publikation: unveröffentlicht.
Parallelen und Literatur: Ancient Egypt (Boston 1960), 18f., pl. 2. Boston, Museum of Fine Arts Inv.-Nr. 041814. Weitere Beispiele bei Vandier, Manuel I,1, 274f.; Ägyptisches Museum Berlin (1991), 4f., Nr. 1; A. Scharff, Vorgeschichtliches zur Libyerfrage, ZÄS 61, 1926, 16–30, Taf. I,1. II,1; ders., Some Prehistoric Vases in the British Museum and Remarks on Egyptian Prehistory, JEA 14, 1928, 261–276, pl. XXVII,2. Ägyptisches Museum Kairo (1986), Nr. 3.

6

Zwei Steingefäße mit Ösen und Standfuß

Privatsammlung, Schweiz (A)
Privatsammlung, Schweiz (B)

A
Schwarzer Basalt
H. 32 cm; Dm. 10 cm
Intakt, bis auf eine geringfügige Bestoßung an der einen Öse
Prädynastisch, 1. Hälfte des 4. Jt.s v. Chr. (Negade I)

B
Schwarzer Basalt
H. 18,3 cm; Dm. 7,8 cm
Bestoßung an Lippe und Fuß, Ritzzeichnung modern
Prädynastisch, 1. Hälfte des 4. Jt.s v. Chr. (Negade I)

Neben Tongefäßen treten bereits in vorgeschichtlicher Zeit die Steingefäße – wenn auch im Vergleich zu ihnen noch eher selten – prominent hervor. Die hohe Kunst der Steinbearbeitung erreichte in der Frühzeit und dem Alten Reich einen quantitativen und künstlerischen Höhepunkt. Besonders während der ersten drei Dynastien gehörten Steingefäße unterschiedlichster Gestalt zu den häufigsten Beigaben sowohl privater als auch königlicher Grabstätten. Mehr als sechshundert Steinvasen von vollendeter Schönheit waren Teil der Grabausstattung des Königs Chasechemui (2. Dyn.) in Abydos. In den Galerien unter der Stufenpyramide von Sakkara wurden an die vierzigtausend Steingefäße gefunden. Diese stammten nicht ausschließlich aus den Werkstätten des Königs Djoser (3. Dyn.), sondern auch aus den beiden vorausgehenden Dynastien. Die Leitformen veränderten sich im Laufe der kommenden drei Jahrtausende nur wenig. Mit dem Aufkommen der Töpferscheibe, die seit der 5. Dynastie zu belegen ist, verlor das zur Meisterschaft gediehene Steingefäßhandwerk an Bedeutung. An die Stelle der arbeitsintensiven und kostspieligen Steinvasen trat vermehrt Tonware, die sich am gefundenen Formenkanon zu orientieren wußte.

Die Materialbeherrschung und die Präzision der Herstellung sind angesichts der einfachen Hilfsmittel beeindruckend. Das Ausbohren des Gefäßes, dessen Umriß bereits rudimentär ausgearbeitet war, erfolgte mittels eines Kurbelbohrers, der aus einer mit Gewichten versehenen Triebstange mit Griff und einem Bohrkopf – wohl aus einem harten Gestein wie Flint, Diorit, Granit oder Metall – bestand. Das Glätten und Polieren der mit besonderer Sorgfalt behandelten Außenfläche und teilweise auch der Innenseite wurde mit Hilfe von Kieselsteinen und Sand vorgenommen. Die Verarbeitung sowohl weicher als auch besonders harter Gesteinsarten begrenzte das Repertoire der frühgeschichtlichen Gefäßformen in keiner Weise.

Erstaunlicherweise steht der vorliegende elaborierte Gefäßtypus am Anfang der Entwicklung der altägyptischen Steingefäßproduktion. An der stark durchgegliederten Gestalt des Gefäßes sind der bauchige Körper, die abgesetzte Lippe und der stark eingezogene Standfuß markant. Die hoch angesetzten, henkelartigen Ösen waren zum Durchziehen von Schnüren bestimmt, mit welchen wohl der Verschluß befestigt wurde. MPG

Publikation: unveröffentlicht.
Parallelen und Literatur: Aston, Stone Vessels, 95, no. 12; el-Khouli, Stone Vessels, Predynastic to Dyn. III, vol. I, 175–178, no. 1246. 1257–1258. 1261; vol. III, pl. 51–52.

7

Steingefäß mit Feindfiguren («Vase Bally»)

Privatsammlung

Serpentin
H. 18,6 cm; Dm. 7,7 cm
Oberfläche partiell erodiert und bestoßen
Prädynastisch, spätes 4. Jt. v. Chr. (Negade II–III)
Ehemals Sammlung Bally; Schönenwerd, Musée Bally-Prior, Inv. Nr. 5875

In seiner Art einzigartig ist dieses durchgegliederte Gefäß mit hochovalem Körper und abgesetzter Lippe, das einen figürlichen Dekor in erhabenem Relief aufweist. Drei frontal dargestellte stehende männliche Gestalten umspannen den Vasenkörper. Jede Figur weist in Nackenhöhe eine Durchbohrung auf, die wohl als Tragöse oder zur Befestigung des Verschlusses diente.
Der Umriß der kräftigen Figuren ist silhouettenhaft. Plastisch hervorgehoben sind die Gesichter mit Spitzbart, den tief ausgebohrten – ursprünglich wohl eingelegten – Augen, den hoch angesetzten Ohren und dem nur angedeuteten Mund sowie die unterschiedlich gestalteten Phallustaschen.
Bei den dargestellten Männern, die an den erhobenen, angewinkelten Armen aneinandergefesselt sind, handelt es sich um Feindfiguren. Vorläufer solcher Darstellungen finden sich in Form von stark stilisierten, abstrakt anmutenden Figuren mit Spitzbart und einfachen, aber charakteristischen Körperlinien bereits in der Kultur von Negade I (1. Hälfte des 4. Jt.s v. Chr.).

MPG

Publikation: Vandier, Manuel I,1, 372, n. 3; H. Wild, Choix d'objets pré-pharaoniques appartenant à des collections de Suisse, BIFAO, 47, 1948, 1–58, bes. 47–58.
Parallelen: el-Khouli, Stone Vessels, Predynastic to Dyn. III, vol. I, 179, no. 1268; vol. III, pl. 151. Vgl. dazu auch: Capart, Débuts de l'art, 95–97, fig. 64.
Literatur: vgl. den sog. «MacGregor Man», Oxford, Ashmolean Museum, Inv.-Nr. 1922.70: s. Ancient Egypt (Oxford 1992), 16, fig. 10; vgl. ibid., 25, pl. V: Ashmolean-Fragment der sogenannten «Schlachtfeldpalette» mit Darstellung von zwei gefesselten Gefangenen, deren Arme hinter dem Rücken auf Ellenbogenhöhe zusammengebunden sind. S. auch: Afrika, Nr. 1.18; 1.22. Vgl. die Scherbe eines Steingefäßes mit der Reliefdarstellung eines Kriegers mit entsprechender Phallustasche bei Kayser, Kunsthandwerk, 26, Abb. 22.

8

Zwei Keulenköpfe (sog. Tellerkeulen)

Privatsammlung Elsa und Dr. Pierre Henri Bloch-Diener, Bern (A, B)

A
Breccie
Dm. 5,8 cm; Durchbohrung: 1,1 cm – 1,4 cm
Kante leicht bestoßen
Prädynastisch, 1. Hälfte des 4. Jt.s v. Chr. (Negade I)

B
Gabbro
Dm. 8,2 cm; Durchbohrung: 0,5 cm – 1,7 cm
Kante leicht bestoßen
Prädynastisch, 1. Hälfte des 4. Jt.s v. Chr. (Negade I)

9

Waffen und Werkzeuge

Privatsammlung, Schweiz

Feuerstein (Silex)
Messer- und Dolchklingen, Schaber, Pfeil- und Speerspitzen
L. 2,8 cm – 22,6 cm
Intakt
Prädynastisch, 4. Jt. v. Chr. (Negade I–II)

Wichtigstes Material der Negade-Zeit zur Herstellung von Werkzeugen mit scharfen Kanten war der Feuerstein. Mit meisterhafter Perfektion wurde der Stein in einem ersten Arbeitsgang poliert, worauf man die Kanten lamellenartig abschlug und minutiös zackte und schärfte. Entsprechend ihrem Verwendungszweck als Schaber, Dolche, Messer, Pfeil- und Speerspitzen wur-

Die Keulenköpfe, aus unterschiedlichen Hartgesteinen hergestellt und ursprünglich mit einem Lederband an einem Holzschaft befestigt, dienten im vorgeschichtlichen Ägypten primär als Waffen. Die sog. Tellerkeulen wurden in der jüngeren Negade-Zeit zugunsten der kompakten Birnenkeulen aufgegeben.
Die Verkleinerung des zentralen Bohrloches (vgl. die Tellerkeule aus Gabbro, B), das lediglich einen sehr schmalen Schaft aufnehmen konnte, verweist auf die Untauglichkeit späterer Keulenköpfe als Kriegswerkzeug. Schon in prähistorischer Zeit hatte sich offenbar die Funktion dieser Objekte von eigentlichen Waffen zu Gegenständen von rituellem und repräsentativem Charakter gewandelt.
Als zeremonielle Waffe des siegreichen Königs wurde die Keule zum festen Bestandteil der Ikonographie des «Erschlagens der Feinde», wie sie bereits auf der Narmerpalette zu finden ist und in diesem Kontext bis in die Ptolemäer-Zeit begegnet (vgl. Abb. bei Kat.-Nr. 39). MPG

Publikation: unveröffentlicht.
Literatur: Ciałowicz, Têtes de massue; W. Decker, LÄ III, 414–415, s. v. Keule, Keulenkopf; Ägyptisches Museum Berlin (1967), Nr. 126–127; Petrie, Prehistoric Egypt, 22–23, pl. XXV–XXVI; Scharff, Altertümer I, 75–84, Taf. 8; Schoske, Erschlagen der Feinde. Zur Narmerpalette siehe Ägyptisches Museum Kairo (1986), Nr. 8.

den die Klingen geformt und nach Bedarf an hölzernen Schäften befestigt.
Bereits in vor- und frühgeschichtlicher Zeit besaß die Waffe neben ihrer primären Funktion als Gebrauchsgegenstand die eines Statussymboles. So spiegelten etwa prestigeträchtige Dolche mit Knäufen aus wertvollem Goldblech oder geschnitztem Elfenbein die Macht ihrer Besitzer wider. MPG

Publikation: unveröffentlicht.
Parallelen: Currelly, Stone Implements, pl. XLVI–LX; Hayes, Scepter I, 24, fig. 16; Ägyptisches Museum Berlin (1967), Nr. 14–30. 116–122; Scharff, Altertümer I, 50–60, Taf. 4–5. 8–9; Ägyptisches Museum Kairo (1986), Nr. 5.
Literatur: W. Helck, LÄ IV, 109–113, s. v. Messer; Drenkhahn, Handwerker, 95–96; Petrie, Prehistoric Egypt, pl. XLVIII,3–4.

10
Rhomboide Schminkpalette

Privatsammlung Schindellegi

Grüner Schiefer
H. 35,5 cm; B. 7,1 cm
Intakt
Prädynastisch, 2. Viertel des 4. Jt.s v. Chr. (Negade Ib–c)

Schminkpaletten aus grünem Schiefer gehören zu den reizvollsten kunsthandwerklichen Erzeugnissen der Negadekultur, insbesondere die figürlichen Formen. Sie dienten vornehmlich zum Anreiben von Augenschminke, hatten aber bald auch symbolische (vgl. Kat.-Nr. 11) und kultische Funktion. Den Anfang bildeten schlichte rhomboide Paletten, die z. T. beträchtliche Ausmaße annehmen konnten, wie unser Beispiel zeigt. Die Stelle im Zentrum, auf der die Schminke zerrieben wurde, ist deutlich an der Mulde zu erkennen. Auf anderen rhomboiden Paletten können – wie auf Gefäßen – figürliche Szenen, etwa eine Nilpferdjagd oder Tiere der Wüste, eingraviert sein.
Die Körperpflege, insbesondere das Schminken der Augen, spielte im alten Ägypten zu jeder Zeit eine wichtige Rolle. Für die Augenschminke benutzte man Bleiglanz, später auch Malachit, ein Kupfererz, aus dem ein grüner Farbstoff gewonnen wurde. Als Trägersubstanz verwendete man tierische Fette oder Bienenwachs. Davon abgesehen, daß das Schminken der Augen der Verschönerung diente, hatte es ebenso praktische, medizinische und magische Bedeutung. So konnten durch die Schminke Fliegen und Sonnenstrahlen ferngehalten, die sehr häufig auftretenden Augenkrankheiten z.T. geheilt und «Unheil» abgewendet werden. Besonders in der prähistorischen Zeit und auch noch weitgehend im Alten Reich diente das Schminken jen-

seitigen Zwecken. Da zu dieser Zeit die Mumifizierung noch nicht bekannt war, sollte die Schminke nach dem Tod die Körperfrische erhalten. In diesem Zusammenhang kam gewissen Tieren explizit regenerierende Bedeutung zu. Von der Palette in Form solcher Tiere (vgl. Kat.-Nr. 11) sollten sich ihre wiederbelebenden Kräfte durch die Schminke auf den Menschen übertragen. AW

Publikation: unveröffentlicht.
Parallelen: Petrie, Corpus, pl. LVIII,90; Needler, Predynastic and Archaic Egypt, 319–334, pl. 57 (vgl. bes. seine no. 251); Asselberghs, Chaos, 127–169. 277–282 (vgl. Abb. 63. 69).
Literatur: zur Datierung s. W. Kaiser, Zur inneren Chronologie der Naqadakultur, Archaeologia Geographica 6, 1957, 70. Zur Gattung allg. s. Capart, Débuts de l'art, 81–92; Vandier, Manuel I,1, 373–388. 570–599; Scharff, Altertümer II, 119–133; Crowfoot Payne, Predynastic Egyptian Collection, 221f.; Chr. Regner, Schminkpaletten, Bonner Sammlung von Aegyptiaca 2 (Hg. U. Rössler-Köhler), Wiesbaden 1996. Zum Material s. Lucas – Harris, Materials, 419f.

11
Schminkpalette in Gestalt einer Antilope

Privatsammlung Dr. Peter H. Bloch, Solothurn

Grüner Schiefer
H. 10 cm; L. 14,5 cm
Vorderbein der Gazelle weggebrochen
Prädynastisch, um 3500–3250 v. Chr. (Negade IIa–IId2)
Ehemals Sammlung H. J. P. Bomford, Esq.

Während ihrer Blütezeit – zwischen 3500 und 3250 v. Chr. – besaßen die Schminkpaletten mehrheitlich Tiergestalt. Vertreten sind Elefanten, Nilpferde, Krokodile, das Wild der Wüste, Vögel, Fische und Nilschildkröten. Die dargestellten Tiere hatten zweifellos symbolische Bedeutung und sollten dem Menschen entweder ihre Kraft oder andere besondere Fähigkeiten zuteil werden lassen. Oft sind die Augen der Tiere mit weißem Schneckenkalk eingelegt, wie dies bei unserer Doppelvogelkopf-Palette der Fall ist (Kat.-Nr. 13). Selten begegnen Paletten in Menschengestalt.
Nicht so häufig wie Paletten in Vogelgestalt sind Schminkpaletten in Form von Hornträgern. Die vorliegende Palette zeigt eine Antilope mit massigem Körper und dickem Hals. Neben dem Gehörn sind auch die Ohren zu sehen. Auge, Schnauze und Schwanz sind durch Kerben in der Oberfläche angedeutet. Am oberen Rand ist eine Durchbohrung angebracht. Das Vorderbein des Tieres ist weggebrochen.
Neben den Tieren des Luftraumes und der Gewässer hatte auch das «Wild der Wüste» eine besondere symbolische Bedeutung. Oft ist es unmöglich, die einzelnen Arten von Gazellen, Antilopen und Steinböcken zu bestimmen, aber dies war für den alten Ägypter auch gar nicht wichtig. Vielmehr ging es ihm um den diesen Tieren gemeinsamen Lebensbereich in der dem Menschen feindlichen Steppe. Durch ihre Fähigkeit, in der unwirtlichen Gegend zu überleben, wurden die Hornträger zu Symbolen der Todesüberwindung und damit der Regeneration im Jenseits. AW

Publikation: Antiquities from the Bomford Collection, Catalogue of an Exhibition held at the Ashmolean Museum, 10th October–30th October 1966, no. 181; Tier in der Antike, 8, Nr. 10, Taf. 2,10.
Parallelen: Petrie, Corpus, pl. LII,4; ders., Prehistoric Egypt, pl. XLIII,4N; Capart, Débuts de l'art, 82, fig. 49; Vandier, Manuel I,1, 378, fig. 255; Antiquités préhistoriques (Bruxelles 1994), 44, nr. E.6187.
Literatur: vgl. die Literatur bei Kat.-Nr. 10. Zur symbolischen Bedeutung s. Wiese, Stempelsiegel-Amulette, 133–135.

12

Schminkpalette mit zwei antithetischen Vögeln

Privatsammlung Kilchberg

Grüner Schiefer
H. 12,7 cm; B. 11,9 cm
Oberfläche versintert. Leichte Absplitterung unten rechts, Augeneinlage verloren
Prädynastisch, um 3200 v. Chr. (Negade III)

Während die traditionellen Schminkpaletten gegen Ende des 4. Jt.s v. Chr. formal zu einfachen rechteckigen Platten verkümmerten, entstanden im letzten Viertel des 4. Jt.s v. Chr. sogenannte Prunkschminkpaletten mit komplexem Reliefdekor. Höhe- und zugleich Endpunkt dieser Entwicklung bildet gegen 3000 v. Chr. die bekannte Narmer-Palette, die sich heute im Kairener Museum befindet.

Eine Prunkschminkpalette einfacherer Ausführung stellt auch das vorliegende Exemplar dar. Im oberen Teil der Palette sind in erhabenem Relief zwei antithetisch angeordnete Vögel herausgearbeitet, deren Schnäbel sich berühren. Direkt darunter befindet sich eine Durchbohrung. Der Kopf der Tiere sitzt auf einem kurzen Hals, kurz und kräftig ist auch ihr Schnabel. Das Gefieder ist durch ein Fischgrätmuster angedeutet. Die Beine sind massig und schwerfällig. Möglicherweise handelt es sich hier um die Darstellung zweier Perlhühner.

AW

Publikation: unveröffentlicht.
Parallelen: stilistische Parallelen zu den beiden Vögeln: zum Gefieder vgl. den Ibis bei Asselberghs, Chaos, Pl. LXXII; Capart, Débuts de l'Art, 132, fig. 99. Zur Fußgestaltung vgl. Asselberghs, Chaos, Pl. LXV, Abb. 122 und Pl. LXXXIX, Abb. 154. Zur antithetischen Anordnung vgl. die zwei Steinböcke bei Petrie, Prehistoric Egypt, pl. XLIII,4C. Die zwei Strauße bei Asselberghs, Chaos, Pl. LXVIII, Abb. 125.
Literatur: zu den Prunkschminkpaletten s. Petrie, Slate Palettes; Vandier, Manuel I,1, 570–599; Asselberghs, Chaos, 277ff.; Ciałowicz, Palettes égyptiennes. Zur Identifizierung des Vogels s. Houlihan, Birds, 82f., no. 41.

13
Schminkpaletten-Amulett

Privatsammlung Kilchberg

Grüner Schiefer
H. 6,6 cm; B. 11,3 cm
Intakt, eine Augeneinlage verloren
Prädynastisch, um 3500–3250 v. Chr. (Negade II)

Aus den Schminkpaletten entwickelten sich bereits um die Mitte des 4. Jt.s v. Chr. Amulette. Dabei handelt es sich im Prinzip um kleine, d.h. nicht gebrauchsfähige Ausgaben von herkömmlichen Schminkpaletten, doch sind auch andere Formen bezeugt. Einen beliebten Typus stellen kleine halbmondförmige Paletten mit zwei voneinander abgewandten Vogelköpfen an den Enden dar. Die Augen der Vögel sind mit weißem Schneckenkalk eingelegt. In der Mitte befindet sich ein Aufsatz, der am oberen Ende eine Durchbohrung aufweist.
Die Deutung der Form ist unklar. Am Anfang der Entwicklung steht der sogenannte «Pelta-Typ», so bezeichnet wegen seiner formalen Ähnlichkeit zum Amazonenschild. Ob es sich dabei um die Darstellung eines stilisierten Bootes handelt, ist unsicher. Der fortgeschrittene Typ besitzt jedenfalls in der Regel am «Bug» und am «Heck» einen Vogelkopf. AW

Publikation: Geschenk des Nils, Nr. 7; Scharff, Altertümer II, Taf. 24, Nr. 128f.
Parallelen: Petrie, Prehistoric Egypt, 37, pl. XLIV,101H–101R. XLV,20f.; Vandier, Manuel I,1, 384f. 386–388, fig. 261; Ägyptisches Museum Berlin (1967), Nr. 40f. 58; Ancient Egyptian Art (Yale 1986), 38, no. 16B.
Literatur: vgl. die Literatur bei Kat.-Nr. 10.

14 A

14 B

14

Armreife und Amulettperlen

Privatsammlung Basel (A1)
Privatsammlung Dr. Peter H. Bloch, Solothurn (A2, 3 und C)
Privatsammlung J. P. C., Genf (B)

A (1–3)
Schneckenschale
H. 1–3 cm; Dm. 5–8 cm
Intakt
Prädynastische Zeit, 2. Hälfte 4. Jt. v. Chr. (Negade II–III)

B
Basalt
H. 3,4–5,2 cm
Intakt
Prädynastische Zeit, 2. Hälfte 4. Jt. v. Chr. (Negade II–III)

C
Serpentin
H. 2,4 cm; B. 1,8 cm; T. 1 cm
Intakt
Prädynastische Zeit, 2. Hälfte 4. Jt. v. Chr. (Negade II–III)

Die Anfänge des Schmucks gründen in dem Bedürfnis des Menschen, sich zu verschönern. Schmuck bestätigte oder kennzeichnete außerdem den sozialen Rang seines Trägers. Der Glaube, daß die von der Natur zur Verfügung gestellten Materialien besondere Kräfte beinhalten, führte zur Schaffung von Amuletten, welche die Grundlage für den Fortgang der Schmuckmanufaktur bildeten. Die kulturelle Weiterentwicklung und besonders die Intensivierung der Handelsbeziehungen ermöglichten die Gewinnung und Verarbeitung einer vielfältigen Palette von Materialien, etwa glänzender Metalle oder farbenfroher Schmucksteine, und die Entstehung eines blühenden Kunsthandwerks (vgl. Kat.-Nr. 104, 106).
Durch zahlreiche Funde aus vorgeschichtlichen Gräbern sind die noch bescheidenen Anfänge der Schmuckproduktion dokumentiert: schlichte Armreife aus Schneckenschalen (A), Knochen und Elfenbein oder Ketten, deren Perlen aus Schneckenhäuschen, Horn und verschiedenen Gesteinen gefertigt wurden (B).
Der abstrakt anmutende Anhänger (C) stellt in stilisierter Weise einen Rinderkopf mit nach unten gebogenen

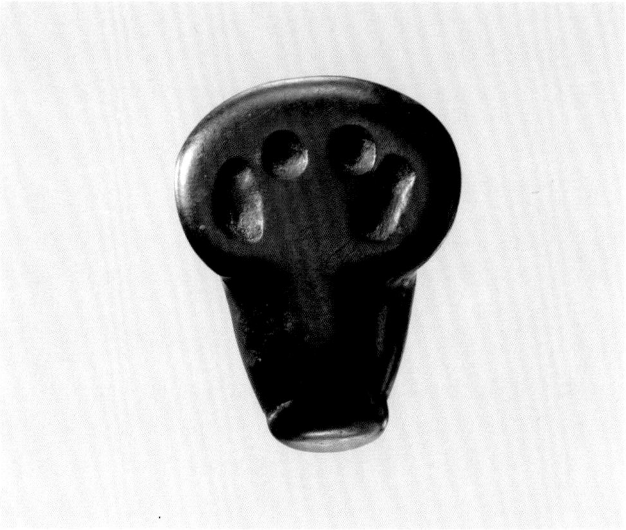

14 C

Hörnern dar. In die tief eingebohrten Augenhöhlen waren Einlagen aus Knochen oder Stein eingesetzt. Grabfunde der jüngeren Negade-Kultur belegen, daß der – am Halsansatz des Tieres durchbohrte – Anhänger oft das zentrale Element einer Perlenkette bildete.
Der genaue symbolische Gehalt dieses Amulettes ist nicht bekannt, doch hoffte der Träger wohl, die Eigenschaften des dargestellten Tieres, etwa dessen Fruchtbarkeit und Kraft, auf seine Person übertragen zu können. MPG

Publikation: B) Ancient Jewellery from the Near East and Egypt, Katalog Galerie Nefer, Zürich 1993, no. 44.
Parallelen: Ägyptisches Museum Berlin (1967), Nr. 87–95; Scharff, Altertümer II, 105–118, Taf. 28–29. Zum Stierkopfamulett vgl. Ägyptisches Museum Berlin (1967), Nr. 85–86; Scharff, Altertümer I, 80–81, Nr. 152: mit drei sogenannten «Stierkopfamuletten» verzierte Birnenkeule; ders., Altertümer II, 93f., Taf. 24, Nr. 130–131.
Literatur: E. Feucht, LÄ V, 668–670, s. v. Schmuck; Götter, Menschen, Pharaonen, 68–69, Nr. 16–24; Hayes, Scepter I, 24–25, fig. 18.

15
Zwei rotfigurige Schnurösengefäße mit Schiffsdarstellung

Sammlung Alfred Richterich, Laufen (A)
Privatsammlung, Schweiz (B)

A
Heller Mergelton, dunkelrot bemalt
H. 9,1 cm; Dm. 2,5 cm (Öffnung)
Intakt, Lippe bestoßen
Prädynastisch, 3500–3250 v. Chr. (Negade IIc)

B
Rötlicher Mergelton, dunkelrot bemalt
H. 13,4 cm; Dm. 3,7 cm (Öffnung)
Eine Schnuröse weggebrochen, leichte Bestoßung an Lippe
Prädynastisch, 3500–3250 v. Chr. (Negade IIc)

Um die Mitte des 4. Jt.s v. Chr. vollzieht sich ein grundlegender Wandel in der Keramik. Er betrifft nicht nur die Motive auf den Gefäßen, sondern vor allem auch die Gefäßformen, die Farbe des Tones und der Malerei: Die rot polierten Gefäße mit schwarz geschmauchtem Rand (Kat.-Nr. 2), die z. T. eine weiße Bemalung aufweisen (Kat.-Nr. 4, 5), werden von den rot bemalten Schnurösengefäßen abgelöst. Das zentrale Motiv dieser Malerei, deren charakteristische Rotfärbung durch das Brennen von eisenoxidhaltigem Tonschlicker erzielt wurde, sind Schiffsdarstellungen.
Die beiden vorliegenden Gefäße sind typische Vertreter dieser Gattung. Das kleinere Gefäß (A) besitzt einen eiförmigen Körper, der zwei seitliche Schnurösen aufweist. Die Lippe wird von einem feinen Wulst gebildet. Beide Schauseiten zeigen ein mehrrudriges Boot, dessen Bug jeweils ein hoch aufragendes, pflanzliches Gebilde ziert. Auf der Vorderseite besitzt das Schiff eine einzelne Kajüte, auf der Rückseite eine Doppelkajüte. Die dem Heck nahe Kabine wird von einer Standarte überragt, auf der sich verschiedene Symbole befinden: Zum einen handelt es sich um einen Hügel, zum anderen wohl um eine stilisierte Harpune. Unter dem Boot auf der Vorderseite sind drei nach rechts blickende Flamingos dargestellt, auf der Rückseite befindet sich an ihrer Stelle ein stilisierter Baum. Unter den beiden Schnurösen, über die mehrere kurze Wellenlinien verlaufen, wächst eine Wildbanane *(Musa ensete)*. Wasser symbolisieren vielleicht die kurzen gezackten Linien vor den Vögeln und die beiden Wellenkreise am Gefäßboden.
Das größere Gefäß (B) mit dem schlankeren Körper und den beiden seitlichen Schnurösen besitzt ähnliche Dar-

stellungen: Auch hier erkennt man auf beiden Seiten ein mehrrudriges Boot, dessen Bug jeweils mit einem ähnlichen pflanzlichen Gebilde geschmückt ist. Die Schiffe besitzen eine Doppelkajüte, die mit einer Standarte, auf der sich verschiedene Symbole befinden, versehen ist. Unter und neben dem Boot befinden sich Darstellungen stilisierter Bäume und mehrere kurze Wellenlinien, die Wasser andeuten. Auf dem Gefäßrand befinden sich acht paarweise angeordnete Wellenlinien.
Die Bilder auf den Negade-II-Vasen haben vermutlich die Bestattung des Verstorbenen zum Thema. Zentrales Bildmotiv ist dabei die Fahrt auf dem Totenschiff. Zuweilen sind Frauen mit erhobenen Armen und Männer mit Klappern bei der Totenklage zu erkennen. Die Tiere und Pflanzen, die zusätzlich abgebildet werden, haben wohl symbolischen Charakter. AW

Publikation: A) abgebildet in: Ägyptische Kunst, Auktion 59, 16. Juni 1981, Münzen und Medaillen AG, Basel, 5f., Nr. 10, Taf. 2. B) unveröffentlicht.

Parallelen: Petrie, Prehistoric Egypt, pl. XX; ders., Corpus, pl. XXXIIIf.; Scharff, Altertümer I, 144ff., Nr. 327f., Taf. 14; Ägyptisches Museum Kairo (1986), Nr. 4; B. George, Frühe Keramik aus Ägypten, Medelhavsmuseet Bulletin 10, Stockholm 1975, 89ff., Nr. 147f.; Crowfoot Payne, Predynastic Egyptian Collection, 106–108, no. 852–869, fig. 39–43.
Literatur: zur Datierung s. W. Kaiser, Zur inneren Chronologie der Naqadakultur, Archaeologia Geographica 6, 1957, 69ff. Allgemein zur Gefäßgattung s. Vandier, Manuel I,1, 332–365; Kayser, Kunsthandwerk, 83–87; B. George, Frühe Keramik aus Ägypten, Medelhavsmuseet Bulletin 10, Stockholm 1975, 5–11; Needler, Predynastic and Archaic Egypt, 202f.; Crowfoot Payne, Predynastic Egyptian Collection, 97–102. Zur Technik s. Lucas – Harris, Materials, 367–385, bes. 381ff. Zu den Darstellungen vgl. Houlihan, Birds, 35f., no. 18; A. Brack – H. Zoller, Die Pflanze auf der dekorierten Naqada-II-Keramik: Aloe oder Wildbanane (Ensete)?, MDAIK 45, 1989, 33–53; P. E. Newberry, Some Cults of Prehistoric Egypt, LAAA 5, 1913, 132–142; Ucko, Anthropomorphic Figurines, 409ff.; E. Brunner-Traut, Drei Altägyptische Totenboote und vorgeschichtliche Bestattungsgefäße (Negade II), RdE 27, 1975, 41–55, bes. 46ff.

16

Rotfiguriges Gefäß mit Tierfriesen

Sammlung Alfred Richterich, Laufen

Heller Mergelton, dunkelrot bemalt
H. 10,6 cm; Dm. 6,5 cm (Öffnung)
Diverse Haarrisse, Lippe berieben und leicht bestoßen
Prädynastisch, 3300–3250 v. Chr. (Negade IId2)

Eher selten und nur in der Negade-II-Zeit bezeugt sind rot bemalte Gefäße mit Friesen von Vögeln und Hornträgern. Häufiger begegnen solche Tierfriese als Schnitzereien auf Kämmen und Messergriffen aus Elfenbein.
Der kleine, bauchige Topf mit den seitlichen Schnurösen besitzt eine weite Öffnung und eine relativ große, abgesetzte Standfläche, die auf der Unterseite mit einem Rautenmuster dekoriert ist. Der Rand weist eine Kreuzschraffur auf. Um den Gefäßkörper verlaufen verschiedene Friese. Das oberste Register besteht aus rechteckigen Feldern mit Kreuzschraffur, die von zwei Linien begrenzt werden. Im zentralen mittleren Register ist im Uhrzeigersinn ein Fries von Gazellen oder Antilopen angebracht. Auf der einen Seite sind es acht Tiere, wobei das erste den Kopf zurückwendet, als wolle es den übrigen den Weg weisen. Auf der anderen Seite sind es ebenfalls acht Tiere, aber beim «Anführer» mit zurückgewandtem Kopf könnte es sich vielleicht um einen Steinbock handeln. Abgeschlossen wird dieser Fries von einem Band mit Dreiecken, die möglicherweise die Landschaft andeuten. Im untersten Register befindet sich ein im Gegenuhrzeigersinn ausgeführter Fries von jeweils zehn Flamingos. Besonders der Vogelfries hat ornamentalen Charakter. Unter den seitlichen Schnurösen sind eine Art Gatter und ein stilisierter Baum zu sehen.
Das Wild der Wüste hat symbolischen Charakter (s. Kat.-Nr. 11), dient aber auch der Versorgung des Verstorbenen im Jenseits. AW

Publikation: A Private Collection (Hg. E. Godet et al.), Weert 1975, no. 8.
Parallelen: Crowfoot Payne, Predynastic Egyptian Collection, 108, no. 871, fig. 44; Petrie, Corpus, pl. XXXIV,49; B. George, Frühe Keramik aus Ägypten, Medelhavsmuseet Bulletin 10, Stockholm 1975, 102ff., Nr. 155. Vgl. ferner Ägyptische Kunst (Karlsruhe 1992), Nr. 3.
Literatur: vgl. die Literatur bei Kat.-Nr. 15.

17

Gruppe von drei rot bemalten Gefäßen

Privatsammlung Elsa und Dr. Pierre Henri Bloch-Diener, Bern (A)
Sammlung Alfred Richterich, Laufen (B)
Privatsammlung Kilchberg (C)

A
Rötlicher Mergelton, dunkelrot bemalt
H. 8,3 cm; Dm. 5 cm (Öffnung)
Intakt. Lippe bestoßen
Prädynastisch, 3500–3250 v. Chr. (Negade IId1)

B
Rötlicher Mergelton, dunkelrot bemalt
H. 9,9 cm; Dm. 6,6 cm (Öffnung)
Intakt. Lippe bestoßen
Prädynastisch, 3500–3250 v. Chr. (Negade IId1)

C
Rötlicher Mergelton, dunkelrot bemalt
H. 22,5 cm; Dm. 10,5 cm (Öffnung)
Intakt. Minimale Bestoßungen
Prädynastisch, 3500–3250 v. Chr. (Negade II)

Besonders beliebt waren in der Negade-II-Zeit Gefäße mit ornamentalem Dekor, der zuweilen recht modern anmutet. Bezeugt sind große oder kleine Kreisspiralen, Wellenlinien, Streifen, Schuppen- und Schachbrettmuster, unregelmäßige Farbkleckse oder Sprenkelungen. Viele dieser geometrischen Muster ahmen die Struktur kostbarer Gesteine wie Granit, Gneis, Breccie oder Alabaster nach. Von der Mitte des 4. Jt.s v. Chr. an werden Steingefäße zunehmend beliebter. Da sie wegen der Beschaffung des Rohmaterials und der schwierigen Bearbeitung relativ teuer waren, wurden sie gerne in billigerem Ton imitiert.

Der kleine, gedrungene Topf (A) mit den beiden seitlichen Schnurösen und der wulstigen, oben abgeflachten Lippe ist mit einzelnen rotbraunen Kreisspiralen verschiedener Größe dekoriert. Sie öffnen sich im Uhrzeigersinn, und ihr Ende mündet in den zweitäußersten Kreis. Der Gefäßrand ist mit kurzen Wellenlinien versehen. Horizontale Wellenlinien ziehen sich über die breiten Schnurösen. Der Körper des zweiten Topfes (B), der etwa die gleiche Form wie A besitzt, ist mit einem Schuppenmuster, das relativ zügig mit roter Farbe aufgetragen wurde, überzogen.

Neben den relativ kleinen und zierlichen Gefäßen, die vorwiegend als Grabbeigaben dienten, standen große und gröbere Ausführungen für den täglichen Gebrauch, zu denen auch der für Negade II typische voluminöse Topf (C) zählt. Seine Form wirkt gedrungen und leicht asymmetrisch. Die breite Lippe ist vom Körper abgesetzt. Auf der Seite sind zwei horizontal durchbohrte breite Schnurösen-Henkel angebracht. Die geglättete Oberfläche ist hellgrundig und wurde mit einer roten Bemalung versehen: In acht vertikal verlaufenden Bändern eingefaßte Wellenlinien überziehen vom Rand bis zum Boden den Gefäßkörper. Zwei davon verlaufen über die beiden breiten Schnurösen. Auf der Lippe sind sechs mal vier Wellenlinien aufgemalt. AW

Publikation: A), B) und C) unveröffentlicht.
Parallelen: A) vgl. Petrie, Corpus, pl. XXXVI,67; Scharff, Altertümer I, 156f., Nr. 354f., Taf. 15; B. George, Frühe Keramik aus Ägypten, Medelhavsmuseet Bulletin 10, Stockholm 1975, 20ff., Nr. 13ff; Crowfoot Payne, Predynastic Egyptian Collection, 110f., no. 894ff., fig. 46f. B) vgl. Petrie, Corpus, pl. XXXVI,63a; Scharff, Altertümer I, 158, Nr. 360, Taf. 15; B. George, Frühe Keramik aus Ägypten, Medelhavsmuseet Bulletin 10, Stockholm 1975, 31ff., Nr. 36–39; Crowfoot Payne, Predynastic Egyptian Collection, 110, no. 888–890, fig. 46. C) vgl. Petrie, Corpus, pl. XXXVI,68A; B. George, Frühe Keramik aus Ägypten, Medelhavsmuseet Bulletin 10, Stockholm 1975, 62f., Nr. 97–99.
Literatur: vgl. die Literatur zu Kat.-Nr. 15.

18
Zwei zylindrische Tongefäße

Privatsammlung Elsa und Dr. Pierre Henri Bloch-Diener, Bern (A)
Sammlung Alfred Richterich, Laufen (B)

A
Orangefarbener Ton, purpurrot bemalt
H. 22,3 cm; Dm. 8,6 cm (Öffnung)
Intakt
Prädynastisch, spätes 4. Jt. v. Chr. (Negade IIIa2)
Ehemals Sammlung Wilhelm Horn

B
Hellbrauner Mergelton
H. 25,6 cm; Dm. 8,8 cm (Öffnung)
Oberfläche teilweise abgeplatzt
Prädynastisch, spätes 4. Jt. v. Chr. (Negade IIIb)

Mit schlichten zylindrischen Gefäßen endet die große Blütezeit der prähistorischen Keramikproduktion; zunehmend treten nun Steingefäße an ihre Stelle. Entstanden sind solche einfachen Tonzylinder mit feinem umlaufenden Ornamentband aus relativ dickbauchigen Amphoren mit kräftigen Wellenhenkeln. Ursprünglich aus Palästina importiert, wurden die Wellenhenkelgefäße bald – während der Negade-II-Zeit – in Ägypten nachgeahmt und abgeändert.
Eine späte Form dieser Wellenhenkelgefäße bildet der Zylinder (A) mit leicht ausladender, wulstiger Lippe. Die seitlichen Wellenhenkel sind hier zu einem dünnen Wellenornament degeneriert, das um das Gefäß herum läuft und purpurrot bemalt wurde. Das in gleicher Farbe aufgemalte weitmaschige Netz imitiert das richtige Netz, in dem gewöhnlich solche Gefäße transportiert wurden. Der Zylinder (B) gleicher Form besitzt eine hellbraune, geglättete Oberfläche. An der Stelle des Wellenbandes befindet sich ein feines Schnurornament, das man auch bei den zylindrischen Gefäßen aus Alabaster wiederfindet (Kat.-Nr. 26). AW

Publikation: A) und B) unveröffentlicht.
Parallelen: Petrie, Corpus, pl. XXX,63. 80; Scharff, Altertümer I, 16f. 136ff., Nr. 315f. 321, Taf. 13; Needler, Predynastic and Archaic Egypt, 212ff., no. 73 und 76, pl. 20.
Literatur: vgl. die Literatur zu Kat.-Nr. 15.

19
Tönerne Nilpferdfigur auf rechteckiger Basis

Privatsammlung, Schweiz

Gebrannter Ton mit rotem Slip (Tonschlicker)
L. 17 cm; B. 9,3 cm; H. 10 cm (Tier)
L. 18,7 cm; B. 9,3 cm; H. 1,8 cm (Basis)
Intakt. Minimale Bestoßungen, Versinterungen an der Oberfläche
Prädynastisch, 2. Hälfte 4. Jt. v. Chr., 3400–3100 v. Chr. (Negade II)

Einfache rundplastische Figuren von Nilpferden aus gebranntem Ton oder Kalkstein wurden von der prähistorischen Zeit bis in die griechisch-römische Epoche Ägyptens hergestellt. Aufgrund der z.T. zeitlosen Ausformungen ist eine exakte Datierung oft schwierig. Bei diesem Exemplar handelt es sich aber zweifellos um eine Nilpferdfigur aus der Negade-II-Zeit.
Geformt wurde das Tier von Hand aus Ton, der mit einem beim Brennen rot färbenden Slip (Tonschlicker) überzogen wurde. Einzelne Nilpferde sind sogar im Stil der rotfigurigen Gefäße der Negade-II-Zeit dekoriert. Die Merkmale des Tieres sind treffend hervorgehoben: Der massige Körper wird von vier kurzen und stämmigen Beinen getragen. Der Kopf ist nach vorne gesenkt, das Maul durch eine Kerbe angedeutet. Erkennen kann man auch die Augen und Nasenlöcher sowie die beiden kleinen Ohren, die eng am Kopf anliegen. Das Nilpferd (mit kleinem Schwänzchen) steht auf einer rechteckigen Basis, die bei anderen Beispielen die Form eines Schlittens haben kann.
Im 4. Jt. v. Chr. waren Flußpferde in Ägypten zahlreich. Dies ist auch daran zu sehen, daß sie in der Kunst dieser Zeit sehr oft als Dekorationselement auftreten. Dementsprechend häufig wurden sie gejagt, denn ein ausgewachsenes Nilpferd hatte ein Gewicht von 40–50 Schafen oder vier bis fünf Rindern, konnte also den Fleischbedarf vieler Menschen für lange Zeit decken. Die symbolische Bedeutung des Nilpferdes in dieser frühen Kulturstufe ist schwer zu bestimmen. Als mächtigster Bewohner des Nils neben dem Krokodil besaß es sicher Schutzfunktion (vgl. Kat.-Nr. 1). AW

Publikation: Animals II, 15f., no. 32; Behrmann, Nilpferd I, Dok. 36 c; Aus Noahs Arche, Nr. 116.
Parallelen: B. V. Bothmer, A Predynastic Egyptian Hippopotamus, BMFA 46, 1948, 64–69; A. Tony-Révillon, A propos d'une statuette d'hippopotame récemment entrée au Musée de Boston, ASAE 50, 1950, 47–63; Martin-Pardey, Grabbeigaben, CAA Hildesheim 6, 104–105; Crowfoot Payne, Predynastic Egyptian Collection, 20, no. 52, fig. 13.
Literatur: zum Nilpferd allg. s. Behrmann, Nilpferd I–II. Zur wirtschaftlichen Bedeutung des Nilpferdes in der Vorgeschichte s. Boessneck, Tierwelt, 17. Zur religiösen Bedeutung vgl. die Literatur bei Kat.-Nr. 1.

20
Rundplastische Figur einer Kröte

Privatsammlung Dr. Peter H. Bloch, Solothurn

Korallenkalk (Kalkstein mit Einschlüssen fossiler Korallen)
H. 3,5 cm; B. 5 cm; L. 8,4 cm
Linkes Vorderbein bestoßen
Prädynastisch, um 3300 v. Chr. (spätes Negade II)
Angeblich aus der Gegend von Hu (Diospolis parva)
Ehemals Sammlung W. Sameh

Wahrlich ein Meisterwerk prähistorischer Bildhauerkunst ist diese kleine, äußerst fein ausgearbeitete rundplastische Figur einer Kröte. Der Ägypter hat im allgemeinen nicht streng zwischen Frosch und Kröte unter-

schieden, doch legt die spezifische Auswahl des Gesteins, ein Kalkstein mit Einschlüssen fossiler Korallen, die Vermutung nahe, daß es sich hier wirklich um eine Kröte handelt, und zwar um die sog. Pantherkröte *(Bufo regularis)*. Die Koralleneinschlüsse sollen offenbar die warzenbedeckte Haut des Tieres nachahmen. Augenfällig sind auch die beiden langovalen Drüsenwülste hinter den Augen, die nur Kröten in so ausgeprägter Form aufweisen.
Gedrungen, aber nicht plump ist der Körper des Tieres gestaltet. Die am Rumpf eng anliegenden Extremitäten sind fein und grazil ausgearbeitet, jede einzelne Zehe ist zu erkennen. Über dem breiten, stumpfen Maul, das durch eine Kerbe angedeutet ist, sind ebenso minuziös die beiden Nasenlöcher eingraviert. Die hervorstehenden Augen sind hier nicht unbedingt als Kennzeichnung der Kröte zu werten, sondern vielmehr als ein charakteristischer Zug bei Tierdarstellungen dieser frühen Zeit (vgl. Kat.-Nr. 1). Besonders beliebt waren in der 2. Hälfte des 4. Jt.s v. Chr. Gefäße in Frosch- oder Krötengestalt. Unsere rundplastische Figur dagegen ist in ihrer Art singulär. Zu Beginn der Frühzeit wurden die Tierplastiken aus Stein größer, und die Körper der Tiere richteten sich auf.

Nach dem Zurücktreten der alljährlichen Nilüberschwemmung zeigte sich dem alten Ägypter stets ein Gewimmel an Fröschen, Kröten und Kaulquappen in dem auf den Feldern stehenden Wasser. Es machte den Anschein, als wären diese Geschöpfe wie von selbst aus dem Schlamm entstanden. Weil Frösche und Kröten nach ägyptischer Vorstellung aus dem Urelement Wasser hervorgegangen sind, galten sie als Sinnbilder der Wiedergeburt. Zu bescheidenen göttlichen Ehren kam der Frosch seit der Frühzeit in der Gestalt der Geburtsgöttin Heket, die als Lebenspenderin verehrt wurde. Der Frosch hat seine Symbolkraft bis in frühchristliche Zeit beibehalten. AW

Publikation: Tier in der Antike, 7, Nr. 2, Taf. 1,2.
Parallelen: eine Froschvase aus Kalkstein (Negade IId1) bei Crowfoot Payne, Predynastic Egyptian Collection, 144, no. 1203, fig. 57. Vgl. das Steingefäß (Negade II–III) bei Needler, Predynastic and Archaic Egypt, 245, no. 126, pl. 30. Eine große rundplastische Figur eines Frosches (frühdynastisch) bei Spencer, Early Dynastic Objects, 14, no. 6, pl. 3.
Literatur: für die zoologische Bestimmung s. Boessneck, Tierwelt, 116f., Taf. 205a–b. Vgl. auch Wildung, Ägyptische Kunst, Taf. 4. Zur symbolischen Bedeutung s. Hopfner, Tierkult, 149f.; RÄRG, 198f. s. v. Frosch; Skarabäen Basel, 112f.

21
Gruppe von vier Schnurösengefäßen

Privatsammlung, Schweiz (A–D)

A: Spitz zulaufendes, geripptes Salbtöpfchen
Breccie
H. 7,4 cm; Dm. 2,5 cm
Lippenrand geringfügig bestoßen
Prä- bis frühdynastisch, Negade II bis 2. Dynastie, zwischen 3500 und 2740 v. Chr.

B: Spitz zulaufendes, geripptes Salbtöpfchen
Serpentinit
H. 4,4 cm; Dm. 2,5 cm
Lippe bestoßen, Risse am Gefäßkörper
Prä- bis frühdynastisch, Negade II bis 2. Dynastie, zwischen 3500 und 2740 v. Chr.

C: Tönnchenförmiges Schnurösengefäß
Rot-weiße Breccie
H. 9 cm; Dm. 4,6 cm
Leichte Bestoßung am Lippenrand sowie an einer Öse
Prä- bis frühdynastisch, Negade II bis 1. Dynastie, zwischen 3500 und 2850 v. Chr.

21 A, B

21 C, D

D: Tönnchenförmiges Schnurösengefäß
Schwarzer Basalt
H. 8,5 cm; Dm. 3,9 cm
Intakt
Prä- bis frühdynastisch, Negade II bis 1. Dynastie, zwischen 3500 und 2850 v. Chr.

Die schwierige und kostspielige Bearbeitung von Hartgestein hatte zur Folge, daß für den jenseitigen Gebrauch vermehrt Miniaturgefäße, oft nur noch mit Modellcharakter, hergestellt wurden. Die Wahl des Materials hatte nicht ausschließlich ästhetische Gründe, sondern sollte dauerhafte Gefäße ermöglichen. Deren – vorwiegend funeräre oder rituelle – Funktion bedingte, daß ihre Form über einen bestimmten Zeitraum hinweg unverändert blieb. Die chronologische Einordnung der Steingefäße basiert vorwiegend auf ihrer Typologie.
A–B: Die ovalen, beutelförmigen Ösengefäße sind trotz ihrer geringen Dimension aufwendig bearbeitet. Der spitz zulaufende Vasenköper weist mit Ausnahme der Lippe und des Fußes eine erhabene Reliefdekoration in Form von regelmäßig gearbeiteten Kanneluren auf. Beim Exemplar B läuft der eingezogene Hals in eine ausladende, flache Lippe aus. Bei beiden Gefäßen wird mit der ausgesuchten Formgebung und der geriffelten Außenwand ein Gebrauchsgegenstand aus vergänglichem Material – wie z. B. geflochtenes Schilf – nachgeahmt.
C–D: Die beiden tonnenförmigen Schnurösengefäße sind von schlichter Eleganz und Beispiele der meisterhaften Steinbearbeitung in vorgeschichtlicher Zeit. Nach dem Aushöhlen des Vasenkörpers wurde die Außenfläche bis zur gewünschten Form und Wandstärke abgearbeitet, wobei die horizontal durchbohrten Ösen ausgespart wurden. Durch das Polieren der Oberfläche hob man Struktur und Farbe des Gesteins hervor.
MPG

Publikation: unveröffentlicht.
Parallelen: A) Ancient Egyptian Art (London 1922), 6, no. 28, pl. XXIV.
Literatur: A), B) Aston, Stone Vessels, 97, no. 18; el-Khouli, Stone Vessels, Predynastic to Dyn. III, vol. II, 721, no. 5554–5555; vol. III, pl. 131. Vgl. zur Wiedergabe von Gebrauchsgegenständen in Stein: el-Khouli, Stone Vessels, Predynastic to Dyn. III, vol. II, 733f., no. 5604–5607; vol. III, pl. 160; Ägyptisches Museum Berlin (1967), Nr. 181; Anch – Blumen für das Leben, 178–180; Geschenk des Nils, Nr. 35. C), D) Aston, Stone Vessels, 92, no. 4–5; el-Khouli, Stone Vessels, Predynastic to Dyn. III, vol. I, 199. 201–202, no. 1399. 1411–1423; vol. III, pl. 56.

Zu den typischen Schminkpaletten des späten 4. Jt.s v. Chr. gehören einfache rechteckige Paletten ohne jeglichen Schmuck. Als einzige Verzierung besitzen sie in der Regel mehrere parallel verlaufende Rillen am Rand. Zu dieser Gruppe von Paletten gehört auch das vorliegende Exemplar. Außergewöhnlich an diesem Stück ist, daß es auf einer Schmalseite eine plastische Figur besitzt und in der Mitte eine runde, umrandete Vertiefung aufweist (Dm. 5 cm), in der die Schminke zerrieben wurde. Beide Elemente sind deutliche Übernahmen von den sogenannten Prunkschminkpaletten. Den Abschluß des Palettenrandes bilden auf drei Seiten wie üblich drei parallele Rillen. Auf der oberen Schmalseite erhebt sich die noch archaisch gebildete Figur eines Falken: nicht majestätisch aufgerichtet, sondern in gedrungener Gestalt. Seine Augen sind auf beiden Seiten durch eine runde Vertiefung angegeben. Die Füße wurden fortgelassen. Man fühlt sich bei der Anordnung des Falken über der hochrechteckigen Palette unwillkürlich an das Bild des königlichen Horusfalken über der Palastfassade erinnert (Horus-König im Palast), das Symbol der irdischen Königsherrschaft. AW

Publikation: Ägyptische, griechische, etruskische, römische Altertümer, Galerie Fischer, Auktion in Luzern, 21. Mai 1941, 1, no. 3, pl. 2,3; H. Wild, Choix d'objets pré-pharaoniques appartenant à des collections de Suisse, BIFAO 47, 1948, 1–58, bes. S. 44–47; Vandier, Manuel I,1, 379, fig. 256; Schätze (Basel 1953), Nr. 21.
Parallelen: mit Falken s. Petrie, Corpus, pl. LIII,20S; ders., Prehistoric Egypt, pl. XLIV,98U. Eine Parallele zum Falken über der Palastfassade bei Petrie, Abydos II, pl. IX,205. Zur Falkendarstellung s. B. Peterson, Archaic Egyptian Falcons, Medelhavsmuseet Bulletin 15, Stockholm 1980, 3–6.
Literatur: zur Datierung der Paletten s. W. Kaiser, Zur inneren Chronologie der Naqadakultur, Archaeologia Geographica 6, 1957, 69ff. Zu den einfachen, rechteckigen Formen s. Petrie, Corpus, pl. LIX,96–97.

22
Rechteckige Schminkpalette mit einem Falken

Privatsammlung Schindellegi

Dunkelgrauer Schiefer
H. 22,8 cm; B. 11,8 cm; Dm. der Vertiefung 5 cm
Intakt, Gebrauchsspuren
Prädynastisch, um 3100 v. Chr. (Negade III)
Ehemals Sammlung R. Schmidt, Solothurn

23
Hockender Mantelpavian

Privatsammlung

Roter Granit
H. 23,5 cm; B. 12,3 cm; T. 16,8 cm
Intakt mit einigen unwesentlichen Bestoßungen
Frühzeit, 1. Dynastie, um 3000 v. Chr.
Ehemals Sammlung G. Michailidis

Während der protodynastischen Epoche und vor allem der Frühzeit entstanden die ersten Skulpturen größeren Formats aus Stein. Besonders beliebt waren Figuren von Tieren wie Falken, Affen, Nilpferden, Löwen und Fröschen (Kat.-Nr. 24), die entweder Götter oder Könige repräsentierten. Einige Tierfiguren hatten nur symbolischen Charakter und konnten ebenfalls mit dem Namen von Königen beschrieben werden.

Unsere Tierplastik stellt einen männlichen Mantelpavian *(Papio hamadryas)* dar, der auf einer Basis hockt. Seine Hände liegen auf den Knien, sein Schwanz ist auf die rechte Seite geschlagen. Gut erkennbar ist das mantelähnliche Fell, das dieser Affenart ihren Namen gegeben hat. Detailliert ist der Kopf ausgearbeitet: Die vorstehende Schnauze und die beiden seitlichen Mähnenteile sind betont, die Mundöffnung ist durch eine feine Kerbe angedeutet. Hervorgehoben sind auch die Geschlechtsteile. Augen, Finger und Zehen waren einst besser sichtbar, während sie aufgrund der Bestoßungen heute weniger zur Geltung kommen. Typisch für den archaischen Stil der Frühzeit ist das Blockhafte der Statue, der gedrungene Körper, bei dem sich die einzelnen Gliedmaßen nur wenig voneinander abheben. Das Besondere dieser Statue ist, daß sie auf der Brust in erhabenen Hieroglyphen den Namen der Königin Meretneith aus der 1. Dynastie trägt.

Aus bedeutenden Heiligtümern der Frühzeit wie Elephantine, Hierakonpolis und Abydos stammen relativ viele kleinformatige Figuren von Pavianen, zumeist aus Fayence. An großformatigen, qualitativ hochstehenden Werken ist dagegen nur ein weiteres Beispiel von König Narmer im Berliner Museum bekannt. Die Bedeutung dieser Tiere ist unklar. In der Regel werden sie als Votivfiguren gedeutet, die vom König und von Privatleuten in den Tempel gestiftet wurden. Daneben gab es die Vorstellung eines paviangestaltigen Ahnengottes Hedjwer (der Grosse Weiße), der nach der Frühzeit kaum mehr eine Rolle spielt. In ihm dürfen wir vielleicht einen alten Paviananführer mit silbergrauer Mähne erkennen, der in der Affengruppe stets geachtet und respektiert wurde. Möglicherweise handelt es sich bei unserem Exemplar um eine Kultstatue, da sie in eine Basis eingelassen war – darauf deutet die feine Kerbe, die um den Sockel verläuft. AW

Publikation: Kaplony, Inschriften, 91ff., Abb. 1133, Taf. XX–XXIII; Anonymus, The BMA 9, 1967/68, 78f. (hält die Aufschrift für später); Tier in der Antike, 9, Nr. 16, Taf. 3,16; Geschenk des Nils, Nr. 105.

Parallelen: Spencer, Early Dynastic Objects, 14, no. 3, pl. 2; Ägyptisches Museum Berlin (1991), 12f., Nr. 8.

Literatur: R. Krauss, Bemerkungen zum Narmer-Pavian (Berlin 22607) und seiner Inschrift, MDAIK 50, 1994, 223–230. Zu den kleinformatigen Affenfigürchen s. Dreyer, Satet, 68–73, Nr. 119–162, vgl. auch Nr. 154ff., Taf. 29ff. Zu den großen Affen s. W. Helck, Zu den 'Talbezirken' in Abydos, MDAIK 28, 1972, 95–99. Zur Bedeutung der Affen im Alten Reich s. Wiese, Stempelsiegel-Amulette, 137–140. Zum Tier s. Boessneck, Tierwelt, 142f.

bearbeiten ist als Kalkstein. Die Extremitäten des Tieres liegen eng am Rumpf an. Kräftig ausgebildet sind die Sprungbeine. Eine kaum sichtbare Kerbe führt um das stumpfe Maul.
Die kleinen Figuren aus Fayence wurden wie andere Tierfiguren in die Tempel von Abydos, Hierakonpolis und Elephantine gestiftet. Es ist eher unwahrscheinlich, daß sie in Verbindung mit der später bekannten Geburtsgöttin Heket stehen. Vielmehr sind sie als symbolische Tiere aufzufassen, mit deren Stiftung sich der Wunsch nach Regeneration verband. AW

Publikation: unveröffentlicht.
Parallelen: Spencer, Early Dynastic Objects, 14, no. 6, pl. 3; J. D. Cooney – W. K. Simpson, An Early Dynastic Statue of the Goddess Heqat, BCMA September 1976, 203ff. Frosch mit Königsname: Fine Antiquities, Christie's London, Wednesday, 3 July 1996, 36, no. 199.
Literatur: zu den kleinformatigen Fröschen s. Dreyer, Satet, 75. Weitere Beispiele bei Needler, Predynastic and Archaic Egypt, 370ff., no. 296–303, pl. 80–81; Geschenk des Nils, Nr. 37–46 (Slg. Kofler).

24
Kauernder Frosch

Privatsammlung Dr. Peter H. Bloch, Solothurn

Diorit
H. 6,7 cm; B. 6,9 cm; L. 9,8 cm
Intakt, einige leichte Bestoßungen, Unterseite der Basis ungeglättet
Frühzeit, 1. Dynastie, um 3000 v. Chr.
Ehemals Sammlung W. Sameh

Zu den beliebten Tierplastiken der Frühzeit gehören auch Figuren von Fröschen. Zahlreich sind wiederum kleinformatige Werke aus Fayence; große Exemplare aus Stein sind dagegen selten. Kürzlich wurde ein Frosch aus grünem Diorit bekannt, der einen Königsnamen der Frühzeit trägt.
Nicht so gedrungen wie bei der Kröte (Kat.-Nr. 20) ist der Körper des Frosches in Diorit wiedergegeben. Aufrecht sitzt er da und blickt uns mit seinen großen runden Augen, deren Umrandung tief in den Stein eingekerbt ist, an. Die ganze Figur wirkt blockhaft; die Details sind weniger fein ausgearbeitet als bei der Kröte. Dies erstaunt kaum, da Diorit bei weitem schwieriger zu

25
Gruppe von Steingefäßen

Privatsammlung Schindellegi (A)
Privatsammlung Kilchberg (B)
Privatsammlung, Schweiz (C)
Privatsammlung Elsa und Dr. Pierre Henri Bloch-Diener, Bern (D)

A: Henkelkrug
Anorthositgneis
H. 31,5 cm; Dm. 9,7 cm
Intakt bis auf einige Risse rund um die Henkelpartie
Frühzeit bis Altes Reich, 1.–3. Dynastie, um 3000–2670 v. Chr.
Ehemals Sammlung Dr. R. Schmid, Solothurn

B: Gefäß mit Ausgußtülle
Diorit
H. 10,2 cm; Dm. 8,5 cm
Aus mehreren Fragmenten zusammengefügt und partiell ergänzt
Frühzeit bis Altes Reich, 1.–6. Dynastie, um 3000–2180 v. Chr.
Ehemals Sammlung Dr. R. Schmid, Solothurn

C: Gefäß mit Ausgußrinne
Kalzit-Alabaster
H. 4,8 cm; Dm. 7,4 cm
Intakt
Frühzeit bis Altes Reich, 1.–6. Dynastie, um 3000–2180 v. Chr.

D: Schale
Serpentin
H. 7,4 cm; Dm. 22,7 cm
Einzelne Risse, partiell ergänzt
Frühzeit bis Altes Reich, 1.–3. Dynastie, um 3000–2670 v. Chr.

A: Die gezielte Wahl des Gesteins mit farblich alternierender Maserung unterstreicht in harmonischer Weise die Formgebung des Gefäßes. Die Rundung der Schultern des hochovalen Vasenkörpers mündet in einen schlanken, zylindrischen Hals mit ausladender Lippe. In meisterhafter Weise ist der bandförmige Henkel, welcher Lippe und Schulter miteinander verbindet, ausgespart worden. Die klare Gestalt des Kruges fand als Hieroglyphe mit dem Lautwert «chenem» Eingang in die ägyptische Schrift. Als Ritualgefäß diente er zur Aufnahme des Nechnemöls, eines der sieben heiligen Öle (bzw.

Salben), das seit frühester Zeit auf den Öllisten belegt ist und als Hautpflegemittel ein fester Bestandteil der Grabbeigaben war.
B: Das kugelige Gefäß mit ebener Standfläche endet in einem kantig nach innen abfallenden Rand. Die ausladende Schulter trägt eine abgerundete Ausgußtülle. Außen- und Innenseite sind gleichmäßig geglättet.
C: Besonders die Art des Ausgusses unterscheidet diesen Napf vom vorangehenden Beispiel. Die nach innen abfallende, gerundete Lippe ist an dieser Stelle zu einer offenen, schnabelförmigen Ausgußrinne ausgeformt.
Bereits seit der Frühzeit und dann v. a. dem Alten Reich gehörte kupfernes Waschgeschirr (vgl. Kat.-Nr. 33), bestehend aus Schüssel und Napf mit langer Ausgußtülle, zum alltäglichen Leben und war Bestandteil der Grabausstattung. Zur Herstellung dauerhafter Ware für den Gebrauch im Jenseits führte man diese Napfform mit Ausguß, «hesmeni» genannt, in verschiedenen Gesteinsarten aus.
D: Die kreisrunde Schale mit einwärts gezogener Lippe und leicht versenkter, runder Standfläche besticht durch die zeitlose Klarheit ihrer Form. Sowohl die Außen- als auch die Innenseite weisen eine makellose Politur der Oberfläche auf. Die gleichmäßig starke Wandung des Gefäßes bezeugt die technische Perfektion, die schon zu dieser Zeit erreicht wurde. MPG

Publikation: A) Günther – Wellauer, Steingefäße, 58, Nr. 134, Taf. 16. 41; Schätze (Basel 1953), Nr. 185; 5000 Jahre (Zürich 1961), Nr. 90, Abb. 2; Geschenk des Nils, Nr. 20; Vom Euphrat zum Nil, Nr. 4. B) Günther – Wellauer, Steingefäße, 28–29, Nr. 52, Taf. 6. 31.
Parallelen: B–C) el-Khouli, Stone Vessels, Predynastic to Dyn. III, vol. I, 367, no. 2557; vol. III, pl. 156; Ägyptisches Museum Berlin (1967), Nr. 184–185; Vandier d'Abbadie, Objets de toilette, 104, nr. 400; Guidotti, Vasi, 75–76, n. 3. D) Scharff, Altertümer I, 232, Nr. 696, Taf. 26.
Literatur: A) Aston, Stone Vessels, 124–125, no. 89; el-Khouli, Stone Vessels, Predynastic to Dyn. III, vol. I, 326, no. 2239; vol. III, pl. 154. Zu den Öllisten vgl.: H. Altenmüller, Das Ölmagazin im Grab des Hesire in Saqqara, SAK 4, 1976, 1–29; Götter, Gräber und die Kunst I, 86, Nr. 53. B–C) Aston, Stone Vessels, (B) 120, no. 75; (C) 129, no. 105; el-Khouli, Stone Vessels, Predynastic to Dyn. III, vol. I, 370, no. 2579; D. Schorsch, Copper Ewers of Early Dynastic and Old Kingdom Egypt – An Investigation of the Art of Smithing in Antiquity, MDAIK 48, 1992, 145–159, Taf. 31–36; Do. Arnold, LÄ II, 483–501, s. v. Gefäße und dies., LÄ V, 213–220, s. v. Reinigungsgefäße. Vgl. Steinschüsseln bei Scharff, Altertümer I, 228, Nr. 674, Taf. 24. D) Aston, Stone Vessels, 113, no. 52; el-Khouli, Stone Vessels, Predynastic to Dyn. III, vol. II, 604f., no. 4679–4689; vol. III, pl. 112.

26
Drei große Steingefäße

Privatsammlung Schindellegi (A, C)
Privatsammlung Kilchberg (B)

A: Vorratsgefäß mit vorgeblendeter Tragvorrichtung
Kalzit-Alabaster
H. 71 cm; Dm. 13,5 cm
Teile der Schulter und Lippe ergänzt. Fuß geringfügig bestoßen
Frühzeit bis Altes Reich, 1.–3. Dynastie, ca. 3000–2670 v. Chr.

B: Zylindrisches Gefäß mit Schnurornament
Kalzit-Alabaster
H. 54,5 cm; Dm. 22 cm
Lippe teilweise ergänzt
Frühzeit bis Altes Reich, 1.–3. Dynastie, ca. 3000–2670 v. Chr.

C: Zylindrisches Gefäß mit Schnurornament
Kalzit-Alabaster
H. 30 cm; Dm. 8,8 cm
Intakt bis auf einen Riß, der von der Lippe vertikal über den Gefäßkörper läuft
Frühzeit bis Altes Reich, 1.–3. Dynastie, ca. 3000–2670 v. Chr.

A: Das hohe, schlanke Gefäß mit eingezogenem Hals und ausladender Lippe ist Träger eines Dekors in erhabenem Relief, der ein Tragnetz (gebildet aus miteinander verknüpften Schnüren) imitiert. Solche Krüge – aber aus Ton – dienten im alltäglichen Gebrauch als Vorratsgefäße. Das Netz als Hängevorrichtung ermöglichte es, Ungeziefer von den gelagerten Nahrungsmitteln fernzuhalten.
B: Das zylindrische Gefäß mit langgezogenem Körper weist knapp unter der runden Lippe ein umlaufendes Schnurornament in erhabenem Relief auf. Die Standfläche ist leicht gewölbt. Außen- und Innenseite sind gleichmäßig geschliffen.
C: Das extrem schlanke Gefäß mit konkavem Körper und runder, ausladender Lippe ziert wie das vorangehende Beispiel ein Schnurdekor. Die Außenseite ist ebenmäßig geschliffen, die Innenseite jedoch rauh.
Aus Ton gefertigt findet sich dieser Gefäßtypus mit Schnurornament bereits in der Kultur von Negade III (vgl. Kat.-Nr. 18B). Die klare Linienführung wird – wenn auch formal strenger – in der Frühzeit und zu Beginn des Alten Reiches übernommen. MPG

Publikation: A) Geschenk des Nils, Nr. 106, Günther – Wellauer, Steingefäße, 67, Nr. 159, Taf. 20. 44. B) Günther – Wellauer, Steingefäße, 63, Nr. 149, Taf. 19. 44. C) Geschenk des Nils, Nr. 107; Günther – Wellauer, Steingefäße, 62, Nr. 146, Taf. 18. 41.
Parallelen: A) el-Khouli, Stone Vessels, Predynastic to Dyn. III, vol. I, 231, no. 1584–1587; vol. III, pl. 63. B) el-Khouli, Stone Vessels, Predynastic to Dyn. III, vol. I, 25, no. 193–195; vol. III, pl. 10. C) el-Khouli, Stone Vessels, Predynastic to Dyn. III, vol. I, 26–27, no. 205–207; vol. III, pl. 10.
Literatur: A) Aston, Stone Vessels, 124, no. 87–88. B) Aston, Stone Vessels, 99.

Die Kunst des Alten Reiches

DAS ALTE REICH (3.–6. DYNASTIE, UM 2740–2180 V. CHR.)

Während sich in der archaischen Zeit (1.–2. Dynastie) der typisch ägyptische Stil herausbildete und festigte, begann mit der 3. Dynastie eine neue große Epoche, die schon der alte Ägypter als solche empfunden hat: das Alte Reich. Es ist die erste große Blütezeit der altägyptischen Kultur, die aufgrund ihrer Wahrzeichen – der Pyramiden – auch als Pyramidenzeit bezeichnet wird.
Im Zentrum der Kunst stand damals der Stein – Kalkstein oder verschiedenfarbige Urgesteine wie Basalt, Granit, Diorit, Gneis u. a. m. Die Beherrschung des «unvergänglichen» Steins als Werkmaterial ging einher mit der absoluten Stellung des Königs und dem unbeirrbaren Glauben an ein ewiges Leben im Jenseits. Bereits in der späten Vorgeschichte und dann in der Frühzeit konnten die Handwerker bei der Herstellung großer Steingefäße (Kat.-Nr. 26) und Architekturelemente für die spätere Zeit grundlegende Erfahrungen in der Gewinnung und Bearbeitung von Stein sammeln. So konnte dann zu Beginn des Alten Reiches (um 2740 v. Chr.) der erste monumentale Steinbau der Menschheitsgeschichte realisiert werden: die Stufenpyramide König Djosers in Sakkara, deren Anlage von seinem genialen Baumeister Imhotep (vgl. Kat.-Nr. 202) konzipiert wurde. Die Überlieferung des Neuen Reiches schrieb Djoser die Erfindung der Steinarchitektur zu, und Imhotep wurde in der Spätzeit als Weiser verehrt. Bislang verband die Forschung auch die Anfertigung der ersten monumentalen Steinplastik – der Kolosse des Gottes Min aus Koptos – mit Djoser, während man sie neuerdings als wesentlich älter betrachtet (spätes 4. Jt. v. Chr). Zumindest stammt aus der Regierungszeit des Djoser die erste lebensgroße Königsplastik. Präzise geschnittene Flachbilder, die den König im Kultlauf zeigen, zieren die unterirdischen Räume seines Grabpalastes. Ihre teilweise Auskleidung mit grünen Fayencefliesen ahmt wohl den alten Schilfmattenpalast des Frühzeitkönigs nach. Überhaupt ist die ältere Lehmziegelarchitektur im neuen Baumaterial Stein noch deutlich spürbar. Im Gegensatz zum königlichen Bereich wurden die privaten Grabanlagen weiterhin aus luftgetrockneten Lehmziegeln und Holz errichtet und mit Malerei auf Stuck dekoriert. Bekannt ist das Grab des Hesire, das sich ebenfalls in Sakkara befindet, heute aber weitgehend zerstört ist.
Den Höhepunkt der königlichen Grabarchitektur des Alten Reiches bilden die Pyramiden der Könige der 4. Dynastie, die in Meidum, Dahschur, Sakkara, Gisa und Abu Roasch errichtet wurden und von denen die des Cheops, Chephren und Mykerinos der Antike als eines der Sieben Weltwunder galten. Die Erbauung solcher Monumente läßt sich nur aus der zentralistischen Staatsform und Religion erklären, in deren Mittelpunkt der König als absoluter Herrscher stand. Das Land war straff organisiert, in Verwaltungseinheiten (Gaue) unterteilt und mit königlichen Gütern bestückt, in denen die Erträge der Landwirtschaft zusammengeführt wurden. Bei Bedarf konnten große Teile der Bevölkerung zum Arbeitsdienst verpflichtet werden. Der König galt als Inkarnation des Himmelgottes Horus auf Erden und war irdischer Garant der Weltordnung, als einziger befugt, Gott gegenüberzutreten und zu opfern. Selbst im Jenseits sorgte er nach damaliger Überzeugung für das Fortbestehen der Menschen. Die für ihn zusammengetragenen, beinahe unerschöpflichen Vorräte und Schätze sollten so mittelbar auch ihnen im Jenseits zugute kommen. Persönliche Freiheiten gab es kaum. Offenbar ließ Cheops sogar den privaten Totenkult einschränken.
Nach der 4. Dynastie wurden die Maße der Pyramiden drastisch verringert, während man sich nun auf die Dekoration der königlichen Totenkultanlagen konzentrierte.
Nichtkönigliche Personen, in der Regel Höflinge königlicher Abstammung, wollten in unmittelbarer Nähe des Königs bestattet werden. Als Grabform behielten sie die Mastaba (arab. «Bank») bei, eine rechteckige Grabanlage, die nun massiv aus Kalksteinquadern errichtet wurde. Am berühmtesten sind die Mastabafriedhöfe von Gisa und Sakkara. Waren die Mastabas anfänglich noch bescheiden oder überhaupt nicht dekoriert, so schmücken ihre Innenräume in der 5. und 6. Dynastie

wunderbare Darstellungen des täglichen Lebens, die im Jenseits für den Grabherrn Wirklichkeit werden sollten. Hier begegnen Szenen aus Jagd und Fischerei, Viehzucht, Ackerbau und dem Handwerk – alles Tätigkeiten, die der Grabherr zu Lebzeiten selber ausführte oder überwachte. Mit Recht kann man sagen, daß das Alte Reich die Blütezeit der Reliefkunst bildete, zumal auch die königlichen Totenkultanlagen dieser Zeit, die Totentempel und Sonnenheiligtümer, mit ähnlichen Motiven dekoriert waren – wohl Sinnbild des segensreichen Wirkens des Sonnengottes Re, als dessen Sohn die Könige seit der fortgeschrittenen 4. Dynastie galten. Von diesen Szenen sind uns aber nur wenige Fragmente erhalten geblieben, die schönsten aus dem Sonnenheiligtum des Niuserre. Die Grabkammern der Könige dagegen wurden erst seit dem Ende der 5. Dynastie – zuerst unter Unas – mit den sogenannten Pyramidentexten dekoriert. Dieses älteste religöse Spruchgut Altägyptens (und der Menschheit überhaupt) enthält Bestattungsrituale und sollte im weitesten Sinne das Fortleben des Königs im Jenseits absichern. In die 5. Dynastie fallen auch die großen Expeditionen zur Gewinnung der benötigten Steine und Rohstoffe – etwa in das ferne Weihrauchland Punt, zu den nubischen Goldminen oder den Türkisfeldern im Sinai.

Neben dem Flachbild, das uns auch Darstellungen des Grabherrn und seiner Familie überliefert, gelangte das Rundbild zu höchster Vollendung. Mit Blick auf den Ewigkeitscharakter dieser Werke verwendete man überwiegend Stein, der allerdings gegen Ende des Alten Reiches immer mehr durch Holz ersetzt wurde. Die Statuen der Höflinge und ihrer Angehörigen hatten keine repräsentative Funktion, sondern dienten ausschließlich als Ersatzkörper. Dies war deshalb so wichtig, weil zu dieser Zeit die Mumifizierung noch nicht voll ausgebildet war. In den Statuen sollte der Ka des Verstorbenen – seine beseelende Lebenskraft – einwohnen und ihm zu neuem Leben verhelfen, da der Grabherr durch die Statue Totenopfer und Gebetswünsche aufnahm. Unsichtbar waren sie in einem unzugänglichen Raum, dem Serdab (arab. «Keller»), aufgestellt und – wenn überhaupt – nur durch einen Schlitz mit der Außenwelt verbunden. Dieser spezifischen Funktion entsprechend war das Statuenrepertoire sehr eingeschränkt: der Beamte wurde stehend oder sitzend, allein oder mit Frau und Kindern dargestellt. Der Typus des im Schneidersitz am Boden hockenden Schreibers wies den Verstorbenen als schriftkundigen Hofbeamten aus. Die rundplastischen Darstellungen der Könige standen dagegen in den Totentempeln und hatten einen gewissen repräsentativen Charakter, waren sie doch so den Blicken der Priester und Höflinge, die den (Toten-)Kult versahen, ausgesetzt. Der König ließ sich allein, im Schutz oder in Begleitung von Gottheiten, thronend oder stehend abbilden. Am bekanntesten sind der sogenannte Falken-Chephren aus Diorit und die Triaden des Königs Mykerinos aus Schiefer aus der 4. Dynastie.

Eine in der ägyptischen Kunstgeschichte oft gestellte Frage ist diejenige der Porträthaftigkeit, des Individualitätsanspruchs der ägyptischen Bildnisse. Zwar verlangte der Ewigkeitsanspruch der Ägypter stets eine irgendwie geartete idealisierende Wiedergabe einer Person, doch gerade die Privatstatuen der 4. Dynastie weisen unerhört individuelle Züge auf (vgl. Einführung, *Bildniskunst*). Unter Cheops begegnet sogar anstelle der üblichen Grabstatuen eine neue Darstellungsweise des Verstorbenen: sogenannte Ersatzköpfe, die den Grabherrn im Rundbild auf seinen Kopf reduzieren, wurden am Schachtende am Eingang zur Sargkammer aufgestellt. Diese Köpfe sind so unterschiedlich charakterisiert, daß man sie in der Tat als individuelle Bildnisse ansprechen kann. Es wurde vermutet, daß es sich hier um einen «magischen Realismus» handelt: Die individuelle Wiedergabe des Kopfes sollte dem Ka die Rückkehr zu seinem Körper erleichtern. Im Laufe der 5. und 6. Dynastie setzte dann eine generalisierende Darstellungsweise ein: Die Gesichter der Grabherren scheinen austauschbar und in «idealer» Weise überhöht. Die Individualität manifestiert sich jetzt ausschließlich im beigeschriebenen Namen des Verstorbenen. Etwas anders steht es mit der Königs- und Götterplastik. Bei diesen Statuen erkennt man den Versuch, die Ideale des Königtums abzubilden, göttliche Erhabenheit ohne Fehl und Tadel. Die Bildnisse der Könige besitzen von vornherein weniger Anspruch auf Individualität als die Privatplastik, sondern sind einem Ideal verpflichtet, das dem Amt des Königs entspricht.

Im Übergang von der 4. zur 5. Dynastie kommt mit den Dienerfiguren eine Statuengattung auf (Kat.-Nr. 30), die im Gegensatz zur Grabplastik anonym bleibt. Die stets unterlebensgroß wiedergegebenen Statuen sind freier gestaltet, ja, sie nehmen alle nur erdenklichen Positionen ein. Eine Figur repräsentiert jeweils eine ganze Gruppe von Menschen wie Bierbrauer, Müller oder Metzger. Sie alle wurden um die Statuen des Grabherrn herum aufgestellt und standen in dessen Diensten als Garanten seiner Versorgung im Jenseits.

Aus der 6. Dynastie blieben uns eine große Zahl kleinformatiger Bildnisse aus Holz und Stein erhalten. Um den großen Bedarf an Grabstatuen zu decken, stellte man sie serienmäßig her, worunter die Qualität litt: Die Körper sind bei Sitzenden gedrungen, bei den Holzstatuen überlängt, die Taillen schmal zusammengezogen. Weil durch die Verwendung von Holz Rückenpfeiler und ausgefüllte Räume zwischen Gliedern und Rumpf aus statischen Gründen nicht mehr nötig waren, wirken die Statuen lebendiger.

Kleinkunst und kunsthandwerkliche Erzeugnisse aus dem Alten Reich sind im Vergleich zu späteren Epochen eher selten. Dies ist einerseits auf ihre schlechtere Erhaltung zurückzuführen, andererseits aber auch darauf, daß im Alten Reich der private Totenglaube und die mit ihm verbundenen «Requisiten» noch nicht so vielfältig waren (Totenfiguren, Schreine, Götterstatuen, Toilettenutensilien, Amulette usw.). Hinzu kommt, daß der private Totenglaube Sache der kleinen, mit dem König verbundenen Oberschicht war. Es war der König, der seinen Beamten die Grabausstattung, ja das ganze Grab stiftete. Ein königlicher Grabschatz ist uns zwar aus dem Alten Reich nicht erhalten geblieben, doch zeugen goldene Gefäße, Silberschmuck und kunstvoll verzierte Möbel aus dem Grab der Königsmutter Hetepheres (4. Dynastie), die schon zu Lebzeiten von der Königin verwendet wurden, vom hohen Können und Raffinement der damaligen Handwerker, insbesondere der Goldschmiede.

Die Tradition der Steingefäße wurde weitergeführt, die Gefäße aber auf eine handliche Größe reduziert (Kat.-Nr. 35). Eine Vielzahl von kleinen Salbgefäßen entstand, in der 6. Dynastie sogar in Tiergestalt. Daneben wurden vermehrt elegant geformte Kupfergefäße hergestellt (Kat.-Nr. 33). Die keramischen Erzeugnisse dagegen sind im Vergleich zur prähistorischen Zeit schlicht. Gebrauchsgegenstände des Alltags wie z. B. Nackenstützen wurden für die Ewigkeit in Stein umgesetzt (Kat.-Nr. 34). Erst gegen Ende des Alten Reiches entstanden die Stempelsiegel-Amulette, die die älteren Rollsiegel ablösten, und Amulette – zumeist in Tiergestalt aus Fayence und glasiertem Steatit, seltener Gold (Kat.-Nr. 36).

DIE ERSTE ZWISCHENZEIT (UM 2180–2000 V. CHR.)

Im Verlauf der 6. Dynastie setzte bereits eine merkliche Dezentralisierung der königlichen Macht ein, die darin gründete, daß die Gaufürsten das einmal erworbene Amt, die damit verbundene soziale Stellung und ihr Einkommen in der Familie zu halten vermochten und als Erbe an ihre Söhne weitergaben. Zahlreiche Gaufürsten herrschten schon über eigene Ländereien in der Provinz und legten dort ihre Gräber an. Dadurch bildeten sich lokale Handwerksbetriebe, die nicht mehr dem König, sondern den Gaufürsten unterstanden. An Fachkräften, die in höfischen Werkstätten geschult waren, mangelte es ebenso wie an den nötigen Rohstoffen. Nach der Auflösung des Alten Reiches, die seit dem Ende der Regierung Pepis II. feststellbar ist, begann eine Übergangsphase, die man als *Erste Zwischenzeit* bezeichnet. Ägypten brach in einzelne Fürstentümer auseinander, bis sich in Herakleopolis und Theben unter der Führung herausragender Gaufürsten neue Zentren bildeten, die sich gegenseitig bekämpften. Aus diesem Machtkampf ging der Thebaner Mentuhotep II. Nebhepetre als Sieger hervor und begründete das Mittlere Reich.

Die Provinzialisierung der Kunst hatte zweierlei Auswirkungen: Einerseits förderte sie die individuelle Formentwicklung, andererseits aber sank die Qualität der Erzeugnisse z.T. drastisch. Die Kenntnis des Proportionskanons der menschlichen Gestalt ging verloren, und die Darstellungen im Flachbild verwilderten. «In eigenwilligem und derbem Sinn werden nun zuweilen die alten Inhalte der Bilder abgewandelt, die provinziellen Stümper suchen das fehlende handwerkliche Können durch die Originalität ihrer Erfindungen zu ersetzen» (H. W. Müller). Gerade im privaten Totenkult aber fanden für die Folgezeit entscheidende Entwicklungen statt. So entstanden z. B. die Sargtexte, eine religiöse Spruchsammlung für den privaten Jenseitsglauben und damit der Vorläufer des Totenbuches des Neuen Reiches (Kat.-Nr. 120), die Totenfiguren (Kat.-Nr. 63f.) und die Holzmodelle von Wirtschaftsbetrieben und Schiffen (Kat.-Nr. 59), in gewissem Sinne ein Ersatz für die fehlenden Grabreliefs. Daneben sind zahlreiche kleinformatige Rundbilder aus Holz zu erwähnen, die Entstehung des Skarabäus als mächtigstes Siegelamulett und symbolischer Tiere aus Fayence. AW

Literatur: Ägyptische Pyramiden. Von den Lehmziegel-Mastabas zu den Pyramiden der 1. Dynastie bis 13. Dynastie, 1994; Assmann, J., Ikonologie der Identität. Vier Stilkategorien der Altägyptischen Bildniskunst, in: Das Bildnis in der Kunst des Orients, hg. von M. Kraatz et al., Stuttgart 1990, 17–24; Das Alte Reich (Hildesheim 1986); Leclant, Temps des Pyramides; PKG, 20–32; Russmann, E. R., A Second Style in Egyptian Art of the Old Kingdom, MDAIK 51, 1995, 269–279; Schmidt, H., Zur Determination und Ikonographie der sogenannten Ersatzköpfe, SAK 18, 1991, 331–348; Smith, Sculpture and Painting; Stadelmann, R., Die ägyptischen Pyramiden, 2. überarb. u. erw. Aufl., Mainz 1991; Tefnin, Art et Magie.

27
Kopf einer Dame

Privatbesitz, Schweiz

Feiner weißer Kalkstein, Spuren von schwarzer Bemalung an der Perücke
H. 11,4 cm; B. 11,4 cm (beim Bruch)
Kopf und Teile der Schulter einer weiblichen Grabstatue. Einige Bestoßungen im Gesicht, v. a. an der Nase und an der Perücke
Altes Reich, 5.–6. Dynastie, um 2500–2180 v. Chr.
Ehemals Sammlung E. Stokes, New York. Später im Besitz von E. Brummer

Im Verlaufe der 5. Dynastie setzte im Bereich der Privatplastik eine Typisierung der Bildnisse ein, und ein allgemeines Menschenbild begann sich durchzusetzen. Noch in der 4. Dynastie waren die ägyptischen Bildnisse von individuellen Zügen geprägt, wie es uns z.B. die sogenannten Ersatzköpfe aus Gisa deutlich vor Augen führen. Mit der Serienherstellung von Statuen und Statuengruppen im fortgeschrittenen Alten Reich wurde automatisch auch die Darstellung des Menschen standardisiert. Individualitätsträger war von nun an allein der in Hieroglyphenschrift beigefügte Name.
Der vorliegende Frauenkopf aus feinem weißen Kalkstein gehörte ursprünglich zu einer Grabstatue, die im Serdab einer Mastaba aufgestellt war. Ob es sich um ein Stand- oder Sitzbild handelte, läßt sich heute nicht mehr sagen. Von der einstigen Farbenpracht ist kaum mehr etwas zu sehen, Spuren von schwarzer Farbe haben sich an der Perücke und den Augenlidern erhalten. Die Frau trägt eine schulterlange Perücke mit wulstigen, parallel verlaufenden Strähnen, die in der Mitte gescheitelt sind. An der Stirn tritt das ebenfalls gescheitelte eigene Haar der Frau hervor. Wenig störend wirken die verschiedenen Asymmetrien im Gesicht. Daß auch die Augen nicht in der Mitte des Kopfes liegen, sondern leicht nach oben verschoben sind, bemerkt man kaum. Nur schwach angedeutet sind die Augenbrauen. Dagegen war die jetzt bestoßene Nase recht fleischig gebildet. Die Mundwinkel der Lippe sind leicht nach oben gezogen, wodurch ein leichtes Lächeln evoziert wird.
Ob der Kopf zu einer Statuengruppe (Ehepaar) oder einer Einzelstatue gehört hat, läßt sich aufgrund der vorhandenen Bruchstellen nicht mehr feststellen. Name und Titel der Dargestellten waren auf der Basisplatte angebracht. Im Serdab des Grabes aufgestellt, dienten solche Statuen als Ersatzkörper, in denen sich der Ka (die Lebenskraft) des Verstorbenen manifestieren konnte.
AW

Publikation: abgebildet in The Ernest Brummer Collection. Ancient Art, vol. II (Auction Sale from 16th to 19th October 1979 at the Grand Hotel Dolder Zürich by Galerie Koller AG and Spink & Son), Nr. 500. Gutachten von Frau Dr. M. Müller, Basel.
Parallelen: Junker, Giza X, 89, Taf. XIVb. XVg.
Literatur: J. Assmann, Ikonologie der Identität. Vier Stilkategorien der Altägyptischen Bildniskunst, in: Das Bildnis in der Kunst des Orients, hg. von M. Kraatz et al., Stuttgart 1990, 17–24. 20–24.

28
Grabrelief mit sitzendem Ehepaar

De Jaager Collection

Feiner Kalkstein
H. 26,5 cm; B. 33 cm
Fragment eines Grabreliefs
Altes Reich, 5.–6. Dynastie, um 2500–2180 v. Chr.

Die größte Blütezeit der ägyptischen Reliefkunst bildet zweifellos das Alte Reich. Schönstes Zeugnis dafür sind die Beamtengräber in Gisa und Sakkara, die sogenannten Mastabas, die über und über mit Bildern aus dem täglichen Leben dekoriert sind. Oft vergißt man, daß ursprünglich alle Darstellungen nach einem bestimmten Farbkanon (vgl. Einführung, *Farbkanon*) mehrfarbig bemalt waren.
Unser Relieffragment stammt wohl aus einer solchen Mastaba. Es zeigt in erhabenem Flachbild ein am Boden sitzendes Ehepaar. Während die rechte Hand der beiden ruhig auf dem Oberschenkel liegt, halten sie ihre linke ehrerbietig vor der Brust. Der Mann trägt eine Löckchenperücke und einen kurzen Schurz. Die Frau ist in ein langes Trägerkleid gehüllt und besitzt eine dreiteilige Perücke. Um ihren Hals schmiegt sich ein eng anliegendes Halsband. Beachtung verdienen auch die Hieroglyphen, die qualitätvoll ausgeführt sind.
Nach Haltung und Gestus der Dargestellten können nicht der Grabherr und seine Gemahlin gemeint sein, sondern es handelt sich wohl um Personen aus ihrem Umkreis (Verwandte oder Bedienstete). Die Beischrift in drei vertikalen Zeilen über den Figuren beginnt mit der

bekannten Formel «ein Opfer, das Anubis stiftet». Bedeutender ist die Nennung von Name und Titel: Der Mann heißt Tjenti und führt den Rangtitel «Bekannter des Königs», der darauf hinweist, daß er am Hof des Königs tätig war. Die Frau wird Chenemet genannt, was «Amme» oder «Wärterin» bedeuten kann. Ein Titel fehlt. Beide Namen und der Titel des Mannes sind im Alten Reich häufig bezeugt. AW

Publikation: abgebildet bei Antiquities & Tribal Art, Phillips International Auctioneers & Valuers, Monday 3 July, London 1995, 18, no. 125.
Parallelen: Martin, Reliefs I, CAA Hildesheim 3, 19–28.
Literatur: zu Tracht und Gesten: Staehelin, Tracht, 84–91. 127f. 178–182; Dominicus, Gesten, 5–9. Zu Namen und Titel: Tjenti: Ranke, PN I, 392, Nr. 10; Chenemet: Ranke, PN I, 270, Nr. 10. Zum Titel: Helck, Beamtentitel, 26–28; Baer, Rank and Title, 152–154, no. 567–572.

Die künstlerische Qualität der Rundbilder nimmt bereits im Verlaufe der 6. Dynastie drastisch ab, wofür einerseits die Auflösung des Staates und andererseits das Einsetzen einer Massenproduktion verantwortlich sind. Die mangelnde Ästhetik ist vor allem an den Körperproportionen sichtbar, die nicht mehr harmonisch sind.

Nicht ohne Reiz ist jedoch die kleine sitzende männliche Figur aus Kalkstein aus der späteren 6. Dynastie. Wunderbar frisch ist ihre Bemalung; das Gesicht des Mannes wirkt lebendig und ist durchaus von guter Qualität. Allerdings ist eine gewisse Disharmonie in den Körperproportionen festzustellen: Die Beine sind im Verhältnis zum Oberkörper zu kurz. Auch Details wie Hände und Füße sind mangelhaft ausgeführt, und die Andeutung von Muskulatur fehlt völlig.

Dargestellt ist ein Beamter, der mit einem kurzen, weißen Schurz bekleidet ist; eine eingeritzte Linie deutet den Gürtel an. Sein Körper ist rot bemalt. Er sitzt auf einem würfelförmigen, ockerfarbenen Hocker. Seine Arme liegen auf den Oberschenkeln auf, die linke Hand ist zur Faust geballt, die rechte flach ausgestreckt. Als vornehmer Beamter ist er glatt rasiert, trägt aber ein kurzes, gestutztes Bärtchen, das im Rundbild eher selten dargestellt wird. Zur Haartracht gehört auch die schwarze, in der Mitte gescheitelte Perücke mit halblangem Haar.

Bei dieser Figur handelt es sich um eine Grabstatue. Auffallend ist in diesem Zusammenhang das Fehlen von Name und Titeln des Dargestellten, denn vergleichbare Statuetten können durchaus beschriftet sein. AW

29
Statuette eines sitzenden Mannes

Privatsammlung, Schweiz

Kalkstein, polychrom bemalt
H. 19,8 cm; B. 8,7 cm; T. 8,9 cm
Intakt, Farben gut erhalten
Altes Reich, späte 6. Dynastie, um 2200 v. Chr.

Publikation: unveröffentlicht.

Parallelen: Hassan, Giza V, pl. LX,B; ders., Giza III, pl. V. LXX; Junker, Gisa IX, Taf. VIII,e. d; Borchardt, Statuen I, 141f., Nr. 210f., Taf. 44; Borchardt, Statuen III, 90f., Nr. 783, Taf. 144 und S. 114, Nr. 825, Taf. 153; Menschenbild (Hamburg 1982), Nr. 4.; vgl. Martin-Pardey, Plastik II, CAA Hildesheim 4, 83–94; Ägyptisches Museum Berlin (1984), 99; Naville, Abydos, pl. IV,5. Zur Tracht: Staehelin, Tracht, 92f.; E. Drioton – J.-Ph. Lauer, Un groupe de tombes à Saqqarah: Icheti, Nefer-Khouou-Ptah, Sébek-em-Khent et Ânkhi, ASAE 55, 1958, 207ff., pl. IX,a-b (Frisur und Bart). Ferner: Page, Sculpture, 12f., no. 13f.; Shoukry, Privatgrabstatue, 78–84.

Literatur: E. R. Russmann, A Second Style in Egyptian Art of the Old Kingdom, MDAIK 51, 1995, 269–279.

30
Kleine Dienerfigur

Privatbesitz, Basel

Kalkstein, bemalt
H. 10,6 cm; B. 4,9 cm; T. 5,6 cm
Intakt, minimale Bestoßungen
Altes Reich, späte 6. Dynastie, um 2200 v. Chr.

Eine ganz besondere Gruppe von Statuen bilden die Dienerfiguren des Alten Reiches. Der Unterschied zur offiziellen Grabplastik besteht darin, daß es sich nicht um die Darstellung von Individuen handelt, sondern um Verkörperungen einzelner Berufsgattungen wie Landarbeiter, Bäcker, Metzger, Bierbrauer, Töpfer usw. Die Figuren sind immer anonym und unterliegen nicht den üblichen Konventionen, so daß sie äußerst lebendig und frisch wirken. Die Vorbilder für diese Figuren sind aus dem Leben gegriffen. Ähnliche Darstellungen finden sich auch in den Szenen des täglichen Lebens in den zeitgenössischen Privatgräbern.
Die vorliegende kleine Statuette aus bemaltem Kalkstein stellt eine solche Dienerfigur dar. Sie zeigt eine am Boden hockende Person, deren Geschlecht nicht sicher zu bestimmen ist. Die gelbe Körperfarbe und die nur schwach angedeuteten Brüste geben keinen sicheren Hinweis darauf, daß es sich um eine Frau handelt. Bekleidet ist die Figur mit einem weißen Schurz. Auf dem Haupt trägt sie eine schwarze Perücke mit Mittelscheitel. Ein Band, das am Hinterkopf zusammengeknotet ist, faßt das Haar zusammen. Die Augen sind schwarz umrandet, die Schwarzfärbung der Brauen ist verloren. Füße und Hände sind weitgehend ohne Angabe von Details wiedergegeben. Damit hängt es auch zusammen, daß die Tätigkeit der Dienerfigur schwer zu eruieren ist. Beide Hände hat sie auf die Knie gelegt. In ihrer Rechten hält sie vermutlich ein Messer, mit dem sie an einem Gegenstand arbeitet (schält sie Gemüse oder Früchte, oder wird etwa Leder verarbeitet?). Die summarische Ausführung des Körpers macht eine Datierung in das späte Alte Reich wahrscheinlich.
Wie gesicherte Befunde zeigen, waren solche Dienerfiguren seit der späten 4. Dynastie bekannt und z.T. um die Statuen des Verstorbenen im *Serdab* herum gruppiert (vgl. Kat.-Nr. 31). Wie später die Totenfiguren (Uschebtis) standen auch sie im Dienste des Grabherrn.
AW

Publikation: abgebildet bei Antiquities and Islamic Art. Sotheby's New York, Saturday, June 12, (1993), no. 14.
Parallelen: keine. Zum Messer s. Breasted, Servant Statues, pl. 32,d. Zur Frisur vgl. Breasted, Servant Statues, pl. 20,b; E. Drioton – J.-Ph. Lauer, Un groupe de tombes à Saqqarah: Icheti, Nefer-Khouou-Ptah, Sébek-em-Khent et Ânkhi, ASAE 55, 1958, 207ff., pl. XII,b.
Literatur: Breasted, Servant Statues.

31
Beamtenstatue aus Holz

Privatsammlung, Schweiz

Holz mit stuckiertem Leinen überzogen, polychrom bemalt
H. 58,8 cm max.; B. 18,9 cm
Rechtes Bein ganz, linkes Bein teilweise weggebrochen. Ebenso fehlt größtenteils die bemalte Stuckschicht. Restauriert
Altes Reich, späte 5. Dynastie, um 2400 v. Chr.

Großformatige Skulpturen aus Holz kennt man seit dem Beginn der geschichtlichen Zeit (Mastaba des Königs Qaa in Sakkara), doch in großer Zahl hat man sie erst im Verlaufe des Alten Reiches angefertigt. Holzfiguren kleineren Formates waren besonders in der 1. Zwischenzeit und im Mittleren Reich beliebt (vgl. Kat.-Nr. 44). Obwohl Holz vergänglicher ist als Stein, brachte seine Verwendung auch erhebliche Vorteile. So war man in der Lage, die Abbilder lebendiger zu gestalten, weil man die Extremitäten freiplastisch ausarbeiten und auf den sonst obligaten Rückenpfeiler verzichten konnte.
Die hölzerne, unterlebensgroße Grabstatue ist aus verschiedenen Teilen zusammengesetzt. Separat gearbeitet und mit Holzdübeln angesetzt sind die beiden Arme und Beine sowie Teile des Schurzes. Die Statue war einst mit feinem Leinen und Stuck überzogen und bunt bemalt, wovon Reste heute noch gut zu sehen sind. Nicht mehr erhalten sind das rechte und der untere Teil des linken Beins. Verloren ist auch die rechteckige hölzerne Basis, auf der die Statue stand. Sie trug Titel und Namen des Dargestellten.
Der Höfling steht aufrecht, das linke Bein ist vorgestellt. In der vorgestreckten linken Hand hielt er einen Würdestab, in der herabhängenden Rechten ein Szepter – beides Statussymbole, wie sie höhere Beamte zu dieser Zeit zu tragen pflegten. Der Beamte besitzt ein ausdrucksstarkes Gesicht: Die Augen sind schwarz umrandet, die Augenbrauen kräftig ausgezogen. Spuren eines dunklen Oberlippenbartes sind ebenfalls zu sehen. Auf dem Haupt trägt er eine kurze, die Ohren bedeckende Perücke, deren Löckchen in horizontalen Reihen angeordnet sind. Die schwarze Bemalung ist hier noch gut erhalten. Auf der Brust liegt flach ein Collier, das aus mehreren Perlenreihen besteht und dessen Abschluß Tropfenperlen bilden. Als Kleidungsstück besitzt der Beamte einen glatten, bis zu den Knien reichenden Schurz mit Vorbau.
Solche Statuen wurden in sogenannten *Serdabs*, speziel-

len Statuenräumen im Grab, aufgestellt. Sie dienten als Ersatzleiber und sollten die Ka-Seele des Verstorbenen aufnehmen. AW

Publikation: unveröffentlicht.
Parallelen: zum Statuentyp und Gesicht vgl. Borchardt, Statuen I, 169–171, Nr. 267f., Taf. 57, und ferner zum Gesicht S. 51f., Nr. 58, Taf. 15.
Literatur: zur Tracht s. Staehelin, Tracht, 9. 86ff. 92f. 113ff. 154ff.

32
Relieffragment mit zwei stehenden Damen

Privatsammlung, Schweiz

Kalkstein
H. 40 cm; B. 34 cm
Fragment eines Grabreliefs, Oberfläche des Steins z.T. abgesplittert
Altes Reich, späte 6. Dynastie, um 2200 v. Chr.

Im Übergang von der 5. zur 6. Dynastie vollzieht sich sowohl im Rund- als auch im Flachbild ein markanter Stilwandel. Am deutlichsten wird er an der menschlichen Gestalt sichtbar: Im Vergleich zu früher wird sie zunehmend höher und schlanker gebildet, und die Augen dominieren das Gesicht. Hinzu kommt, daß die Proportionen der einzelnen Glieder zueinander nicht mehr harmonisch sind – die Hände etwa werden zu groß und die Finger zu lang wiedergegeben. Im Rundbild läßt sich dies vor allem bei den Holzstatuen beobachten. Solche Stilmerkmale wurden bislang auf den Niedergang des Königtums und der mit ihm verbundenen Künstlerateliers am Ende des Alten Reiches zurückgeführt, auf soziale Umbrüche in der Gesellschaft und eine Massenproduktion. Andere wiederum sprechen von einem bewußten Expressionismus als Auflehnung gegen den vorangegangenen strengen Stil der Oberschicht. Tatsache ist jedenfalls, daß sich bereits im Übergang von der 5. zur 6. Dynastie in der stilbildenden Königsplastik Veränderungen vollziehen, die sicher auf tiefgreifende Umbrüche dieser Zeit im religiösen Bereich zurückzuführen sind.

Bei den beiden vorliegenden, in versenktem Relief dargestellten, aufrecht stehenden weiblichen Figuren, die einst bunt bemalt waren, sind solche Stilmerkmale deutlich zu erkennen. Die vordere Frau ist sehr schlank und hochgewachsen wiedergegeben. Den linken Arm hält sie vor der Brust, der rechte hängt schlaff herab. Oberschenkel und Hüfte werden durch eine geschwungene Linie betont. Ihr Gesicht scheint mit der fleischigen Nase und vollen Lippen individuell gestaltet, doch sind auch dies Stilmerkmale der 6. Dynastie. Bekleidet ist sie mit einem knöchellangen Trägerkleid. Die linke Brust kommt hinter dem Träger hervor. Auf dem Haupt trägt sie die dreiteilige Strähnenperücke, um den Hals einen Perlenkragen. Die senkrechte Inschriftzeile vor ihr ist zerstört, lesbar ist noch der Name «Merut». Die hintere Frau ist weniger gut erhalten, so fehlt etwa der untere Teil ihrer Beine. Sie besitzt dieselbe Tracht, trägt aber keine Perücke, sondern zeigt sich mit ihrem natürlichen, kurzgeschnittenen Haar. Beide Arme hängen schlaff herab. Ihre Hände sind ungleich groß. Besser erhalten ist die senkrechte Inschriftkolumne vor ihr, die sie als «Bekannte des Königs, Priesterin der Neith, die verklärte Merut» vorstellt. Es dürfte sich also bei beiden Figuren um ein und dieselbe Person handeln. Die horizontale Inschriftzeile über ihnen erwähnt verschiedene Feste, u.a. das Sokar- und das Neujahrsfest. AW

Publikation: abgebildet in Ancient Art. Galerie Nefer 3, Zürich (1985), Nr. 37.

Parallelen und Literatur: E. R. Russmann, A Second Style in Egyptian Art of the Old Kingdom, MDAIK 51, 1995, 269–279. Ferner: Vandier, Manuel III,1, 136ff.; PKG, 29f. Zum Namen: Ranke, PN I, 162, Nr. 14. Zum Titel: Begelsbacher-Fischer, Götterwelt, 111–120.

33
Dreiteilige Waschgarnitur aus Kupfer

Privatsammlung, Basel

Kupfer mit dicker Patina, Sandverkrustungen
A) H. 4 cm; Dm. 18,5 cm
B) H. 12,1 cm; Dm. 22,4 cm
C) H. 10,6 cm; Dm. 7,8 cm
Intakt
Frühzeit bis Altes Reich, 2. Dynastie oder später, um 2800–2400 v. Chr.

Bereits in vordynastischer Zeit verwendeten die Ägypter für die Körperreinigung besondere Gefäße aus Ton oder Stein, die mit einem Ausguß versehen waren (vgl. Kat.-Nr. 25 B–C). Dazu gehörte eine Schüssel zum Auffangen des Wassers. Während der Frühzeit begann man, solche Waschgarnituren, bestehend aus einer Kanne und einem Napf, aus Kupfer herzustellen. Eine große Zahl von Kupfergefäßen kam z.B. im Grab König Chasechemuis aus dem Ende der 2. Dynastie in Abydos zum Vorschein.

Voller Eleganz und technisch ausgefeilt ist unsere Waschgarnitur, die ein Gießkännchen, einen Waschnapf und eine kleine flache Schale umfaßt. Die drei Gefäße, die alle aus Kupferblech getrieben sind, konnte man ineinanderstellen. Das Kännchen besitzt einen schnabelförmigen Ausguß, der praktisch horizontal aus der Wandung hervorkommt, in der er mit sogenannten Lötflächen verankert ist. Der obere Rand dieses Gefäßes ist nach innen gebogen. Der tiefe Napf mit flachem Boden hat eine ausladende Wandung und ist sehr massiv gearbeitet, während die flache Schale dünnwandiger ist.

Auf den Flachbildern des Alten Reiches erscheinen solche Waschgarnituren in den Speisetischszenen. Aus den Beischriften geht hervor, daß sie zum Reinigen der Hände dienten. Es handelt sich um die im Orient bis heute verbreitete Sitte, die Hände sowohl vor als auch nach den Mahlzeiten zu waschen. Oft sind es auch nur Gefäßmodelle, die man dem Verstorbenen mit ins Grab gab. Berühmt ist das kleine goldene Waschgeschirr der Königin Hetepheres aus der 4. Dynastie. Einfachere Varianten wurden aus rot poliertem Ton hergestellt, der möglicherweise Kupfer imitieren sollte. AW

Publikation: Ancient Art. Galerie Nefer I, Zürich; Dayagi-Mendels, Perfumes, 17.
Parallelen und Literatur: Zu den Waschgarnituren aus Kupfer s. Bissing, Metallgefäße, VIIff.; Radwan, Kupfer- und Bronzegefäße, 17–26. 38–43; D. Schorsch, Copper Ewers of Early Dynastic and Old Kingdom Egypt, MDAIK 48, 1992, 145–159, Taf. 31–36; R. Maddin et al., Old Kingdom Models from the Tomb of Impy: Metallurgical Studies, JEA 70, 1984, 33–41; H. Balcz, Die Gefäßdarstellungen des Alten Reiches, MDAIK 3, 1932, 95–98. Ein Beispiel aus Kalkstein: Das Alte Reich (Hildesheim 1986), 54, Nr. 12. Beispiele aus Ton: Meisterwerke Altägyptischer Keramik, 124ff., Nr. 150–153, Taf. III.

34

Kopfstütze

Privatsammlung, Schweiz

Kalzit-Alabaster
H. 20 cm; B. 20 cm (Ablagefläche), Basis: 8 x 18 cm
Intakt bis auf eine bestoßene Ecke der halbmondförmigen Ablagefäche
Altes Reich, 6. Dynastie, um 2318–2180 v. Chr.

Vom Beginn der ägyptischen Kultur bis zu ihrem Niedergang ist die Kopfstütze archäologisch belegbar.
Als unentbehrliches Utensil im Bereich des Schlafgemachs entsprach sie rein funktionell unserem Kopfkissen. Die geschwungene Kopfauflage, auf welcher der Nacken in seitlicher Lage ruhte, war zusätzlich mit weichen Stoffrollen ausgepolstert. Für den alltäglichen Gebrauch waren die Kopfstützen vorwiegend aus Holz gefertigt. Neben ihrer praktischen Verwendung hatten die Kopfstützen, die zuweilen mit Bildschmuck und Segenssprüchen versehen waren, auch magischen Charakter. Exemplare sowohl aus zerbrechlichen Materialien wie Fayence, Glas, Terrakotta oder Elfenbein als auch aus Gesteinen wie Kalzit-Alabaster, Kalkstein oder gar Malachit bildeten einen Teil des Mobiliars der Grabausstattung. Im jenseitigen Gebrauch waren sie ein Symbol für das stete Erwachen des Verstorbenen, wie es Kapitel 166 des Totenbuchs beschreibt. Kleine Amulette in Gestalt von Kopfstützen verdeutlichen deren apotropäischen und regenerativen Charakter.
Unsere Kopfstütze von schlichter Eleganz und zeitloser Schönheit ist aus drei Teilen aufgebaut: einer rechteckigen Standplatte, einem Stützpfeiler in Gestalt einer leicht eingezogenen, kannelierten Säule mit Abakus und einer halbmondförmigen Auflagefläche. MPG

Publikation: unveröffentlicht.
Parallelen: Götter, Gräber und die Kunst I, 88, Nr. 56 und 243, Nr. 404.
Literatur: Andrews, Amulets, figs. 68. 95; Breasted, Servant Statues, pl. 93,b: schlafende Konkubine, deren Haupt in seitlicher Lage auf einer Kopfstütze ruht; H. G. Fischer, LÄ III, 686–693, s. v. Kopfstütze; Ägyptisches Museum Berlin (1967), Nr. 263–265; A. Kamal, Rapport sur les fouilles de Saïd Bey Khachaba au Deîr-el-Gabraouî, ASAE 13, 1914, 161–178; Kayser, Kunsthandwerk, 294–298; E. Naville, Les amulettes du chevet et de la tête, ZÄS 48, 1911, 107–111; Petrie, Objects of Daily Use, pl. XXX–XXXII.

35

Zylindrischer Becher

Privatsammlung, Schweiz

Anorthositgneis
H. 18,7 cm; Dm. oben 11,4 cm; Dm. Fuß 8,8 cm
Fuß partiell bestoßen, geringfügige Bestoßung am Lippenrand
Altes Reich, 5.–6. Dynastie, um 2500–2180 v. Chr.

Diese elegante Becherform ist vom Alten bis zum Mittleren Reich belegt. Der zeitlich begrenzte Gebrauch von Anorthositgneis zur Herstellung von Gefäßen (Frühzeit bis Altes Reich) sowie die formale Ausführung legen eine Datierung in die 5. oder 6. Dynastie nahe. Das kostbare Gestein, das in den Steinbrüchen der nubischen Wüste südwestlich von Abu Simbel abgebaut wurde, fand ausschließlich in den königlichen Werkstätten Verwendung.
Der zylindrische Becher erweitert sich konisch zu einer breiten, waagrecht abgesetzten Lippe hin. Auf dieser lag ursprünglich ein glatter Deckel, oder aber das Gefäß wurde mit einer Folie abgedeckt und abgebunden. Die harmonisch auslaufende Basis ist an mehreren Stellen bestoßen. Trotz der extremen Härte des Gesteins wurde die Gefäßwandung bis zur Transparenz ausgebohrt.
Die charakteristische Form dieses Gefäßes fand Eingang in die Hieroglyphenschrift und diente als Determinativ für verschiedene Salben. MPG

Publikation: unveröffentlicht.
Parallelen: Ancient Egyptian Art (London 1922), 77, no. 22, pl. XXVI; Petrie, Vases, pl. II,49.
Literatur: Aston, Stone Vessels, 104, no. 35, pl. 14,b; Ägyptisches Museum Berlin (1967), Nr. 238–241.

36

Hasen- und Schakalamulett

Fondation Jacques-Edouard Berger, Lausanne (A, B)

A
Gold
H. 1,0 cm; L. 1,6 cm
Intakt
Altes Reich, späte 6. Dynastie, um 2200 v. Chr.

B
Gold
H. 1,9 cm; L. 2,4 cm
Tragöse des Schakals gebrochen
Altes Reich, späte 6. Dynastie, um 2200 v. Chr.

Während in prähistorischer Zeit Amulette durchaus bekannt waren (Kat.-Nr. 14), fehlen sie in der Frühzeit und praktisch während des ganzen Alten Reiches. Erst an der Wende von der 5. zur 6. Dynastie wurde das Amulettwesen neu entwickelt. Gleichzeitig entstanden auch die Stempelsiegel-Amulette, die Vorläufer der später so beliebten Siegelamulette, deren Hauptvertreter der Skarabäus ist. Nach Stil und Machart könnten diese beiden Amulette durchaus aus dieser Anfangsphase stammen.

Unverkennbar handelt es sich bei den vorliegenden Goldamuletten um einen Hasen (A) und einen Schakal (B). Trotz ihrer Kleinheit sind die aus verschiedenen Teilen zusammengesetzten Tiere minuziös ausgeführt. Während die Körper aus einem Stück geformt sind, sind beim Hasen z.B. die Ohren und beim Schakal die Beine separat angelötet, und beide Figuren sind auf eine flache Basis aufgesetzt. Der Hase besitzt eine Tragöse auf der Rückseite, der Schakal direkt auf dem Rücken. Selbst Details wie die Augen und das Maul sind bei den beiden Tieren zu erkennen.

Derartige Amulette kamen nicht etwa in den großen Residenzfriedhöfen von Gisa oder Sakkara zutage, sondern in den kleinen Provinzfriedhöfen Mittelägyptens, z.B. Qau oder Mahasna, ja selbst in Balat in der abgelegenen Oase Dachla. Mit Perlen und anderen Amuletten trug man sie an Ketten um den Hals. Vertreten sind neben Hieroglyphen und Götterfiguren vornehmlich symbolische Tiere, die dadurch ihre eigenen, besonderen Kräfte auf den Menschen übertragen sollten. AW

Publikation: abgebildet in Un regard partagé, 48. 180, nr. 331. 332.
Parallelen: Valloggia, Balat I, pl. LXV, Inv.-No. 923 (Schakal); Brunton, Qau and Badari II, pl. XCVI,28 (Hasen).
Literatur: zur Entwicklung und Bedeutung s. Müller-Winkler, Objekt-Amulette; Wiese, Stempelsiegel-Amulette, 135f. (Hase).

37
Gruppe von fünf Totenfiguren

Fondation Jacques-Edouard Berger, Lausanne

Wachs
A) H. 14,5 cm. B) H. 12,0 cm. C) H. 13,4 cm
D) H. 15,4 cm. E) H. 12,7 cm
A–B) intakt; C–E) Füße weggebrochen. Bei D fehlt zusätzlich der linke Arm
1. Zwischenzeit bis Mittleres Reich, 10./11. Dynastie, um 2080–1950 v. Chr.
Aus Theben

Bei der Betrachtung dieser fünf Figuren fühlt man sich unwillkürlich an die schlanken und hochgewachsenen Bronzefiguren des Schweizer Bildhauers Alberto Giacometti (1901–1966) erinnert. Bei unseren Wachsfiguren, die allerdings schon um 2000 v. Chr. entstanden sind, handelt es sich um seltene Vorformen der später so zahlreichen Uschebtis (vgl. Kat.-Nr. 63f.).

Die fünf äußerst zerbrechlichen Figuren – zwei Frauen (B, C) und drei Männer (A, D, E) – wurden von Hand aus Wachs geformt. Bei drei Statuetten (C, D, E) sind die Füße weggebrochen, bei einer weiteren fehlt der linke Arm (D). Die Figuren sind unbekleidet und geben den nackten Körper wieder, wobei bei einer Figur (E) deutlich die männlichen Geschlechtsorgane angegeben sind. Ebenso heben sich die Brüste der Frauen plastisch vom Körper ab (B, C). Die Arme hängen bei allen Statuetten herab und liegen eng am Körper an. Während die Männer keine spezielle Haartracht aufweisen, tragen die beiden Frauen eine dreiteilige Strähnenperücke. Die Gesichter sind z.T. recht detailliert wiedergegeben: Augen, Nase, Mund und Ohren sind plastisch herausgearbeitet. Drei der Statuetten (B, C, D) weisen auf der Vorderseite eine senkrechte hieratische Inschriftzeile in schwarzer Tinte auf, die Titel und Name des Eigentümers nennt. Die Inschriften lassen sich kaum mehr entziffern.

Derartige aus Wachs oder Lehm geformte menschengestaltige Totenfiguren wurden mit Name und Filiation (Angabe der Abstammung) des Verstorbenen beschrif-

tet. Mit Leinen umwickelt, gab man sie in kleinen Modellsärgen selbst Königinnen mit ins Grab. Wie die Aufschriften deutlich machen, verstand man diese Statuetten als Ersatzkörper, die das Wiederaufleben des Grabherrn garantieren sollten. Eine nicht unwesentliche magische Rolle wird dabei das Herstellungsmaterial – Bienenwachs (auch Nilschlamm) – gespielt haben, dem man regenerierende Kräfte zusprach: Der Ägypter hatte wohl die unbeweglichen, «mumienförmigen» Bienenlarven vor Augen, die sich im Wachs zu frei beweglichen, flugfähigen Insekten entwickeln. AW

Publikation: abgebildet in Un regard partagé, 51, nr. 306 (fehlt). 347. 348. 632. 633.
Parallelen: Naville, XIth Dyn. Temple I, 49f., pl. IX; H. E. Winlock, The Museum's Excavation at Thebes, BMMA 1924, Part II, 12; Winlock, Deir el Bahri, pl. 14. Exemplare aus Sakkara und Theben bei Hayes, Scepter I, 326f., fig. 215.
Literatur: zur Entwicklung s. Schneider, Shabtis I, 178; III, fig. 19; Schlögl – Brodbeck, Totenfiguren, 15f. 44, Abb. 6 (= München, Staatliche Sammlung Inv.-Nr. ÄS 6085). Ein weiteres Stück in Hildesheim ist abgebildet bei Eggebrecht, Ägypten, 340; Forman – Quirke, Afterlife, 98; M. J. Raven, Wax in Egyptian Magic and Symbolism, OMRO 64, 1983, 7–47.

Bereits aus der späten Vorgeschichte kennt man Darstellungen von Ringern. Am bekanntesten sind jedoch die Bildfolgen von Ringerpaaren in den Felsengräbern von Beni Hassan aus dem frühen Mittleren Reich. Insgesamt über 400 Kampfpositionen werden dort in geradezu kinematographischer Abfolge gezeigt. Aus der gleichen Zeit etwa stammen kleine, roh gearbeitete rundplastische Ringergruppen, die man dem Verstorbenen mit ins Grab gab. Sie sind alle aus Stein gearbeitet, z.T. auch bemalt und durchweg von ganz einfacher Ausführung.
Unsere beiden Kontrahenten sind ebenfalls sehr einfach gearbeitet. Beide Ringer sehen wir in Schrittstellung, stark nach vorne geneigt, wobei sie ihren Oberkörper gegeneinander stemmen und sich mit den Armen umklammern. Dieselbe Haltung nimmt das zweite Ringerpaar von links in der zweiten Reihe in Grab 15 in Beni Hassan ein, in dem über 200 Ringerpaare abgebildet sind. Die Körper unseres Beispiels sind plump und massig geformt. Die Köpfe sind groß und rund, die Gesichtszüge grob ausgeführt. Die Augen liegen in tiefen Höhlen und quellen hervor. Die Ohren kann man kaum erkennen.
Die Deutung der Ringerpaare ist noch nicht restlos geklärt. Zweifellos gehörten Ringkampf und Stockfechten zur Ausbildung von Soldaten und dienten ihrer körperlichen Ertüchtigung. Oft werden Ringer denn auch im Zusammenhang mit Kriegsbildern dargestellt. Sicher besitzen die einzelnen Ringergruppen, die man in einfachen Gräbern findet, darüber hinaus noch eine andere Bedeutung. Möglicherweise stehen sie für die im Jenseits erwünschte Bewegungsfreiheit des Verstorbenen, die auch den Darstellungen von Tänzern und Akrobatinnen zugrunde liegen könnte. AW

38

Ringergruppe

Privatsammlung Dr. Peter H. Bloch, Solothurn

Sandstein, Reste von Stuck
H. 5,9 cm; B. 2,9 cm; L. 7,5 cm
Intakt. Einige Bestoßungen an der Basis
Frühes Mittleres Reich, 11./12. Dynastie, um 2081–1800 v. Chr.

Publikation: unveröffentlicht.
Parallelen: Decker – Herb, Bildatlas 2, Taf. CCCIIIff.,L6–L13; Petrie, Objects of Daily Use, 59, no. 374, pl. LI,374; Pharaohs and Mortals, 121, no. 113; Breasted, Servant Statues, 90–92, pl. 86,a–b.
Literatur: Darstellungen in Gräbern: Newberry, Beni Hasan II, pl. VIII. Zur Bedeutung s. Decker – Herb, Bildatlas 1, 546–564; Wiese, Stempelsiegel-Amulette, 125f.

39

Relieffragment einer Fremdvölkerdarstellung

Privatsammlung Herbert A. Cahn, Basel

Kalkstein, polychrom bemalt
L. 32,3 cm; H. 10,8 cm
Fragment eines erhabenen Tempelreliefs. Verschiedene Farbabplatzungen
Mittleres Reich, 11. Dynastie, um 2000 v. Chr.
Wohl vom Terrassentempel von Mentuhotep II. Nebhepetre in Deir el-Bahari, Theben

Darstellungen, die den König als Bezwinger von Fremdvölkern zeigen, sind seit dem Alten Reich bekannt. Detailreiche Schlachtbilder kennen wir allerdings erst aus der Ramessidenzeit. Bereits an dem heute völlig zerstörten Totentempel von Mentuhotep II. Nebhepetre müssen sich ausgedehnte Kampfdarstellungen befun-

den haben, wie der Fund entsprechender Fragmente im Bereich der großen Pfeilerhalle zeigt.
Von diesem Tempel stammt ziemlich sicher das vorliegende kleine Fragment eines Kalksteinreliefs, da ein beinahe identisches Bruchstück, das vielleicht sogar die Fortsetzung zu unserem Stück bildet, in Mentuhoteps Terrassentempel in Deir el-Bahari gefunden wurde. Obwohl nur ein kleiner Ausschnitt erhalten ist, sind die vier nach rechts blickenden Gesichter sehr ausdrucksstark. In feinem, erhabenem Relief heben sie sich voneinander ab, wobei auch die unterschiedliche Farbgebung der Differenzierung dient. Als Ausländer sind sie durch ihre abwechslungsweise gelbe und schwarze Hautfarbe, die Form ihrer Nasen, die schlitzförmigen Augen und die weißen Stirnbänder, die sie im Haar tragen, gekennzeichnet.

Zu welcher Szene das vorliegende Fragment letztlich gehörte, läßt sich nicht mehr rekonstruieren. Am plausibelsten scheint die Darstellung des «Niederschlagens der Feinde», in der der König seine Keule triumphierend über zusammengedrängte Feinde erhebt (Abb.): Die Gesichter eng aneinander gepreßt, flehen die gestaffelt hintereinander kauernden Gefangenen den König um Gnade an. AW

Publikation: unveröffentlicht.
Parallelen: Naville, XIth Dyn. Temple III, 23, pl. XIII,1. Vgl. weiter Naville, XIth Dyn. Temple I, pl. XV,I; PM II^2, 385.
Literatur: zum Tempel s. Arnold, Mentuhotep I–III. Zu den Schlachtbildern: Gaballa, Narrative, 36f; Schoske, Erschlagen der Feinde, 84f.

Die Kunst des Mittleren Reiches

DIE 12. DYNASTIE (1939–1759 V. CHR.)

Obwohl das Mittlere Reich, die zweite große Blütezeit des Alten Ägypten, bereits durch Mentuhotep II. Nebhepetre in der hohen 11. Dynastie um 1990 v. Chr. politisch begründet wurde, setzte die kulturelle Blüte erst in der 12. Dynastie unter Amenemhat I. (1939–1909 v. Chr.) ein. Er verlegte die Residenz nach Norden, wo er nahe dem heutigen Dorf Lischt die neue Hauptstadt gründete. Theben erhielt die Sonderstellung einer zweiten Hauptstadt und wurde zugleich das religiöse Zentrum des Gottes Amun von Karnak. Bis zu Sesostris III. blieben allerdings einige Gaufürstentümer mit ihren Werkstätten bestehen. Vom hohen Niveau dieser lokalen Künstlerschulen zeugen die prächtigen Felsgräber von Beni Hassan, Meir, Qau el-Kebir und Assuan mit ihren wunderbaren Malereien und Reliefs.
Die Könige der 12. Dynastie, die – bis auf die regierende Königin Nofrusobek (um 1763–1759 v. Chr.) – den Geburtsnamen Amenemhat oder Sesostris trugen, kehrten zur traditionellen Gestalt des Königsgrabes zurück und errichteten ihre Pyramiden, die jetzt im Kern aus luftgetrockneten Lehmziegeln, Schutt oder Geröll bestanden, in Lischt, Dahschur, Illahun und Hawara. Zweifellos versuchte man damit an die glorreiche Vergangenheit anzuknüpfen. Im Zentrum der Kunst standen jetzt nicht mehr nur das Grab und seine Ausstattung, sondern die Göttertempel, die im Gegensatz zum Alten Reich für die Ewigkeit aus Stein gebaut wurden. Im ganzen Land ersetzte man die alten Lehmziegelkapellen durch steinerne Tempel und errichtete umfangreiche Neubauten. Die Grabstatue wandelte sich zur Tempelstatue, erhielten doch nun Privatleute die Erlaubnis, ihre Statuen in den Höfen der Göttertempel aufzustellen, damit sie tagtäglich an den Götteropfern teilhaben konnten. Der Totenkult wurde so durch den Götterkult abgesichert. Daneben entfaltete sich ein reger internationaler Handel. Die Landesgrenzen wurden im Süden bis zum 2. Katarakt in Nubien vorgeschoben. Die Expeditionen nach Punt, ins Ostgebirge und auf den Sinai wurden zur Routine. Aus Syrien kamen Rohstoffe wie Silber und der so begehrte Lapislazuli. Übernahmen von minoischen Ornamenten und Import keramischer Erzeugnisse (sog. Kamares-Ware) dokumentieren den Kontakt zu Kreta. Sesostris II. und Amenemhat III. legten durch umfangreiche Damm- und Kanalbauten die See- und Sumpflandschaft des Faijums trocken und schufen damit eine der bis heute fruchtbarsten Provinzen Ägyptens. Damit wurde auch ein weites Experimentierfeld für die Kunst geschaffen. In diesem Zusammenhang entstanden etwa die Doppelstatue Amenemhats III., die ihn als Nahrungsbringer mit Fischen und Geflügel zeigt, seine Kolossalstatue am Qarunsee und das von Herodot beschriebene Labyrinth – der Totentempel Amenemhats III. bei Hawara. Ins Zentrum des Kultes rückte jetzt neben Amun der krokodilgestaltige Sobek, der Hauptgott des Faijum. Eine der herausragendsten Herrscherpersönlichkeiten war jedoch Sesostris III., der u.a. mit energisch geführten Feldzügen die ägyptische Herrschaft in Nubien festigte.
In der Auffassung des Königtums fand ein tiefgreifender Wandel statt. Die Rolle des Königs war zwar immer noch göttlich, doch empfand man sie nun als verantwortungsvolle Bürde, die auf dem Herrscher lastete. Seit seinem Niedergang am Ende des Alten Reiches wird das ägyptische Königtum nicht mehr von dem natürlichen Vertrauen der Bevölkerung getragen. Wachsamkeit und Bewährung werden vom König verlangt. Hinzu kommt, daß gleich zu Beginn der 12. Dynastie Amenemhat I. einem Attentat zum Opfer fiel und zur Sicherung der Thronfolge das Instrument der Mitregentschaft eingeführt wurde. «Für das Königsamt gilt nun, was wenig später vom Amte des Wesirs gesagt wird: ‹nicht süß, sondern bitter›» (E. Hornung). Von dieser Auffassung sind die Königsbildnisse der 12. Dynastie geprägt, insbesondere jene Sesostris' III. und Amenemhats III. (Kat.-Nr. 40). Von übermenschlicher Leistung und der unaufhörlichen Anstrengung, die Weltordnung zu bewahren, gekennzeichnet, erscheinen ihre Gesichter eingefallen, ihre Ausstrahlung ermattet. Dennoch sitzen sie auf jugendlich-straffen und muskulösen Körpern. Die scheinbar realistischen Gesichtszüge eines vom den

Anstrengungen des Lebens gekennzeichneten Mannes sind jedoch nichts anderes als Metaphern für Einsamkeit, Verantwortung und unaufhörliche Mühseligkeit. Assmann spricht hier vom «expressiven Realismus» (vgl. Einführung, *Bildniskunst*). Auch die Bildnisse der Beamten übernahmen diese Ikonographie in abgeschwächter Form (Kat.-Nr. 42f.). Die Statuen waren im Tempel aufgestellt und dienten jetzt auch repräsentativen Zwecken. Beachtliche Perfektion wurde schon in der Herstellung von sog. Bronzestatuen erreicht. Davon zeugen nicht nur private Bronzestatuetten, sondern auch die vortrefflichen Königsstatuen aus einer speziellen Kupferlegierung von Amenemhat III. (Kat.-Nr. 40).

Die neue Anforderung an das Rundbild verlangte auch nach neuen Statuentypen. So entstand z.B. im Privatbereich der Würfelhocker, ein kuboider Statuentyp, der den Verstorbenen in idealer Ruhepose am Boden hockend mit angezogenen Beinen zeigt. Es wird vermutet, daß es sich um eine Demutshaltung vor Gott handelt. Mit Sicherheit wurde damit aber eine religiöse Idee verwirklicht, deren Aussage wir aber noch nicht voll umfänglich fassen können.

Auch der Jenseitsglaube änderte sich grundlegend. Mit den Sargtexten entstand ein religiöses Textkorpus, das allen Menschen zugänglich war und durch magische Sprüche ihr Fortleben im Jenseits absichern sollte. Abydos, wo alljährlich in dramatischen Festspielen der Mythos um Tod und Wiederaufleben des Gottes Osiris gefeiert wurde, stieg zum bedeutendsten Wallfahrtsort auf. Unzählige Grabstelen mit Opferwünschen und Darstellungen des Verstorbenen und seiner Familie stammen von dort (Kat.-Nr. 62). Sie zeugen davon, daß sich die Menschen, Osiris gleich, im Jenseits verjüngen wollten. Die Entfaltung des Totenglaubens regte auch die Kreativität der Handwerker an. Gerade im Bereich der Magie ist eine Fülle von neuen kunsthandwerklichen Erzeugnissen entstanden oder weiterentwickelt worden, wie Holzmodelle von Wirtschaftsbetrieben und Schiffsmodelle (Kat.-Nr. 59), die Totenfiguren (Kat.-Nr. 63f.), Konkubinen (Kat.-Nr. 57) aus Holz, Fayence oder Ton, die großen Fayencetiere von Nilpferden (Kat.-Nr. 55f.), Igeln, Affen, aber auch ausgefallene Figuren, etwa die eines Jungen, der mit einem Hund spielt (Kat.-Nr. 54). Daneben entstanden eine Vielzahl von Gabenträgerinnen und kleinformatigen Holzstatuen sowie Toilettenutensilien. Schatzfunde aus Gräbern von Prinzessinnen in el-Lahun haben reichen Goldschmuck und Amulette aus Schmucksteinen hervorgebracht (vgl. Kat.-Nr. 50).

DIE ZWEITE ZWISCHENZEIT (1759–1539 V. CHR.)

Die 13. Dynastie (1759–1630 v. Chr.) steht noch ganz in der Tradition des Mittleren Reiches, dessen Erbe sie in politischer, administrativer und künstlerischer Hinsicht (Bautätigkeit, Plastik) weiterführt. Ein Höhepunkt wird um die Jahrhundertwende unter den Brüdern Neferhotep I. (1705–1694 v. Chr.) und Sobekhotep IV. (1694–1685 v. Chr.) erreicht. Einen Einschnitt stellt der Verlust der Oberherrschaft über ganz Ägypten um 1650 v. Chr. dar; erst jetzt kann man im Grunde von der «Zweiten Zwischenzeit» sprechen. Während im Süden die zunächst unbedeutende 17. Dynastie bruchlos an die 13. anschließt, etabliert sich im Ostdelta unter einem König Nehesi die 14. Dynastie, zu der vielleicht schon die ersten Regenten syrisch-palästinischer Herkunft zu rechnen sind. Um 1630 gelangt in der mehrheitlich von Kanaanäern besiedelten Stadt Auaris die 15. Dynastie der Hyksos («Herrscher der Fremdländer») an die Macht, die auf der hier bestehenden Infrastruktur (Palast der 13. Dynastie) aufbaut und den wohl schon von Nehesi eingerichteten Kult des Gottes Seth aufnimmt. Durch ihre Vermittlung gelangen militärische Neuerungen (Pferde und Streitwagen) nach Ägypten, die es wohl zunächst den Hyksos selbst erlaubten, ihre Herrschaft über Mittelägypten auszuweiten und zumindest die formelle Oberherrschaft über Oberägypten auszuüben. Daneben bestanden verschiedene lokale Fürstentümer von Mittelägypten bis Südpalästina («16. Dynastie»). Kulturell und religiös standen die Hyksos – entgegen den Aussagen der thebanischen Propaganda und der legitimierenden späteren Überlieferung des Neuen Reiches – sicher ganz in der ägyptischen Tradition. Die letzten Herrscher der 17. Dynastie, die vermutlich einer neuen Familie entstammten, begannen um 1550 v. Chr. den Kampf gegen die 15. Dynastie um die gesamtägyptische Herrschaft. Diesen Kampf konnte schließlich Ahmose (1539–1514 v. Chr.) etwa um 1520 endgültig entscheiden und wird daher als Begründer der nachfolgenden Blütezeit des Neuen Reiches betrachtet.

Mit dem Machtwechsel in der 13. Dynastie ist ein gewisser Rückgang des künstlerischen Niveaus verbunden, der am deutlichsten am Rund- und Flachbild dieser Zeit sichtbar ist. Unsere Kenntnis von der Kunst der Hyksos ist durch den enormen Ausfall an Überlieferung sehr beschränkt, doch weisen bestimmte Funde auf ein reges kulturelles Leben (Architektur, Papyri). Unter dem Einfluß Vorderasiens entwickeln sich neue Stilformen und

Bilder. Die ägyptischen Skarabäen etwa dringen in die Welt des Vorderen Orients ein, wobei sich ihre Symbolik mit der syrisch-palästinischen vermischt. Die Kunstfertigkeit der Hyksos zeichnet sich durch hervorragend geschmiedete Waffen wie Sichelschwerter und Streitäxte aus. Im Bereich der Plastik sind jüngst etwa Fragmente einer überlebensgroßen Steinskulptur eines asiatischen Würdenträgers mit pilzförmiger Frisur zutage gekommen. Die wohl schon Ahmose-zeitliche Palastanlage mit ihren Ziergärten in Auaris lieferte zahlreiche Freskofragmente, die auf enge Kontakte mit der minoischen Welt hinweisen. Sie umfassen Stierspringer, Landschaften, jagende Feliden und Labyrinthmotive, die an ähnliche Darstellungen aus dem Palast von Knossos erinnern. Es ist anzunehmen, daß minoische Künstler aus Knossos in den Palästen der Hyksos tätig waren. Die Wiege der Kunst des Neuen Reiches liegt dagegen in Theben unter den Königen der 17. Dynastie. AW

Literatur: Bietak, M., Avaris. The Capital of the Hyksos, London 1996; Evers, H. G., Staat aus dem Stein, 2 Bde., München 1929; Pharaohs and Mortals; Pharaonen und Fremde; PKG, 32–44; Schneider, Pharaonen, passim; Wildung, Sesostris und Amenemhet; Winlock, H. E., The Rise and Fall of the Middle Kingdom in Thebes, New York 1947.

40
Kniender König (Amenemhat III.)

Privatsammlung, Schweiz

Kupferlegierung (sog. «schwarzes Gold»), bestehend aus Kupfer, Silber und Gold. Einlagen von Gold an den Schläfen und Silberspuren links und unterhalb des Bauchnabels
H. 26,5 cm
Kopfbedeckung, Arme und Basis fehlen. Beschläge aus Edelmetallen fehlen weitgehend. An einigen Stellen sind Hiebe im Metall zu erkennen (Gesicht und Brust). Beide kleinen Zehen sind seitlich abgeschnitten. Zapfen unter dem rechten Fuß antik fast vollständig weggebrochen
Mittleres Reich, 12. Dynastie, Amenemhat III., um 1818–1773 v. Chr.
Wohl aus Hawara, Faijum (Fundkomplex mehrerer Metallfiguren)
Ehemals Sammlung Maurice Tempelsman, New York (1971–1986)

Amenemhat III., der 6. König der 12. Dynastie, führte das Ägypten des Mittleren Reiches zu seinem kulturellen Höhepunkt, nachdem sein Vater, Sesostris III., innen- wie außenpolitisch den Weg dazu geebnet hatte. Sein größtes Verdienst war die Erschließung des Faijum, einer weiten Sumpflandschaft in der libyschen Wüste, wo er zahlreiche Bauprojekte realisierte. U.a. errichtete er dort beim heutigen Hawara eine zweite Pyramide, zusammen mit einem gewaltigen Totentempel, der in antiken Berichten als «Labyrinth» bezeichnet wird. Noch unter den Griechen und Römern wurde Amenemhat III. unter dem Namen Lamares als Gründungsvater des Faijum und großer Wohltäter verehrt.
Einzigartig in der ägyptischen Kunst ist die aus einer edelmetallhaltigen Kupferlegierung gegossene Kniefigur, die mit großer Wahrscheinlichkeit Amenemhat III. darstellt. Es handelt sich um einen Vollguß, der im Wachsausschmelzverfahren («lost wax method») realisiert wurde, eine neue Technologie, die wohl aus dem Vorderen Orient übernommen wurde. Die Kupferlegierung, die sich zur Hauptsache (Gewichtsprozente) aus Kupfer (86,63%), Gold (2,97%), Silber (1,13%) und Arsen (0,80%) zusammensetzt, nannten die alten Ägypter «schwarzes Kupfer». Ausschlaggebend für den silberschwarzen Glanz der künstlich erzeugten Patina war das Gold.
Amenemhat III. ist am Boden kniend dargestellt. Vier dicke Zapfen, die zur Verankerung in einer Basis dienten, wurden unter den Füßen und den Knien des Königs mitgegossen. Die jetzt fehlenden Arme wurden separat gefertigt und mittels Zapfen in einer Längsfurche von der Schulter abwärts eingesetzt. Der Kopfschmuck des Königs fehlt heute. Ein runder Zapfen auf dem Kopf diente zur Aufnahme des Nemes-Kopftuches. Herabhängende Teile des Kopftuches waren ursprünglich an Brust und Rücken der Statue mit kleinen Nieten fixiert, worauf die kleinen Löcher über den Brustwarzen und auf der Rückenmittellinie schließen lassen. Die Goldtauschierung an beiden Schläfen gibt das echte Haar des Königs wieder, das unter dem Kopftuch hervorkommt. Der Schurz war ursprünglich mit Silber eingelegt. Ein winziger Silberrest ist noch rechts in der Rille unterhalb des Bauchnabels zu sehen, an der Stelle, wo der Schurz ansetzte. Es ist daher sehr wahrscheinlich, daß der Schendit-Schurz des Königs aus Silber oder Elektron angefertigt war. Auch hier waren die herabhängenden Teile durch Nieten an den Beinen befestigt, wie die kleinen Löcher an den Außenseiten der Oberschenkel zeigen. Der König dürfte hier beim Weinopfer dargestellt gewesen sein. Seine angewinkelt nach vorne gestreckten Hände hielten kugelige Weinkrüge (vgl. Abb.).

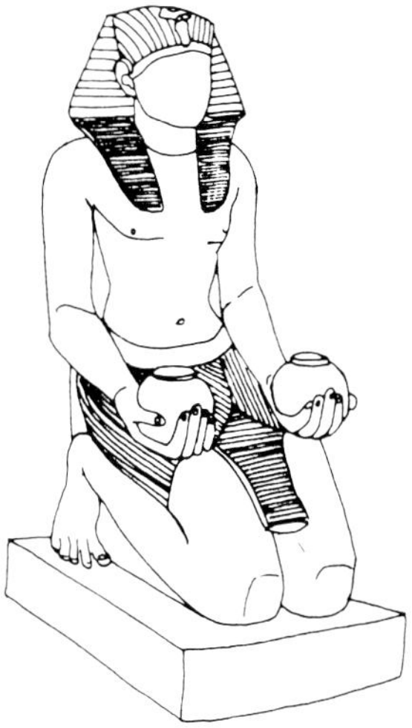

Unter Sesostris III. und Amenemhat III. erfährt das Mittlere Reich den Höhepunkt des neubegründeten Staatsabsolutismus, der auch im Königsbild zum Ausdruck kommt. Streng entschlossen und zugleich vom Leben gezeichnet wirken ihre Gesichter: Die Augen erscheinen müde und sind z.T. mit Tränensäcken versehen, die Nasolabialfalten bilden tiefe Furchen, und die Mundwinkel sind herabgezogen. Dabei handelt es sich keineswegs um individuelle Züge, sondern um einen politischen Realismus, der die neue Auffassung des Königtums widerspiegelt: «Die Rolle des Königs ist immer noch göttlich, aber sie lastet als verantwortungsvolle Bürde auf seiner menschlichen Person» (E. Hornung). König sein heißt Aufopferung und Verantwortung, denn nach dem Versagen des Königtums am Ende des Alten Reiches hatten die Könige des Mittleren Reiches gegen inneren Widerstand zu kämpfen. Scheinbare Alterszüge sind also nichts anderes als Chiffren für ein politisches Programm der Stärke und des Vertrauens.

Die eben geschilderten Züge sind auch bei der Kniefigur Amenemhats III., allerdings in gemilderter Form, spürbar. Beängstigend lebensnah blicken uns seine mit Stolz erfüllten Augen entgegen. Die Angabe von Tränensäcken und Nasolabialfalten fehlt. Die vollen Lippen wirken streng und sinnlich zugleich. Typisch für das Mittlere Reich sind auch die großen, abstehenden Ohren, die vielleicht die Anliegen der Menschen erhören sollen. Der Körper wirkt jugendlich und athletisch – alles in allem ein vollendetes Werk des Mittleren Reiches. AW

Publikation: der Text ist in Zusammenarbeit mit George Ortiz entstanden. George Ortiz, The George Ortiz Collection – Antiquities from Ur to Byzantium, no. 37; George Ortiz, In Pursuit of the Absolute – Art of the Ancient World – The George Ortiz Collection, no. 37; George Ortiz, Faszination der Antike, Nr. 37 (mit Anmerkungen); A. Giumlia-Mair, Das Krokodil und Amenemhat III. aus dem Faiyum, in: Antike Welt 4 (27) 1996, 313–321. Neu bei Forman – Quirke, Afterlife, 88.
Parallelen: Standbild aus Kupfer Amenemhats III.: Staatliche Sammlung Ägyptischer Kunst (München 1995), 10, Abb. 5. Zum Statuentyp: Ägyptisches Museum Berlin (1991), 52, Nr. 33. Zum Porträt: Ägyptisches Museum Berlin (1991), 50, Nr. 31.
Literatur: J. Assmann, Ikonologie der Identität. Vier Stilkategorien der Altägyptischen Bildniskunst, in: Das Bildnis in der Kunst des Orients, hg. von M. Kraatz et al., Stuttgart 1990, 26–32.

41
Sitzfigur eines Beamten

Privatsammlung, Schweiz

Schwarzer Basalt
H. 15,3 cm. Basis: L. 10,4 cm; B. 7,9 cm
Intakt, einige wenige Absplitterungen im Gesicht und an der Basis (Rückseite)
Mittleres Reich, 12./13. Dynastie, um 1818–1750 v. Chr.
Ehemals Sammlung Roland Smith (Geschenk seines Nachbarn W. Flinders Petrie)

Zu Beginn des Mittleren Reiches traten die Statuen der Höflinge und Beamten aus dem Dunkel des Grabes in das Licht der Tempel. Zumeist waren es kleinformatige Bildnisse, die die Würdenträger an bestimmten Stellen in den großen Höfen der Göttertempel aufstellen durften. Durch diese Tempelstatuen konnte der Verstorbene nun auch von den täglichen Götteropfern, die der König stiftete, profitieren. Zuvor war der Privatmann ganz von den Totenopfern seiner Nachkommen am Grabe abhängig gewesen.

Meisterhaft beherrschte der Bildhauer den harten Basalt, aus dem die Sitzfigur des Monthaa («Month ist groß») gefertigt ist. Der Körper ist weich modelliert, vor allem die Brustpartie und der Rücken. Der «Vorsteher der Viehställe» sitzt auf einem hinten abgerundeten und vorne geraden Sockel, mit aufrechtem Oberkörper, die Beine untergeschlagen. Allerdings ist diese Sitzhaltung wegen des knöchellangen Schurzes nicht sichtbar. Beide Hände hat er flach auf die Oberschenkel gelegt. Fein sind seine Finger ausgearbeitet. Ebenso minuziös ausgeführt ist auch sein Antlitz, das von einer Strähnenperücke umrahmt wird. Das Gesicht mit den feinen Augen hat eine dreieckige Grundform, die Ohren stehen markant ab. Den langen Wickelschurz hat Monthaa vorne in der Mitte übereinandergeschlagen. Das Zipfelende ragt nach rechts über den Schurzrand empor. Die Bauchkante des Schurzes besitzt einen feinen Fransensaum.

Der eben beschriebene Statuentyp ist im Mittleren Reich sehr verbreitet und stellt eine Variation bzw. Weiterentwicklung der bekannten Schreiberstatue des Alten Reiches dar. Er dokumentiert die gesellschaftliche und berufliche Stellung des Inhabers. Typisch für die Statuetten des Mittleres Reiches ist, daß nicht mehr nur der Sockel beschriftet wird, sondern auch Teile der Figur, wie z. B. der Schurz. Die Inschrift nennt zunächst die Opferformel. Auf sie folgen Titel und Namen des Dargestellten sowie seine Abstammung. Der Text lautet: «Ein Opfer, das der König gibt und Osiris, der Herr von Busiris: Möge er ein Totenopfer spenden, bestehend aus Brot und Bier, Rindfleisch, Geflügel und Leinen für den Ka (Lebenskraft und Doppelnatur) des Aufsehers der Viehställe Monthaa, geboren von der gerechtfertigten Satusret.» AW

Publikation: unveröffentlicht.
Parallelen: vgl. Gott, Mensch, Pharao, 192ff., Nr. 60 und 61, ferner S. 186ff., Nr. 57–59; Catalogue des Statues (Paris 1987), 96ff., nr. N 870. 137ff., nr. E 11196 und E 11216; Page, Sculpture, 32f., no. 34f.
Literatur: zu Name und Titel s. Ranke, PN I, 153, Nr. 25 und 288, Nr. 7; Ward, Index, 30.216. Zur Opferformel: Barta, Opferformel, 52ff.; allgemein Lapp, Opferformel.

42

Kopf eines Beamten

Privatsammlung, Schweiz

Granodiorit
H. 17,8 cm
Linke Gesichtshälfte und Hinterkopf fehlen
Mittleres Reich, 12. Dynastie, wohl Zeit Sesostris' III./
Amenemhats III., um 1837–1773 v. Chr.
Ehemals Sammlung Norbert Schimmel, New York

Die offizielle Reichskunst der 12. Dynastie entwickelte, besonders unter den letzten Herrschern dieser mächtigen Dynastie, eine Tendenz zum Realismus, die zusehends auf jegliche ästhetische Idealisierung verzichtete. Die Könige waren gezeichnet von der schweren Bürde ihres Amtes: unbarmherzig ist das Antlitz dargestellt, zerfurcht und gealtert, mit einem Ausdruck von Härte und Bitternis. Diese von Sorgen gekennzeichneten Bildnisse spiegelten jedoch auch die Weisheit und Würde des dargestellten Machtinhabers wider (vgl. Kat.-Nr. 40). Die Privatplastik orientierte sich an der Hofkunst und imitierte sie gleichermaßen im Stil und in den Proportionen (vgl. Einführung, *Bildniskunst*).
Der leicht unterlebensgroße Kopf eines Mannes weist jene charakteristischen Merkmale auf, die für die Darstellungen Sesostris' III. und Amenemhats III. typisch sind. Obwohl zur einen Hälfte zerstört, hebt sich das

markante Gesicht durch die betonten Jochbeine, das tiefliegende Auge mit dem schweren Lid, die eingekerbten Falten um die Nasen- und Mundpartie sowie das große Ohr hervor. Charakteristisch für den sozialen Rang des Dargestellten – es handelt sich wohl um einen hohen Beamten und Würdenträger – ist die schwere, ausladende Perücke mit den einzeln gekennzeichneten Haarsträhnen und den kurzen Locken über der Stirn.
Die meisterhafte Bearbeitung des harten Gesteins und die ausdrucksvolle Ausführung des Kopfes zeugen für das bemerkenswerte Niveau der Kunst der 12. Dynastie, welche als die «klassische Kunst» schlechthin noch in der Spätzeit ihre Gültigkeit hatte. MPG

Publikation: abgebildet in: Important Antiquities from the Norbert Schimmel Collection, Sotheby's New York, December 1992, no. 86.
Parallelen: James – Davies, Sculpture, 27, fig. 26.
Literatur: Aldred, Middle Kingdom Art; Habachi, Heqaib; Hayes, Scepter I, 196–202. 205–218, fig. 125. Allg. Wildung, Sesostris und Amenemhet. Vgl. die Literatur bei Kat.-Nr. 40.

43
Kopf eines Würdenträgers

Fondation Jacques-Edouard Berger, Lausanne

Gabbro
H. 15,9 cm
Untere Kopfpartie stark bestoßen
Mittleres Reich, ausgehende 12. Dynastie, um 1837–1773 v. Chr.

Wie das vorangehende Beispiel ist diese Skulptur – obwohl fragmentarisch erhalten – ein typisches Beispiel für die Privatplastik der ausgehenden 12. Dynastie, deren Funktion sich nun nicht mehr ausschließlich auf die einer Grabbeigabe für den Jenseitsgebrauch beschränkte. Hohe Beamte beanspruchten nun das ihnen vom König gewährte Privileg, ihre Bildnisse in Tempeln aufzustellen und somit ihrer gehobenen sozialen Stellung Ausdruck zu verleihen.
Der leider schlechte Erhaltungszustand des Kopfes vermag die starke Ausstrahlungskraft des Gesichtes, das von einer gewissen Müdigkeit und Schwermut geprägt ist, nicht gänzlich zu beeinträchtigen. Besonders charakteristisch sind die weit auseinander liegenden, halbgeöffneten Augen mit den scharf abgesetzten, schweren Lidern gestaltet. Erahnen lassen sich die hervortretenden Jochbeine. Die tief in die Stirn reichende Strähnenperücke, die die übergroßen Ohren frei läßt, ist charakteristisch für in Rang und Würde stehende Beamte oder Priester. MPG

Publikation: Un regard partagé, 160, nr. 512.
Literatur: vgl. Kat.-Nr. 40 und 42; Ägyptisches Museum Kairo (1986), Nr. 106.

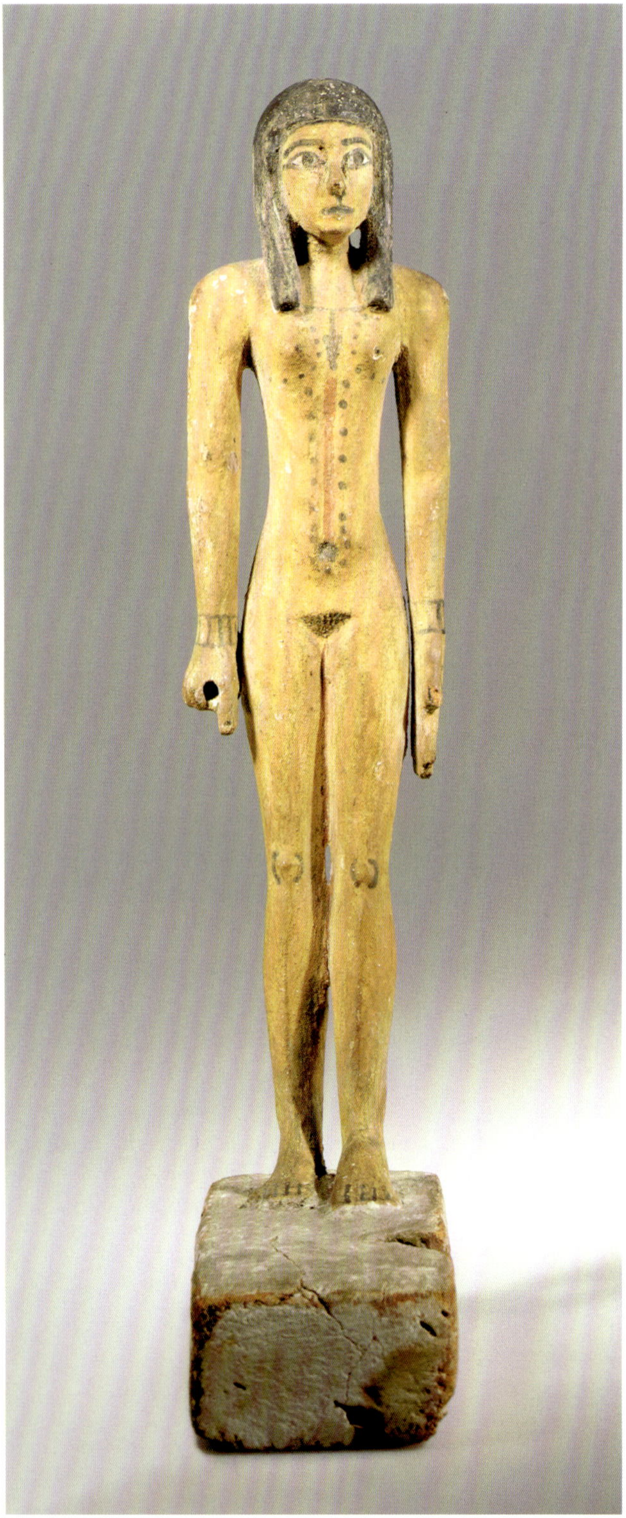

44

Statuette eines nackten Mädchens

Privatsammlung Elsa und Dr. Pierre Henri Bloch-Diener, Bern

Holz, stuckiert und polychrom bemalt
Statuette insgesamt: H. 26,4 cm.
Sockel: L. 13,6 cm; B. 5,2 cm; H. 3 cm
Intakt. Attribut in der rechten Hand fehlt. Einige leichte Bestoßungen am Sockel und vereinzelt Farbbereibungen
Mittleres Reich, 12. Dynastie, um 1939–1759 v. Chr.
Ehemals Sammlung Mrs. S. M. Ward

Nicht ohne Anmut ist die hölzerne, in den Farben frisch erhaltene Figur eines nackten Mädchens, die auf einer rechteckigen, weiß bemalten Basis steht. Sie gehört zu dem Typ der aufrecht stehenden Gabenträgerinnen, die dem Verstorbenen seit der Ersten Zwischenzeit mit ins Grab gegeben wurden. In ihrer rechten Hand halten sie gewöhnlich einen Vogel, während sie mit ihrer erhobenen linken Hand einen Korb stützen, den sie auf ihrem Haupt tragen. So ausgestattet, sollten sie die Versorgung des Grabherrn im Jenseits sicherstellen.
Die vorliegende Statuette weicht aber in verschiedener Hinsicht von diesem Schema ab. Das linke Bein ist leicht vorgestellt. Die rechte Hand hielt einst einen Gegenstand, die Linke hängt ausgestreckt herab. Der ockerfarbene Körper der jungen Frau ist schlank und wohlproportioniert, zart heben sich die Brüste von ihm ab. Das feine Gesicht mit den großen Augen wird von einer dreiteiligen schwarzen Perücke umrahmt. Ebenso sind die Details wie Augen, Mund, Scham, Knie und Zehen mit schwarzer Farbe aufgetragen. Das Besondere an dieser Statuette ist, daß sie völlig nackt ist und ihr Körper verschiedene Tätowierungen aufweist. So führt eine Reihe von schwarzen Punkten vom Brustbein abwärts um den Bauchnabel herum. Auch die Brüste sind von einem Punktekreis umgeben. Zur Tätowierung gehören wohl auch das pfeilförmige Emblem zwischen den Brüsten – es ähnelt der Hieroglyphe «Lunge und Luftröhre» – und der rote Streifen darunter. Auch die beiden Armbänder am Handgelenk des Mädchens könnten tätowiert sein.
Nacktheit und Tätowierung geben der Mädchenfigur eine erotische Komponente, die sie mit den Statuetten von sog. Konkubinen oder Beischläferinnen (vgl. Kat.-Nr. 57f.) verbindet. Im frühen Mittleren Reich sind erstmals Tätowierungen an Mumien bezeugt, doch ist anzunehmen, daß diese Praxis schon früher üblich wurde. Figuren von Konkubinen sind vornehmlich im Bereich der Schamgegend und der Oberschenkel mit apotropäischen Symbolen (wie Bes, Thoëris, Krokodil) täto-

wiert, die bei der Geburt Mutter und Kind schützen sollten. AW

Publikation: abgebildet in Egyptian, Middle Eastern, Greek, Etruscan and Roman Antiquities, Sotheby Parke Bernet London, Monday, 8th November, 1976, 31, no. 229, pl. 3.
Parallelen: Von Troja bis Amarna, Nr. 193, vgl. dort auch Nr. 199; Breasted, Servant Statues, 57ff., bes. 66, pl. 58,a; Ägyptisches Museum Berlin (1967), Nr. 435; Borchardt, Statuen II, 41f., Nr. 438, Taf. 72. Vgl. auch World of Egypt, 128, no. 28,2.
Literatur: zur Tätowierung s. Keimer, Tatouage, 6ff. 96ff., pl. VII. IX. XIIf. Zu den Konkubinen: Ch. Desroches Noblecourt, «Concubines du mort» et mères de famille au Moyen Empire. A propos d'une supplique pour une naissance, BIFAO 53, 1953, 7–47. Für andere Frauenstatuetten mit Tätowierungen vgl. Ägyptisches Museum Berlin (1967), Nr. 453–458.

45
Spiegel mit Griff

Privatsammlung, Schweiz

Griff: schwarzer Steatit; Scheibe: Kupferlegierung
H. 21,8 cm; Dm. Scheibe 11,8 cm
Je eine Bruchstelle an der Dolde und am Griff
Mittleres Reich, wohl 12. Dynastie, um 1939–1759 v. Chr.

Die Unentbehrlichkeit des Handspiegels ist durch zahlreiche Grabdarstellungen und Funde vom frühen Alten Reich bis zum Ende der ägyptischen Kultur dokumentiert. Die auf Hochglanz polierte Spiegelplatte stellte das menschliche Bedürfnis zufrieden, das Gesicht betrachten und verschönern zu können.
Im Bereich der Toilettenutensilien nahm der Spiegel eine führende Rolle ein. Als Statussymbol der vornehmen Damen reichte seine Funktion über die eines alltäglichen Gebrauchsgegenstandes hinaus. Die Fähigkeit des Spiegels, das Gesicht des Betrachters zu verdoppeln, bildete die Grundlage für seinen rituellen Gebrauch und ließ ihn als Element der Grabausstattung erscheinen, das allen Verstorbenen – sowohl Frauen als auch Männern – Vitalität gewährte. Außerdem wurde seit dem Mittleren Reich die ovale, das Licht reflektierende Scheibe des Spiegels mit der Sonne in Verbindung gebracht. Dem gleichwährenden Zyklus des Gestirns entsprechend sprach man auch dem Spiegel regenerierende Kräfte zu.
Die Formgebung unseres Spiegels ist einer bemerkenswerten Schlichtheit verpflichtet. Die heute stark erodierte schwere Scheibe ist mittels eines angegossenen Steckzapfens an dem aus zwei Teilen gearbeiteten Griff befestigt. Die Ausführung des Griffs in Gestalt einer Papyruspflanze mit schön geschwungener und ausladender Dolde sowie die nahezu kreisrunde Form der Scheibe deuten auf eine Datierung in das Mittlere Reich.
MPG

Publikation: unveröffentlicht.
Parallelen und Literatur: Bénédite, Miroirs, bes. pl. V–VII; Husson, Offrande du miroir; Kayser, Kunsthandwerk, 254–259; Lilyquist, Mirrors, bes. fig. 66–70; Ch. Müller, LÄ V, 1147–1150, s. v. Spiegel; Petrie, Objects of Daily Use, pl. XXIV–XXVIII; Anch – Blumen für das Leben, 219, Nr. 147. 167–181; Vandier d'Abbadie, Objets de toilette, 166–180, nr. 763–767.

46
Spiegel der Dame Itakayt

Privatsammlung Otto Markés, Basel

Kupferlegierung
Dm. 35,6 cm
Steckzapfen geringfügig bestoßen
Mittleres Reich, 12. Dynastie, um 1939–1759 v. Chr.

Die große, ovale Spiegelscheibe trägt an ihrer unteren Rundung die eingravierte hieroglyphische Inschrift: «Spiegel zum Betrachten des Gesichts, gemacht von Heka für seine geliebte Tochter Itakayt». Dieser Text unterstreicht den Aspekt des Spiegels als eines Statussymbols. Das Geschenk des Heka an seine Tochter Itakayt sollte gewiß ihren sozialen Rang bekräftigen: Als stolze Besitzerin eines Spiegels galt sie innerhalb der ägyptischen Gesellschaft als «vornehme Dame».
Wie bei dem vorangehenden Beispiel war die Scheibe ursprünglich mit Hilfe des angegossenen Steckzapfens an dem gesondert hergestellten Griff befestigt. Obwohl dieser heute fehlt, handelt es sich hier um ein bemerkenswertes Zeugnis für die vielschichtige Bedeutung und Symbolik des Spiegels sowohl im Diesseits als auch im Jenseits.
Um störende Kratzer auf der polierten Scheibe zu verhindern, steckte man Spiegel in schützende Futterale passender Form aus Materialien wie Leder oder Holz. Besonders luxuriöse Schminkkästen weisen ein separates Abteil für den Spiegel auf. MPG

Publikation: abgebildet in Egyptian, Western Asiatic, Greek, Etruscan and Roman Antiquities, Sotheby Park Bernet London, 14th–15th December 1981, 43, no. 129.
Literatur: s. Kat.-Nr. 45; Vandier d'Abbadie, Objets de toilette, 174–178. Zur Bezeichnung des Spiegels s. Wb I, 204 (14); zu den Namen der genannten Personen Ranke, PN I, 49, Nr. 11. 256, Nr. 2.

47
Gruppe von zwei Salbgefäßen

Privatsammlung, Schweiz (A, B)

A: Salbbecher mit Deckel
Kalzit-Alabaster
H. 5,5 cm (ohne Deckel); Dm. 4,7 cm
Gewicht ohne Deckel: 56 g; mit Deckel: 77 g
Lippe partiell bestoßen
Mittleres Reich, 12. Dynastie, um 1939–1759 v. Chr.

B: Salbbecher
Serpentin
H. 7,5 cm; Dm. 5,6 cm
Geringfügige Bestoßungen an der Lippe und an der leicht gewölbten Standfläche
Mittleres Reich, 12. Dynastie, um 1939–1759 v. Chr.

A: Der traditionelle Becher mit leicht konkaver Linienführung und flacher, abgesetzter Lippe ist Träger einer eingravierten, schwarz eingefärbten Inschrift: «Sesostris, geliebt von Ptah, dem Herrn der beiden Länder, er lebe ewig». Der Text ist seitlich je von einem Was-Szepter, einem Symbol der Herrschaft, eingefaßt. Durch eine Linie von dieser Inschrift abgetrennt steht am Fuß des Gefäßes eine Maßangabe, von der das etwas flüchtig ausgeführte Zeichen rechts als das Wort «Gold» *(nbw)* zu lesen ist. Die Ziffer 6 läßt vermuten, daß der Becher auch als «Gewichtsstein» zum Abwiegen von sechs «Deben» *(dbn)* Gold diente.
Zusätzliche Aufschriften auf Gewichtssteinen, wie sie zeitgenössisch von den Königen Sesostris I., Sesostris III. und Amenemhat III. bekannt sind, differenzieren zwi-

schen Gold-Deben und Kupfer-Deben. Im Mittleren Reich wog ein Gold-Deben etwa 13,6 g, was für sechs Einheiten ein Gewicht von 81,6 g ergeben würde. Das Gewicht unseres Gefäßes beträgt mit dem Deckel 77 g – das entspräche einer Einheit von 12,833 g. Die geringe Differenz von 4,6 g zwischen sechs Gold-Einheiten und dem Gewicht unseres Gefäßes (77 g) – bzw. von 0,76 g pro Deben – ist wohl auf das fehlende Stück der Gefäßlippe zurückzuführen.
Mit der Wiedergabe des Königsnamen wurde die offizielle Eichung des Gefäßes bestätigt. Die Beifügung des Epithetons «geliebt von Ptah, dem Herrn der beiden Länder» dürfte durch die Funktion des Gottes Ptah als Schutzherr der Handwerker veranlaßt sein.
B: Wie das vorherige Beispiel besticht dieser Becher durch seine klassische, harmonische Formgebung. Mit außerordentlicher Gewandtheit ist die Oberfläche sowohl an der Außen- als auch der Innenseite ebenmäßig poliert. Diese Gattung von Salbbechern war fester Bestandteil der Grabausstattung des Mittleren Reiches.

MPG

Publikation: A) abgebildet in Dayagi-Mendels, Perfumes, 16. B) unveröffentlicht.

Literatur: A) Aston, Stone Vessels, 105, no. 36; H. G. Fischer, Varia, 111, note 43; Hayes, Scepter I, 71–72. 195; W.-F. Reineke, Der Zusammenhang der altägyptischen Hohl- und Längenmaße, MIO 9, 1963, 145–163; J. Vercoutter, Les poids de Mirgissa et le «standard-cuivre» au Moyen Empire, in: Ägypten und Kusch, hg. von E. Endesfelder et al., Schriften zur Geschichte und Kultur des Alten Orients 13, Berlin 1977, 437–445; S. Vleming, LÄ III, 1199–1214, besonders 1202 Abschnitt D., s. v. Maße und Gewichte. B) Aston, Stone Vessels, 105, no. 36; Winlock, El Lahun, 67–69, pl. XVI; Vandier d'Abbadie, Objets de toilette, 125, nr. 533.

48
Zwei Kosmetikbehälter: Fläschchen und Töpfchen

Privatsammlung, Schweiz (A, B)

A: Fläschchen
Anhydrit
H. 12,3 cm; Dm. 2,4 cm
Lippen- und Halspartie aus kleinen Fragmenten zusammengefügt, Schulterpartie mit Rissen
Mittleres Reich, 12. Dynastie, um 1939–1759 v. Chr.

B: Töpfchen
Anhydrit (Deckel aus Kalzit-Alabaster)
H. ohne Deckel 3,2 cm, mit Deckel 3,6 cm; Dm. 5,3 cm
Intakt
Mittleres Reich, 12. Dynastie, um 1939–1759 v. Chr.

A: Die Verwendung dieses attraktiven, bläulich schimmernden Gesteins zur Herstellung von – besonders edlen – Gefäßen läßt sich lediglich für eine kurze Zeitspanne belegen, vom Beginn der 12. Dynastie bis zum Ende der Zweiten Zwischenzeit.
Bei unserem Fläschchen verjüngt sich der langgezogene, ovoide Gefäßkörper zu einem spitz auslaufenden Fuß. Der schlanke Hals ist Träger einer kaum merklich abgesetzten wulstartigen Lippe.
B: Trotz der geringen Dimension weist dieses Töpfchen eine besonders elaborierte Formgebung auf. Der gedrungene, kugelige Vasenkörper mit stark eingezogenem Hals und kantiger Lippe trägt zwei ausgesparte Stege, die formal auf die Henkel der Ösengefäße der Frühzeit zurückgreifen, dieser ursprünglichen Funktion nun aber enthoben sind. MPG

Publikation: A–B) unveröffentlicht.
Parallelen: A) Ancient Egyptian Art (London 1922), 89, no. 36, pl. XXXIII; Vandier d'Abbadie, Objets de toilette, 130, nr. 565. B) Vandier d'Abbadie, Objets de toilette, 116, nr. 481.
Literatur: A) Aston, Stone Vessels, 51–53. 141, no. 143. B) Aston, Stone Vessels, 144, no. 154.

49 A

49
Gruppe von vier Kohl-Gefäßen

Privatsammlung H. H., Zürich (A)
Privatsammlung, Schweiz (B, C, D)

A: Dreiteiliges Gefäß
Schwarzer Serpentin
H. Gefäß 3,3 cm; H. mit Lippenteil und Deckel 4 cm
Intakt, abgesehen vom Lippenteil, der aus zwei Fragmenten zusammengefügt ist
Mittleres Reich, 12. Dynastie, um 1939–1759 v. Chr.

B: Gefäß mit Untersatz
Gabbro
H. ohne Deckel 8,6 cm; H. mit Deckel 9,1 cm; Dm. 7,4 cm
Intakt
Mittleres Reich, 12. Dynastie, um 1939–1759 v. Chr.

C: Töpfchen
Diorit
H. ohne Deckel 4,9 cm; H. mit Deckel 5,3 cm; Dm. 5,1 cm
Intakt
Mittleres Reich bis 2. Zwischenzeit, um 1900–1550 v. Chr.

D: Töpfchen
Kalzit-Alabaster
H. ohne Deckel 4,5 cm; H. mit Deckel 4,9 cm; Dm. 4,8 cm
Intakt
Mittleres Reich bis 2. Zwischenzeit, um 1900–1550 v. Chr.

Das Schminken der Augen war Teil der täglichen Körperpflege sowohl von Frauen als auch Männern. Die Lider und Brauen wurden nicht einzig der Verschönerung wegen bemalt, sondern auch zum Schutz vor Augenkrankheiten. Zur Aufbewahrung der Augenschminke dienten spezifische Behälter, die sogenannten Kohl-Töpfe (arab. quhl [«kohl»] «Schminke», daher «Kohl-

49 B, C, D

Gefäße»). Charakteristisch für das Mittlere Reich sind kleine bauchige Töpfe mit eingezogener Schulter, ausladender Lippe und darauf ruhendem Deckel.
A: Bemerkenswert bei diesem Gefäß ist der dreiteilige Aufbau: die breite Lippe ist separat gearbeitet und paßt sich durch ihren leicht abgesetzten Rand genau der Topföffnung an. Der flache Deckel weist an seiner Unterseite einen Pfropfen auf, der einen tadellosen Verschluß ermöglicht. Diese Dreiteilung entsprang vielleicht der Reparatur des ursprünglichen Gefäßes: die exponierte Gefäßlippe mag abgebrochen und entsprechend umgearbeitet sein. Gleichzeitig erwies sich dies als sehr praktisch: nach der Abnahme des Lippenteiles stand eine größere Topföffnung zur Verfügung, was das Einfüllen der kostbaren Paste erleichterte. Durch das Aufsetzen des Lippenteils verkleinerte sich die Öffnung und ermöglichte eine fein dosierte Entnahme der Schminke.
B: Dieses Gefäß hebt sich durch seine kunstvolle Gestaltung ab. Mit Ausnahme des Deckels ist das ganze Objekt aus demselben Steinblock herausgearbeitet. Der Behälter ruht auf einem Untersatz in Form eines quadratischen Tischchens mit vier runden Beinen.
C–D: Wie das vorhergehende Beispiel sind die beiden Kohl-Töpfe mit flachem Deckel von klassischem Erscheinungsbild, haben aber keinen Untersatz. Bei solch «zeitlosen» Formen ist eine genauere Datierung kaum möglich. MPG

Publikation: A–D) unveröffentlicht.
Parallelen: A) Guidotti, Vasi, 120, n. 114 und S. 306 mit tav.; Vercoutter, Mirgissa I, 233, fig. 8,F; Geschenk des Nils, Nr. 130. B) Vandier d'Abbadie, Objets de toilette, 74–75, nr. 245; Bissing, Steingefäße, Taf. IX. C–D) Vandier d'Abbadie, Objets de toilette, 76, nr. 259.
Literatur: B) Aston, Stone Vessels, 145, no. 158 b. C–D) Aston, Stone Vessels, 146, no. 159–160.

50

Amulettgruppe aus verschiedenen Schmucksteinen

Privatsammlung, Schweiz

Amazonit, Amethyst, Bergkristall, Karneol, Lapislazuli, Roter Jaspis, Steatit
Falke: H. 0,9–1,4 cm; Thoëris: H. 1,2–1,9 cm; Ba-Vogel: H. 0,7–2 cm; Affen: H. 0,7–1,4 cm
Alle intakt, modern aufgezogen
Mittleres Reich, 11./12. Dynastie, um 2080–1850 v. Chr.

Ein buntes Farbenspiel bieten diese Amulette aus verschiedenen Schmucksteinen wie grünem Amazonit, Amethyst, Bergkristall, Karneol, Lapislazuli, Rotem Jaspis und glasiertem Steatit. Sie stammen alle aus dem Mittleren Reich und gehörten zu verschiedenen Colliers, an denen sie zusammen mit Schmuckperlen aufgereiht waren. Sie sind unterschiedlich durchbohrt; einige weisen sogar eine Tragöse auf. Gerade im Mittleren Reich verwendete man mit Vorliebe die unterschiedlichsten Schmucksteine. Das zeigen nicht nur die eher volkstümlichen Tieramulette, wie sie hier vorlie-

gen, sondern auch Perlen und Einlagen bei königlichem Geschmeide. Einige der Schmucksteine mußten von weit her importiert werden. Der Lapislazuli etwa gelangte über den Handel aus Afghanistan zuerst nach Vorderasien und von dort nach Ägypten. Alle anderen Schmucksteine fand man in Ägypten selbst. Im Neuen Reich und später wurden diese Steinarten in zunehmendem Maße durch billigere Materialien wie glasierten Steatit oder ägyptische Fayence ersetzt.
In der 12. Dynastie, der ersten großen Blütezeit des dynastischen Amulettwesens, waren besonders symbolische Tiere als Amulette beliebt (vgl. Kat.-Nr. 55f.). Unsere Beispiele zeigen neben Falken (40) und Pavianen/Meerkatzen (19) auch Figuren der volkstümlichen Göttin Thoëris (5) und eine ganze Reihe von eher seltenen Ba-Vögeln (19), den Seelenvögeln mit Menschenkopf. Beim majestätischen Falken denkt man an den großen Himmelsgott Horus oder an Pharao als irdische Inkarnation dieses Gottes. Der Ba-Vogel steht für die uneingeschränkte Bewegungsfreiheit des Verstorbenen im Jenseits. Zugleich ist er Garant der Versorgung des Toten. Die Paviane/Meerkatzen spenden Mutter und Kleinkind Schutz und Fürsorge, ebenso die mischgestaltige Göttin Thöeris (vgl. Kat.-Nr. 51). Material und Farbe spielten neben der Form ebenso eine wichtige Rolle. Eine besonders qualitätvolle Ausführung weisen die Falken auf, deren Augen z.T. mit Kupfer und Elektron eingelegt sind. AW

Publikation: unveröffentlicht.
Parallelen: Brunton, Qau and Badari II, pl. XCIII–XCIX; Firth – Gunn, Teti Pyramid II, pl. 36; Petrie, Diospolis Parva, pl. XXVII; Petrie, Amulets, pl. XXXIII,185,e–h. XLI,245,l–q. x–y; Jewellery I, 49, no. 269, pl. 27.
Literatur: allgemein s. Andrews, Amulets, 6–13, Abb. 64. 67. 71; Andrews, Jewellery, 37–52; Müller-Winkler, Objekt-Amulette, 489–492. 495. Zur Bedeutung s. Skarabäen Basel, 135–137; Wiese, Stempelsiegel-Amulette, 114f. 137ff. 141f. Zu Material und Farbensymbolik s. Lucas – Harris, Materials, 388f. 391f. 393f. 397f. 398–400. 402f. 404f.; H. Kees, Farbensymbolik in ägyptischen religiösen Texten, NAWG 11, Göttingen 1943, 413–479.

51
Figur der Göttin Beset

Fondation Jacques-Edouard Berger, Lausanne

Holz
H. 5,2 cm; B. 2,2 cm
Füße weggebrochen
Mittleres Reich, 12. Dynastie, um 1939–1759 v. Chr.

Figuren und Schnitzereien aus Holz, Knochen oder Zahn sind nicht sehr zahlreich im Mittleren Reich. Meist wurden aus diesen Materialien Gegenstände magischer Bedeutung wie Stempelsiegel-Amulette, Zaubermesser, Klappern oder Figuren von Volksgöttern und symbolischen Tieren gefertigt. Zum Kreis der niederen Gottheiten gehört der Bes, ein ursprünglich vermenschlichtes Löwenwesen, das später auch Züge des Zwergs übernahm (vgl. Kat.-Nr. 85). Früheste Abbildungen Bes-gestaltiger Götter finden sich auf Stempelsiegel-Amuletten und Figurenzylindern der 6. Dynastie. Im Mittleren Reich werden sie oft auf den sog. Zaubermessern abgebildet oder rundplastisch aus Fayence geformt. Bereits in dieser Zeit erhielt der Bes ein weibliches Pendant, die Beset.

Die vorliegende Figur aus Holz stellt eine solche Beset dar. Sie steht aufrecht, ihre Arme hängen herab, wobei die Hände flach auf die Hüften gelegt sind. Die Füße sind weggebrochen. Das fratzenhafte Gesicht mit der breiten Nase wird von einer Löwenmähne umrahmt. Aus der Mähne, deren Struktur durch eingravierte Zotteln angegeben ist, schauen die kleinen Löwenohren hervor. Gut erkennbar sind die Geschlechtsorgane: Die Brüste hängen schlaff herunter, die Scham ist durch eine Kerbe angedeutet. Gut sichtbar ist auch der Bauchnabel.

Bes und Beset gehören zusammen mit Thoëris zur Gruppe der apotropäischen Volksgötter, die für die Fruchtbarkeit und den Schutz der Mutter und des Kleinkindes verantwortlich waren. Bei unserer Beset handelt es sich möglicherweise um eine magische Figur, die bei gewissen Zauberpraktiken von Hebammen oder Medizinmännern verwendet wurde. AW

Publikation: abgebildet in Un regard partagé, 170, nr. 898.
Parallelen: Petrie, Kahun, 30, pl. VIII,14; Pharaohs and Mortals, 111f., no. 98, fig. I.
Literatur: zur Bedeutung s. Dasen, Dwarfs, 55ff., bes. 70, fig. 6.2; Pharaohs and Mortals, 110f.; Forman – Quirke, Afterlife, 106; Wiese, Stempelsiegel-Amulette, 111–114.

52
Nilschildkröten-Amulett

Privatsammlung Dr. Peter H. Bloch, Solothurn

Schwarzer Obsidian
H. 2,2 cm; L. 5,4 cm; B. 4,2 cm
Absplitterung an der Schnauze. Tragöse unter dem Kopf gebrochen
Mittleres Reich, 12. Dynastie, um 1939–1759 v. Chr.
Angeblich aus Hu, Oberägypten
Ehemals Sammlung W. Sameh

Ein Meisterwerk ägyptischer Tierplastik ist die vorliegende kleine Nilschildkröte aus schwarzem Obsidian. Minuziös sind Details wie die Füße und der Kopf aus dem äußerst harten Material herausgearbeitet. Die ganze Erscheinung des Tieres wird von dem annähernd kreisrunden und sehr flachen Schild dominiert, unter dem nur der kleine Kopf hervorschaut. Die rüsselartige Schnauze ist vorne etwas abgesplittert, sonst ist die Figur intakt. Ob die gebohrten Augen mit einem anderen Material eingelegt waren, läßt sich heute nicht mehr sagen. Die übrigen Gliedmaßen sind eng an den Körper gezogen und nach hinten gelegt. Die Struktur der Panzerung wird durch eine Rautenschraffur angedeutet.
Bereits aus vorgeschichtlicher Zeit sind uns Darstellungen von Nilschildkröten *(Trionyx triunguis)* bekannt. Sie sind formgebend bei den Schminkpaletten und kleinen Gefäßen aus Stein. Am Ende des Alten Reiches begegnen Nilschildkröten als Tierfiguren unter den dynastischen Amuletten und als Motive auf den gleichzeitigen Stempelsiegel-Amuletten. Im Mittleren Reich schließlich werden sie auf den sogenannten Zaubermessern mit Bes und Thoëris sowie anderen symbolischen Tieren abgebildet (Abb.). Bis zum Ende des Mittleren Reiches überwiegen zweifellos ihre positiven Eigenschaften. Wegen ihrer Panzerung galt die Nilschildkröte als Symbol für den Schutz des Kleinkindes und – als Tier zweier Welten (Land und Wasser) – als Sinnbild der Überwindung des Todes. Im Neuen Reich schrieb man wie dem Nilpferd auch der Nilschildkröte zunehmend negative Eigenschaften zu. «Es lebe Re, es sterbe die Schildkröte», heißt es jetzt in einem Totenbuchspruch. Die alten Ägypter glaubten nämlich, daß die Schildkröte in den Tiefen des Nun, des Urozeans, dem Sonnengott auflauere, um seine Fahrt aufzuhalten. AW

Publikation: Tier in der Antike, 9, Nr. 21, Taf. 5,21.
Parallelen: Petrie, Amulets, 47f., pl. XLI,239a–b; Fischer, Turtles, pl. 19, no. 55.
Literatur: zur Bedeutung s. Wiese, Stempelsiegel-Amulette, 145–147; zum Tier s. Boessneck, Tierwelt, 110–112.

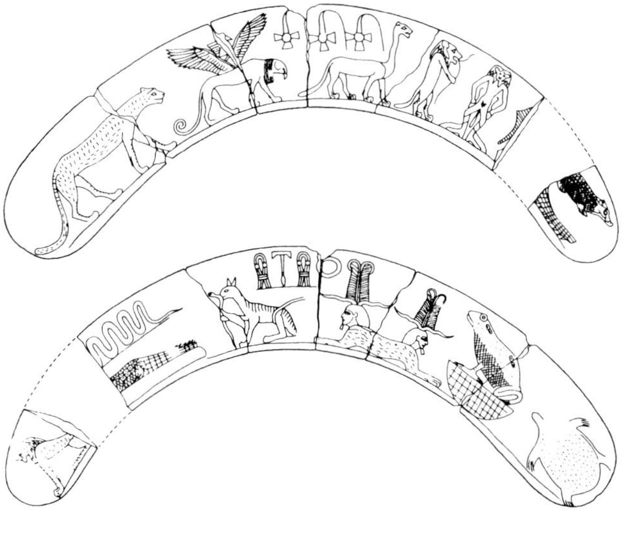

53
Figur eines Hundes

Privatsammlung, Schweiz

Grüne und türkisfarbene Fayence, braun-schwarze Zeichnung
H. 5,8 cm; L. 8 cm
Beide Ohren ergänzt, Bruchlinie am linken Vorderbein
Mittleres Reich, 12. Dynastie, um 1939–1759 v. Chr.

Die Hundefigur ruht auf einer rechteckigen, hinten abgerundeten Basisplatte. Sie wurde von Hand angefertigt, wobei Gestalt und Wesen des Hundes vom Künstler präzise und mit viel Sensibilität erfaßt wurden. Vitalität vermittelt die leicht geduckte Haltung des Tieres, das in gespannter Erwartung und Freude vielleicht seinem heimkehrenden Herrn entgegenspringen will oder spielt.
Sein bulliger Aspekt wird durch den muskulösen Körperbau, die kurzen, aber kräftigen Beine und den massiven Schädel unterstrichen. Die lange, geschlossene Schnauze ist aufmerksam vorgestreckt, der Blick konzentriert geradeaus gerichtet. Der halblange Schwanz kringelt sich über dem Hinterteil des Hundes. Die in schwarzer Farbe aufgetragenen, unregelmäßigen Flecken geben das Fell wieder.
Das drollige Erscheinungsbild unterstreicht jene Eigenschaft des Hundes, die den Menschen besonders erfreut: seine Verspieltheit. Dieser Wesenszug wird von der Figur des mit seinem Hund spielenden Knaben (Kat.-Nr. 54) wunderbar veranschaulicht. MPG

Publikation: Animals III, 79, no. 115; Aus Noahs Arche, Nr. 68.
Parallelen: Petrie, Sinai, 148, pl. 153, fig. 12; Hornemann, Statuary VI, no. 1626: Manchester, Inv.-Nr. 911. Diese in der Haltung ähnliche Hundefigur (Länge: 5 cm) wird jedoch gemäß Fundkontext in das Neue Reich (18.–19. Dyn.) datiert. Hornemann, a.a.O., no. 1637: (Berlin, West, Inv.-Nr. 15254) ist ein entsprechendes, ins Mittlere Reich datiertes Objekt (Länge: 5,5 cm); Hayes, Scepter I, fig. 140; Newberry, El Bersheh I, pl. XXIX,4; Arnold, Senwosret I, pl. 86,239.
Literatur: H. G. Fischer, LÄ III, 77–81, s. v. Hunde; T. Handoussa, Le Chien d'agrément en Ancienne Egypte, GM 89, 1986, 23–41.

54
Figurengruppe eines Knaben mit Hund

Privatsammlung, Schweiz

Türkisfarbene Fayence, braun-schwarze Zeichnung
H. 4,1 cm; L. 9,5 cm; B. 3 cm
Großflächig versintert, Basis partiell bestoßen
Mittleres Reich, 12. Dynastie, um 1939–1850 v. Chr.
Ehemals Sammlung Norbert Schimmel, New York

Diese kleine Genre-Szene von ganz besonderem Liebreiz ist ein attraktives Beispiel ägyptischer Kleinkunst: Ein nackter Knabe mit seitlicher Kinderlocke kauert vor einem kleinen Hund. In abwartender Haltung steht das Tier dem Jungen gegenüber und blickt erwartungsvoll auf seinen Spielgefährten. Unbeirrt schauen sich die beiden an und sind völlig auf die Reaktion des andern konzentriert.
Wie die vergleichbare Hundefigur (Kat.-Nr. 53) ist diese Gruppe frei von Hand modelliert. Beide Figuren wurden einzeln angefertigt und auf einer rechteckigen Basisplatte mit abgerundeten Ecken fixiert. Der Künstler verzichtete auf eine präzise Wiedergabe. Besonders der Knabe ist summarisch gestaltet, Details wie Gesicht und Hände sind verwischt. Diese – scheinbar flüchtige – Art der Ausführung beeinträchtigt aber in keiner Weise die außerordentliche Lebendigkeit dieser singulären Darstellung.
Die Bedeutung dieser entzückenden Figurengruppe läßt sich nicht klar festlegen, möglicherweise handelt es sich um eine reine Genre-Szene, vielleicht auch um ein Amulett (vgl. Kat.-Nr. 55) – gewiß aber werden hier jene guten Eigenschaften des Hundes, die ihn in seiner Funktion als treuer Begleiter des Menschen auszeichnen, hervorgehoben. MPG

Publikation: Beauty of Ancient Art, no. 87; Ancient Art (1974), no. 173; Von Troja bis Amarna, Nr. 202; Catalogue Sotheby's New York, The Norbert Schimmel Collection, December 1992, no. 79.
Parallelen: Breasted, Servant Statues, 101, no. VI,1–2, pl. 94,d–e; Garstang, Burial Customs, 146, fig. 144; Hornemann, Statuary V, no. 1314 (New York, MMA 24.1.46, identisches Exemplar aus Lischt, datiert in die 12. Dyn.); ders., Statuary V, no. 1315 (Berlin, Mus. Inv.-Nr. 13629, identische Ikonographie, jedoch aus Kalkstein gearbeitet; datiert ins Mittlere Reich); Arnold, Senwosret I, pl. 75,52. 79,105.
Literatur: Ch. Desroches Noblecourt, Isis Sothis – le chien, la vigne, et la tradition millénaire, in: Livre du Centenaire 1880–1980, IFAO, Le Caire 1980, 15–24, bes. 19, fig. 8–10; Wiese, Stempelsiegel-Amulette, 162–163, Taf. 5, Abb. 105 und Taf. 71, Abb. 105.

55
Brüllendes Nilpferd

Privatsammlung, Schweiz

Ägyptische Fayence mit blauer Glasur und dunkler Zeichnung (Manganoxide)
L. 13,5 cm
Am Hals in zwei Teile zerbrochen, restauriert. Vorderbeine weggebrochen und wieder befestigt. Einige Absplitterungen an der Glasur. Die einst separat eingesetzten Zähne fehlen
Mittleres Reich, 11./12. Dynastie, um 2000–1850 v. Chr.
Aus Abydos, Grab 416; entdeckt 1907
Ehemals Sammlung Rev. William MacGregor; Baron Maurice de Rothschild, Pregny; Charles Gillet, Lausanne; Marion Schuster, Lausanne

Seit der späten Vorgeschichte stellte man symbolische Tierfiguren aus blauer oder grüner Fayence her. Besonders reizvoll und kunsthandwerklich bedeutsam sind die Exemplare aus dem Mittleren Reich, als die Palette der symbolischen Tiere um viele Arten erweitert wurde. Hinzu traten außerdem volkstümliche mischgestaltige Gottheiten wie Bes und Thoëris. Bekannt sind Figuren von Löwen, Affen, Kälbern, Hunden (Kat.-Nr. 53, 54), Hasen oder Igeln. Eine ganz besondere Gruppe bilden aber die wunderbaren Nilpferdfiguren *(Hippopotamus amphibius)*, deren Körper mit ungewöhnlichen Motiven dekoriert sind. Einfach stehend oder sitzend, mit zur Seite gewendetem Kopf und aufgesperrtem Rachen oder auch ganz jung am Boden liegend sind sie wiedergegeben.
Ein Meisterwerk ohne seinesgleichen ist das vorliegende sitzende Nilpferd mit erhobenem, nach rechts gewandtem Kopf und weit aufgesperrtem Rachen. Geformt wurde es von Hand aus feinem, mit Quarzsand durchmischtem Töpferton, der durch das Brennen die sogenannte «ägyptische Fayence» ergab. Überzogen ist die Figur mit einer leuchtend türkisfarbenen Glasur. Im Maul des Tieres sind Löcher zu erkennen, in die einst die Zähne – wohl aus Nilpferdzahn oder -knochen gefertigt – eingesetzt waren. Details wie Augen und Zehen sind aufgemalt. Auch die übrige Dekoration wurde vor dem Brand mit manganvioletter Tinte aufgetragen. Sie zeigt auf dem Rücken des Tieres drei große, symmetrisch angeordnete Lotusblüten. Dazwischen befinden sich verschiedene größere Lotusrosetten sowie kleine Punktrosetten. Auf einer der Lotusblüten hat sich sogar eine Libelle niedergelassen. Am Kopf des Tieres sind Lotusblätter zu erkennen.
Nach der Herstellungsart dieser Tiere möchte man sie am ehesten als Spielzeug oder Nippsachen abtun, doch steckt in ihnen zweifellos eine tiefe symbolische Bedeutung und magische Kraft. Für den hohen Symbolgehalt dieser Tiere spricht, daß sie in Gräbern der 11./12. Dynastie gefunden wurden, vornehmlich in Abydos und Theben (Dra Abu'l Naga) aber auch an anderen Orten im Niltal. Seit prähistorischer Zeit wurde das Nilpferd aus wirtschaftlichen Gründen gejagt und diente als Rohstofflieferant. Gefährlich wurde es dem Menschen bei der Schiffahrt und als Ernteschädling. Seit der Frühzeit werden der König und später auch die hohen Beamten beim Harpunieren eines Nilpferdes dargestellt, das den Triumph über eine urtümliche, chaotische Macht versinnbildlicht.
Die Bedeutung des Nilpferdes ist aber ambivalent. Das männliche Tier gilt als Verkörperung des Götterfeindes Seth, der schlechthin für das Böse steht. Das Weibchen – Hedjet, «die Weiße (Nilpferdkuh)» – dagegen steht für die fruchtbaren und nährenden Kräfte des Tieres und hat ausgesprochen mütterliche Züge. Das Nilpferd muß aber losgelöst von diesen beiden Gottheiten noch eine weitere symbolische Bedeutung gehabt haben. Bestaunt wurde es zweifellos als Herr des Papyrussumpfes und Tier zweier Welten (Land und Wasser). Damit in Verbindung steht ganz offensichtlich auch die Dekoration der Figuren mit Lotusblüten, Laichkraut, Vögeln, Fröschen und Insekten, wodurch das Umfeld der Tiere angedeutet werden soll. Hinzu kommt, daß das Papyrusdickicht auf mythischer Ebene als Ursumpf verstanden wurde, in dem die Weltschöpfung ihren Anfang nahm. Hier scheint es auch Berührungspunkte mit der Göttin Hathor zu geben. In einem Passus eines Hathorliedes aus Medamud wird das Brüllen der Nilpferde als Begrüßung der Hathor beschrieben: «Dich preisen die Nilpferde mit aufgesperrten Mäulern und erheben vor Dir ihre Tatzen». Es liegt nahe, das «blaugrüne Nilpferd» als Personifikation dieses Ursumpfes zu deuten, der seine schöpferische und regenerierende Kraft dem Verstorbenen zuteil werden lassen sollte. AW

Publikation: der Text ist in Zusammenarbeit mit George Ortiz entstanden. Catalogue of The MacGregor Collection of Egyptian Antiquities, Sotheby, 26th June – 6th July, London 1922, 34, no. 250, pl. IV; Ancient Egyptian Art (London 1922), 56, no. 1a, pl. XXXVII; H. Schäfer – W. Andreae, Die Kunst des Alten Orients, Propyläen-Kunstgeschichte II, Berlin 1942[3], 294 (Abb.); Steindorff, Kunst, 274; H. R. Hall, Three Hippopotamus-Figures of the Middle Kingdom, JEA 13, 1927, 57f.; M. L. Keimer, Nouvelles Recherches au Sujet du Potamogeton Lucens L. dans l'Egypte Ancienne et Remarques sur l'Ornementation des Hippopotames en Faïence du Moyen Empire, REA 2, 1929, 222f., nr. 20, fig. 15;

Kemp – Merrillees, Minoan Pottery, 144f., pl. 10–11; Behrmann, Nilpferd I, Dok. 142 f.41; Antiquities, Sotheby's London, 10th July 1990, 94–97, no. 319; George Ortiz, The George Ortiz Collection – Antiquities from Ur to Byzantium, no. 38; George Ortiz, In Pursuit of the Absolute – Art of the Ancient World – The George Ortiz Collection, no. 38; George Ortiz, Faszination der Antike, Nr. 38.
Parallelen: zum Nilpferd s. Behrmann, Nilpferd I, Dok. 142 f.1–73, insbesondere Dok. 142 a.1.a = Dok. 142 f.32. 142 a.1.b = Dok. 142 f.36.
Literatur: Zum «brüllenden» Nilpferd vgl. Skarabäen Basel, 408. Zu den Fayencetieren allgemein s. Hayes, Scepter I, 224–228; Ägyptisches Museum Berlin (1967), Nr. 460–468; Petrie, Kahun, pl. VIII,1. 2. Zur Bedeutung des Nilpferdes s. Hopfner, Tierkult, 63–67; Säve-Söderbergh, Hippopotamus, 47–56; Skarabäen Basel, 127–129; Nilpferd und Krokodil, 14, Abb. 5; W. Kaiser, Zum Ḥb Ḥḏ.t, MDAIK 44, 1988, 125–134; Arnold, Bestiary, 33, no. 34f.; Wiese, Stempelsiegel-Amulette, 136f.; Behrmann, Nilpferd.

56
Schreitendes Nilpferd

Privatsammlung, Schweiz

Ägyptische Fayence mit blaugrüner Glasur und dunkler Zeichnung (Manganoxide)
H. 6,3 cm; B. 5,2 cm; L. 12,8 cm
Beine weggebrochen. Bestoßungen an Kopf und Schwanz
Mittleres Reich, 11./12. Dynastie, um 2000–1850 v. Chr.

Um eine andere Ausgestaltung als bei dem vorhergehenden Stück handelt es sich bei diesem schreitenden Nilpferd mit geschlossenem Maul (vgl. Kat.-Nr 55). Daß die Beine weggebrochen sind, beeinträchtigt seine Erscheinung kaum. Hergestellt wurde diese Tierfigur ebenfalls aus ägyptischer Fayence mit blaugrüner Glasur, die heute etwas verblaßt ist. Das Besondere an diesem Exemplar ist die Zeichnung in manganvioletter Farbe auf dem Rücken des Tieres, die in ihrer Spannung einzigartig ist: Vier Lotusblüten – Blauer und Weißer Lotus *(Nymphaea caerulea* und *Nymphaea lotus)* gemischt – sind so angeordnet, daß sie auf dem Rücken des Nilpferdes ein rechteckiges Feld aussparen, in dem sich eine Szene ganz besonderer Art abspielt: Ein Frosch *(Rana mascareniensis)*, der auf einer Lotusblüte hockt, hat einen Schmetterling *(Lycaena icarus?)* im Visier, der über ihm schwebt. Man hat den Eindruck, daß er im nächsten Augenblick nach ihm schnappen wird. Hervorragend ist nicht nur dieser spannungsgeladene Augenblick festgehalten, auch die Tiere sind trefflich gekennzeichnet: der Frosch mit seinen großen, hervorstehenden Augen und der Schmetterling mit seinen wunderbar ausgebreiteten Flügeln.

Schon in den Darstellungen des Papyrusdickichts in den Beamtengräbern des Alten Reiches bilden Frosch und Schmetterling ein häufiges Paar. Daneben erscheinen auch Vögel, Libellen und andere Insekten, die ebenso auf einigen Nilpferdfiguren zu sehen sind. Frosch und Schmetterling sind selber schon wirkungsmächtige Regenerationssymbole. Zusammen stehen sie hier für Werden und Vergehen, für die Vergänglichkeit und Erneuerung des Lebens, Geburt und Tod: Der Frosch, von dem die alten Ägypter glaubten, er entstünde von selbst aus dem Schlamm (vgl. Kat.-Nr. 24), wird im nächsten Augenblick einen eben aus seiner Larve geschlüpften Schmetterling verspeisen. Unterstützt wird diese Symbolik von den Lotusblüten, die das Geschehen von allen vier Himmelsrichtungen einrahmen und ebenfalls Sinnbilder von Tod und Wiedergeburt sind. AW

Publikation: Animals I, 46f., Nr. 46; Aus Noahs Arche, Nr. 118.
Parallelen: M. L. Keimer, Nouvelles Recherches au Sujet du Potamogeton Lucens L. dans l'Egypte Ancienne et Remarques sur l'Ornementation des Hippopotames en Faïence du Moyen Empire, REA 2, 1929, 216f., nr. 3, fig. 8 = Behrmann, Nilpferd I, Dok. 142 a.3.a. = Dok. 142 f.26. (Kairo, Ägyptisches Museum). Nur mit Schmetterling: Behrmann, Nilpferd I, Dok. 142 a.2.a. = Dok. 142 f.12. Mit anderen Insekten: Behrmann, Nilpferd I, Dok. 142 c.1.
Literatur: Zum Schmetterling s. M. L. Keimer, Pendeloques en forme d'insectes faisant partie de colliers égyptiens, ASAE 34, 1934, 177–213; Arnold, Bestiary, 31, no. 31–32; Wiese, Stempel-Siegelamulette, 136f.; zum Frosch s. Skarabäen Basel, 112f.; zum Lotus s. Skarabäen Basel, 164f. Zur Bedeutung der Nilpferde allgemein und für weitere Parallelen s. die Literatur zu Kat.-Nr. 55.

57

Figur einer Beischläferin

Privatsammlung, Schweiz

Türkisgrüne Fayence, braun-schwarze Zeichnung
H. 12,7 cm
Intakt
Mittleres Reich, 12. Dynastie, um 1939–1759 v. Chr.
Angeblich aus Lischt
Ehemals Sammlung Achille Groppi, Kairo (erworben aus dem Kairener Kunsthandel 1943)

Seit dem Beginn des Mittleren Reiches waren unbekleidete Frauenfiguren aus verschiedenen Materialien Teil der Grabausstattung. Vorwiegend fehlten bei diesen weiblichen Statuetten die Unterschenkel und die Füße. Die bewußt gewählte Ikonographie sollte in magischer Weise die Präsenz der Konkubinen sicherstellen, damit die Wünsche des Grabherrn jederzeit erfüllt werden konnten. Die Funde dieser Figuren in Frauengräbern und in Heiligtümern weiblicher Gottheiten lassen jedoch vermuten, daß ihre Funktion nicht ausschließlich die einer Liebesdienerin war, sondern daß sie auch die Fruchtbarkeit der Frau und ihre Rolle als Mutter beschwören sollten.
Der wohlgeformte Leib des Mädchens ist lediglich mit einem netzartigen Trägerrock bekleidet, der die schmale Taille und die ausladenden Hüften betont und die kleinen Brüste unbedeckt läßt. Die herabhängenden Arme sind eng an den Körper gelegt. Je ein breites Armband schmückt die Handgelenke. Beide Oberarme und die Halspartie tragen feine Zierornamente, die möglicherweise tätowiert sind. Die mit schwarzer Farbe bemalte Kopfpartie weist eine Vielzahl von kleinen Löchern auf, die zur Fixierung von einzeln eingeknüpften Haarsträhnen dienten (vgl. Kat.-Nr. 58). Das nun fehlende, in der Mitte gescheitelte Haar unterstrich den erotischen Aspekt der Frauenfigur. MPG

Publikation: Keimer, Tatouage, 24, pl. XIV,2; The 'Per-neb' Collection (Part I). Highly Important Egyptian Antiquities, Christie's London, 4th – 8th December 1992, 54f., no. 81.
Parallelen: Hornemann, Statuary IV, no. 843: Bruxelles, Musées Royaux d'Art et d'Histoire, Inv.-Nr. E. 7213 (identisches netzartiges Trägerkleid). Zur Bekleidung vgl. Egypt's Golden Age, 183, no. 209; A. Lansing, The Egyptian Expedition. The Excavations at Lisht, BMMA 1933–1934, 35, fig. 29.
Literatur: Breasted, Servant Statues, 93–95, no. 11, pl. 90,b; Ch. Desroches Noblecourt, «Concubines du mort» et mères de famille au Moyen Empire. A propos d'une supplique pour une nais-

sance, BIFAO 53, 1953, 7–47, pl. I–V; Hayes, Scepter I, fig. 137; W. Helck, LÄ I, 684–686, s. v. Beischläferin; Keimer, Tatouage, 18–24, pl. XII–XIV; Nofret – Die Schöne (München 1985), Nr. 65.

58

Figur einer Konkubine

Privatsammlung Schindellegi

Gebrannter Ton
H. 13 cm
Fußpartie fehlt
Mittleres Reich bis 2. Zwischenzeit, um 1750–1550 v. Chr.

Die Funktion der kleinen Statuette einer nackten Frau entspricht jener der Beischläferin (vgl. Kat.-Nr. 57). Obwohl das Material und die Ausführung von großer Einfachheit sind, handelt es sich hier um ein besonders schön erhaltenes Beispiel dieser Gattung von Frauenfigürchen. Die Ikonographie beschränkt sich auf das Wesentliche: Der rudimentär gestaltete Kopf mit einem Schnabelgesicht ruht auf einem mächtigen Hals. Arme und Beine, deren Unterschenkel nun fehlen, sind stark schematisiert. Deutlich gezeichnet sind das wohlgeformte Gesäß, das Schamdreieck, der Bauchnabel und die plastisch hervorgehobenen Brüste. Die runden Vertiefungen rund um die Hüften stellen einen Gürtel dar. Liebevoll wurde der Figur zusätzlich eine Kette aus alternierend weißen und schwarzen Perlen um die Taille gelegt. Der gesondert gearbeitete Wulst über dem Busen imitiert eine Halskette.
Besonders hervorzuheben sind die wunderbar erhaltenen Haarbüschel, die am Hinterkopf der Figur fixiert sind. Die gebündelten Leinenfäden mit applizierten Perlchen aus Nilschlamm imitieren die einzelnen Haarsträhnen und die scheibenförmigen Perlen aus weißem Stein (oder Elfenbein) das Haarband. Die vertikalen Einkerbungen an der Stirn sind als Tätowierungen zu deuten.

MPG

Publikation: unveröffentlicht.
Parallelen: Hornemann, Statuary IV, no. 841 (Ägyptisches Museum Berlin, Inv.-Nr. 22397: identische Figur [Höhe: 13 cm], ebenfalls mit sieben Perforationen am scheibenartigen Hinterkopf, die zur Aufnahme der geknoteten Haarbüschel mit Tonperlen dienten; Datierung: Mittleres Reich, aus Theben-West, abgebildet in Ägyptisches Museum Berlin (1991), 65f., Nr. 42); Petrie, Objects of Daily Use, pl. LII,408.
Literatur: s. Kat.-Nr. 57; Pharaonen und Fremde, Nr. 15.

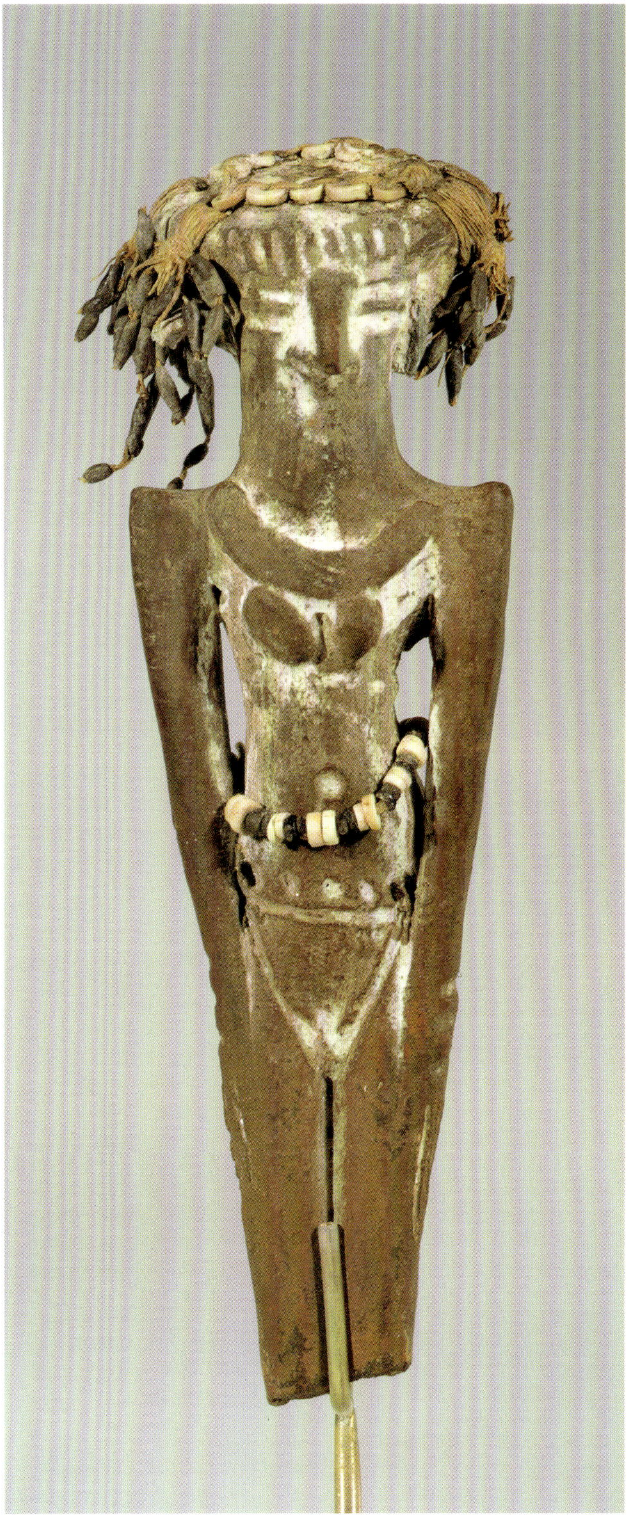

59

Modell eines großen Reisebootes

Privatsammlung, Schweiz

Holz, stuckiert und bemalt
L. (mit ausgefahrenem Steuer) 152 cm; B. 25 cm
Bemerkenswert guter Erhaltungszustand
Mittleres Reich, 12. Dynastie, um 1939–1850 v. Chr.

Szenen des diesseitigen Alltagslebens wurden der Grabausstattung in Form verkleinerter Modelle mitgegeben und sollten das jenseitige Leben des Verstorbenen sicherstellen, sei es sein leibliches Wohlergehen oder – wie in unserem Fall – seine Mobilität.

Das vorliegende Schiffsmodell ist die Nachbildung eines Reisebootes mit seiner vollzählig erhaltenen, 26köpfigen Mannschaft. Der Steuermann steht neben dem Steuerruder auf dem schnabelartig hochgezogenen Heck, während der neben ihm – den Ruderern gegenüber – sitzende Hilfssteuermann zusätzlich als Taktgeber fungiert. Auf dem leicht ansteigenden Bug steht der von einem sitzenden Hilfslotsen unterstützte Lotse. Ihre Aufgabe bestand darin, die vielen Untiefen des Nils auszuloten. Die insgesamt 22 Ruderer sitzen jeweils paarweise nebeneinander auf Bänken. Der zwischen den Rude-

rern der fünften Reihe emporragende Mastpfahl belegt, daß es sich bei diesem kiellosen Boot ohne Kajüte um ein Reiseschiff handelt: Mit dem heute fehlenden aufgespannten Segel war das Boot für beide Fahrtrichtungen ausgerüstet. Der nach Norden fließende Nil bedingte, daß man auf dem Nil mit Nordwind südwärts segelte und mit der Strömung nordwärts ruderte.
Im Gegensatz zu anderen Modellen ist die handwerkliche Ausführung dieses bemerkenswert gut erhaltenen Schiffes sehr qualitätvoll. Es ist aus einem einzigen Stück Holz gefertigt. Die Ruder mit spitz auslaufenden Ruderblättern sind mit Schnüren am Rand des Decks befestigt. Alle Figuren sind fein geschnitzt und bemalt – die Haut ockerrot, die Haare schwarz, die Bekleidung weiß. Der Künstler war bemüht, durch ihr unterschiedliches Aussehen die Mitglieder der Mannschaft individuell und lebendig zu gestalten: einige Ruderer sind Bartträger, andere klein und pausbäckig, weitere wiederum groß und schlank.
Die Verbundenheit der Ägypter mit dem Nil, von dessen Überschwemmung das Gedeihen ihres Landes abhing, war seit jeher besonders ausgeprägt. Die Wurzeln der ägyptischen Schiffahrt finden sich bereits in vorgeschichtlicher Zeit (vgl. Kat.-Nr. 15); Boote und Schiffe waren das gebräuchlichste Transportmittel. Neben dieser praktischen Verwendung spielte das Schiff auch im

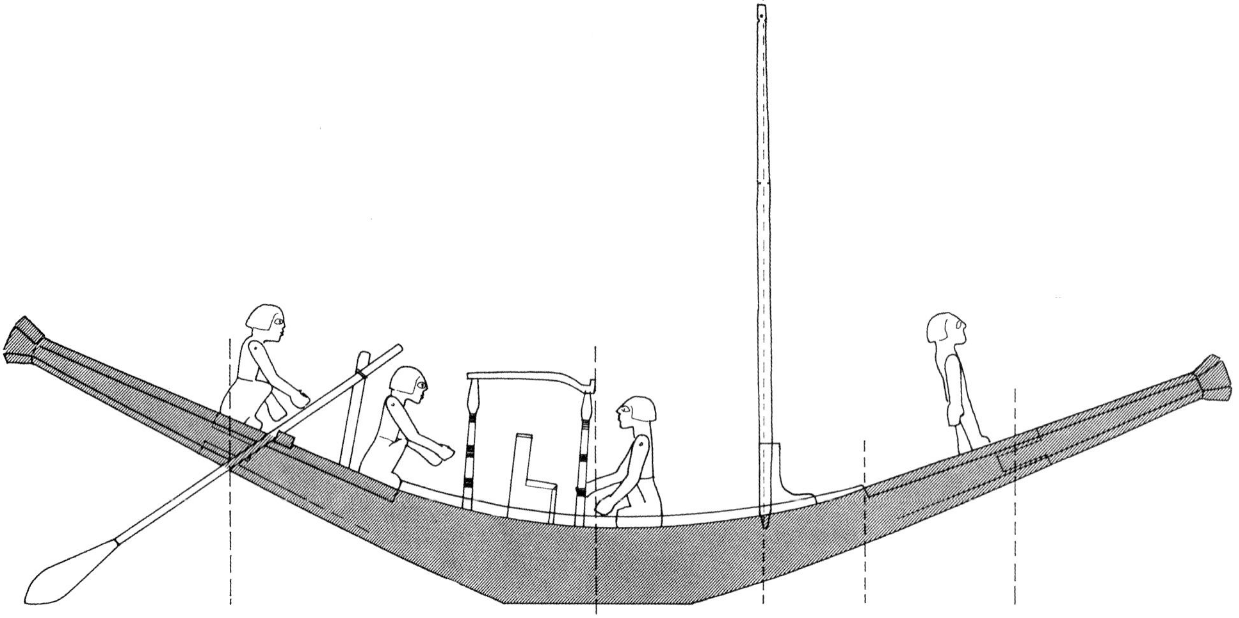

religiösen Bereich (Schiffsprozessionen, Götterbarken, Totenfahrt nach Abydos; vgl. Kat.-Nr. 60) eine wichtige Rolle.
MPG

Publikation: Katalog Nefer 4, Zürich 1986, nr. 50.
Literatur: Breasted, Servant Statues, 79–81, pl. 71,c. 73,a; G. Dreyer, LÄ V, 622–623, s. v. Schiffsmodelle; Göttlicher – Werner, Schiffsmodelle, Taf. XII,2. XVI,3. XXVII; Granville, Model Boats, 20–22, no. 11, fig. 19, pl. IV; Hayes, Scepter I, 267–274; Landström, Ships, 75–89, bes. no. 227; E. Martin-Pardey, LÄ V, 601–610. 616–619, s. v. Schiff. Schiffbau; Ägyptisches Museum Kairo (1986), Nr. 75; D. B. Spanel, Ancient Egyptian Boat Models of the Herakleopolitan Period and Eleventh Dynasty, SAK 12, 1985, 243–253; Reisner, Models, IX–XIII, type II, pl. I–II.

60
Figuren eines Begräbnisbootes

Privatsammlung, Schweiz

Kalkstein, polychrom bemalt
A) H. 5,09 cm. B) H. 5,14 cm. C) H. 5,3 cm. D) H. 6,26 cm. E) H. 6,48 cm
Figuren z. T. bestoßen. Bei C fehlen Beine und Arme, bei E die Beine
Mittleres Reich, 11./12. Dynastie, um 2080–1850 v. Chr.

Die Blütezeit der Modelle von Wirtschaftsbetrieben und Schiffen, die sich aus den einzelnen Dienerfiguren des Alten Reiches entwickelten (vgl. Kat.-Nr. 30), lag im Übergang vom Alten zum Mittleren Reich. Sie erlauben uns einen einmaligen Einblick in das Leben der damaligen Zeit. Ein prächtiges Modell eines Reisebootes haben wir bereits kennengelernt (vgl. Kat.-Nr. 59). Bis anhin waren nur Modelle bekannt, die aus Holz gefertigt sind. Wie die vorliegende Statuettengruppe aber deutlich zeigt, konnten die Figuren einzelner Modelle auch aus Kalkstein gefertigt sein.
Die zweifellos zusammengehörige Gruppe besteht aus fünf Figuren – zwei am Boden hockenden Männern, einem Ruderer, dessen Extremitäten fehlen, einer aufrecht stehenden Klagefrau und einer sitzenden Mumie, deren Füße ebenfalls weggebrochen sind. Die Farben sind zum Teil erstaunlich frisch. Während sämtliche Gewänder unbemalt blieben, wurden Gesicht und Glieder der Statuetten rot bzw. gelb bemalt. Die beiden Hockenden sind in weißes Leinen gehüllt, die Gesichter sind rot, die Augen schwarz aufgemalt. Schwarz sind auch die Haare. Der Ruderer ist bis auf den kurzen Schurz ebenfalls rot bemalt. Die Frau dagegen hat gelbe Hautfarbe. Als einziges Kleidungsstück hat sie ein Tuch

um die Hüften geschlungen. Auch bei ihr sind die Details wie Haare, Augen und Zehen schwarz aufgemalt. Prachtvoll ist die Mumie ausgeführt, deren große Augen uns eindrucksvoll anblicken. Der mit Binden eingehüllte Körper ist unbemalt. Reste blauer Farbe haben sich an der Perücke erhalten. Gut zu erkennen ist auch der Halskragen aus mehreren Perlenreihen, den der Verstorbene trug. Ob der am Boden hockende Schreiber zu dieser Figurengruppe gehört, erscheint durchaus möglich, doch haben wir ihn in einer eigenen Katalognummer gewürdigt (Kat.-Nr. 61).

In Riqqeh wurde in einem Grab aus der 12. Dynastie eine ähnliche Statuettengruppe aus Kalkstein entdeckt, deren Bedeutung bislang ungeklärt war. Sie besteht aus vier hockenden Figuren, die unseren beiden entsprechen, und einer Mumie. Die hier vorgestellte Figurengruppe mit Ruderern läßt es aber als sicher erscheinen, daß es sich um die Figuren eines Begräbnisbootes handelt. Steinerne Schiffsmodelle sind zwar unbekannt, doch liegt die Vermutung nahe, daß bei besonders qualitätvollen Ausführungen die Figuren aus Kalkstein gefertigt wurden, der Schiffsrumpf aber aus Holz bestand. Dies würde in beiden Fällen das Fehlen des Schiffes erklären, das dem Holzraub zum Opfer fiel. Hinzu kommt, daß mit dem Begräbnisboot die rituelle Pilgerfahrt mit der Mumie oder Statue des Verstorbenen nach Abydos unternommen wurde und daher eine Ausführung der Statuetten in einem dauerhaften Material wie Stein durchaus wünschenswert war. AW

Publikation: unveröffentlicht.

Parallelen: Engelbach, Riqqeh VI, pl. VIII,7 (Friedhof A, Grab 181); Ancient Art (1974), no. 178; Schulz, Würfelhocker I, 413, Nr. 244; II, 559. 755ff., Taf. 107; Reisner, Models, pl. X, no. 4851. pl. XVI, no. 4910. pl. XVII, no. 4915f. Zur Mumie vgl. Pharaohs and Mortals, 97, no. 79.

Literatur: zur Bedeutung s. M. M. el-Damaty, Squatting Statues in the Cairo Museum, MDAIK 46, 1990, 1–13.

61
Sitzender Schreiber

Privatsammlung, Schweiz

Kalkstein, rot und schwarz bemalt
H. 5,15 cm
Intakt, Bemalung gut erhalten
Mittleres Reich, 11./12. Dynastie, um 2080–1850 v. Chr.

Schon die altägyptischen Texte propagieren als Idealberuf den des Schreibers: «Es gibt keinen Beruf ohne Vorgesetzten außer dem des Schreibers – er ist der Vorgesetzte», heißt es in der Lehre des Cheti um 1950 v. Chr. In der Tat repräsentierte der Schreiber das Idealbild des mustergültigen Beamten. Seine Stellung war – als Ausgangspunkt für die Beamtenlaufbahn – die begehrteste in der ägyptischen Gesellschaft.
Seit der 4. Dynastie ließen sich hohe Beamte gerne in der Pose des Schreibers darstellen, der im Schneidersitz in gespannter Erwartung am Boden hockt. Auf seinem Schoß hält er gewöhnlich eine geöffnete Papyrusrolle, in der rechten Hand ein Schreibinstrument. Unsere Figur ist einzigartig und weicht in verschiedener Hinsicht von diesem Schema ab.
Der kleine Schreiber ist ein reizvolles Bildwerk. Voller Anmut blickt er dem Betrachter mit seinen großen Augen entgegen. Die Figur besteht aus feinem Kalkstein. Schurz und Papyrusrolle sind weiß, der nackte Oberkörper und das Gesicht rot bemalt. Das kurze Haar ist schwarz gefärbt. Schwarz sind auch die Augen und die Augenbrauen. Das Gesicht ist fein modelliert. Die Beschädigung an der Nase ist antik und bestand schon vor der Bemalung. Auffallend groß sind die Ohren. Ob der Beamte am Boden kniet oder im Schneidersitz da sitzt, läßt sich nicht mit letzter Sicherheit sagen. Auffallend ist, daß er nur eine Papyrusrolle vor sich hält und kein Schreibinstrument besitzt.
Solche kleinen, anonymen Figuren kennt man von den Modellen von Wirtschaftsbetrieben aus dem Mittleren Reich. Bekannt ist z.B. das Modell der Viehzählung aus dem Grab des Meketre, in dem gleich mehrere Schreiber ihrer Aufgabe nachgehen. Auch in den Modellen von Getreidespeichern, in denen die Zahl der Kornsäcke registriert wird, ist immer ein Schreiber zugegen, der peinlich genau über die Abgaben wacht. Diese Schreiberfiguren bestehen aber alle aus Holz und halten stets ein Schreibwerkzeug in der Hand – beides ist bei unserer Figur nicht der Fall. Daher scheint es durchaus möglich, daß es sich hier um einen Vorlesepriester auf einem Begräbnisboot handelt (vgl. Kat.-Nr. 60). AW

Publikation: unveröffentlicht.
Parallelen: Ägyptisches Museum Kairo (1986), Nr. 76; Breasted, Servant Statues, pl. 10,b. 12,a–b. Ein einzelnes Schreiberfigürchen aus Holz in: Götter, Gräber und die Kunst I, 109, Nr. 76; vgl. Reisner, Models, 70–74, no. 4915–4917 (hier allerdings stehender Priester mit Schriftrolle), pl. XVII–XVIII.
Literatur: die Lehre des Cheti bei Brunner, Weisheit, 155–168.

62
Grabstele des Tjenianch

Privatsammlung, Schweiz

Kalkstein
H. 27,3 cm; B. 17 cm; T. 6,7 cm
Das Giebelfeld ist größtenteils abgesplittert, sonst leichte Bestoßungen. Farbe fast vollständig verloren, bis auf die rote Hautfarbe des Mannes
Mittleres Reich, späte 12.–13. Dynastie, um 1850–1650 v. Chr.

Kolossale Grabstelen mit oben abgerundetem Abschluß wurden in der späten Vorgeschichte entwickelt und während der Frühzeit ausschließlich im königlichen Bereich verwendet. Sie kennzeichnen das Grab an der Oberfläche und bezeichnen die Hauptkultstelle (so in Abydos). Während des ganzen Alten Reiches waren Stelen im privaten Totenkult nicht bekannt. Erst zu Beginn des Mittleren Reiches werden sie im privaten Totenkult eingeführt und erhalten ein besonderes Dekorationsschema.

Die vorliegende Stele ist in drei Register unterteilt: Das oberste Register wird von einem Giebelfeld gebildet, das mittlere besteht aus einem zusammenhängenden Text, und das unterste enthält figürliche Darstellungen. Diese Aufteilung ist seit dem Beginn des Mittleren Reiches bezeugt. Das Giebelfeld war einst mit einem Udjat-Augenpaar und einem sog. Schen-Ring in der Mitte dekoriert, darauf weisen unverkennbar die erhaltenen Reste. Dabei handelt es sich um das Auge des Horus, das von Seth im Kampf verletzt und von Thot wieder geheilt wird. Daher kommt der Name Udjat, «das Heile». Das Horusauge hat eine vielschichtige Bedeutung und soll hier den Grabherrn schützen und wieder «gesundmachen», d.h. auferstehen lassen. Auch der sogenannte Schen-Ring, der im Giebelfeld häufig in Kombination mit den Udjat-Augen anzutreffen ist, hat Schutzfunktion. Er stellt eine doppelt geführte Schnur dar, deren umwickelte Enden einen Ring entstehen lassen, wie wir ihn auch als Königskartusche kennen. Im privaten Bereich wird dieses Schutzsymbol erst seit dem Mittleren Reich verwendet.

Das mittlere Register enthält eine in drei horizontale Zeilen gegliederte Inschrift mit der Opferformel, während das untere Bildfeld den Stelenstifter und seine Mutter wiedergibt. Die Opferformel, in der der König und der memphitische Totengott Ptah-Sokar-Osiris um Opfergaben für den Ka (Lebenskraft) des Verstorbenen gebeten werden, wird durch die Titel und Namen des Verstorbenen sowie seiner Mutter ergänzt. Schließlich wird auch der Stelenstifter genannt, der in diesem Fall der Bruder des Verstorbenen ist. Er läßt durch die Errichtung dieser Stele den Namen seines Bruders leben, indem er der Nachwelt in Erinnerung bleibt: «Ein Opfer, das der König und Ptah-Sokar-Osiris stiften: Sie mögen ein Totenopfer geben, (bestehend aus) Brot und Bier, Rindern und Geflügel, Alabaster und Stoff, Weihrauch und Öl und allen vollkommenen und reinen Dingen, wovon ein Gott lebt, für den Ka des ‹Großen der 10 von Oberägypten› Tjenianch selig, geboren von der ‹Bürgerin der Nekropolenarbeiter› Tit selig; (gestiftet) seitens seines Bruders, des Vorstehers Irinefres, der seinen Namen leben läßt». Im untersten Register stehen sich der Steleninhaber und seine Mutter gegenüber. Sie trägt eine dreiteilige Perücke und ein Trägerkleid, während er mit kurzem Haar und in kurzem Schurz wiedergegeben ist. Zwischen ihnen befindet sich ein Opfertisch mit aufgestellten Brothälften.

Ein Großteil der Stelen aus dem Mittleren Reich stammt aus Abydos. Obwohl Angaben zu ihrem genauen Fundkontext meist fehlen, weiß man, daß sie im Bereich des Osiristempels aufgestellt waren, dessen Grab seit dieser Zeit in Abydos lokalisiert wurde. Entweder befanden sie sich in einer kleinen Stelenkapelle entlang der Prozessionsstraße zum Osiristempel, waren an die Umfassungsmauer des Heiligtums gelehnt oder aber bei den Gräbern im Friedhof errichtet. Sie sollten eine unmittelbare Verbindung zum Totengott Osiris und dessen Kult schaffen und somit den Inhabern der Stelen ewige Versorgung und Auferstehung sichern. AW

Publikation: unveröffentlicht. Der Text ist in Zusammenarbeit mit Silvia Winterhalter (Basel) entstanden.
Parallelen: Ägyptische Kunst (Karlruhe 1992), Nr. 8; Hayes, Scepter I, 346, fig. 227; H. Frankfort, The Cemeteries of Abydos: Work of the Season 1925–26, JEA 14, 1928, 238, no. 19, pl. XXI,3; Stewart, Stelae II, 27, no. 113, pl. 28.3.
Literatur: zu den Stelen des Mittleren Reiches allgemein: Hölzl, Giebelfelddekoration; H. W. Müller, Die Totendenksteine des Mittleren Reiches, ihre Genesis, ihre Darstellungen und ihre Komposition, MDAIK 4, 1933, 165–206; K. Martin, LÄ VI, 1–6, s. v. Stele. Zu Abydos als Aufstellungsort: Simpson, Terrace; B. J. Kemp, LÄ I, 31–33, s. v. Abydos. Zum Titel *Bürgerin der Nekropolenarbeiter*: Ward, Feminine Titles, 8–9; ders., Index, 99–100, no. 830–832. Zur Verbindung von Ptah, Sokar und Osiris: Spiegel, Götter von Abydos, 59–62.

63
Totenfigur des User

Privatsammlung

Dunkelgrüner Schiefer mit Resten einer Blattgoldauflage an der Stirn
H. 23 cm
Intakt. Nase bestoßen. Blattgoldauflage größtenteils verloren
Spätes Mittleres Reich, 13. Dynastie, um 1760–1650 v. Chr.
Ehemals Sammlung Theodore M. Davies (1837–1915)

Die Totenfiguren, mit ihrem altägyptischen Namen auch «Uschebti» genannt, entstanden in der späten 11. Dynastie aus einfachen menschenförmigen Wachsfiguren (vgl. Kat.-Nr. 37). Während der Blütezeit des Mittleren Reiches (12. Dynastie) wurden sie vornehmlich aus verschiedenen Gesteinen hergestellt – zu nennen sind z. B. Kalkstein, Alabaster, Serpentin und Schiefer. Diese Entwicklung setzte sich im Neuen Reich fort, wobei immer öfter Holz und Fayence (vgl. Kat.-Nr. 64, 126) verwendet wurden. In der Spätzeit setzte eine regelrechte Massenproduktion in Fayence ein (vgl. Kat.-Nr. 146, 162).
Die hier gezeigte Totenfigur ist von majestätischer Erscheinung und besteht aus dunkelgrünem Schiefer, der glatt poliert wurde und so einen metallischen Glanz erhielt. Nach der Inschrift gehörte sie einem Beamten Namens User («der Starke»). Der Körper ist mumienförmig, die Arme sind über der Brust gekreuzt und die Hände zur Faust geballt, wobei der Daumen abgespreizt ist. Der Ausdruck des Gesichtes ist ernst und zugleich erhaben. Die Augen sind mandelförmig, der Mund breit und das Kinn kräftig. Auffallend groß sind die Ohren wiedergegeben. Das Gesicht wird von einer dreiteiligen Strähnenperücke mit leicht nach innen geschwunge-

nen Vorderschöpfen umrahmt. Die Haarsträhnen wurden nur flüchtig eingeritzt. Dafür bedeckte eine Goldfolie Gesicht und Perücke. Reste davon sind am Perückenansatz erhalten. Auf dem Gesicht sind Spuren einer Unterlage zu erkennen. Das leuchtende Gold und der dunkelgrüne Schiefer müssen ein herrliches Farbenspiel abgegeben haben. Die kurze Inschrift – «der bei Osiris verklärte User» – steht in einer Kolumne und wirkt etwas unbeholfen. Hinzu kommt, daß die Richtung einzelner Zeichen uneinheitlich ist.
Aufgrund der Inschrift und der stilistischen Merkmale gehört die Totenfigur in das späte Mittlere Reich. Ganz offensichtlich sind die Beziehungen zur Plastik dieser Zeit. In abgeschwächter Form weist die Statuette strenge und ernste Gesichtszüge auf, wie es bei der Königsplastik von Sesostris III. und Amenemhat III. und der zeitgenössischen privaten Plastik der Fall ist (vgl. Kat.-Nr. 42–43). Die Verbindung der Figur zur privaten Grabplastik ist durchaus gegeben, handelte es sich doch bei den Totenfiguren anfänglich um Ersatzkörper des Verstorbenen. Erst im Verlauf der 13. Dynastie erhielten sie die Bedeutung eines Stellvertreters und wurden mit dem Totenbuchspruch 6 beschrieben, der sie im Jenseits zur Arbeit verpflichtete (vgl. Kat.-Nr. 126). AW

Publikation: Schlögl – Brodbeck, Totenfiguren, 54, Nr. 2.
Parallelen: Geschenk des Nils, Nr. 149; Schneider, Shabtis III, Taf. 6, Nr. 1.2.4.1; Aubert, Statuettes, pl. 3; Schlögl – Brodbeck, Totenfiguren, 53, Nr. 1; Garstang, El Arabah, 5, pl. III,E 105; Hayes, Scepter I, 328, fig. 216; Entdeckungen (München 1985), 34, Nr. 23.
Literatur: zum Namen s. Ranke, PN I, 85, Nr. 6; zur Entwicklung und Bedeutung der Uschebtis: Aubert, Statuettes; Schneider, Shabtis; Schlögl – Brodbeck, Totenfiguren.

64
Totenfigur aus Holz

Fondation Jacques-Edouard Berger, Lausanne

Holz, stuckiert und polychrom bemalt
H. 22,8 cm
Stuck mit Farbe, z.T. abgeblättert
Mittleres Reich, 12. Dynastie, um 1939–1759 v. Chr.

Neben Stein wurde im Mittleren Reich selten Holz zur Herstellung von Totenfiguren verwendet, analog zu den hölzernen Modellen und Dienerfiguren. Diese Statuetten wurden nicht immer mit dem Namen und Titel des

Verstorbenen versehen, sondern unbeschriftet mit ins Grab gegeben. Ob das vorliegende Exemplar auch unbeschriftet war, läßt sich nicht mehr sagen.
Die hölzerne Statuette ist stuckiert und polychrom bemalt. Sie besitzt einen kleinen, schwarz bemalten Sockel, in den sie eingelassen wurde. Der mumienförmige Körper war weiß bemalt. Einige Reste dieser Bemalung sind erhalten. Die weiße Farbe ahmt das weiße Leinen nach, in das der Körper des Verstorbenen eingewickelt wurde. Um den Hals trägt die Figur einen Kragen mit blauen Perlen, die in drei Reihen übereinander angeordnet sind. Das ursprünglich ockerfarbene Gesicht ist rundlich. Der Gesichtsausdruck wirkt eher drollig oder melancholisch, was wohl an den zur Nasenwurzel hin hochgezogenen Augenbrauen liegt. Die Augen sind schwarz konturiert, wobei ein horizontaler Schminkstrich nach hinten führt. Nase und Lippen sind fleischig. Auf dem Kopf trägt die Figur eine dreiteilige, blau bemalte Perücke. Zur Tracht der damaligen Zeit gehört auch ein gestutztes Bärtchen. Mit schwarzer Farbe sind sogar die seitlichen Bartriemen angegeben, mit denen zu offiziellen und festlichen Anlässen der «falsche» Bart umgebunden wurde. Ähnliche Figuren wurden in Gräbern von Meir und im Grab der Senebtisi in Lischt gefunden. AW

Publikation: Un regard partagé, 160, nr. 284.
Parallelen: Hayes, Scepter I, 327f., fig. 216.

65
Sarg des Wahka

Privatsammlung R. W., Zürich

Zedernholz, stuckiert und bemalt
L. 210,4 cm; B. 47,5 cm
Deckel und Boden fehlen (Querleisten modern eingesetzt). Der Deckel war bei der Auffindung des Sarges noch vorhanden.
Moderne Fixierung der einzelnen Bretter
Aus der Nekropole von Meir
Mittleres Reich, 12./13. Dynastie, um 1939–1650 v. Chr.
Ehemals Sammlung Khashaba

Der Sarg ist von schlichter, rechteckiger Form. Die Seitenwände sind aus zwei Brettern zusammengefügt und durch runde Dübel miteinander verbunden. Außen- und Innenseiten sind mit einer ockerfarbenen Stuckschicht übertüncht. An der Oberkante, auf der der Deckel auflag, sind Reste eines roten Farbanstrichs vorhanden. Einzig die Randbegrenzung der Schriftzeilen ist schwarz markiert. Die Hieroglyphen sind in hellblauer Farbe aufgemalt.
Die horizontale Inschriftzeile der östlichen Außenseite nennt die Opferformel: «Ein Opfer, das der König gibt und Osiris, Herr von Mendes, der große Gott, der Herr von Abydos, er möge geben ein Opfer bestehend aus Bier, Wein, Fleisch, Kleidern und Geflügel und jeder schönen und reinen Sache, von der ein Gott lebt, für den Ka des Seligen vor Ptah-Sokar.» Die vier vertikalen Zeilen rufen folgende Schutzgottheiten der Kanopen (Eingeweidekrüge, vgl. Kat.-Nr. 164) bzw. Götter auf: Amset; Schu; Tefnut, Tochter des Atum; Duamutef. Die horizontale Inschriftzeile der westlichen Außenseite besagt: «Ein Opfer, das der König gibt und Anubis, der auf seinem Berg ist, der in der Umhüllung ist, der Herr des ‹heiligen Landes› (Nekropole), er möge geben ein schönes Begräbnis in der westlichen Wüste in seinem schönen Grab der Nekropole». Die erste der vier vertikalen Zeilen nennt den Namen des Sargbesitzers, den seligen Wahka, geehrt bei Kebehsenuef. Die zweite, dritte und vierte vertikale Zeile rufen Nut, Mutter der Götter, Geb und Hapi auf. Die Aufschrift der nördlichen Schmalseite (Kopfseite) ruft die Göttin Nephthys, die der südlichen Schmalseite (Fußseite) die Göttin Isis an.
Ägyptische Friedhöfe lagen vorwiegend auf der westlichen Seite des Nils, wonach sich Orientierung und Dekoration der Särge richteten. Auf der Ostseite der Gräber befanden sich die Opferstellen. Der Sarg wurde entsprechend nach Osten hin ausgerichtet. Auf der Ostwand des Sarges des Wahka befinden sich daher die Scheintür, durch die der Tote hinaustrat, um am Opfermahl teilzunehmen, die Opferliste und das Augenpaar. Mit Hilfe dieser auf Kopfhöhe angebrachten Augen konnte der seitlich gelagerte Verstorbene aus dem Sarg hinausblicken und am Aufgang der Sonne teilnehmen.
Als schützende Hülle wird der Sargkasten in Verbindung mit dem Mutterleib gebracht. Die Inschrift des Sarges von Wahka nennt denn auch die himmlische Mutter Nut, die Mutter der Götter. Der Aspekt des Schutzes wird weiter durch die namentliche Erwähnung der vier Horussöhne (vgl. Kat.-Nr. 163) zum Ausdruck gebracht. MPG

Publikation: A. Bey Kamal, Rapport sur les fouilles exécutées dans la zone comprise entre Déirout au Nord et Déir-el-Ganadlah au Sud, ASAE 14, 1914, 45–54; Lapp, Särge der Sammlung Kashaba, 12–13, Taf. 25–27.
Literatur: Barta, Opferformel; Hayes, Scepter I, 312–320; G. Lapp, LÄ V, 430–434, s. v. Sarg AR und MR; ders., Särge, 108–111. 286; Willems, Chests of Life, 82–101.

Die Kunst des Neuen Reiches

DIE 18. DYNASTIE (1539–1292 V. CHR.)

Mit der erfolgreichen Einigung des Landes durch Ahmose und dem Aufbau einer neuen Zentralverwaltung in Theben begann die dritte große Blütezeit der altägyptischen Kultur: das Neue Reich. In keiner anderen Epoche war das Kunstschaffen so vielfältig und reich an Ideen, in keiner anderen Zeit der Anspruch auf makellose Schönheit so hoch. «Der rauhen Männlichkeit des Mittleren Reiches steht die zarte Weiblichkeit des Neuen Reiches gegenüber», wie es C. Vandersleyen treffend formulierte. Zweifellos spielten die Königsmütter und Königinnen dieser Epoche eine herausragende Rolle und haben den Kunststil entsprechend beeinflußt. Im Zentrum der Kunst stand nun die Wandmalerei, die neue Möglichkeiten im Flachbild eröffnete – bis hin zu ersten Versuchen perspektivischer Darstellungen.

Neben der Grabmalerei (Kat.-Nr. 81) gewinnen Fresken an Bedeutung, die Paläste und Wohnhäuser zieren. Die Freude an der Malerei wirkte sich auch auf die Vasenmalerei aus, die eine bescheidene Renaissance erlebte (Kat.-Nr. 89).

Schon Amenophis I. (1514–1493 v. Chr.) versammelte an seinem Hof die besten Künstler und Gelehrten des Landes. Als Bauherr trat er beim Tempel des Amun-Re in Karnak hervor, wo sich die nachfolgenden Könige des Neuen Reiches in der Ausgestaltung der riesigen Anlagen gegenseitig zu übertreffen suchten. Thutmosis I. (1493–1482 v. Chr.) leitete außenpolitisch eine neue Epoche ein. Eroberungen im Norden und Süden ließen Ägypten weit über alle bisherigen Grenzen hinauswachsen. Sein Felsgrab liegt als erstes in einem abgelegenen Wüstental im Westgebirge, dem sogenannten Tal der Könige, das zum Begräbnisplatz aller Könige des Neuen Reiches wurde. Seit Thutmosis III. dekorierte man die Grabanlagen mit den sogenannten Unterweltsbüchern (Amduat, später Pfortenbuch), die die nächtliche Fahrt des Sonnengottes Re durch die Unterwelt zum Thema haben. Der Sonnenlauf stand damals im Zentrum des Jenseitsglaubens – an ihm wollte der verstorbene König teilhaben, um in den ewigen Zyklus von Auf- und Untergang, von Leben und Tod eingebunden zu sein. Den gleichen Zweck erfüllte für die Privatpersonen das Totenbuch mit seinen unzähligen magischen Sprüchen und Gebeten. Getrennt vom Königsgrab lagen am Rand des Fruchtlandes die Totentempel, die königlichen Totenkultstätten, die zugleich dem Götterkönig Amun geweiht waren. Mit der Wahl des Felsgrabes als Königsgrab war für die hohen Beamten der Weg frei geworden, die Pyramide als Grabform für sich zu beanspruchen. Als kleine, weißgetünchte Lehmziegelpyramiden erhoben sie sich nun an den Abhängen des thebanischen Westgebirges über dem Eingang der Gräber. Die Gräber selber waren zunächst mit bemaltem Relief dekoriert und wurden später zunehmend mit Malerei auf Stuck oder Lehmverputz versehen.

Neue kulturelle Akzente setzte Thutmosis III. (1479–1426 v. Chr.), der noch als Kind auf den Thron kam und für den zunächst seine Stiefmutter Hatschepsut die Regierungsgeschäfte führte, bis sie den Königstitel annahm und ihren Stiefsohn vom Thron verdrängte. Hatschepsuts rechte Hand war ihr Günstling Senenmut, dem die Erziehung ihrer Tochter Nofrure anvertraut war. Ihm werden zahlreiche Neuerungen in der Kunst zugeschrieben, etwa die Entwicklung des Statuentyps des Erziehers. Dem Geist des Mittleren Reiches verpflichtet war der Totentempel der Königin, ein Terrassentempel, den sie im Talkessel von Deir el-Bahari direkt neben dem ähnlichen Grabmonument Mentuhoteps II. anlegen ließ. Ein zusammenhängender Reliefzyklus schildert hier die Expedition ins sagenhafte Land Punt und dokumentiert den regen Handel während ihrer friedlichen Regierung. Nach dem Tod der Hatschepsut führte Thutmosis III. Ägypten durch neue Eroberungszüge zu größtem Ruhm. Daneben entfaltete er eine unglaubliche Bautätigkeit. Von Byblos im Libanon bis zum Gebel Barkal in Nubien errichtete man neue Tempel. Dabei wurden neue Bauformen und Reliefbilder entwickelt.

Das Rund- und Flachbild der frühen 18. Dynastie orientierte sich noch stark an den Ausdrucksformen des Mittleren Reiches. Dennoch sind auch hier Neuerungen zu beobachten. Im Gegensatz zu früher haben die Könige jetzt ein heiteres jugendliches Gesicht mit weit geöffneten Augen und insgesamt weichen, eher femininen Zügen. Trotz der Idealisierung wird versucht, die physiognomischen Eigenheiten eines Herrschergeschlechtes herauszuarbeiten. So kennzeichnet z. B. die markante Thutmosidennase die Königsbildnisse dieser Zeit (vgl. Kat.-Nr. 66). Die Privatkunst spiegelt ganz die Entwicklung im königlichen Bereich wider. Zum Würfelhocker kommen neue Statuentypen wie der Stelophor und Naophor hinzu – Kniefiguren, die entweder eine Stele oder einen Naos (Schrein mit oder ohne Götterfigur) vor sich halten.

Entgegen der Tradition heiratete Amenophis III. (1390–1353 v. Chr.) ein bürgerliches Mädchen namens Teje, dem er außerordentliche Privilegien und Vollmachten verlieh. Die Bauten des Königs nahmen ein kolossales Ausmaß an. Davon zeugen noch die beiden von seinem Totentempel übriggebliebenen Sitzbildnisse, die sog. Memnonskolosse, und der Luxortempel. Daneben gab es aber auch eine große Zahl kleinformatiger Statuetten des Königspaares (Kat.-Nr. 75). Die Malereien im Palast Amenophis' III. von El-Molqata strahlten eine ungeahnte Lebendigkeit aus. In den Friedensjahren seiner Regierungszeit bahnten sich Veränderungen in der Kunst an, die gewissermaßen eine Vorstufe zur Amarnakunst bilden. Leitgedanke war dabei das Interesse der Künstler an der Natur, an der Wirklichkeit. Durch das Spiel mit den Körperformen wurden die Statuen lebendiger und freier gestaltet, die Gesichtszüge jedoch einem neuen Schönheitsideal unterstellt, das sämtliche Bildnisse dieser Zeit prägte und mandelförmige, leicht schräggestellte Augen und sinnlich geschwungene Lippen aufweist. Auch die Gewänder wurden reicher, barocker ausgeführt und dem Geschmack der Zeit angepaßt. Aus der Regierung Amenophis' III. stammen eine Fülle höchst anmutiger Mädchenstatuetten aus Holz und Toilettengestände (Spiegel, Salblöffel), die als Griff nackte Mädchen aufweisen. Die Fülle der Toilettenutensilien (Kat.-Nr. 82f.), die die hohen kunsthandwerklichen Fertigkeiten bezeugen, dokumentieren zudem das hochgezüchtete Schönheitsideal dieser Zeit. Amenophis III. begründete den Tierkult in Ägypten, der in der Spätzeit exzessive Formen annahm. Dahinter scheint die Suche nach Mittlerwesen zu Gott zu stehen. Ebenso legte er den Grundstein für die sog. Neue Sonnen-Theologie, die sein Sohn zum Höhepunkt führen sollte.

DIE AMARNAZEIT (1353–1332 V. CHR.)

Eine einzigartige, ja revolutionäre Ära erlebte Ägypten mit der Regierung Amenophis' IV.-Echnatons (1353–1336 v. Chr.). Er erhob den Gott Aton, der sich in einer Sonnenscheibe mit Strahlen, die in Menschenhänden auslaufen, manifestierte, zur alleinigen Gottheit (vgl. Abb. bei Kat.-Nr. 91). Er gab die Residenz in Theben auf und gründete in Mittelägypten bei dem heutigen Dorf El-Amarna eine neue Hauptstadt namens Achet-Aton (Horizont des Aton). Die Namen der althergebrachten Götter, besonders aber den des Amun, ließ er auf allen erreichbaren Denkmälern tilgen. Der König stand als Prophet des Gottes im Zentrum des religiösen Geschehens: Er war der Mittler zwischen seinem Gott Aton und den Menschen. Diese theologische Vorstellung wird in Altarbildern deutlich, die in privaten Hauskapellen in Amarna aufgestellt wurden. Sie zeigen den König im Kreise seiner Familie, vornehmlich mit seiner Gemahlin Nofretete, der wohl bekanntesten Frau des pharaonischen Ägypten. Nofretete, deren weltberühmte Büste aus bemaltem Kalkstein (vgl. Kat.-Nr. 90) 1912 gefunden wurde, genoß – wie zuvor schon Teje – eine Reihe von außergewöhnlichen Privilegien. Auch die künstlerischen Ausdrucksformen erfuhren radikale Änderungen. Den traditionellen Stil gab man zugunsten einer lebendigeren, ja ungeheuer dynamischen und expressionistischen Darstellungsweise auf. Zunächst aber wurde das Königsbild als bewußte Rebellion gegen die Tradition ins Groteske, geradezu Karikaturhafte verzerrt. Nach einer Übergangsphase, in der die übersteigerten Ausdrucksformen gemildert wurden, folgte dann die Rückwendung zu einem neuen Schönheitsideal, das seinen reifsten Ausdruck unter Tutanchamun und Haremhab erfuhr.

Für den Bau seiner Tempel führte Echnaton ein handliches Steinformat, das wir als «Talatat» (arab.; «Dreier») bezeichnen, ein (Kat.-Nr. 93–94). Damit gelang es, in relativ kurzer Zeit gewaltige Tempelanlagen zu errichten, die nach einem völlig neuen Konzept angelegt wurden. Die Atontempel waren nach oben hin offen und bestanden jetzt aus riesigen Höfen mit frei stehenden Altären, auf denen Aton mit seinen Strahlenarmen nach den Opfern greifen konnte. Selbst die Türstürze der Durchgänge waren durchbrochen, und die Säulenhallen erhielten einen offenen Mittelgang, so daß das Heiligtum im Gegensatz zu früher lichtdurchflutet war.

Im Atelier des Thutmose fand man zahlreiche Bildhauermodelle aus Stuck und Kalkstein, die dem Künstler als Vorlagen dienten. Im einen oder anderen Fall handelt

es sich möglicherweise um Abgüsse vom lebenden Gesicht. Dies ist durchaus denkbar, denn das Interesse an der Natur insgesamt hat sich während der Amarnazeit noch verstärkt. Davon zeugen die intensiven Naturschilderungen im großen Hymnus an den Lichtgott Aton, der als Quelle sämtlichen Lebens gepriesen wird. In der Kunst sind diese Naturschilderungen in den wunderbaren Palastfresken, die z.T. durch Fayencefliesen ergänzt wurden (Kat.-Nr. 95), faßbar. Gegenüber der Hofkunst trat die Privatkunst empfindlich zurück. Eine ungeheure Dynamik erfuhr das Flachbild: Echnaton löste den Streitwagen aus dem kriegerischen Kontext und verwendete ihn als Vehikel königlicher Erscheinung für sich und seine Familie. Begleitet wurden sie von einer Schar eilender Soldaten. Menschen und Tiere wurden nun in ungewohnten Ansichten gezeigt.
Nach dem Scheitern der Revolution begannen Echnatons Nachfolger eine vorsichtige Restaurationspolitik und waren bemüht, den Kult der alten Götter im ganzen Land wiederzubeleben. Für Tutanchamun (vgl. Kat.-Nr. 102), der noch als Kind auf den Thron kam, führte zunächst der Gottesvater Aja die Regierungsgeschäfte. Der Zufall wollte es, daß gerade von diesem jung verstorbenen König der Grabschatz vollständig erhalten blieb. Nachdem der greise Aja die Regierung wieder übernommen hatte, bestimmte er wohl den General Haremhab zum Nachfolger (vgl. Kat.-Nr. 108). Als letzter König der 18. Dynastie ernannte Haremhab (1319–1292 v. Chr.) vielleicht seinerseits seinen Wesir Paramessu zum König, der als Ramses I. die 19. Dynastie begründete. Die Kunst der späten 18. Dynastie steht immer noch unter dem Einfluß Amarnas und gehört zum Reizvollsten, was die ägyptische Kultur hervorgebracht hat.

DIE RAMESSIDENZEIT (1292–1070 V. CHR.)

Sethos I. (1290–1279 v. Chr.) zog einen Schlußstrich unter die Amarnazeit und verstand sich als Begründer einer neuen Ära. Er orientierte sich bewußt an den Kunstformen der Thutmosidenzeit. Das Flachrelief erreichte unter seiner Regierung höchste Vollendung, wenngleich es wieder ganz in konventionellem Stil gehalten war, so daß es im Vergleich zu der vorangegangenen Zeit steif und kühl wirkt. Seine Flachbilder im großen Säulensaal in Karnak, in seinem großen Tempel in Abydos und in seinem Grab im Tal der Könige gehören zum Feinsten der ägyptischen Reliefkunst. Die Königsresidenz wurde nun endgültig von Memphis ins Ostdelta nach Per-Ramesses im Gebiet des heutigen Qantir verlegt. Sethos I. stellte die Machtverhältnisse in Palästina und Syrien wieder her, wovon der wunderbare Reliefzyklus an der nördlichen Außenwand des großen Säulensaals von Karnak erzählt. Der Krieg mit dem hethitischen Reich wurde von Ramses II. weitergeführt und schließlich durch einen Friedensvertrag beendet. Es war eine kosmopolitisch geprägte Zeit, in der verschiedenste Fremdvölkergruppen – Asiaten, Nubier und Libyer – in das ägyptische Weltbild integriert wurden.
Ramses II. (1279–1213 v. Chr.) entwickelte in seiner 66jährigen Regierung eine beispiellose Bautätigkeit. Als sein berühmtestes Bauwerk gilt der Felsentempel von Abu Simbel, doch müssen sich auch im Delta gewaltige Bauten befunden haben, von denen allerdings heute nicht einmal mehr die Fundamente erhalten sind. Seine Gemahlin Nefertari erhielt das schönste Grab im Tal der Königinnen, das nun der Begräbnisplatz aller Königinnen, Prinzen und Prinzessinnen der 19. und 20. Dynastie wurde. Der Prinz Chaemwese (Kat.-Nr. 114) ließ zahlreiche Denkmäler des Alten Reiches restaurieren und lenkte damit das Interesse auf diese frühe Zeit. Die Kunst wurde unter Ramses II. mehr als zuvor zu propagandistischen Zwecken entfremdet, um der «Persönlichen Frömmigkeit» entgegenzuwirken. Darunter versteht man die persönliche Beziehung zu Gott, die nun jeder auf seine Weise ohne den Mittler König praktizieren konnte. Mit kolossalen vergöttlichten Bildern und Stelen sowie den Siegelamuletten, dem ägyptischen Massenkommunikationsmittel par exellence, versuchte Ramses II., sich in diesen Prozeß einzuschalten, um selbst zum Kultziel zu werden. Durch die ungeheure Produktion trat eine Vergröberung im Rund- und Flachbild ein, doch wirkte sich nun die Dynamik, die in der Amarnazeit entwickelt wurde, positiv auf die Schlachtdarstellungen des Königs – etwa der Kadeschschlacht – aus, die er gleich an mehreren seiner Tempel abbilden ließ.
Die Herkunft des Begründers der 20. Dynastie, Sethnacht (1190–1187 v. Chr.), liegt im dunkeln. Alle seine Nachfolger tragen den Namen Ramses, weshalb die 19. und 20. Dynastie auch als *Ramessidenzeit* bezeichnet wird. Unter all diesen Königen ragt Ramses III. (1187–1156 v. Chr.) als letzte Persönlichkeit dieser Epoche hervor. Seine große Leistung war die erfolgreiche Abwehr einer zweiten Angriffswelle von Seevölkern und Libyern, die Ägyptens Bestand bedrohten. Das bekannteste Bauwerk des Königs ist sein Totentempel in Medinet Habu, der mit seinem zinnenbekrönten Turm einer gewaltigen Festung gleicht. Seine Nachfolger hat-

ten mehr und mehr mit innenpolitischen Krisen zu kämpfen. Streiks und Unruhen, die Ausdruck der Versorgungsschwierigkeiten waren, gingen immer wieder von der Arbeitersiedlung von Deir el-Medineh aus. Viele der reizvollen kunsthandwerklichen Erzeugnisse verdanken wir gerade den Handwerkern von Deir el-Medineh. Sie waren nicht nur für die Ausarbeitung der Gräber im Tal der Könige verantwortlich, sondern wurden auch mit dem Bau zahlreicher privater Felsgräber beauftragt. Mit viel Liebe bauten sie sich ihre eigenen Gräber an den Felshängen, die das Dorf umschließen. Für die Anfertigung der Grabausstattung waren sie ebenso zuständig. Zeugen ihres künstlerischen Könnens sind darüber hinaus z. B. die Scherbenbilder – auf Kalksteinsplittern locker entworfene Zeichnungen und Skizzen.

Ein korruptes Beamtentum deckte die umfangreichen Plünderungen in der thebanischen Nekropole im späten Neuen Reich; zahlreiche Kunstwerke gingen damals verloren. Gegenüber dem Königtum gewannen nun die Hohenpriester des Amun immer mehr an Macht – der Hohepriester und General Herihor nahm sogar den Königstitel an. Mit Ramses XI. endete um 1070 v. Chr. die 20. Dynastie. AW

Literatur: Bierbrier, M., The Tomb-Builders of the Pharaohs, London 1982; Hodel-Hoenes, S., Leben und Tod im Alten Ägypten. Thebanische Privatgräber des Neuen Reiches, Darmstadt 1991; Hornung, E., Tal der Könige, Zürich/München 1982; Hornung, Echnaton; Kitchen, Pharaoh Triumphant; PKG, 44–62; Leclant, J., L'empire des conquérants, Le monde égyptien: Les Pharaons, vol. 2, Paris 1979; Reeves, N., The Complete Tutankhamun. The King, the Tomb, the Treasure, London 1990; Schlögl, Echnaton; Schlögl, Ramses II.

66
Relieffragment mit der Darstellung eines opfernden Königs

Privatsammlung, Schweiz

Sandstein, Spuren von Bemalung
H. 40,1 cm; B. 75,8 cm
Fragment eines Tempelreliefs, aus mehreren Einzelfragmenten zusammengefügt
Neues Reich, erste Hälfte der 18. Dynastie, um 1450 v. Chr. (Thutmosis III. ?)

Im Neuen Reich entwickelten die Könige eine enorme Bautätigkeit. Alte Tempelanlagen aus dem Mittleren Reich wurden ersetzt oder erweitert und eine Vielzahl neuer Tempelhäuser und Kapellen errichtet. Gerade in der 18. Dynastie entstanden viele Tempel, die noch nicht der ramessidischen Norm entsprachen, sondern eine eigenwillige Architektur aufwiesen. Höchst individuell waren auch der Reliefstil und die Bildprogramme dieser Zeit wie etwa die Darstellung der Puntexpedition der Königin Hatschepsut in ihrem Totentempel in Deir el-Bahari oder die Bilderzyklen des sog. botanischen Gartens Thutmosis' III. im Amuntempel in Karnak.
Das vorliegende erhabene Sandsteinrelief zeigt uns einen nach rechts gewandten König beim Weinopfer vor einer Gottheit. Vom König sind nur noch der Kopf, die Brustpartie und die beiden angewinkelten Arme mit den Weintöpfen erhalten, von der Gottheit gar nur noch das Herrschaftszepter Was am rechten Bildrand, das sie dem König entgegenstreckt (vgl. Abb.). Die Bemalung ist partiell noch gut erhalten, insbesondere die rote Körperfarbe des Königs. Der Herrscher trägt anstelle des Nemes-Kopftuchs die glatte Beutelhaube, einen Zeremonialbart sowie einen breiten Halskragen und Armbänder. Die feingliedrigen Hände mit den filigran wiedergegebenen Fingern halten zwei Töpfe mit Wein, der die Gottheit gnädig stimmen sollte. Ob der König stand oder – wie es beim Weinopfer oft der Fall ist – kniete, läßt sich heute nicht mehr sagen. Anstelle der üblichen Nu-Töpfe hält der König Nemset-Krüge (eigentlich Wassergefäße), die sich durch ihre längliche Form von den kugeligen Nu-Töpfen unterscheiden.
Die Herkunft des Reliefs ist unbekannt, doch weisen es stilistische Kriterien der ersten Hälfte der 18. Dynastie zu, etwa der Zeit von Hatschepsut und Thutmosis III. Das Gesicht weist die markante, fein gebogene Thutmosidennase auf. Die Augen und Brauen sind mit einem breiten Schminkstrich zur Schläfe hin verlängert. Möglicherweise dürfen wir in diesem Bildnis direkt Thutmosis III. erkennen, den ruhmvollsten König und Feldherrn des Alten Ägypten. AW

Publikation: unveröffentlicht.
Parallelen: Myśliwiec, Portrait Royal, pl. XXI, fig. 44. XXXIV, fig. 79; Ägyptens Aufstieg zur Weltmacht (Hildesheim 1987), 190, Nr. 106. Vgl. auch Naville, Deir el Bahari IV, pl. CV.
Literatur: Myśliwiec, Portrait Royal, 50–57. Zum Weinopfer: Poo, Wine, 43–69.

67
Statuengruppe eines sitzenden Ehepaars

Privatsammlung, Schweiz

Schwarzer Diorit
H. 30,2 cm. Basis: L. 19,2 cm; B. 15,1 cm; H. 5 cm
Intakt. Mehrere Risse im Stein (Brand?). Bestoßungen an den Kanten der Basis
Neues Reich, 1. Hälfte der 18. Dynastie (Thutmosis III./Hatschepsut), 1479–1426 v. Chr.
Vermutlich Theben-West / Assasif, Grab 729
Ehemals Sammlung E. Lucy Smith

Ein klassisches Werk aus der ersten Hälfte der 18. Dynastie stellt die vorliegende Statuengruppe eines sich umarmenden Ehepaars aus poliertem schwarzen Diorit dar. Eine gelblich-weiße Ader im Gestein verläuft auf Brusthöhe des Ehepaars, eine weitere in der rechten unteren Ecke. Typisch für das frühe Neue Reich sind die strenge Haltung der Figuren und die schlichten Gewänder, die die Körperformen betonen. Im Gegensatz dazu stehen die weichen Gesichtszüge und der freundliche Ausdruck, der durch ein intensives Lächeln hervorgehoben wird. Diese offenkundige Steifheit in der Skulptur wird in der Zeit Amenophis' III. gelockert und in der Amarnakunst Echnatons ganz aufgegeben.
Bei der vorliegenden Statuengruppe handelt es sich um ein richtiges Familienbild, da neben dem Ehepaar auch seine Kinder abgebildet sind – zwar nicht im Rundbild, aber doch immerhin in den Zwischenräumen in feinem Flachbild eingraviert. Neferchaut und seine Gemahlin Rennefer haben sich auf einer breiten Bank niedergelassen, deren kopfhohe Rückenlehne an den Ecken abgerundet ist. Etwas ungewöhnlich ist bei diesem Typus, daß der Mann links von der Frau sitzt, desgleichen, daß sich das Ehepaar gegenseitig umarmt, während sonst häufig nur die Gattin ihren Gemahl umfaßt. Die Gesichter beider Personen sind äußerst fein ausgearbeitet und ohne jegliche Zerstörung erhalten. Der Mann trägt eine Beutelperücke und einen langen Schurz, die Frau eine dreiteilige Perücke mit zwei breiten Haarsträhnen, die das Gesicht umrahmen, und ein knöchellanges, eng anliegendes Kleid. Auf dem unteren Teil der Gewänder sind Inschriften angebracht, die Namen und Titel der Dargestellten nennen. Auf der Sitzfläche zwischen den Eheleuten ist im Flachbild die Figur ihrer Tochter Ruju wiedergegeben, die vielleicht die ganze Statuengruppe stiftete. Sie führt sich, auf einem Stuhl sitzend, eine Lotusblüte an die Nase. Darunter ist in gleicher Weise eine männliche Figur dargestellt, wohl der Schwiegersohn ihrer Eltern und Gemahl der Ruju, Baki. Zu Füßen der Rennefer steht die Tochter Amenhotep, zu Füßen des Neferchaut der Sohn Amenemhet. Die Rückseite der Statuengruppe nennt nochmals ausführlich Namen und Titel des dargestellten Paares: Neferchaut war «Aufseher der gesamten Handwerkerschaft der Gottesgemahlin» und «Schreiber der Wahrheit», während Rennefer lediglich als «Herrin des Hauses» (d.h. seine Ehefrau) bezeichnet wird. Beigeschrieben ist der Vermerk «(...) und ihre Tochter, die ihren (der Mutter) Namen leben läßt».
Auf den Seitenflächen der Sitzbank verlaufen je drei Kolumnen, wobei sich die Inschrift je auf die darüber sitzende Person bezieht: «Ein Opfer, das der König gibt und Osiris, der Herrscher der Ewigkeit – möge er jede gute und reine Sache geben, alle Gaben, alle Früchte und alles, was hinausgeht auf den Opfertisch des guten Gottes, für den Ka der Herrin des Hauses, Rennefer» (rechts). «Ein Opfer, das der König gibt und Amun-Re – er gebe das, was herauskommt aus seinem Tempel als Tagesbedarf für alle seine Feste des Himmels, für den Ka des Aufsehers der ganzen Handwerkerschaft, Neferchaut» (links).
Das Grab des Neferchaut und seiner Familie lag im Assasif, der Ebene vor dem Terrassentempel der Königin Hatschepsut im Talkessel von Deir el-Bahari. Es handelt sich um ein einfaches, undekoriertes Schachtgrab, in dem alle genannten Personen bestattet waren. Die Särge und das weitere Grabinventar sind gut erhalten. Zu unserer Statuengruppe existiert im Metropolitan Museum of Art in New York eine recht genaue Parallele, die die Tochter Ruju mit ihrem Gemahl Baki zeigt. Statuengruppen dieser Art finden sich häufig in Gräbern, wurden aber auch in Tempel gestiftet, damit die Verstorbenen am täglichen Opferritual der Götter teilnehmen konnten. AW

Publikation: M. Cassirer, A Granite Group of the Eighteenth Dynasty, JEA 41, 1955, 72–74, pl. XIX.
Parallelen: B. M. Bryan, An Early Eighteenth Dynasty Group Statue from the Asasif in the Johns Hopkins University Archaeological Collection, BES 10, 1989/90, 25–38. Vgl. stilistisch: Gott, Mensch, Pharao, Nr. 119; ferner die Gruppe mit Amenemhet und Amenemope in: Ägyptens Aufstieg zur Weltmacht (Hildesheim 1987), 252, Nr. 180.
Literatur: Publikation des Grabes von C. Lilyquist in Vorbereitung. Zur Familie des Neferchaut vgl. W. C. Hayes, The Tomb of Nefer-Khewet and his Family, BMMA 1934–1935, 17–36; PM I,2[2], 621f., Grab 729.

68
Figur einer Beischläferin

Privatsammlung, Schweiz

Gebrannter Ton
H. 8,4 cm
Beine unterhalb der Kniepartie weggebrochen, Kopfscheibe im oberen Teil bestoßen
Neues Reich, 18. Dynastie, um 1539–1292 v. Chr.

Inhaltlich entspricht diese kleine, unbekleidete Frauenfigur der Beischläferin aus dem Mittleren Reich (vgl. Kat.-Nr. 57) und der Konkubine aus der 2. Zwischenzeit (vgl. Kat.-Nr. 58): sie beschwört die Fruchtbarkeit der Frau.
Die mittels einer Matrize hergestellte Figur gibt eine junge Frau wieder, die lediglich mit einem Hüftgürtel bekleidet ist. Die statische Haltung des feingliedrigen, nackten Körpers unterstreicht die besonnene, von Anmut und Liebreiz geprägte Ausstrahlung des Mädchens. Es hält seinen linken Arm angewinkelt über dem Bauch; die Hand ruht unter der rechten Brust. Der herabhängende rechte Arm liegt am Körper an. Eine schwere, dreiteilige Perücke umrahmt das Gesicht.
Der an seiner oberen Seite bestoßene scheibenförmige Kopfaufsatz weist vier Durchbohrungen auf, die zur Befestigung von – nun fehlenden – Haarsträhnen dienten. MPG

Publikation: unveröffentlicht.
Parallelen: Un regard partagé, 160, nr. 305; Berlin, Ägyptisches Museum, Inv.-Nr. 10251: identische Figur, vollständig erhalten, als Vorlage diente eine ähnliche Matrize (Fechheimer, Kleinplastik, Taf. 57).
Literatur: s. bei Kat.-Nr. 57; B. Bruyère, Rapport sur les fouilles de Deir el Médineh (1934–1935), troisième partie (FIFAO XVI), 1939, 109–150, bes.139, fig. 58.

69

Spiegel mit Griff in Gestalt eines nackten Mädchens

Privatsammlung Schindellegi

Kupferlegierung; Spuren von Vergoldung
H. 19,5 cm; Dm. 11,5 cm
Intakt
Neues Reich, 18. Dynastie, um 1539–1390 v. Chr.
Ehemals Sammlung Dr. R. Schmidt, Solothurn

Das Kunsthandwerk des Neuen Reiches brachte eine ganz besonders elegante Spiegelform hervor, indem der ursprünglich einfache Griff in Form eines Papyrusstengels (vgl. Kat.-Nr. 45) durch die Gestalt eines unbekleideten jungen Mädchens ersetzt wurde.
Bei unserem Beispiel dieses exquisiten Toilettenutensils steht das nackte Mädchen anmutig und mit geschlossenen Füßen auf einer kleinen, trapezförmigen Basis. Die langen Arme schmiegen sich an den feingliedrigen Körper. Das runde Gesicht wird von einer dreiteiligen Perücke umrahmt, von der je eine breite Haarsträhne bis zur Brust fällt. Am Hinterkopf sind die Haare zopfartig in drei übereinanderliegende Strähnen geteilt. Auf dem Haupt ruht eine stilisierte Papyrusdolde, die ihrerseits als Träger der abgeflachten ovalen Scheibe des Spiegels dient, an der sich partiell noch die ursprüngliche Vergoldung erhalten hat. Mit einem Steckzapfen ist sie in den Griff eingelassen und zusätzlich mit einem durch die Dolde geführten Stift befestigt.
Das Bestreben nach Jugendlichkeit und Unvergänglichkeit, wie es die Gestalt des Mädchens verkörpert, findet im rituellen Gebrauch des Spiegels seinen Ausdruck, der eng mit dem Kult der Hathor, Göttin der Liebe und der Schönheit, verbunden war. MPG

Publikation: 5000 Jahre (Zürich 1961), 85f., Nr. 314; Geschenk des Nils, Nr. 227.
Parallelen: Vandier d'Abbadie, Objets de toilette, 168, nr. 752; Hornemann, Statuary IV, 851: Chicago, Oriental Institute, Inv.-Nr. 11370; Ägyptens Aufstieg zur Weltmacht (Hildesheim 1987), 282, Nr. 226.
Literatur: s. Kat.-Nr. 45; Schönheit (München 1990), 120–121, Nr. 103.

70

Gruppe von drei Kosmetikgefäßen

Privatsammlung, Schweiz (A, C)
Privatsammlung, Schweiz (B)

A: Zweiteilige Kohl-Büchse mit Deckel und Schminkgriffel
Holz, Einlage aus Elfenbein
H. 6,5 cm
Intakt bis auf die partiell fehlenden Inkrustationen
Neues Reich, 18. Dynastie, um 1539–1292 v. Chr.

B: Kohl-Röhrchen
Fayence
H. 13 cm
Intakt, moderne Inschrift
Neues Reich, 18. Dynastie, um 1539–1292 v. Chr.

C: Klassisches Kohl-Gefäß
Fayence
H. 3,4 cm
Standfuß partiell bestoßen
Neues Reich, 18. Dynastie, um 1539–1292 v. Chr.

A: Wie die Kohl-Töpfe (vgl. Kat.-Nr. 49) dienten Röhrchen zur Aufnahme von Augenschminke. Vorläufer dieser Art von Behälter war der ausgehöhlte Stengel eines Schilfrohres. Dieses Vorbild wurde in wertvollen Materialien – Holz, Elfenbein oder Fayence – nachgeahmt. Die Bündelung von bis zu sieben eigenständigen Röhrchen zu einem Behälter ermöglichte die Aufbewahrung von farblich differenzierter Paste.
Der Deckel unserer zweiteiligen Büchse ist durch einen Holznagel mit den beiden halbrunden Röhrchen verzapft. Das eingesteckte Schminkstäbchen aus poliertem Hämatit, mit dem die Schminke aufgetragen wurde, fixiert zugleich den um den Holznagel drehbaren Deckel. Die Frontseiten sind kanneliert und waren ursprünglich eingelegt, wovon ein Elfenbeinplättchen noch erhalten ist.
B–C: Die Produktion von Fayencegefäßen ist bereits in der Frühzeit belegt, aber noch im Alten und Mittleren Reich von geringem Ausmaß. Ihre große Blüte erreichte sie im Neuen Reich. Das relativ einfach zu verarbeitende Material ermöglichte die Herstellung zierlicher Toilettengegenstände wie Parfümfläschchen und Schmink-

behälter. Die glänzende, kobaltblaue und zusätzlich mit schwarzer Bemalung verzierte Glasur verlieh den Gefäßen einen kostbaren Aspekt. Wie die steinernen Kosmetikgefäße, so lehnte sich auch die Fayenceproduktion an den charakteristischen Formenkanon an.

B: Dieser Kohl-Behälter in Gestalt eines einzelnen Röhrchens trägt an beiden Enden einen geometrischen Dekor, der in schwarzer Farbe aufgetragen ist.

C: Das besonders kleine Kohl-Gefäß ist von klassischer Formgebung, wie sie bereits seit dem Mittleren Reich bekannt war. MPG

Publikation: A) abgebildet in Dayagi-Mendels, Perfumes, 44. B–C) unveröffentlicht.

Parallelen: A) Hannover, Kestner-Museum, Ägyptische Abteilung, Begleitblätter «Feste, tägliches Leben und die private Welt der Ägypter», 25, Nr. 147–149; Anch – Blumen für das Leben, 215, Nr. 143; Vandier d'Abbadie, Objets de toilette, 63–69, nr. 199.

Literatur: A) Aston, Stone Vessels, 149, no. 168; Bénédite, Objets de toilette, pl. XVI. XVIII; Guidotti, Vasi, 252–254, n. 416–421; Lilyquist, Stone Vessels, fig. 136; Schönheit (München 1990), 158f., Nr. 160–163. B–C) Aston, Vessels, 148, no. 164; Guidotti, Vasi, 263, n. 435; Vandier d'Abbadie, Objets de toilette, 61–62, nr. 191. 193.

71 A

71

Perücken- und Ohrringe

Privatsammlung, Schweiz (A)
Privatsammlung, Schweiz (B)

A: Drei Paar gerippte Ohrringe
Goldblech
Dm. 2,1 cm, 2,3 cm, 2,4 cm
Neues Reich, 18. Dynastie, um 1539–1292 v. Chr.

B: Ohr- oder Perückenringe
ein Ring aus Goldblech glatt; ein Ring aus Goldblech, mit zentralem Zierdraht; sechs Ringe aus Rotem Jaspis; drei Ringe aus Karneol
Dm. 2,3 cm, B. 1,5 cm; Dm. 2,2 cm, B. 0,9 cm;
Dm. 1,3 cm–2,5 cm; Dm. 0,9 cm–1,2 cm
Neues Reich, 18.–19. Dynastie, um 1539–1190 v. Chr.

A: Die Mode, sich die Ohrläppchen zu durchbohren und die Ohren mit Anhängern aus verschiedensten Materialien zu schmücken, erfreute sich im Neuen Reich zunehmender Beliebtheit. Nicht nur Frauen, sondern auch Männer verschönerten sich auf diese Weise. Ohrringe waren Teil des vom König an verdiente Beamte vergebenen «Ehrengoldes» und somit für den Träger ein Mittel zum Ausdruck seines gehobenen sozialen Rangs.
Unsere drei Paare gehören zum Typus der gerippten

71 B

Ohrringe, die aus vier Goldröhrchen von dreieckigem Querschnitt zusammengelötet sind. Die beiden zentralen Röhrchen, die etwas länger ausgeführt sind, wurden durch das – recht große – Loch des Ohrläppchens geschoben. Dieses Ohrgehänge von schlichter Eleganz ist seit der ausgehenden 17. Dynastie zu belegen und wurde in der 18. Dynastie, vor allem unter den Thutmosiden, besonders gerne getragen.
B: Die kreisrunden, schlauchförmigen Ringe aus edlen Materialien wie Rotem Jaspis, Karneol oder Goldblech sind unterschiedlich breit durchbrochen. Da diese spezifische Form sowohl für Ohr- als auch für Perückenringe belegt ist, entscheidet wohl die Breite der Durchbrechung, ob es sich nun um Ohr- oder Haarschmuck handelt. Da Exemplare mit sehr schmalem Spalt kaum über die – dickeren – Ohrläppchen gezogen werden konnten, sind sie als Perückenringe zu identifizieren, die in die einzelnen Haarsträhnen eingeflochten wurden. MPG

Publikation: A) Katalog Nefer, Zürich 1992, no. 49. B) unveröffentlicht.
Parallelen: A) Ägyptens Aufstieg zur Weltmacht (Hildesheim 1987), 210, Nr. 132–133; Excavations at Saqqara I, 64, pl. 41,S83:129; Fay, Goldschmuck, 28–29; Ägyptisches Museum Berlin (1967), 62, Nr. 679; Pelizaeus-Museum Hildesheim (1993), 56, Abb. 47. B) Ägyptisches Museum Berlin (1967), 62, Nr. 681 (kreisrund, glatt, aus Goldblech); Ägyptens Aufstieg zur Weltmacht (Hildesheim 1987), 228–229, Nr. 158 (kreisrund aus Goldblech mit zentralem Zierdraht). Nr. 159 (kreisrund aus Rotem Jaspis).
Literatur: E. Feucht, LÄ IV, 566–567, s. v. Ohrring; Kayser, Kunsthandwerk, 213–218, bes. 214, Abb. 192; Schönheit (München 1990), 110–111, Nr. 84; Entdeckungen (München 1985), Nr. 80.

72
Schälchen aus blauer Fayence

Privatsammlung

Blau glasierte Fayence
Dm. 11,9 cm; H. 3,6 cm
Intakt. Fayence z. T. gebräunt
Neues Reich, 18. Dynastie, um 1539–1390 v. Chr.
Achmim, gekauft am 26. Nov. 1891
Ehemals Sammlung W. M. F. Petrie (London)

Die Blütezeit der Fayencetöpferei liegt im Neuen Reich. Damals entstand eine Vielzahl ganz verschiedener Gefäße aus diesem künstlichen Material, einem Gemisch aus Quarzsand und Töpferton. Dazu zählen Salbtöpfchen und Kohl-Röhrchen (vgl. Kat.-Nr. 70 B–C), große Kelche und halbkugelige Schalen. Solche Trinkschalen aus leuchtend blauer Fayence mit manganfarbener Zeichnung im Spiegel nennt man in der Ägyptologie «Nun-Schalen», weil die grünblaue Farbe der Fayence an den Urozean Nun erinnern soll, aus dem alles Leben hervorkommt. Dekoriert sind diese Schalen mit einem ganz bestimmten Kreis von Motiven, die wir z.T. auch auf den Fayence-Nilpferden des Mittleren Reiches angetroffen haben (Kat.-Nr. 55–56).
Zu den beliebtesten Dekorationsmotiven der Innenfläche solcher Schälchen zählen der Nilbarsch *(Tilapia nilotica)*, der in unserem Beispiel mit großem Bauch und langer Rückenflosse herrlich gezeichnet ist. Die Schuppen sind durch dunkle Farbkleckse angegeben. Bemerkenswert ist, daß bei unserer Tilapia zwei Lotusknospen aus dem geöffneten Maul wachsen, wie es oft auf den zeitgenössischen Siegelamuletten zu sehen ist. Diese Darstellungsweise weist auf die belebende Funktion des Tieres hin, denn die Tilapia gehört zur Gattung der Maulbrütler, die ihren Laich im Maul ausbrüten und die – als wären sie von selbst entstanden – die Jungen eines Tages ausspeien. Dieses Verhalten brachte dem Nilbarsch eine wiederbelebende Symbolik ein. Auf diese Bedeutung weist ebenso die Lotusblüte mit den flankierenden Knospen am Bauch des Tieres.
Bei anderen Schalen begegnen neben Nilbarsch und Lotus auch Papyrus, Vögel, das Wild der Wüste sowie die Symbole der Liebes- und Regenerationsgöttin Hathor. Nur selten werden Menschen, in der Regel junge Mädchen, abgebildet. Die Außenseite der Schale ist wie bei unserem Beispiel öfters mit dem Kelch einer geöffneten Lotusblüte dekoriert, so daß das ganze Gefäß zu einem Blütenkelch wird, aus dem die «Welt des Seins» erblüht, die sich der Ägypter für das Jenseits erhoffte und sich mit dem Gefäßinhalt, dem Wasser, einverleiben konnte. Gefunden wurden solche Schalen in Heiligtümern der Göttin Hathor und in Privatgräbern der 18. Dynastie. AW

Publikation: unveröffentlicht.
Parallelen: Loat, Gurob, pl. IV,072; Senso dell'arte (Bologna 1990), n. 57; Anch – Blumen für das Leben, 174–177, Nr. 97.
Literatur: zur Gefäßgattung s. Kayser, Kunsthandwerk, 127–130; Strauss, Nunschale. Zur Bedeutung vgl. Skarabäen Basel, 110f.

73
Gruppe von Salb- und Ölgefäßen

Privatsammlung Kilchberg (A)
Privatsammlung Schindellegi (B)
Privatsammlung Elsa und Dr. Pierre Henri Bloch-Diener, Bern (C)

A: Becher
Kalzit-Alabaster
H. 10,2 cm
Intakt
Neues Reich, 18. Dynastie, um 1539–1292 v. Chr.

B: Henkelvase
Kalzit-Alabaster
H. 22,5 cm
Bruch am oberen Teil des Halses. Henkel aus mehreren Fragmenten zusammengefügt; Lippe leicht bestoßen
Neues Reich, 18. Dynastie, um 1539–1292 v. Chr.
Ehemals Sammlung Dr. R. Schmidt, Solothurn

C: Henkelkrug
Kalzit-Alabaster
H. 29,2 cm
Antike Reparaturstelle am Hals, Haarrisse am Vasenkörper und Henkel
Neues Reich, 18. Dynastie, um 1539–1292 v. Chr.
Ehemals Sammlung Hon. Hoffman Philip. Später im Besitz von E. Brummer

A: Das elegante Gefäß aus transparent schimmerndem Kalzit-Alabaster ist formal dreiteilig aufgebaut: der kelchartige Hals mit ausladender Lippe setzt sich harmonisch vom kugeligen Vasenkörper ab. Dieser ruht auf einem eingezogenen Schaft, der sich zum Fuß mit runder Standfläche hin konisch erweitert. Im Innern sind Bohrspuren und der Bohransatz zu erkennen.
B: Der birnenförmige Körper der Henkelvase mündet in einen langen, röhrenförmigen Hals mit kantig abgesetzter Lippe. Ein feiner Bandhenkel verbindet rein formal die beiden Teile. Der runde Gefäßboden ist gesondert gearbeitet und angekittet. Die geringe Aushöhlung des Innern – lediglich die Halspartie ist ausgebohrt – weist darauf hin, daß es sich um ein Scheingefäß handelt, das keine funktionelle Aufgabe wahrnahm, sondern als Grabbeigabe diente. Darauf weisen auch der fragile Henkel und der konkave Gefäßboden, der keinen sicheren Stand erlaubte und durch seine sekundäre Ankittung nicht belastbar war.
C: Der Henkelkrug greift formal – wenn auch stilistisch weiterentwickelt – auf die Krugform der Frühzeit zurück (vgl. Kat.-Nr. 25 A). Eine Kontinuität findet sich auch im Bereich der Gefäßverzierung: Das erhabene Schnurornament, das auf der Höhe des Henkelabschlusses um den Hals des Weinkruges läuft, erinnert an den Dekor der zylindrischen Gefäße des Alten Reiches (vgl. Kat.-Nr. 26 B–C).
Diese Gefäßgruppe aus Kalzit-Alabaster bildet ein anschauliches Zeugnis für die verfeinerte Kultur des Hoflebens der späten 18. Dynastie und ihren von Luxus geprägten Lebensstil. MPG

Publikation: A) Günther – Wellauer, Steingefäße, 48–49, Nr. 107, Taf.13. 37. B) Geschenk des Nils, 51, Nr. 157; Günther – Wellauer, Steingefäße, 72, Nr. 173, Taf. 22. 45; Sotheby's Catalogue of Egyptian Antiquities Formed from the Late Rev. W. Frankland Hood, Nov. 1924, pl. III,46. C) Abgebildet in: Catalogue Galerie Koller/Spink & Son, The Ernest Brummer Collection, Oct. 1979, 37, no. 510.
Parallelen: B) Hayes, Scepter II, 207, fig. 122. C) Winlock, Princesses, pl. XXXVII.
Literatur: A) Aston, Stone Vessels, 151, no. 173; Guidotti, Vasi, 165, n. 215. B) el-Khouli, Tutankhamun, pl. 20–24; Guidotti, Vasi, 168, n. 223. C) Aston, Stone Vessels, 151, no. 174; Guidotti, Vasi, 166, n. 218.

74

Töpfchen in Form eines Bienenstockes

Privatsammlung, Schweiz

Kalzit-Alabaster
H. 5,5 cm
Intakt
Vermutlich späte 2. Zwischenzeit bis 3. Zwischenzeit, ca.1550–1000 v. Chr.

Dieses außergewöhnliche, in seiner Art einzigartige Objekt aus Kalzit-Alabaster imitiert einen Bienenstock. Da sich die Zweckbestimmung ägyptischer Gefäße oft bereits aufgrund der gewählten Form vermuten läßt, liegt es nahe, hierin einen Honigbehälter zu sehen. Der abnehmbare obere Teil diente als Deckel, die seitliche Öffnung, die das Eingangsloch zum Stock für die Bienen nachahmt, als Ausguß, dessen originaler Verschluß nun fehlt.
Die Bienenzucht stellte im Alten Reich ein Vorrecht des königlichen Hofes dar. Seit dem Mittleren Reich kam auch die Allgemeinheit vermehrt in den Genuß der quantitativ bescheidenen Honigproduktion, wenn sie auch in erster Linie für die Götter und den König bestimmt blieb. Die Gewinnung des Honigs konzentrierte sich hauptsächlich auf das Delta; wurde er importiert, dann meist aus Palästina und Syrien. Für die Verwaltung des begehrten Honigs war das Schatzhaus am Palast oder am Tempel verantwortlich, dem auch die Imker unterstanden. In speziellen Amphoren wurde er diesen amtlichen Stellen abgeliefert und dort in genormte Gefäße umgefüllt.
Honig war nicht ausschließlich ein Nahrungs-, sondern auch ein Heilmittel. Er begegnet auch in Opferlisten und fand für kultische Zwecke Verwendung. In diesen Kontext dürfte unser Gefäß in Gestalt eines Bienenstockes gehören – es stellt wohl eine Opfergabe dar. Ein anderes Produkt der Bienenzucht, das Bienenwachs, wurde im medizinischen Bereich und bei der Herstellung von Kosmetika verwendet.
Gemäß den Angaben des Sammlers wurde dieser rei-

zende Behälter zusammen mit einer Gruppe von «Alabastron»-Gefäßen gefunden[1]. Diese Gefäßform ist nach B.G. Aston[2] erst seit der 3. Zwischenzeit belegt. Das in Dra Abu el-Naga (Theben-West) gefundene vollständig erhaltene Ensemble des Toilettenkastens der Königin Mentuhotep[3] aus der 17. Dynastie mit sechs Steingefäßen (zwei Salbgefäße aus Kalzit und Serpentinit sowie vier «Alabastra» aus Kalzit) deutet darauf hin, daß das beutelartige «Alabastron» mit undurchbohrten Zierösen bereits früher in Gebrauch war[4]. Zur erwähnten Gruppe gehört weiter eine sogenannte «Pilgerflasche», die nach Aston seit der frühen 18. Dynastie belegt ist[5]. Aufgrund der vorliegenden Informationen ist eine genauere Datierung unseres Behälters in Gestalt eines Bienenstockes nicht möglich, doch sollte der Zeitraum von der späten 2. Zwischenzeit bis zur 3. Zwischenzeit berücksichtigt werden. MPG

[1] Nefer 8, 1990, Nr. 34
[2] Aston, Stone Vessels, 162, no. 217. 218
[3] Schönheit (München 1990), 78, Nr. 31–33
[4] Zur Datierung dieses Gefäßtyps: Lilyquist, Stone Vessels, 59–62, fig. 147
[5] Aston, Stone Vessels, 157, no. 194

Publikation: abgebildet in Nefer 8, 1990, Nr. 34.
Parallelen: möglicherweise Ägyptische Sammlung (Köln 1987), 29, Nr. 50 (da der obere Teil des kleinen Objekts aus Kalzit-Alabaster fehlt, wird es – wohl irrtümlich – als Gefäß in Schildkrötenform bezeichnet. Die Wahl des Materials, besonders die Formgebung, die seitliche Ausgußtülle und die vertieften Rillen entsprechen unserem Gefäß, das sich klar als Bienenstock identifizieren läßt); E. Neufeld, Apiculture in Ancient Palestine (Early and Middle Iron Age) within the Framework of the Ancient Near East, UF 10, 1978, 219–247, fig. 12: ähnlich unserem Gefäß, jedoch aus gebranntem Ton und mit langer Ausgußtülle, gefunden in Tell el-Nasbeh (Palästina).
Literatur: Helck, Materialien IV, 703–708; ders., LÄ III, 151, s. v. Imker; G. Kuény, Scènes apicoles dans l'Ancienne Egypte, JNES 9, 1950, 84–93, besonders 92 note 20; J. Leclant, LÄ I, 786–789, s.v. Biene; Schönheit (München 1990), 48–56, bes. 50; B. H. Stricker, Süß ist die Wahrheit, MDAIK 37, 1981, 465–467.

75
Bronzestatuette Amenophis' III.

Fondation Jacques-Edouard Berger, Lausanne

Kupferlegierung
H. 6 cm
Oberfläche stark korrodiert
Neues Reich, 18. Dynastie, Regierung Amenophis' III., um 1390–1353 v. Chr.

Mit Amenophis III. erreicht die 18. Dynastie ihren Höhepunkt, was besonders deutlich im Bereich der Kunst spürbar wird. Obwohl man von Amenophis III. mit Recht behaupten kann, er sei der erste Ramesside, weil er bereits eine ungeheure Zahl an gewaltigen Bauten und Kolossalstatuen errichten ließ, existieren von ihm

auch viele kleinformatige Statuetten aus ganz verschiedenen Materialien. Sie zeigen ihn allein oder zusammen mit der «großen Königsgemahlin» Teje. Qualitativ sind diese Statuetten durchaus mit den kolossalen Bildnissen des Königs zu vergleichen, die sich stilistisch grundlegend von denen seiner Vorgänger unterscheiden. Selbst unsere kleine, stark korrodierte Bronze läßt bei genauerer Betrachtung die typischen Züge des Königs erkennen.

Der König ist wie der Gott Osiris mumienförmig dargestellt. Der Thron, auf dem er saß, fehlt. Seine Arme zeichnen sich unter dem engen Gewand ab, während die Hände, die die Herrschaftsinsignien Krummstab und Flagellum halten, hervorschauen. Auf dem Haupt trägt der König die Blaue Krone mit einer mehrfach geringelten Uräusschlange an ihrer Vorderseite. Die Gesichtszüge sind typisch für den meist jugendlich dargestellten König: Sein Antlitz hat eine breit-schildförmige Kontur. Die Augen sind mandelförmig, wobei die Lidspalte leicht schräg steht. Der obere Lidrand steigt vom inneren Augenwinkel an in steilem Schwung auf, um nach etwa zwei Drittel der Strecke in flachem Bogen bis zum äußeren Winkel auszulaufen. Auch die Stupsnase des Königs sowie der volle, sinnliche Mund, der zu einem Lächeln neigt, sind zu erkennen.

Zum einen handelt es sich bei diesen kleinformatigen Werken sicherlich um Geschenke an hohe Beamte während des königlichen Erneuerungsfests (Sed-Fest), das den König und auch seine Bilder mit neuer Kraft und Vitalität versah. Andere Statuetten, die erst nach dem Tode des Königs angefertigt und in Hausaltären (z. B. in Amarna) aufgestellt wurden, zeugen von dem Ahnenkult dieser Zeit. AW

Publikation: abgebildet in Un regard partagé, 164, nr. 323.
Parallelen: zu den kleinformatigen Bildnissen s. Egypt's Dazzling Sun, 193–214; Egyptian Art (Cambridge 1995), 54f., no. 23.
Literatur: vgl. allgemein Müller, Amenophis III., I-36–45; zur Tracht: Hornung – Staehelin, Sedfest, 73–79.

76
Prinzessin Isis (mit ihrem Vater Amenophis III.)

Privatsammlung, Schweiz

Serpentinit
H. 48,5 cm
Fragmentarisch. Figur Amenophis' III. fehlt, nur rechter Fuß erhalten. Von der Prinzessin fehlen der Kopf, die Unterarme und der Vorderteil des linken Fußes
Neues Reich, 18. Dynastie, Regierung Amenophis' III., um 1390–1353 v. Chr.
Ehemals Sammlung André Bircher, Sammler-Händler, Kairo (vor 1914); Sammlung J. J. Walen (in der Familie bis 1986)

Trotz des fragmentarischen Erhaltungszustandes dieser königlichen Statuengruppe aus schwarzgrünlichem Serpentinit, die ursprünglich Amenophis III. zusammen mit seiner Tochter Isis zeigte, ist die hohe Qualität und die subtile Modellierung des noch erhaltenen Frauenkörpers deutlich zu erkennen. Glatt poliert strahlt uns der zarte, feingliedrige und wohlproportionierte Körper entgegen. Das linke Bein hat die Prinzessin vorgestellt. Der rechte Arm hängt herab, während sie mit ihrer Linken ihren Vater und wohl auch Gemahl umarmt. Brüste, Bauch, Hüfte und Scham scheinen durch das dünne Gewand hindurch. Auch die üppige Tracht mit der zierlichen Löckchenfrisur, dem breiten Schmuckkragen und dem körperbetonten Gewand sind wunderbar ausgearbeitet und typisch für das hochgezüchtete Schönheitsideal in der Zeit von Amenophis III. Hier lohnt ein genauerer Blick. Bei der Löckchenperücke handelt es sich um einen Zopf, der nur einseitig getragen wird und auf die rechte Schulter hinabfällt. Der Halskragen besteht aus fünf Reihen mit aneinandergefügten Nefer-Hieroglyphen, dem Zeichen für Glück und Wohlergehen (vgl. Kat.-Nr. 104 D). Im Nacken der Prinzessin hängt ein Gegengewicht, das den Halskragen hält. Ihr knöchellanges Gewand mit senkrecht herabhängendem Fransensaum wird von einem plissierten Schal, der sich nur auf der linken Körperseite entfaltet, zusammengehalten. Geknotet ist er unter der rechten Brust, über der noch ein Stückchen Saum sichtbar ist.

Der erhaltene Inschriftteil auf der Rückenplatte lautet: «Horus, der starke Stier, der im Sedfest erscheint, der König beider Ägypten, Nebmaatre; die Tochter des Königs, Isis (...) Sohn des Re, Amenophis, die königliche Gemahlin Isis, sie möge dauern.» Ob zur Linken des Königs noch eine weitere Figur, vielleicht die Königin Teje stand, läßt sich nicht mehr feststellen.

Neben Isis hatte Amenophis III. noch drei weitere Töchter und einen Sohn, der später als Echnaton in die Annalen der Geschichte einging. Außer Isis machte er auch seine Tochter Satamun zur königlichen Gemahlin, vielleicht mit Blick auf die nichtkönigliche Herkunft seiner Hauptgemahlin Teje. Während seiner 38 Regierungsjahre feierte er drei Erneuerungsfeste. Es scheint plausibel, daß die vorliegende Statuengruppe anläßlich eines dieser Feste angefertigt wurde und zur Erneuerung seiner physischen Kräfte diente. Auch die grünschwarze Farbe des Serpentinit weist möglicherweise auf die regenerierende Wirkung der Statuengruppe hin.
AW

Publikation: der Text ist in Zusammenarbeit mit George Ortiz entstanden. George Ortiz, The George Ortiz Collection – Antiquities from Ur to Byzantinum, no. 39; George Ortiz, In Pursuit of the Absolute – Art of the Ancient World – The George Ortiz Collection, no. 39; George Ortiz, Faszination der Antike, Nr. 39; B. van de Walle, La princesse Isis, fille et épouse d'Amenophis III, CdE 43, 1968, 36–54; Antiquités Classiques, Hôtel-Drouot, Paris 1986, 11 avril, lot 135; C. Vandersleyen, The Sculpture in the Round of Amenhotep III: Types and Purposes, in: The Art of Amenhotep III: Art Historical Analysis, Cleveland 1990, 1–8; Tentoonstelling van Antieke voorwerpen uit Egypte en Voor-Azië, 47f., Nr. 275 mit Abb. 9; Egypt's Dazzling Sun, 206–208, no. 24.
Literatur: zu Amenophis III. s. Schneider, Pharaonen, 61–66.

77

Löwenkopf der Göttin Sachmet

Privatsammlung Herbert A. Cahn, Basel

Granodiorit
H. 21 cm; B. 20 cm
Gesicht vollständig erhalten. Spuren roter Farbe im linken Auge
Neues Reich, 18. Dynastie, Regierung Amenophis' III., um 1390–1353 v. Chr.
Ehemals Sammlung Kurt Lange

Wer vermutet beim Anblick dieses erhabenen Raubtierkopfes, daß es sich um das Antlitz der blutrünstigen, krankheitsbringenden Löwengöttin Sachmet, «der Mächtigen», handelt? Sachmet gehörte zu den bedeutendsten ägyptischen Gottheiten und ging mit verschiedenen anderen Göttinnen eine Verbindung ein. Ihre ursprüngliche Heimat war Memphis, wo sie als Gemahlin des Ptah und Mutter des Nefertem verehrt wurde. Aus der Zeit Amenophis' III. sind mehrere hundert kolossale Sachmetstatuen aus Granodiorit oder Granit bekannt, die die Göttin thronend oder stehend mit

Sonnenscheibe auf dem Haupt und Lebenszeichen, z. T. auch mit Papyrusdolde in der Hand wiedergeben. Unterschiede in der Größe, im Material, in der Tracht und den Attributen lassen auf verschiedene Werkstätten schließen, in denen die Statuen nach unterschiedlichen Vorbildern hergestellt wurden. Viele dieser Statuen sind heute über Museen in der ganzen Welt verstreut, während Fragmente – hauptsächlich Köpfe – eher in Privatsammlungen aufbewahrt werden.

Aus stilistischen Gründen kann der vorliegende Kopf zweifellos einer solchen Sachmetstatue zugeordnet werden. Erhalten ist von der ursprünglich beinahe zwei Meter hohen Skulptur nur die Gesichtspartie. Auf der linken Seite ist noch der Ansatz der zotteligen Löwenmähne zu erkennen, die in ornamentaler Weise das Gesicht der Göttin umrahmte. Über der Löwenmähne trug sie nach Ausweis der Parallelen eine Strähnenperücke. Äußerst fein sind die Details des Gesichts modelliert. Die Augen sind von reliefierten Lidern umgeben. Spuren roter Farbe im linken Auge deuten darauf hin, daß ursprünglich die ganze Statue bemalt war. Die Wangenpartie ist relativ schlank, die Nase am rechten Flügel etwas bestoßen. Ornamental sind die Schnauzhaare in Form regelmäßiger Rillen eingraviert.

Rund 500 thronende Sachmetstatuen sind bis heute aus der Regierungszeit Amenophis' III. bekannt. Gefunden wurden sie zum größten Teil im Tempelbezirk der Mut in Karnak, wo sich noch heute zahlreiche Exemplare befinden, doch scheint eine direkte Verbindung der Sachmet zur Mut nicht vorzuliegen. Wo die Statuen ursprünglich aufgestellt waren, läßt sich nicht mehr mit Sicherheit sagen. Vielleicht befand sich eine Serie im Tempel der Mut von Karnak, die andere im Totentempel Amenophis' III. in Theben-West, in dem Statuenfragmente zutage kamen. Nachdem nur wenige Jahrzehnte nach dem Tod des Königs sein Totentempel wohl durch ein Erdbeben arg beschädigt wurde, brachte man diese Sachmetstatuen in andere Tempel. Bei dieser Umverteilung wurden sie z.T. von nachfolgenden Königen usurpiert und weiter von Alexandria bis Assuan verschleppt. Anhand von ptolemäischen Tempelfriesen konnte für die große Zahl der Sachmetstatuen eine überzeugende Deutung geliefert werden: Es handelte sich vermutlich ursprünglich um insgesamt 730 (2x365) Sitzstatuen bzw. Standbilder der Göttin, die jeweils einem Tag bzw. einer Nacht des Jahres zugewiesen waren. So konnte die Göttin Tag für Tag im Kult besänftigt und zugleich Schutz und Heilung von ihr erbeten werden. Aus historischen Quellen ist bekannt, daß der König in seinen späteren Regierungsjahren krank war. Zu seiner Heilung ließ er sich sogar von König Tuschratta von Mitanni das Bildnis der Ischtar von Ninive schicken. Es ist zu vermuten, daß sich der König auch von den Sachmetstatuen Schutz und Heilung erhoffte. AW

Publikation: Ägyptische Kunst, Münzen und Medaillen AG, Auktion 49, Basel 1974, 27. Juni, 19, Taf. 7, Nr. 30 (mit weiterer Literatur).

Parallelen: Vandier, Manuel III, 383f., pl. CXXII,5–6; Geschenk des Nils, Nr. 181a.b; Jaroš-Deckert, Statuen, CAA Wien 1, 139–147; Egypt's Dazzling Sun, 225f., no. 34; Gott, Mensch, Pharao, 264f., Nr. 95–96. Zur Herkunft s. PM II[2], 262–268 (inkl. Museumsliste); Totentempel Amenophis' III., 90–99. 121f.

Literatur: zur Bedeutung s. Urk. IV, 1763–1767, mit Übersetzung; Hoenes, Sachmet, 35ff. 70–76. 83ff. 124–126; Germond, Sekhmet, 357–359; J. Yoyotte, Une monumentale litanie de granit. Les Sekhmet d'Aménophis III et la conjuration permanente de la Déesse dangereuse, BSFE 87–88, 1980, 46–75. Zu Amenophis III. s. Schneider, Pharaonen, 61–66.

78
Nilgott

Privatsammlung, Schweiz

Kupferlegierung, Hohlguß. Arme separat angesetzt
H. 14,1 cm. Zapfen am rechten Fuß: H. 1,3 cm
Kopf, Basis und Opferplatte fehlen. Körper weitgehend intakt, mehrere Risse in der Oberfläche: Rechtes Bein auf Kniehöhe angebrochen, Riß im linken Oberschenkel auf der Rückseite
Neues Reich, 18. Dynastie, Zeit Amenophis' III., um 1390–1353 v. Chr.

Es ist erstaunlich, daß das ägyptische Pantheon keinen «Großen» Nilgott besaß, obwohl der Nil die Lebensader des Landes bildete und immer noch bildet. Die fruchtbaren Kräfte des Stromes, insbesondere der alljährlich stattfindenden Nilüberschwemmung, wurden in personifizierter Form unter dem Namen Hapi göttlich verehrt, den wir gewöhnlich als Nilgott bezeichnen. Tref-

fender ist die im Englischen gebräuchliche Bezeichnung «fecundity figure», die aber im deutschen Sprachgebrauch keine Entsprechung besitzt. Hapi ist eigentlich kein eigenständiger Gott, sondern erscheint meistens in einem ganzen Kollegium von Hapi-Gestalten, die die Fruchtbarkeit des Nils verkörpern.

Dargestellt wird Hapi fettleibig – mit herabhängender Brust und Fettwülsten darunter sowie aufgeblähtem Bauch, der sich über den Gurt wölbt. Diese Elemente wurden früher als weibliche Züge gedeutet und als Hinweis auf die Zweigeschlechtlichkeit des Gottes gewertet, doch handelt es sich dabei um die typisch ägyptische Wiedergabe von Fettleibigkeit. Hapi besitzt einen gebogenen Götterbart und trägt normalerweise eine dreiteilige Perücke mit einer Papyrusstaude als Krone. Als Bringer der Fruchtbarkeit hält er eine Opfertafel vor sich, die mit Pflanzen und Wassergefäßen beladen ist. Ebenso werden auch die Gaugottheiten dargestellt, die die Erträge des Landes herbeischaffen (vgl. Abb.).

Unsere Statuette eines Nilgottes aus einer Kupferlegierung ist eine der wenigen bekannten rundplastischen Darstellungen des Hapi. Sie wurde im Hohlgußverfahren hergestellt und ist an einigen Stellen erheblich beschädigt. So fehlen der Kopf, dessen Stil uns Auskunft über die Datierung der Figur geben könnte, die Basis, die aus Holz oder Bronze bestanden haben dürfte, und die Opferplatte mit den Gaben, die der Gott vor sich trug. Sichtbar sind nur noch die beiden Löcher in seinen Händen, die zur Verankerung der Platte dienten. Die Hände sind jetzt nach hinten gebogen und nicht mehr in der ursprünglichen Position. Die Arme der Statue wurden separat gegossen und später angesetzt.

Der Körper der Figur wirkt ausgesprochen grazil; auch die Hände sind feingliedrig ausgeführt. Die Beine sind lang und wirken etwas steif. Der Körper ist vom Gewicht der Opferplatte leicht nach vorne gebeugt. Diese Körperhaltung, die man auch bei Wiedergaben im Flachbild wiederfindet, ist typisch für Nilgötter. Bekleidet ist der Nilgott mit einem Schurz, der die Scham und Oberschenkel mit drei Stoffstreifen bedeckt. Der Oberkörper und die Beine sind nackt. Deutlich ist die Fettleibigkeit des Hapi mit den hängenden Brüsten und den drei Fettwülsten darunter hervorgehoben. Darüber, wie der Kopf des Hapi aussah, läßt sich nur spekulieren. Die eigenartige quadratische Aussparung im Nacken könnte darauf hinweisen, daß der Gott eine einteilige Strähnenperücke trug (vgl. Abb.).

Eine zeitliche Einordnung der Figur ist schwierig. Eine Datierung in die Amarnazeit, die schon vorgeschlagen wurde, ist unwahrscheinlich. Von Echnaton sind zwar mehrere Statuetten bekannt, die ihn in ähnlicher Weise – wie ein Nilgott stehend und mit einer Opfertafel in den ausgestreckten Händen – zeigen, doch stellen die Statuen den König einfach opfernd vor Aton dar. Auch der androgyn wirkende, von weichen weiblichen Rundungen geprägte Körper Echnatons hat die Forscher zu einer Deutung Echnatons als Nilgott verleitet. Gelegentlich werden Könige als Hapi bezeichnet, oder es verbindet sie der Darstellungstyp der Fischopferer mit den Nilgöttern, doch ist in diesen Stauen ein Aspekt des Königs

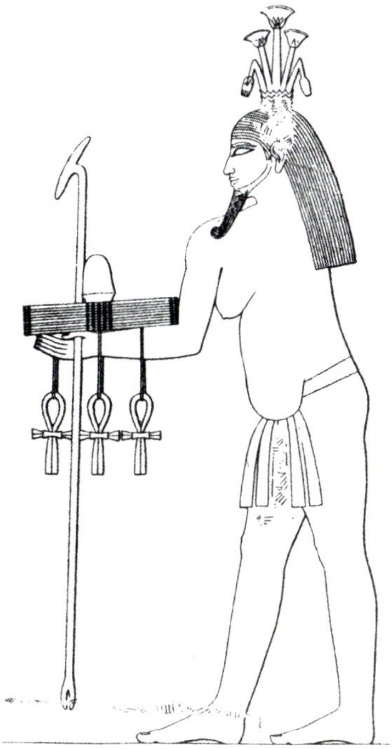

verselbständigt, der ihn als «Garant des leiblichen Wohlergehens» auszeichnet. Am ehesten scheint die Kupferstatuette des Hapi in die Zeit Amenophis' III. zu datieren, doch kann diese Zuweisung nicht mehr als eine Hypothese sein. AW

Publikation: G. Scott, The Egyptian Royal Image in the New Kingdom, San Antonio 1995, no. 13.
Parallelen: vgl. z. B. Roeder, Bronzewerke, Taf. 5,k und l; Anch – Blumen für das Leben, 140f., Nr. 65f.; Egypt's Dazzling Sun, 118–120, no. 4.
Literatur: Baines, Fecundity Figures, 85ff. 118; Ferner Ch. Desroches Noblecourt, La statue colossale fragmentaire d'Aménophis IV, MonPiot 59, 1974, 1–44.

79

Der Diener Ptahanch mit Opferbecken

Privatsammlung, Schweiz

Gabbro
24 cm x 19 cm x 33,5 cm
Intakt bis auf einige geringfügige Bestoßungen am unteren Beckenrand
Neues Reich, 18. Dynastie, Zeit Amenophis' III., 1390–1353 v. Chr.
Vermutlich aus Memphis
Ehemals Besitz Heckscher, Wien; Sammlung Richard von Kaufmann, Berlin

Die Figur des Stifters kniet dicht vor einem rechteckigen, sich zur Basis hin verjüngenden Becken, das er mit beiden Armen umfaßt. Das vorgestreckte Kinn ruht auf dem hinteren oberen Beckenrand. Die oberen Kanten der Beckenwände und die Vorderseite des Beckens tragen eine hieroglyphische Inschrift, die den Namen des Stifters und seiner Gattin, seine Titulatur und die Opferformel enthält, in welcher die vorderasiatischen Göttinnen Qudschu und die Asiti von Syrien (= Astarte) angerufen werden. Der Eigentümer der Statue war ein gewisser Ptahanch, Gemahl der Mi, der im Dienste des memphitischen Hohenpriesters Ptahmose stand und

gleichzeitig Obermusiker des Ptah war. Sein Amt versah er unter König Amenophis III.
Die feinen Gesichtszüge Ptahanchs und besonders die schräggestellten, mandelförmigen Augen mit ihren elegant geschwungenen Brauen sind stilistische Merkmale der Skulpturen dieser künstlerisch hochstehenden Epoche. Durch den Statuentypus der knienden Figur mit Opferbecken versuchte man die Opferformel, die auf Denkmälern mit funerärem Charakter erscheint, plastisch zu visualisieren. Die privilegierten Privatpersonen verliehene Auszeichnung, ihre Statuen oder Stelen in den heiligen Hallen eines Tempels aufstellen zu dürfen, bedeutete für die betreffenden Stifter eine Teilnahme an dem offiziellen Kult mit seinen lebensspendenden Riten. Die ehrfurchtsvolle Haltung des Ptahanch ist Ausdruck seiner Bitte, in seinem Becken einen Anteil von den Opfergaben für die Götter zu empfangen, um so in seinem jenseitigen Leben versorgt zu sein. Bis zum

heutigen Tag sind lediglich 16 Exemplare dieses seltenen Statuentyps bekannt. Ptahanch selber ist noch auf drei weiteren Denkmälern belegt: einer Würfelstatue im Musée des Beaux Arts in Budapest (Inv. 51.2164), einer Stele im Museo Archeologico in Florenz (Inv. 2537) und einer stelophoren Statue im Kestner Museum Hannover (Inv. 2946). MPG

Publikation: Aménophis III (Paris 1993), 204–206, nr. 40bis; D. Wildung, Die Kniefigur am Opferbecken, MJbK, 36, 1985, 17–38; ders., in: Afrika, 80, Nr. 1.39; Sotheby's London July 1992, no. 374, mit ausführlichen Literaturangaben.
Parallelen: D. Wildung, MJbK, 36, 1985, 26–32 und Abb., mit ausführlicher Liste der Belege dieses Statuentyps. Vgl. Ägyptisches Museum Berlin (1991), Nr. 60; Zivie-Coche, Giza au premier millénaire, 33–35, fig. 1–2.
Literatur: zur Verehrung asiatischer Gottheiten in Ägypten s. Stadelmann, Gottheiten; speziell zu der hier belegten Form «Asiti» M. Weippert, Über den asiatischen Hintergrund der Göttin «Asiti», in: Or 44, 1975, 12–21.

80
Kopf einer Beamtenstatuette

Privatsammlung, Schweiz

Diorit
H. 9 cm
Nasen- und Mundpartie bestoßen
Neues Reich, 18. Dynastie, Zeit Amenophis' III., um 1390–1353 v. Chr.

Wie bei der vorhergehenden Skulptur handelt es sich auch bei diesem Köpfchen um ein charakteristisches Werk der Privatplastik aus der Zeit Amenophis' III.
Mit großer Sorgfalt ist die schulterlange, leicht gewellte Strähnenperücke mit den deutlich abgestuften Locken gearbeitet, die die Stirn bis zu den Augenbrauen und teilweise die Ohren bedeckt. Sie umrahmt das schmale Gesicht und den Hals. Obwohl die Nase und der Mund

nicht mehr erhalten sind, weist die plastische Gestaltung der Augenpartie doch jene unverkennbaren stilistischen Merkmale der hohen 18. Dynastie auf, die für die zeitgenössischen königlichen Denkmäler charakteristisch sind und auch in die Privatplastik übernommen wurden. Die betont mandelförmigen, schräggestellten, beinahe schlitzartigen Augen mit Schminkstrich am äußeren Winkel und die kühn vom Nasenansatz bis zu den Schläfen geschwungenen Brauen, die wie der Lidstrich nachgezogen sind, verleihen diesem Bildnis eines Privatmannes seinen würdevollen Ausdruck. MPG

Publikation: abgebildet in Katalog Nefer 1, Zürich, no. 25.
Parallelen: Ägyptisches Museum Berlin (1967), 65, Nr. 740; Catalogue Sotheby's New York, June 1990, no. 13.
Literatur: J. Berlandini, La statue thébaine de Kherouef et son invocation à Nout, dans: Hommages à Jean Leclant, vol. 1, Le Caire 1994, 389–406, besonders fig. 2–8; Egypt's Dazzling Sun, 237–257, pl. 22–25.

81
Grabmalerei auf Lehmverputz

Privatsammlung, Schweiz

Lehmverputz mit Häcksel, stuckiert und polychrom bemalt
H. 26,9 cm; B. 17,4 cm
Fragment einer Grabmalerei. Einige Risse im Lehm und Farbabplatzungen
Neues Reich, 18. Dynastie, Regierung Amenophis' III., um 1390–1353 v. Chr.
Theben-West (el-Chocha), Grab TT 181

Die Blütezeit der Grabmalerei lag im Neuen Reich insbesondere in der Zeit Thutmosis' IV. und Amenophis' III. Eine eigene Technik bestand darin, die Farben *al secco* auf leicht stuckierten Lehmverputz aufzutragen. Man verwendete nun nicht mehr nur die leuchtenden Grundfarben, die man in scharfen Konturen voneinander absetzte, sondern man begann zu kolorieren, die Farben zu mischen, um verschiedene Schattierungen zu erreichen. Diese Malweise ist an dem vorliegenden Wandfragment (Lehmverputz mit Häcksel), das die Hausherrin Tepu zeigt, besonders schön zu erkennen. Es stammt aus dem thebanischen Doppelgrab der beiden Bildhauer Nebamun und Ipuki, die unter Amenophis III. tätig waren. Tepu, deren Name noch fragmentarisch in blauen Hieroglyphen erhalten ist, war die Mutter des Oberbildhauers Nebamun.

Die zur Zeit der Anfertigung der Malerei bereits betagte Tepu ist in idealisierter Weise jugendlich dargestellt, bekleidet mit einer luxuriösen Tracht im Geschmack der damaligen Zeit. Sie sitzt auf einem Stuhl (oberer Teil der Lehne erhalten), blickt nach links und hat die linke Hand erhoben. Auf dem Kopf trägt sie eine voluminöse schwarze Löckchenperücke, unter der an der linken Schläfe ein Zöpfchen ihres eigenen feinen Haars hervorschaut. Die Frisur ist mit einem Diadem aus Lotusblättern, einem Salbkegel und einer Lotusblüte, die auf die Stirn hinabfällt, festlich geschmückt. Das Gesicht der Tepu ist rot konturiert, die Gesichtsfarbe gelblich-orange. Die Augen sind mandelförmig, der Schminkstrich ist weit nach hinten gezogen. Ebenso manieriert ist der Bogen der Augenbraue. Um den Hals trägt Tepu einen breiten Perlenkragen, an den Armen verschiedene Schmuckbänder. Hervorzuheben ist die besondere Art der Wiedergabe der Fältelung des Schals, den sie über ihr langes Gewand gelegt hat (vgl. Kat.-Nr. 76).

Der vorliegende Bildausschnitt mit Tepu gehörte zu der Szene mit dem Gastmahl (vgl. Abb.), die sich auf der Südwand in der westlichen Hälfte der Querhalle des Grabes befand: Nebamun sitzt hier zusammen mit seiner Mutter Tepu (unser Fragment), seiner Tochter und seinem Hund vor versammelter Gesellschaft. Vor Ihnen steht Henutnofret, die Frau des Nebamun, und reicht ihrem Gemahl eine Schale. Das bei seiner Entdeckung im 19. Jahrhundert bereits beschädigte Grab wurde zwischen 1937 und 1942 weiter durch Kunsträuber beschädigt, indem einige der schönsten Szenen herausgeschnitten und verkauft wurden. AW

Publikation: PM I,1², 286–289 (3), TT 181; V. Scheil, Le tombeau des graveurs, Mém.Miss. 5,4, 1894, 555–569; Davies, Two Sculptors, pl. V; A. Fakhry, A Report on the Inspectorate of Upper Egypt, ASAE 46, 1947, 31–33; A. Mekhitarian, Enquête. La déprédation des tombes thébaines, CdE 30, 1955, 318–323; ders., Misère des tombes, 7f. Weitere Fragmente in Museen und Privatsammlungen: Ancient Art (1974), no. 195f. = Von Troja bis Amarna, Nr. 215f.; Egyptian and Classical Art (Brooklyn 1974), 48. Unmittelbar anschließende Fragmente (Nebamun und Tochter Mutnofret) zu dieser Szene wurden 1990 bei Sotheby's verkauft: Antiquities, Sotheby's London, Tuesday 10th July 1990, 88–91, no. 313–315. Unser Fragment galt als verschollen!
Literatur: Zur Malerei s. PKG, 304–317.

82

Salblöffel in Gestalt einer ausländischen Gabenträgerin

Privatsammlung, Schweiz

Holz, Spuren einer feinen Stuckgrundierung
H. 22,5 cm
Es fehlen beide Fußspitzen der Frau, die Fersen des Kindes und der Deckel der amphoraförmigen Salbschale
Neues Reich, 18. Dynastie, um 1539–1292 v. Chr.
Ehemals Sammlung E. Ascher, Paris

Der von Reichtum und Luxus geprägte Lebensstandard der 18. Dynastie brachte eine Fülle von Objekten der Kleinkunst hervor, deren künstlerische Qualität ohnegleichen blieb. Die außerordentliche Fähigkeit der ägyptischen Künstler zur präzisen Beobachtung des Alltagslebens und der Natur bildete die Grundlage für das Entstehen neuer Motive, die mit meisterhaftem Können in kostbare Gegenstände wie Kosmetikutensilien umgesetzt wurden. Ein besonders anschauliches Beispiel für den Reichtum der Motive bilden die verzierten Salblöffel (vgl. Kat.-Nr. 152, 153).
Der vorliegende Löffel zeigt eine fremdländische Gabenträgerin, demütig gebeugt unter der schweren Last des dargebrachten Tributes. Trotz ihres untergebenen Ranges ist sie mit einem prächtig bestickten, knöchellangen Gewand bekleidet. Das bis zur Taille reichende Haar ist strähnenartig zusammengebunden. Mit der rechten Hand stützt sie die auf ihren Schultern ruhende Amphore, während sie in ihrer Linken einen beutelartigen Gegenstand hält. Bei ihrer mühseligen Arbeit wird die Gabenträgerin von ihrer kleinen Tochter begleitet, die sich eng an das rechte Bein der voranschreitenden Mutter schmiegt und sich am herabfallenden Gürtelzipfel festklammert.
Tracht, Frisur und Gesichtszüge geben Hinweise auf die ethnische Zugehörigkeit der Frau, die als Asiatin – wohl Syrerin – zu identifizieren ist. Das Motiv von Ausländern findet sich besonders häufig bei Behältern, die zur Aufbewahrung kosmetischer Essenzen dienten. Es sollte wohl auf die ausländische Herkunft der darin verwahrten Produkte hinweisen.
Die im Vergleich zur Frauengestalt überdimensionierte ausgehöhlte Amphore bildet die Salbschale des Löffels. Am Gefäßboden ist noch teilweise der Zapfen erhalten, der zur Befestigung des nun fehlenden, ursprünglich drehbaren Deckels diente. Der genaue Verwendungszweck dieser generell als Löffel bezeichneten Geräte ist

nicht eindeutig festlegbar. Obwohl sie vorwiegend aus Gräbern stammen, wurden auch Exemplare in Privathäusern und Palästen gefunden. Sie dienten wahrscheinlich sowohl im profanen als auch im sakralen Bereich zur Aufnahme wertvoller Salben und Essenzen wie Myrrhe oder Weihrauch. Als Kultgerät fand der Salblöffel im Rahmen des von Priestern ausgeführten Rituals der Reinigung und Salbung der Götterbilder Verwendung. MPG

Publikation: Wallert, Löffel, 31, Anm. 85, Taf. 24. Die Autorin hielt den Aufenthaltsort des bereits im Vorwort erwähnten Löffels, der sich 1958/59 noch im Besitz von Herrn E. Ascher befand, für nicht mehr eruierbar. Es freut uns ganz besonders, dank der Großzügigkeit des aktuellen Besitzers den genannten Salblöffel in dieser Ausstellung dem Publikum zugänglich zu machen.
Parallelen: Wallert, Löffel, 118, Nr. L 50: British Museum 37924. Es handelt sich jedoch um eine junge Asiatin, die eine Henkelamphore und Ibex-Protome auf ihren Schultern trägt, vgl. Montet, Art syrien, 108, fig. 145.
Literatur: M. Frédéricq, The Ointment Spoons in the Egyptian Section of the British Museum, JEA 13, 1927, 7–13, pl. III–IX; W. Helck, LÄ II, 315–321, s. v. Fremdvölkerdarstellung; Skarabäen Basel, 140–141; Ägyptisches Museum Berlin (1967), 55, besonders Nr. 566 (männlicher Asiat, der eine runde Schale auf seinen Schultern trägt; entspricht Wallert, Löffel, B 9, Taf. 37); Schönheit (München 1990), 100–101; Vandier d'Abbadie, Objets de toilette, 18–19, nr. 26 (= Wallert, Löffel, P 13, Taf. 25: männliches Pendant zu unserem Löffel: Höhe: 23,5 cm; ähnliche Gesichtszüge; entsprechende Tracht [bestickter, knöchellanger Schurz, der mit einem identischen Gürtel um die Taille befestigt ist]; trägt auf den Schultern eine große Henkelamphore).

83
Schminkbehälter der Tama

Privatsammlung, Basel

Holz mit Einlagen aus gelber Farbpaste
H. 6 cm; B. 7,5 cm; Dm. 3 cm (Öffnung)
Intakt. Drehmechanismus und Knauf fehlen. Enthält Reste der Schminke
Neues Reich, 18. Dynastie, Regierung Amenophis' III., um 1390–1353 v. Chr.
Aus Medinet el-Gurob (Faijum)
Ehemals Sammlung Tigrane Pascha d'Abro

Das makellose Schönheitsideal der noblen Gesellschaft des Neuen Reiches verlangte nach einem großen Repertoire an Schminkutensilien. So entstanden in dieser Zeit eine Fülle von Schmink- und Toilettengegenständen aus ganz verschiedenen Materialien. Dazu gehören Kohl-Gefäße, aber auch Rasiermesser, Spiegel, Haarnadeln und Steckkämme. Diese Gegenstände wurden kunstvoll verziert, wie der Salblöffel in Gestalt einer asiatischen Dienerin zeigt (Kat.-Nr. 82). Eine beliebte Form von Schminkgefäßen waren hölzerne, geschnitzte oder mit Einlagen versehene Behälter, bestehend aus einem oder mehreren Zylindern, die verschiedene Arten von Schminke enthielten.
Der vorliegende Schminkbehälter der Harimsdame Tama gehört zu dieser Gattung. Er besteht aus zwei miteinander durch Holzdübel verzapften, hohlen Zylindern aus Holz. Separat gearbeitet ist ein gemeinsamer Deckel in Form einer Acht. Das Gefäß ist nicht komplett, da der Verschlußmechanismus fehlt. Zu ihm gehörten zwei seitlich angebrachte vierkantige Stäbe. Links befand sich der Drehmechanismus, der aus einem vertikal in das Stäbchen eingelassenen Holzzapfen bestand. Das entsprechende Loch im Deckel ist noch zu sehen. Im rechten Loch des Deckels war ein kleiner Knauf zum Drehen des Deckels angebracht. Viele Schminkgefäße weisen diese raffinierte Art des Drehverschlusses auf. Verziert ist der Behälter mit drei Reihen stilisierter Blü-

tenblätter, die ins Holz eingeschnitten und mit gelber Farbpaste eingelegt sind. Auf dem Deckel befindet sich in gleicher Ausführung ein Zickzackornament, das auf jeder Deckelhälfte die Namen von Amenophis III. und seiner Gemahlin Teje in Kartusche einrahmt.
Im November 1900 entdeckte A. Daninos Pascha (1845–1925) am Eingang des Faijums bei Hawaret el-Gurob das Grab der jungen Harimsdame Tama, nachdem schon zuvor von Einheimischen in dieser Gegend bedeutende Funde hölzerner Frauenstatuetten gemacht worden waren. Unter den zahlreichen Toilettengegenständen ihrer Grabausstattung befand sich auch dieser Schminkbehälter und eine hölzerne Mädchenstatuette, die uns den Namen der Besitzerin, Tama, überliefert hat. Aufgrund der Inschriften auf den verschiedenen Schminkgefäßen ist das Grab in die Zeit Amenophis' III. zu datieren. AW

Publikation: M. J. E. Quibell, A Tomb at Hawaret el Gurob, ASAE 2, 1901, 141–143, pl. If.; E. Chassinat, Une tombe inviolée de la XVIIIe dynastie découverte aux environs de Médinet el-Gorab dans le Fayoum, BIFAO 1, 1901, 225–234, pl. I–III; Collection des Antiquités Egyptiennes de Tigrane Pacha d'Abro, red. par Daninos Pacha, Paris 1911, 17, nr. 452, pl. XLVI.
Parallelen: für weitere Funde aus dem Grab s. Vandier d'Abbadie, Objets de toilette, 46ff., nr. 128. 206–211; Ägyptisches Museum Kairo (1986), Nr. 154. Jetzt neu: Aménophis III (Paris 1993), 358–361, nr. 113bis.
Literatur: allgemein s. Bénédite, Objets de toilette; Vandier d'Abbadie, Objets de toilette, 41ff., nr. 110–115; Dayagi-Mendels, Perfumes; Paszthory, Salben, Schminken und Parfüme, 3ff. Vgl. auch Ägyptens Aufstieg zur Weltmacht (Hildesheim 1987), 177, Nr. 94.

84
Applike in Gestalt eines Nubierkopfes

Privatsammlung, Schweiz

Holz
H. 4,6 cm
Neues Reich, späte 18. Dynastie, um 1300 v. Chr.
Ehemals Sammlung Norbert Schimmel, New York

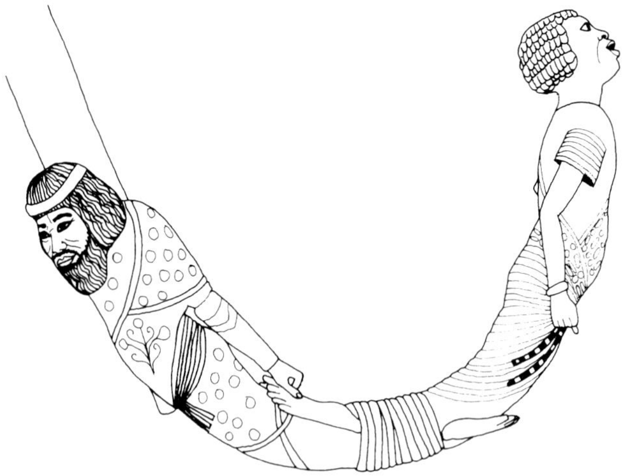

Die Kontakte Ägyptens zu Nubien, dem Gebiet südlich von Assuan am 1. bis zum 3. Katarakt und der fruchtbaren Dongola-Ebene im heutigen Sudan, lassen sich bereits seit der Negade-II-Kultur belegen. Grundlage für das Interesse an diesem Land, das von Bevölkerungsgruppen besiedelt wurde, die sich ethnisch und sprachlich von den Ägyptern unterschieden, bildeten die reichen Vorkommen an natürlichen Rohstoffen wie Hartgesteinen, Ebenholz, Elfenbein und Gold. Seit dem Alten Reich sicherte sich Ägypten die Rohstoffe durch häufige militärische Vorstöße und gliederte seit dem Mittleren Reich Nubien dem ägyptischen Reich vollends ein.
Die spezifische Gestaltung der Applike läßt einen gefesselten Nubier erkennen. Der stark in den Nacken überdrehte Kopf und die gewaltsam hinter den Rücken gezogenen Arme weisen auf die hilflose Situation des Gefangenen, der bäuchlings auf der Erde liegt, und die schmerzhafte Art der Fesselung. Charakteristisch für die Darstellungen von Fremdvölkern während des Neuen Reiches ist das Gesicht, das in geradezu übertriebener Weise seine ethnische Zugehörigkeit erkennen läßt: es ist kantig und zerfurcht, die Jochbeine sind betont; es zeigt eine fliehende Stirn mit hohem Haaransatz, eine breite Nase und einen großen Mund mit aufgeworfenen Lippen. Die durchbohrten Ohrläppchen tragen einen scheibenförmigen Schmuck.
Der Gegenstand, zu welchem unsere Applike gehörte, läßt sich nicht eindeutig bestimmen, doch dürfte es sich wohl um den Griff eines Stabes gehandelt haben (vgl. Abb.). Die im Grab des Tutanchamun gefundenen Zeremonialstöcke, deren Griffe die Gestalt ausländischer Gefangener haben, belegen den symbolischen Gehalt

dieser Darstellung. Gemäß der Ikonographie vom «Erschlagen der Feinde» (vgl. Kat.-Nr. 8) versinnbildlichte das Motiv des fremdländischen Gefangenen den Triumph des Königs über das Böse und seine Rolle als Garant der Weltordnung. MPG

Publikation: Von Troja bis Amarna, Nr. 231; Sotheby's New York, The Norbert Schimmel Collection, December 1992 , no. 100.
Parallelen: Entdeckungen (München 1985), 83, Nr. 65; Hornemann, Statuary III, 813 (Ägyptisches Museum Berlin, Inv.-Nr. 6787: 9,2 cm große Figur eines nackten Nubiers, dessen Arme auf Ellenbogenhöhe am Rücken zusammengebunden sind); Hornemann, Statuary III, 809 (Brooklyn Museum, N.Y., Inv.-Nr. 37.275. L: auf einem Kapitell stehende, 20,5 cm große Gestalt eines nackten Nubiers, dessen Arme am Rücken gefesselt sind. Wie bei unserer Figur ist der Kopf unnatürlich weit nach hinten in den Nacken geworfen); Sudan (München 1996), 151–152, Nr. 152–153.
Literatur: Hassan, Stöcke und Stäbe; Kayser, Kunsthandwerk, 311, Abb. 290 (Spazierstöcke des Königs Tutanchamun s. Ägyptisches Museum Kairo (1986), Nr. 187); Drenkhahn, Darstellungen von Negern; Ägyptische Kunstwerke (Luzern 1964), 105, Nr. A 149 mit Abb.; M. Verner, Les statuettes de prisonniers en bois d'Abousir, RdE 36, 1985, 145–152, pl. 6–8; St. Wenig, LÄ IV, 526–532, s. v. Nubien; J. Vercoutter, The Iconography of the Black in Ancient Egypt: From the Beginnings to the Twenty-Fifth Dynasty, in: Image of the Black, 33ff.

85
Schminkgefäß in Gestalt des Gottes Bes

Fondation Jacques-Edouard Berger, Lausanne

Holz
H. 12,2 cm; Dm. 1,2 cm (Öffnung)
Füße weggebrochen. Deckel und Tierschwanz fehlen
Neues Reich, Mitte 18. Dynastie (Amenophis III. – Tutanchamun), um 1390–1323 v. Chr.

Schönheit und Magie waren im Alten Ägypten aufs engste miteinander verbunden. Einerseits diente die Kosmetik dazu, das Gesicht für festliche Anlässe und zur Steigerung der erotischen Ausstrahlung zu verschö-

nern, andererseits schrieb man dem Schminken auch eine übelabwehrende und regenerierende Wirkung zu. Um die Wirkungsmacht der Salben zu verstärken, gab man den Gefäßen zugleich die Gestalt von Schutzgottheiten wie Bes oder Thoëris sowie von symbolischen Tieren, die ihre segensreichen Kräfte auf den Inhalt übertragen sollten.

Zur Gattung solcher figürlich ausgestalteter Schminkbehälter gehört auch das vorliegende hölzerne Gefäß in Gestalt des volkstümlichen Gottes Bes, eines Löwendämons mit menschlichen, z. T. zwergenhaften Zügen. Das wilde Löwengesicht wird hier zur furchteinflößenden Fratze mit weit geöffnetem Maul, plattgedrückter Nase und hochgezogenen Augenbrauen, die den stechenden Blick des Gottes betonen sollen. Der Körper scheint vor Kraft zu strotzen, obwohl die Rippen auf der Seite unter dem Fleisch hervortreten. Betont ist auch sein runder Bauchnabel, während seine Genitalien eher klein sind. Die separat angesetzten Arme enden in mächtigen Löwenpranken, die auf den Oberschenkeln aufliegen und vorzüglich charakterisiert sind. Die Knie des Bes sind nach außen gestemmt, die Füße fehlen. Auch der runde Deckel auf dem Kopf, der den Hohlraum in der Figur verschloß, ist heute nicht mehr vorhanden. Zu sehen sind noch der Rest eines Knaufes aus Elfenbein an der Stirn und das Loch des Drehverschlusses. Auf der Rückseite treten Wirbelsäule und Rippen markant hervor. Am Ende der Mähne und über dem Schwanzansatz sind je zwei Löcher angebracht, die zu einer Aufhängevorrichtung gehörten. Separat eingesetzt war der – heute verlorene – Tierschwanz.

Der Bes war ein apotropäischer Gott, der Krankheiten und böse Geister fernhielt. Noch griechische Zauberer beschwörten ihn als den, «der den (bösen) Blick lähmt», und empfehlen eine Schminke des Bes. Insbesondere oblag ihm der Schutz von Geburt und Kleinkind. AW

Publikation: abgebildet in Un regard partagé, 170, nr. 1242.
Parallelen: Hilton Price II, 14, no. 4116, pl. IV; City of Akhenaten III, 35, pl. XXXVIII,1–3; Egypt's Golden Age, 76, no. 48f. Vgl. auch Tutanchamun (Berlin 1980), 66, Nr. 5.
Literatur: Vandier d'Abbadie, Objets de toilette, 55ff., nr. 160. 172f. Zu Bes s. RÄRG, 101–109, s. v. Bes; H. Altenmüller, LÄ I, 720–724, s. v. Bes; Dasen, Dwarfs, 55–83.

86
Klappernpaar mit Hathorköpfen

Privatsammlung, Schweiz

Nilpferdzahn
L. 16,3 cm; B. 3,5 cm
Beide aus mehreren Fragmenten zusammengesetzt
Neues Reich, 18./19. Dynastie, um 1539–1190 v. Chr.

Musik und Tanz waren im alten Ägypten seit der Vorgeschichte – wie Vasenbilder belegen – aufs engste miteinander verbunden. Musikanten und Tänzer wurden im Tempel berufsmäßig ausgebildet und spielten im Götter- und Totenkult sowie bei Festprozessionen eine wichtige Rolle. Aber nicht nur im Kult und bei Festen, sondern auch im Bereich der Magie fanden Musik und Tanz als Zauberpraktiken zur Abwehr des Bösen Anwendung. Aus der einfachsten Art der Schallerzeugung, dem seit Urzeiten angewandten Händeklatschen, entwickelte sich seit der prähistorischen Zeit eine Vielzahl von Rhythmusinstrumenten – zunächst Klappern und Rasseln, später Sistrum und Tamburin, schließlich Kastagnetten, Zimbeln und Glocken. Leider sind uns weder Rhythmen noch Melodien bekannt, weil sie der Ägypter nicht notierte.

Insbesondere im Hathorkult spielten Rhythmusinstrumente wie Klappern und Sistren eine hervorragende Rolle und dienten einerseits zur Besänftigung der Göttin, andererseits zur Beschwörung ihrer fruchtbaren Kräfte. Dieser spezifische Verwendungszweck beeinflußte auch die Dekoration. Klappern und Sistren, die kunstvoll mit dem Kopf der Göttin Hathor verziert sind, sind daher sehr zahlreich. Während Klappern in Form bloßer Hände seit der 6. Dynastie bekannt sind, begegnen Klappern mit Hathorkopf erst seit dem Mittleren Reich. Solche Plattenklappern, deren flache Innenseiten aufeinandergeschlagen wurden, sind von den erst im hellenistischen Ägypten bezeugten Kastagnetten zu unterscheiden, die aus zwei schalenförmigen Klapperteilen bestehen, die einhändig geschlagen wurden. Die Klappern bestanden generell aus Holz, Knochen, Nilpferdzahn oder Elfenbein und selten aus Fayence.

Das hier gezeigte Klappernpaar besteht vermutlich aus Nilpferdzahn. Die Innenseiten sind flach. Besonders kunstvoll ist die Oberfläche verziert. Der Griff hat die Form einer Papyrusstaude, deren unteres Ende durchbohrt ist. Die Blätter sind fein eingraviert. Darüber erhebt sich das typisch – mit Kuhohren – wiedergegebene Gesicht der Göttin Hathor, das von zwei stilisierten Uräen flankiert wird. Den oberen Abschluß bildet ein Uräenfries. Die Uräusschlangen weisen auf die gefährlichen Züge der Hathor hin und stellen eine Anspielung auf den Mythos vom Sonnenauge dar. Die Klappern enden – wie auch sonst häufig – in flach ausgestreckten Händen, die das Händeklatschen assoziieren.

Rhythmusinstrumente wie Sistren oder Klappern waren nicht immer Gebrauchsgegenstände, sondern konnten auch Grabbeigabe (mit Amulettfunktion) oder Votivgabe sein. Dies zeigen vor allem jene Instrumente,

die aus einem nicht gebrauchsfähigen Material wie z. B. Fayence hergestellt wurden. AW

Publikation: unveröffentlicht.
Parallelen: H. Hickmann, Du battement des mains aux plachettes entrechoquées, BIE 37, 1956, 67–122; ders., Instruments, 6f. 16f., pl. I,B. VII; ders., Musikgeschichte in Bildern, 50–55; ders., La castagnette égyptienne, BSAC 14, 1950–1957, 37–49; Ziegler, Instruments de musique, 19–30, nr. 14; Anderson, Musical Instruments, 19, no. 14, fig. 16.
Literatur: H. Hickmann, Orientalische Musik, HdO Ergänzungsband 4, Leiden 1970; ders., Musicologie; ders., Musikgeschichte in Bildern; Brunner-Traut, Tanz.

87
Bes und Katze

Privatsammlung Elsa und Dr. Pierre Henri Bloch-Diener, Bern (A)
Stiftung für ein Schweizerisches Orientmuseum (B)

A
Karneol
H. 2,3 cm; L. 1,7 cm (Sockel)
Intakt
Neues Reich, 18./19. Dynastie, um 1539–1190 v. Chr.

B
Fayence, grün glasiert
H. 4,4 cm; B. 2,1 cm
Intakt
Neues Reich, 18./19. Dynastie, um 1539–1190 v. Chr.

Die Besänftigung gefährlicher Gottheiten – insbesondere der Tefnut und Sachmet, aber auch der Hathor und Wadjet – spielte im ägyptischen Kult eine wichtige Rolle. Verschiedene Mythen schildern, wie eine Göttin sich erzürnt von Ägypten abwendet, als wilde Löwin in die Ferne zieht, schließlich aber besänftigt und nach Ägypten zurückgeführt wird. Damit die wilde Löwin ihre gefährliche Unberechenbarkeit verliert und zur sanften, zahmen Katze wird, muß sie im Kult unaufhörlich durch Opfergaben, aber auch Musik und Tanz besänftigt und beruhigt werden (vgl. Kat.-Nr. 181, 184). Im Mythos ist es der dämonische Bes, dessen Tanz und Musik die Göttinnen betört und ihnen ihre positiven Kräfte entlockt.
Die vorliegenden Amulette sind hier in diesem Sinne zusammengestellt: Der Bes (B), ein Mischwesen aus Löwe und Mensch, tanzt nackt zu den Rhythmen, die er mit dem Tamburin schlägt. Grimmig hat er den Kopf zurückgewandt und scheint jemanden mit seinem Blick zu fixieren. Die kleine, am Boden hockende Katze (A) aus blutrotem Karneol und mit Tragöse im Nacken ist das allgemeinste Bild der befriedeten Göttin, die ihre wohltätigen Kräfte spendet, deren rote Farbe aber auf ihre latente Gefährlichkeit hinweist. Der Bes besteht dagegen aus grüner Fayence und versinnbildlicht so Fruchtbarkeit und Lebensfreude. AW

Publikation: A–B) unveröffentlicht.
Parallelen: A) Langton, Cat, pl. I. B) Dasen, Dwarfs, pl. 4,1; Andrews, Amulets, 40, no. 37,c. Tanzender Bes: Quibell, Yuaa and Thuiu, pl. XLII.
Literatur: Junker, Hathor-Tefnut; Skarabäen Basel, 119–121. Allgemein zur Katze in Ägypten s. Malek, Cat.

88
Fragment einer Bes-Vase

Fondation Jacques-Edouard Berger, Lausanne

Gebrannter Ton, rot bemalt
H. 7,7 cm
Kopf einer Bes-Vase, aus zwei Fragmenten zusammengesetzt. Krone weggebrochen
Neues Reich, 18. Dynastie, Zeit Amenophis' III., um 1390–1353 v. Chr.

Im Neuen Reich erfährt die Keramikproduktion – sowohl mit Blick auf die Gefäßform als auch die Vasenmalerei (vgl. Kat.-Nr. 89) – ihre zweite große Blütezeit nach der Vorgeschichte. Gerade die aus feinem Ton hergestellten, meist flaschenförmigen kleinen Gefäße in Gestalt von Menschen oder Tieren erreichten in der Zeit zwischen Thutmosis III. und Amenophis III. ihre höchste Vollendung. Sie enthielten wertvolle Öle und andere kostbare Essenzen. Die Form der Gefäße hatte zweifellos nicht nur dekorativen Charakter, sondern die magische Kraft der Figuren sollte sich auf den Inhalt übertragen.

Der vorliegende Kopf des Gottes Bes wurde von Hand geformt und besteht aus feinem, hartgebranntem Ton. Die heute versinterte Oberfläche war ursprünglich orangefarben und wies eine Zeichnung in roter Farbe auf, die z. T. noch gut zu erkennen ist. Die Federkrone, die wohl als Ausguß diente, ist weggebrochen; auch der Rumpf und die Extremitäten der Figur fehlen. Der Ansatz des rechten Armes ist gerade noch sichtbar. Das fratzenhafte Gesicht wird von der plattgedrückten Nase mit dem großen Maul und der heraushängenden Zunge dominiert. Auch die Zähne sind gut zu erkennen. Über der Nase sind Hautfalten angegeben. Durch die rote Bemalung der Augen hat dieser Bes einen stechenden Blick. Umrahmt war das ganze Gesicht von einer Löwenmähne. Zotteln des Fells sind auf der Rückseite in roter Farbe noch gut zu sehen. Aus der Mähne schauen die wachsam horchenden Löwenohren heraus. Auf der Brust sind Reste eines Halskragens zu erkennen.

Material und Herstellungstechnik des Beskopfes erinnern an die eingangs erwähnten figürlichen Gefäße aus Ton. Der Stil der Figur weist unmißverständlich in die Regierungszeit Amenophis' III. Gerade aus dieser Zeit sind einige – allerdings große – Amphoren in Gestalt von Besfiguren bekannt, die zusätzlich mit Blumengirlanden geschmückt waren. Seltener sind kleine Gefäße in Besgestalt. Warum man solchen Wein- und Vorratsgefäßen die Gestalt des Bes gab, liegt auf der Hand, galt er doch als Gott der ausgelassenen Feste, der Musik und des Tanzes. Unser Besfragment gehörte wohl zu einem kleinen Salbölgefäß. AW

Publikation: abgebildet in Un regard partagé,182, nr. 377.
Parallelen: Egypt's Golden Age, 101, fig. 31. Vgl. weiter Ägyptisches Museum Berlin (1967), 60, Nr. 658; Meisterwerke Altägyptischer Keramik, 172, Nr. 175f.
Literatur: J. Bourriau, Pottery Figure Vases of the New Kingdom, in: CCE 1, 1987, 81–96, bes. 86f.; Kayser, Kunsthandwerk, 106–109. Siehe auch Egypt's Golden Age, 89f., no. 70 und 94f., no. 75.

89

Amphore mit Blütendekor

Privatsammlung, Schweiz

Gebrannter Ton, polychrom bemalt
H. 31,5 cm; Dm. 15 cm
Intakt bis auf einen Teil des Halses, der aus Fragmenten zusammengefügt ist
Neues Reich, 18. Dynastie, Zeit Amenophis' III. – Amenophis' IV./Echnaton, 1390–1332 v. Chr.

Der Gebrauch von Tonware blieb vorwiegend den Alltagsbedürfnissen vorbehalten, so daß sich ihre Qualität in Grenzen hält. Eine blühende, jedoch zeitlich beschränkte Produktion von qualitätvollen, bemalten Tongefäßen entstand von der Mitte der 18. Dynastie bis – vereinzelt – zur 20. Dynastie. Besonders das Kunstgewerbe unter Amenophis III. und Amenophis IV./ Echnaton brachte prächtige Gefäße hervor. Das Repertoire des in hellem Blau gehaltenen Dekors, dessen Konturen mit schwarzer Farbe abgegrenzt wurden, reichte von einfachen Bandmustern und figürlichen Motiven bis zu üppigen Blumenornamenten.

Die vorliegende Amphora mit ovoidem Körper, einem hohen, sich nach oben verbreiternden Hals ist kunstvoll bemalt: Anch- und Nefer-Zeichen, Udjat-Augen, Djed-Pfeiler und verschiedene stilisierte Blumenmotive in zartem Blau, mit Details in kräftigem Ocker und Schwarz, bedecken die gesamte Fläche mit Ausnahme des spitz zulaufenden Gefäßbodens.

Besonders bemerkenswert sind die «belebten» Anch-Zeichen, die aus den Lotusblüten – die ihrerseits auf gestaffelten Papyrusdolden ruhen – emporsteigen. Um die mit roter Farbe gekennzeichneten Arme sind einzelne Kornblumen gelegt (vgl. Kat.-Nr. 104 E). MPG

Publikation: unveröffentlicht.

Parallelen und Literatur: Guidotti, Vasi, 217, n. 337–338; Ägyptisches Museum Berlin (1967), 60–61, Nr. 652–654; Hope, Egyptian Pottery, besonders 25, fig. 19, sowie p. 42–45; ders., Blue-painted and Polychrome Decorated Pottery from Amarna: A Preliminary Corpus, in: CCE 2, 1991, 17–92, pls. 3–22 (für die Formgebung: fig. 6e, für das Dekor: pls. 8–9, hier besonders Ash. 1926. 109); Anch – Blumen für das Leben, 158–161, Nr. 77–79.

90
Kopf der Königin Nofretete

Privatsammlung A. P. C. C/TI

Kalkstein
H. 31,5 cm; B. 23 cm
Rechte Hälfte des Kopfes einer lebensgroßen Statue der Königin Nofretete
Neues Reich, 18. Dynastie, Amarnazeit, um 1350 v. Chr.
Amarna, angeblich bei der Grenzstele P

Bevor Echnaton in der Ebene von Amarna den Bau seiner neuen Residenzstadt in Angriff nahm, ließ er das Stadtgebiet mit insgesamt 14 Grenzmarkierungen umgeben. Sie bestanden je aus einer aus dem Felsen gehauenen Grenzstele mit Bild und Text und einer Reihe von flankierenden Felsstatuen von Echnaton und seiner Familie. Die Grenzstelen befinden sich heute in einem sehr schlechten Zustand – nicht nur, weil sie von Wind und Wetter arg in Mitleidenschaft gezogen wurden, sondern weil man auch an diesen entlegenen Orten das Andenken des Königs verfolgte und seine Statuen zerstörte. Viele Fragmente der Felsstatuen lagen im Schutt der Felsabhänge und wurden von Reisenden bereits im letzten Jahrhundert eingesammelt.
Das vorliegende Fragment aus hellem Kalkstein soll bei der Stele P auf der Ostseite des Nils gefunden worden sein. Es gehörte zweifellos zum Kopf der Königin Nofretete und zeigt einen Teil (etwa ein Viertel) der rechten Gesichtshälfte. Das Ohr ist beschädigt, die Oberfläche weist Verwitterungsspuren auf. Typisch für die Tracht der Nofretete ist die eigens für sie geschaffene blaue Krone «zylindrischer» Form, deren Gewicht schwer auf dem Hinterkopf lastet. An der Stirn der Königin ist eine Uräusschlange zu ergänzen. Aufgrund der erhaltenen Gesichtszüge kann man sagen, daß der Kopf von hervorragender Qualität war. Weich ist die Wangenpartie modelliert, ebenso gefühlvoll das Auge und die Augenbrauen. Wäre das Werk besser erhalten, könnte man ohne weiteres erkennen, daß es der frühen Stilphase der Amarnakunst angehört.
Das Fragment erinnert an eines der berühmtesten Kunstwerke aus dem Alten Ägypten – die bemalte Büste der Nofretete in Berlin. Obwohl dieses Porträt der Königin nur als Bildhauervorlage diente und das Atelier nie verließ, gilt es noch heute als Inbegriff makelloser Schönheit. AW

Publikation: Geschenk des Nils, Nr. 183.
Parallelen: Murnane – Van Siclen, Boundary Stelae, 129f., pl.

24–26; Ägyptisches Museum Berlin (1967), 71, Nr. 767; Akhenaten and Nefertiti (Brooklyn 1973), 102, no. 16; Ägyptische und moderne Skulptur, 101 Nr. 35.
Literatur: zu den Grenzstelen s. Murnane – Van Siclen, Boundary Stelae; Müller, Amenophis III., III-65f.; Schlögl, Echnaton, 30–36; Hornung, Echnaton, 69–72.

91
Relief mit Darstellung der Nofretete

Privatsammlung, Schweiz

Kalkstein mit Spuren von Bemalung
H. 9,5 cm; B. 13,0 cm
Reliefbruchstück einer Säule, Oberfläche bestoßen
Neues Reich, 18. Dynastie, Amarnazeit, um 1350 v. Chr.
Stadtgebiet von Amarna
Ehemals Sammlung E. Ascher, Paris

Achetaton, die von Echnaton neu gegründete Residenzstadt, die an Pracht und Luxus alles Bisherige in den Schatten stellte, wurde zu Beginn der Ramessidenzeit so gründlich geschleift, daß von der Dekoration der Tempel und Paläste nur noch kleine bis kleinste Bruchstücke übrigblieben. Oft ist es unmöglich zu sagen, woher ein Fragment stammt und von welchem Architekturteil, aber das vorliegende Bruchstück läßt sich relativ sicher einordnen. Trotz seiner Kleinheit besticht es durch seine hervorragende künstlerische Qualität und erlaubt die Rekonstruktion der Gesamtszene.
Das Kalksteinfragment zeigt in versenktem Relief den Kopf der Königin Nofretete. Sie trägt eine mehrfach gestufte Löckchenperücke (die sogenannte nubische Perücke) mit einer Uräusschlange an der Stirn. Ihre Gesichtszüge sind äußerst fein ausgearbeitet. Der Nasenrücken ist in einem sanften Bogen geschwungen, die Lippen sind voll und das runde Kinn leicht hängend.

Das Gesicht scheint grün (?) bemalt gewesen zu sein, was für die Amarnazeit ungewöhnlich wäre. Erhalten ist auch die rechte Hand, mit der die Königin einen Papyrusstrauß hochhält, um ihn Aton, der Strahlensonne, zu opfern. Auch von Aton sind noch Teile zu erkennen. So führt eines seiner vielen Händchen auf das Gesicht der Königin zu und hält ihr ein Anchzeichen an die Nase (etwas zerstört). Das Fragment gehörte wohl zu einer Darstellung, die die ganze königliche Familie mit Echnaton und den Töchtern beim Opfern unter Aton zeigte (vgl. Abb.).

Der Stil des Gesichtes macht deutlich, daß es sich um eine Arbeit aus der frühen bis mittleren Amarnazeit handelt. Die Stilmerkmale sind nicht mehr ganz so expressiv wie in der Frühphase der Amarnakunst, sondern schon etwas gemildert. Die Überlängung des Gesichtes mit dem hängenden Kinn ist zurückgenommen, und die Augen sind nicht mehr so schlitzförmig. Bereits lassen sich Züge des Schönheitsideals aus der späten Phase der Amarnakunst ausmachen. Die Oberfläche des Fragmentes ist leicht gewölbt, was darauf hindeutet, daß es sich um die Dekoration einer Säule gehandelt haben muß. AW

Publikation: unveröffentlicht.
Parallelen: Petrie, Amarna, pl. XII,3; City of Akhenaten III, pl. LXXIV,7; Akhenaten and Nefertiti (Brooklyn 1973), 57, fig. 34. 126, fig. 48. 128, fig. 50. Cooney, Amarna Reliefs, 26f., no. 15. Royal Women (New York 1996), 85ff., fig. 75–77; The Pomerance Collection of Ancient Art, 62, Nr. 68.
Literatur: Müller, Amenophis III.; Lange, Amarna-Zeit; Akhenaten and Nefertiti (Brooklyn 1973); Hornung, Echnaton.

92
Porträtkopf einer Königin

Privatsammlung H. H., Zürich

Kalkstein
H. 9 cm; B. 6,5 cm
Linke Gesichtshälfte stark erodiert
Neues Reich, 18. Dynastie, Amarnazeit, um 1340 v. Chr.

Der Kopf mit weichen, weiblichen Zügen scheint unvollendet und erinnert – trotz seiner geringen Ausmaße – an eine Bildhauerstudie.

Die Schädelpartie fehlt, die Ohren sind summarisch gestaltet und die Rückseite völlig unbearbeitet. Der Künstler konzentrierte sich wohl einzig und allein auf die Physiognomie des Antlitzes. Das Gesicht, das noch im Stein zu schlummern scheint, ist skizzenhaft gestaltet: die Augen gehen fließend in die Wangenpartie über. Einzig die plastische Bearbeitung der Nasen- und Mundpartie mit den leicht geöffneten, vollen Lippen wirken bildhauerisch gereifter als die obere Gesichtspartie.

Obwohl sich bei unserem Porträt unverkennbare Übereinstimmungen mit den Bildnissen der Königin Nofretete feststellen lassen, kann angesichts des unfertigen Zustandes und des leider sehr schlechten Erhaltungszustandes des Kopfes eine definitive Zuweisung nicht vorgenommen werden. Es ist auch die Möglichkeit in Betracht zu ziehen, daß es sich um eine Darstellung einer der Töchter von Echnaton und Nofretete – vielleicht Meritaton – handelt.

Die weiche Gestaltung der individuellen, verschleiert

anmutenden Züge weist auf eine Entstehung des Köpfchens in der Endphase der Amarnakunst. MPG

Publikation: Entdeckungen (München 1985), 61. 63, Nr. 45; Ägyptische Kunst (Hamburg 1965), Nr. 22, Abb. 13–14.
Parallelen: maßgebende Vergleichsobjekte: Ägyptisches Museum Berlin (1991), Nr. 68 und 70.
Literatur: Royal Women (New York 1996), 41–85 mit ausführlichen Literaturangaben; E. Brunner-Traut, LÄ IV, 519–521, s. v. Nofretete.

93

Relieffragment mit nubischen Gesandten

Fondation Jacques-Edouard Berger, Lausanne

Sandstein, Spuren von originaler roter Farbe
Fragment eines Talatat-Blocks
H. 17,5 cm; B. 18,4 cm
Neues Reich, 18. Dynastie, Amarnazeit, um 1350 v. Chr.

Als Talatat werden jene Kalk- oder Sandsteinblöcke bezeichnet, die für die Bauten Amenophis' IV./Echnatons verwendet wurden. Die Benennung weist auf das Format der Blöcke (arab. *talatat* heißt «Dreier», d.h. Block von drei Handspannen Größe): sie waren ursprünglich auf eine Größe von etwa einer Handspanne Höhe (ca. 1/2 Elle) und zwei Handspannen Breite (ca. 1 Elle) genormt, was ein für einen Arbeiter durchaus tragbares Steinvolumen ergab. Diese in der gesamten Geschichte des ägyptischen Bauwesens singuläre Technik erlaubte eine zügige Vollendung der von Echnaton projektierten Bauten. Bereits kurz nach seinem Tod wurden die Paläste und Tempel der Hauptstadt Achetaton dem Verfall preisgegeben und fielen der gezielten Zerstörung zum Opfer. Der Abbruch des thebanischen Atontempels erfolgte noch unter König Haremhab. Besonders die Könige der 19. Dynastie ließen die polychromen Blöcke in konsequenter Weise abtragen und wiederverwenden, etwa als Füllmaterial der Pylone des Karnaktempels. Ramses II. nutzte die Ruinen der verlassenen Stadt Achetaton zur Gewinnung von Baumaterial für seine eigenen Tempelbauten am gegenüberliegenden Ufer in Hermopolis Magna.

Unser Relief in versenkter Technik, das zwei Männer mit ehrfurchtsvoll zum Gruß erhobenen Händen zeigt, ist ein Fragment eines solchen Talatatblocks. Ihre Gesichtszüge – betont hervortretende Jochbeine, breite Nasen und volle, aufgeworfene Lippen – weisen sie als Nubier aus (vgl. Kat.-Nr. 84). Eine hohe Feder am Hinterkopf, die als Kopfschmuck geschickt in die voluminöse Haarpracht gesteckt ist, unterstreicht ihr exotisches Erscheinungsbild.

Der Verehrungsgestus und die nach vorne gestreckten Häupter mit nach oben gerichtetem Blick lassen vermuten, daß es sich bei dem ursprünglichen Gesamtbild um eine Prozession von Fremdvölkern handelte, die als offizielle Gesandtschaften des jeweiligen Landes dem Pharao ihren Tribut überbrachten. MPG

Publikation: Un regard partagé, 162. 165, nr. 147. Für Hinweise sei Alexandra Küffer gedankt.
Parallelen: Akhenaten and Nefertiti (Brooklyn 1973), 124, no. 45; Sudan (München 1996), Nr. 149.
Literatur: Cooney, Amarna Reliefs, 41–42, no. 22. 22a; Davies, Rock Tombs I–VI; Luxor Museum (1979), 106–107, no. 41; Lauffray, Karnak, 174–193; Redford, Akhenaten Temple Project II, pl. 8; Roeder, Hermopolis; ders., Amarna-Reliefs, zu den Ausländern besonders S. 67. 199–200. 313, Nr. 12.d, hier v. a. Taf. 205 (PC 248): zwei Nubier mit identischer Haartracht und eingesteckter Feder.

94
Relieffragment mit gefangener Gazelle

Privatsammlung H. H., Zürich

Kalkstein, rote Farbe modern ergänzt
Fragment eines Talatat-Blocks
H. 23 cm; B. 23 cm
Neues Reich, 18. Dynastie, Amarnazeit, um 1350 v. Chr.

Der Reliefausschnitt – Teil eines Talatatblocks – zeigt den angespannten Körper und die langen, fragilen Läufe einer Gazelle, die am Hals und Rücken von den kräftigen Händen eines Mannes festgehalten wird.

Die Überschneidung von Mensch und Tier verleiht der Szene eine fühlbare Lebendigkeit. Die Plastizität der Komposition basiert auf einer handwerklich geschickten Bearbeitung: die Gazelle ist in versenktem Relief dargestellt, die nach ihr greifenden Hände aber in erhabe-

nem Relief. Sowohl die gezielte Alternierung der beiden Techniken als auch die Staffelung der Figuren sind Charakteristiken der Reliefkunst von Amarna.
Der genaue Kontext dieser Momentaufnahme läßt sich nicht eindeutig festlegen. Da es dem Mann gelingt, der aufbäumenden Kraft des Tieres ohne Hilfe eines Seiles mit bloßen Händen Herr zu werden, ist nicht anzunehmen, daß es sich um ein in der Wildnis gefangenes Steppentier handelt, sondern um eine bereits zahme Gazelle. Diese Vermutung ist naheliegend, da bekannterweise gezähmte Wildtiere im Nordpalast von Achetaton gehalten wurden. Bei der dargestellten Gazelle kann es sich um ein Tier aus einem Tribut oder aus dem königlichen Zoo handeln. MPG

Publikation: Hanke, Amarna-Reliefs, 46, Nr. 40, Taf. 17. Für Hinweise sei Alexandra Küffer gedankt.
Parallelen: Roeder, Amarna-Reliefs, Taf. 194 (PC154). 213 (PC 300). 215 (PC 299).
Literatur: siehe Kat.-Nr. 93.

95
Fragment einer Wandfliese

Privatsammlung P. Hartmann, Genf

Mehrfarbig glasierte Fayence
H. 6,4 cm; B. 6,9 cm; T. 1,2 cm
Fragment einer rechteckigen Fliese
Neues Reich, 18. Dynastie, Amarnazeit, um 1340 v. Chr.
Wohl aus Amarna

Während der Amarnazeit wurden die Wände der Paläste und Wohnhäuser von Vornehmen nicht nur mit Malereien, sondern auch mit bunten, zum Teil in die Malerei integrierten Fayencefliesen versehen. Neben rechteckigen Fliesen, die mit ganzen Szenen dekoriert waren, gab es auch Fliesen in Form von Figuren oder Pflanzen, insbesondere Früchten, die man mosaikartig zusammensetzen und wieder in eine größere Malerei einbinden konnte. Die Kombination von Malerei und leuchtenden Fayencefliesen, die dem bunten Spiel der Natur nachempfunden war, muß einen herrlichen Anblick abgegeben haben. Eine Vielzahl von Fliesenfragmenten und kleinen Formfliesen hat man in Amarna, der neuen Residenz Echnatons, in Mittelägypten gefunden. Später hat man nur noch die Paläste und Fassaden der Tempel Ramses' II. und III. mit bunt glasierten Fayencefliesen eingelegt.

Bei dem vorliegenden Fragment handelt es sich um ein Eckstück einer rechteckigen Fliese, auf die ursprünglich eine ganze Szene aufgemalt war. Erhalten ist der Kopf einer nach rechts auffliegenden Ente. Der Hintergrund ist cremefarben, der Vogel dagegen mehrfarbig. Der Umriß des Tieres wurde in die Oberfläche eingeritzt. Details wie der Schnabel oder das Gefieder trug man mit unterschiedlich färbenden Glasuren auf: Der Kopf der Ente ist hellgrün, die Kontur braun. Braun bis dunkelviolett sind der Schnabel und die Federchen am Hals und Brustansatz. Der Ansatz der Flügel ist jedoch blau konturiert. Unter der auffliegenden Ente ist sicher ein Papyrusdickicht zu ergänzen.

Das Motiv der belebten Nilufer treffen wir unendlich oft nicht nur in der Wand-, sondern auch Fußbodenmalerei Amarnas an (vgl. Abb.). Es ist Ausdruck der neuen Sonnentheologie der damaligen Zeit, denn Naturschilderungen sowohl in der bildenden wie literarischen Kunst sind Sinnbilder für das segensreiche und mit Liebe erfüllte Wirken des einzigen Gottes Aton. AW

Publikation: unveröffentlicht. Für Hinweise sei Anja Kalinowski gedankt.

Parallelen: City of Akhenaten III, pl. LXXII,2.5.9; als Amulett:

Petrie, Amarna, pl. XVII,310–312. Andere Motive: Glass and Glazes, 98, no. 27–29, pl. V–VI; Ägyptisches Museum Berlin (1991), Nr. 77; Nofretete – Echnaton, Nr. 38 und 41; Meisterwerke Altägyptischer Keramik, 155f., Nr. 234–237; Akhenaten and Nefertiti (Brooklyn 1973), 157, no. 86; Anch – Blumen für das Leben, 82–86, Nr. 14–17. Vgl. die Fliesen aus dem Palast Ramses' II. in Qantir: Ramses le Grand, nr. LVI. Für Parallelen in der Malerei vgl. Petrie, Amarna, Taf. 2f.; Bissing, Hawara; Ägyptisches Museum Kairo (1986), Nr. 170; Ägyptisches Museum Berlin (1991), Nr. 78.

Literatur: City of Akhenaten II, pl. XXX; ibid. III, pl. CV,5–10. Zur Technik s. Kayser, Kunsthandwerk, 116–121; Smith, Art and Architecture, 200; Samson, Amarna, 66–73; Egypt's Golden Age, 37–43.

96
Teil eines lotusförmigen Gefäßes mit Gazellendekor

Privatsammlung, Schweiz

Ägyptischblau, gelbe Farbpigmente
H. 7,5 cm; B. 8 cm
Gefäß zu einer Hälfte erhalten, die aus mehreren Fragmenten zusammengefügt ist
Neues Reich, späte 18. Dynastie, um 1300 v. Chr.

Bei der Herstellung von blauen Farbpigmenten legte man großen Wert darauf, die intensive Leuchtkraft des wertvollen Lapislazuli nachzuahmen. Dieser Wunsch war jedoch recht schwierig zu realisieren, da die Farbe Blau in Form natürlicher Rohstoffe nicht direkt zur Verfügung stand. Das hell leuchtende Kupferkarbonat Azurit, das in der Ostwüste und im Sinai abgebaut wurde, vermochte die Nachfrage nicht zu decken. Bereits im Alten Reich gelang es, die begehrten blauen Farbpigmente in größerem Rahmen künstlich herzustellen, indem man eine Mischung aus quarzhaltigem Sand, Soda, Kalk und Kupferoxyd bei 500–850 Grad Celsius schmolz. Das Endprodukt – kobaltblaue Fritte – konnte problemlos zu Pulver zermahlen werden und mit Hilfe von Bindemitteln beliebig weiterverwendet werden. Besonders die Kleinkunst machte vermehrt Gebrauch von diesem sog. Ägyptischblau (vgl. Kat.-Nr. 133, 152).
Das in seiner Art singuläre Gefäß mit kugeligem Körper und hoher, deutlich abgesetzter Lippe imitiert die Form einer geöffneten Lotusblume. Eingeritzte Lotusblüten zieren auch den unteren Teil des Gefäßes. Die ausladende Schulterpartie trägt einen Tierfries, der (soweit erhalten) vier ruhende Gazellen darstellt. Dieses elegante Tier erfreute sich besonders in der 18. Dynastie einer großen Beliebtheit. Am königlichen Hof von Amenophis

III. in Malkata und dessen Sohn Amenophis IV./Echnaton in Amarna wurde das Wüstentier, das nie wirklich gezähmt werden konnte, als eine Art Haustier gehalten. (vgl. Kat.-Nr. 94). Die leicht versenkte Dekorfläche, die bereits in der Matrize ausgearbeitet war, ist mit einer gelben Paste ausgefüllt, deren warme Farbe einen schönen Kontrast zum leuchtend blauen Hintergrund bildet.
Die meisterhafte handwerkliche Ausführung dieses dünnwandigen Gefäßes, die Kostbarkeit des Materials und die Wahl des Motives verraten das raffinierte Kunstschaffen der königlichen Werkstätten der ausgehenden 18. Dynastie. MPG

Publikation: Animals III, 150–151, Nr. 234; Aus Noahs Arche, Nr. 132.
Literatur: Antike Welt – Salben, Schminken und Parfüme im Altertum, Sondernummer 1990, 8–10, Fig. 9, besonders Anm. 20; B. Schlick-Nolte, LÄ II, 332–333, s. v. Fritte; E. Brunner-Traut, LÄ II, 426–427, s. v. Gazelle.

97
Figur einer Heuschrecke

Privatsammlung, Schweiz

Mehrfarbig glasierte Fayence
H. 2 cm; L. 4,9 cm; B. 1,9 cm
Hinterkörper und Sprungbeine fehlen
Neues Reich, 18. Dynastie, Amenophis III. – Tutanchamun, um 1390–1323 v. Chr.

Während sich die Assyrer an Heuschreckenspießchen labten, beschränkte man sich in Ägypten auf die Darstellung der Heuschrecke in der Kunst. Obwohl man sie schon sehr oft zusammen mit anderen Insekten in den Szenen des belebten Papyrusdickichts der Privatgräber des Alten Reiches antrifft, fand die Heuschrecke erst im Neuen Reich, besonders in der zweiten Hälfte der 18. Dynastie, vermehrt Eingang in die bildende Kunst. Ihre Gestalt war nun formgebend für Skaraboide und Amulette, kleine Ölgefäße, Salbtöpfchen und Schmuckperlen. Ausschlaggebend dafür war die symbolische Bedeutung des Tieres, die im Bereich der Regeneration lag. Ebenso trifft man sie in der Grabmalerei dieser Zeit als Ornament an.
Unsere Heuschrecke ist leider nur fragmentarisch erhalten, da der Hinterleib gänzlich fehlt. Die Figur besteht aus Fayence und wurde polychrom glasiert. An dem grünen Körper sind der Chitinpanzer und die Flügel getreu wiedergegeben. Die Augen sind erhaben und blau. Die reliefierten Beine weisen im oberen Teil eine rötlichbraune Farbe auf.
Die naturalistische Wiedergabe des Insekts und auch die Art der mehrfarbigen Fayence erinnern an die polychromen Fliesen und die rundplastischen Formstücke von Blumen und Früchten aus der Amarnazeit, die man zur Dekoration von Architekturteilen und Mobiliar verwendete. Solche Einzelteile waren, wie entsprechende Aufhängevorrichtungen zeigen, entweder aufgesteckt oder hängend angebracht. Es scheint durchaus möglich, daß die Heuschrecke zu einem dreidimensionalen belebten Papyrusdickicht in einem der Paläste Amarnas gehörte. AW

Publikation: Animals III, 3, Nr. 1; Aus Noahs Arche, Nr. 1.
Parallelen: L. Keimer, Pendeloques en forme d'insectes faisant partie de colliers égyptiens, ASAE 32, 1932, 137f., fig. 43, pl. IX,1–3; Smith, Art and Architecture, pl. 153 (A) (Salbtöpfchen); Egypt's Golden Age, 101, fig. 30 (Gefäß aus Ton). Vgl. noch Brunton, Qau and Badari II, pl. XCVII,39; Antiquités et Objets d'Art.

Collection de Martine, Comtesse de Béhague provenant de la Succession du Marquis de Ganay, Sotheby's Monaco, Samedi 5 décembre 1987, 48, nr. 59.
Literatur: L. Keimer, Pendeloques en forme d'insectes faisant partie de colliers égyptiens, ASAE 32, 1932, 129–150; ASAE 33, 1933, 65–130; ASAE 37, 1937, 143–172. Zum Verwendungszweck rundplastischer Fayencefiguren in Amarna s. Samson, Amarna, 86–93; Anch – Blumen für das Leben, 91f., Nr. 22f. Zur Bedeutung der Heuschrecke vgl. weiter Skarabäen Basel, 116f.; Hornung, Totenbuch, 461, Spr. 76.

98
Gruppe von drei Thoëris-Amuletten

Privatsammlung Elsa und Dr. Pierre Henri Bloch-Diener, Bern (A–C)

A
mehrfarbiges Glas
H. 1,6 cm
Intakt
Neues Reich, 18. Dynastie, Amarnazeit, um 1340 v. Chr.
Ehemals Sammlung Albert Ferdinand Pagnon (1847–1919)

B
Karneol
H. 1,6 cm;
Öse weggebrochen
Neues Reich, 18. Dynastie, Amarnazeit, um 1340 v. Chr.

C
blaues Glas
H. 2,3 cm
Luftblase an Schnauze
Neues Reich, 18. Dynastie, Amarnazeit, um 1340 v. Chr.

Obwohl die Religion Echnatons außer Aton keinen anderen Gott zuließ, fand man in den Privathäusern seiner neuen Residenzstadt beim heutigen Amarna immer wieder Amulette der volkstümlichen Götter Bes und Thoëris. Es scheint so, als hätten diese alten Schutzgötter aus dem Volksglauben nicht eliminiert werden können. Stil und Material zumindest der beiden Exemplare aus Glas weisen, wie Parallelen zeigen, unzweifelhaft auf eine Herstellung in der Amarnazeit.
Die drei kleinen Amulette aus Glas (A, C) und Karneol (B) stellen alle die Göttin Thoëris dar. Ihre Mischgestalt, die sich aus dem Leib einer schwangeren Nilpferdkuh, dem Schwanz eines Krokodils und den Pfoten eines Löwen zusammensetzt, ist kaum zu erkennen (vgl. Kat.-Nr. 139). Einzig ihre charakteristischen Konturen – der breite Kopf, der dicke Bauch und das kurze Schwänzchen – identifizieren sie. Über dem Kopf befindet sich je eine Tragöse, die bei einem Amulett weggebrochen ist (B). Gerade bei diesem Exemplar sind die Züge der Göttin am deutlichsten, insbesondere ihr Rücken und der Krokodilschwanz. Eine ganz besondere Ausführung, von der nur noch drei weitere Exemplare bekannt sind, weist die Thoëris aus schwarzem Glas mit den weißen Einsprengseln (A) auf.
Die Göttin Thoëris, deren Name «die Große» bedeutet, ist die Beschützerin von Schwangerschaft, Geburt und Stillzeit.
AW

Publikation: unveröffentlicht.
Parallelen: City of Akhenaten II, pl. XXIX,5; Petrie, Amulets, pl. XL,236h; Andrews, Amulets, no. 66,i. Falsch interpretiert bei Müller-Winkler, Objekt-Amulette, Taf. V,97. Vgl. weiter Petrie, Amarna, Taf. XVII,296–299 vgl. auch 286–291.
Literatur: RÄRG, 530–535, s. v. Nilpferdgöttin; Andrews, Amulets, 40f., no. 39.

99 A, B, D, E, G

99
Verschiedene filigrane Fayenceringe

Privatsammlung, Schweiz (A–C)
Privatsammlung, Basel (D–G)

Fayence: grün, türkisfarben bis dunkelblau
A: Dm. 2,5 cm. B: Dm. 1,9 cm. C: Dm. 2 cm. D: Dm. 2,2 cm.
E: Dm. 2,4 cm. F: Dm. 2,6 cm. G: Dm. 2,4 cm
Neues Reich, 18. Dynastie, Zeit Amenophis' III. und Amenophis' IV./Echnatons, 1390–1336 v. Chr.

Die in die Anfänge der ägyptischen Kultur zurückreichende Schmuckform des Fingerrings, der aus unterschiedlichsten Materialien angefertigt wurde, erfreute sich im Neuen Reich zunehmender Beliebtheit. Neben der vordergründigen Funktion des Schmückens konnte er als Siegelring dienen und wurde somit für seinen Besitzer zu einem Statussymbol. Besonders jene Exemplare, deren Platte Symbole wie Udjat-Augen, Anch- und Nefer-Zeichen oder Darstellungen spezifischer Gottheiten trugen, nahmen auch die Funktion eines Amulettes wahr.

99 C, F

E: Durchbrochene Ringplatte aus drei Stegen, die in der Mitte drei Ovale bilden, die sich farblich voneinander abheben (rot-blau-rot). Formal imitiert dieses aus leuchtend grüner Fayence gefertigte Exemplar metallene Ringe mit cabochonartigen Einlagen aus Halbedelsteinen.
F: Hochovale Ringplatte in Gestalt eines hockenden Pavians. Der Ringschaft endet auf beiden Seiten in einer Papyrusdolde.
G: Ringplatte in Gestalt eines Udjat-Auges, das im Gegensatz zu (A) nicht durchbrochen ist. MPG

Publikation: A–C) unveröffentlicht. D) Chadour, Koch Collection, 5, no. 10. E) Chadour, Koch Collection, 5, no. 11. F) Chadour, Koch Collection, 5, no. 15. G) Chadour, Koch Collection, 7, no. 18.
Parallelen: D) Egypt's Dazzling Sun, 450, no. 132. E) Egypt's Dazzling Sun, 450, no. 134.
Literatur: Andrews, Jewellery, 60, fig. 45; Egypt's Dazzling Sun, 450; Egypt's Golden Age, 248–250, no. 346; Skarabäen Basel, 37, besonders Anm. 6; Petrie, Amarna, pl. XIV–XVI; Samson, Amarna, 78.

Unter Amenophis III., besonders dann aber unter Echnaton, stellte man in beträchtlicher Anzahl Ringe aus Fayence her, unter Benutzung mehrfach verwendbarer Formen. Es wurde wohl vor allem Wert auf ihre schmückende Eigenschaft gelegt, da sich die zerbrechlichen Pretiosen nicht als Siegelringe eigneten. Die für die Ringplatte oft angewandte Technik des sogenannten «open-work» erhöhte die Zerbrechlichkeit der Ringe. Das Bildrepertoire für die ovalen und fallweise durchbrochen gearbeiteten Ringplatten bildeten nun neutrale Motive wie Tier- und Blumendarstellungen.
A: Längsovale, durchbrochene Ringplatte in Gestalt eines Udjat-Auges.
B: Längsovale Ringplatte mit komplexem Dekor aus vier Nefer-Zeichen und einem Udjat-Augenpaar.
C: Hochovale Ringplatte in Gestalt einer Kartusche mit dem Thronnamen Amenophis' III., Nebmaatre.
D: Längsovale, durchbrochene Ringplatte in Gestalt einer Ente mit zurückgelegtem Kopf.

100
Fragment eines Königskopfes

Fondation Jacques-Edouard Berger, Lausanne

Gelblicher Quarzit
H. 15,4 cm; B. 12,2 cm
Kopf einer unterlebensgroßen Königsstatue. Unterhalb der Augenpartie weggebrochen. Beschädigung an linker Kopfhälfte. Uräuskopf fehlt. Risse im Gestein, möglicherweise auf Brandeinwirkung zurückzuführen
Neues Reich, 18. Dynastie, Amarnazeit, um 1330 v. Chr.

Aus der Amarnazeit sind uns einige der schönsten Schöpfungen ägyptischer Bildniskunst erhalten geblieben, aufgrund der Verfolgung des Andenkens Echnatons und seiner Familie allerdings meist nur fragmentarisch. In der Amarnakunst lassen sich grundsätzlich zwei Stilphasen unterscheiden – eine frühe, expressio-

nistische Phase, die sich bewußt gegen das raffinierte Schönheitsideal von Echnatons Vater Amenophis III. stellte und dieses in das genaue Gegenteil, ja Groteske verkehrte, und eine späte Phase, in der man sich wieder auf ein Schönheitsideal besann, ohne die errungenen Ausdrucksformen aufzugeben.

Trotz des fragmentarischen Erhaltungszustandes des vorliegenden Kopfes aus gelblichem Quarzit kann man sagen, daß er der späten Phase der Amarnakunst angehört. Dies ist besonders gut an der erhaltenen Augenpartie zu erkennen: Die weich modellierten Augenbrauen sind hoch geschwungen. Die Augen selbst sind klein und scheinen nur halb geöffnet. Eher schwer sind die Augenlider. Ihr Ausdruck ist müde und erhaben zugleich. Auf dem Kopf trägt der König die Blaue Krone mit der mehrfach geringelten Uräusschlange. Merkwürdig hoch ist die Stirnpartie gestaltet, doch läßt sich dies an mehreren Kompositstatuen feststellen, bei denen die Blaue Krone separat eingesetzt war. Es ist möglich, daß ein drittes horizontales Band der Krone auf die jetzt zu hohe Stirn aufgemalt war und sie niedriger erscheinen ließ. Naturalistisch sind die Ohren ausgeführt. Ein Rückenpfeiler war nicht vorhanden.

Wen wir in diesem Bildnis erkennen dürfen, ist so wenig klar wie das Ende der Amarnazeit selber. Nach dem Tode Echnatons hat es an einem männlichen Erben gefehlt, denn seine Gemahlinnen Nofretete und Kia schenkten ihm nur Töchter. Einer der unmittelbaren Nachfolger des Königs dürfte ein Verwandter namens Semenchkare gewesen sein, der hier ebenfalls dargestellt sein könnte. AW

Publikation: abgebildet in Un regard partagé, 167, nr. 905.
Parallelen: P. Munro, Anmerkungen zu zwei Königsplastiken der Amarnazeit, MDAIK 47, 1991, 255–262; Ägyptisches Museum Berlin (1991), Nr. 62; Ägyptisches Museum Berlin (1983), 43; Le Louvre (1990), 47; Yoyotte, Trésors, 117; Catalogue des Statues (Kopenhagen 1950), nr. 51. Vgl. den Prinzessinnenkopf Ägyptisches Museum Berlin (1991), Nr. 70.
Literatur: De Wit, Statuaire; Akhenaten and Nefertiti (Brooklyn 1973); Müller, Amenophis' III.

101
Kopf und Rumpf zweier Totenfiguren Echnatons

Privatsammlung, Schweiz (A)
Privatsammlung R. W., Zürich (B)

A
Sandstein
H. 5,5 cm; B. 5,6 cm
Kopf einer Totenfigur
Neues Reich, 18. Dynastie, Ende der Regierung Echnatons, um 1336 v. Chr.
Aus dem Königsgrab Echnatons in Amarna

B
Quarzit
H. 14,2 cm; B. 8,7 cm
Rumpf einer Totenfigur
Neues Reich, 18. Dynastie, Ende der Regierung Echnatons, um 1336 v. Chr.
Aus dem Königsgrab Echnatons in Amarna
Ehemals Sammlung G. Michailidis

Das Grab König Echnatons in einem Felstal bei Amarna wurde durch Einheimische in den 80er Jahren des letzten Jahrhunderts entdeckt und ausgeräumt. Viele Fragmente von Totenfiguren kamen damals in private Hände, zumal das Grab 1891 öffentlich zugänglich gemacht wurde und die Besucher die Gelegenheit nutzten, nach Souvenirs im Tal zu suchen. Gefunden wurden die Totenfiguren im Eingang oder im Schutt vor dem Grab, denn einige Zeit nach dem Tode Echnatons war sein Grab geplündert und das gesamte Grabinventar zerschlagen worden.

Die beiden Fragmente stammen von zwei unterschiedlichen Totenfiguren des Königs. Der Kopf (A) besteht aus Sandstein; der Torso (B) aus einem feinen Quarzit. Auf dem Haupt trägt der König die voluminöse Beutelperücke, die die Ohren frei läßt. Die Uräusschlange an der Stirn sowie der Zeremonialbart sind weggebrochen. Das Antlitz ist weich modelliert, insbesondere die Augenpartie. Nase und Mund sind bestoßen. Von der anderen Totenfigur ist nur der mumienförmige Körper erhalten geblieben. Plastisch hervorgehoben sind die Arme, die über der Brust gekreuzt sind. Die Hände sind zu Fäusten geballt und hielten vermutlich einst aufgemalte Herrschaftsinsignien oder Anchsymbole in der Hand. Unterhalb der Arme beginnt eine senkrecht eingravierte Inschrift. Deutlich ist der Thronname Echnatons in der Kartusche zu erkennen, während von dem ebenfalls in eine Kartusche eingeschriebenen Geburtsnamen nur noch der Ansatz zu sehen ist. Die vollständige Inschrift lautete: König von Ober- und Unterägypten, Nefercheperure Waenre, Sohn des Re, Echnaton. Auf der Rückseite des Fragmentes sieht man deutlich, daß auch die Körperformen sehr weich modelliert sind.

Mit einer Ausnahme stammen alle beim Königsgrab in Amarna gefundenen Statuetten von Echnaton. Nur eine Totenfigur trug den Namen der Königin Nofretete. Zur Herstellung der Figuren verwendete man verschiedene Materialien wie Kalzitalabaster, Quarzit, Sandstein, Kalkstein und Fayence. Auch in der Tracht und den Attributen lassen sich Unterschiede aufzählen. So verschieden die Gesichter z.T. sind, weist doch keines Züge aus der frühen Phase der Amarnakunst auf, die sich gegen den herkömmlichen ägyptischen Kunststil auflehnte. Alle Porträts zeigen jugendlich idealisierte Züge und bereiten den Nachamarnastil Tutanchamuns vor.

AW

Publikation: A) Ägyptische Kunst, Münzen und Medaillen AG, Auktion 46, Basel 1972, 28. April, 27, Nr. 41, Taf. 12; Martin, Royal Tomb I, 67, no. 220, pl. 46. B) Schlögl – Sguaitamatti, Arbeiter des Jenseits, 16, Abb. 4; Schlögl – Brodbeck, Totenfiguren, 77, Nr. 25; Martin, Royal Tomb II, pl. 91,507.

Parallelen: Martin, Royal Tomb I, 37–74, pl. 25–48; II, 57–62, pl. 89–91.

Literatur: Martin, Royal Tomb I–II; Schlögl – Brodbeck, Totenfiguren.

101 A

101 B

102
Kopf des Tutanchamun

Privatsammlung, Schweiz

Granodiorit
H. 17,5 cm
Weitgehend intakt; geringfügige Bestoßungen
Neues Reich, späte 18. Dynastie, Anfang der Regierungszeit des Tutanchamun, um 1330 v. Chr.

Die mystische Ausstrahlung des leicht unterlebensgroßen Kopfes beruht besonders auf den mandelförmigen Augen mit den scharf gegen die Brauen abgesetzten Oberlidern, die durch den Schminkstrich betont sind. Die bogenförmig geschwungenen Augenbrauen sind wie der Lidstrich bis zu den Schläfen nachgezogen. Das leise Lächeln, das den Mund mit den sensibel geschwungenen Lippen umspielt, unterstreicht den würdevollen Ausdruck des Kopfes.
Besonders hervorzuheben ist die unterschiedliche Beschaffenheit der Gesteinsoberfläche. Das feine Gesicht weist eine perfekte Politur auf, die die Zartheit der jugendlichen Haut andeutet. Kurz über den Augenbrauen setzt sich die Oberfläche deutlich anders fort: Die gesamte Schädelpartie erscheint rauh und körnig. Die differenzierte Ausführung hat eine leichte Nuancierung in der Farbgebung des Steins zur Folge. Die Bearbeitungstechnik läßt vermuten, daß die Kopfbedeckung gesondert gefertigt war und auf den Schädel aufgesetzt wurde. So konnte geschickt die unschöne Vertiefung auf der linken Kopfseite verdeckt werden. Die großen, summarisch ausgeführten Ohren mit gebohrten Ohrläppchen schließen an der oberen Partie kantenartig ab und dienten als Träger für den nun fehlenden Kopfputz. Am partiell erhaltenen Hals ist eine tief eingekerbte Falte zu erkennen. Bei der Wiedergabe von Halsfalten handelt es sich um eine Neuerung des Kunstschaffens der Amarnazeit, die es bis dahin in der Rundplastik nicht gab. Die Bruchstelle an der linken Seite des bis zum ausladenden Hinterkopf reichenden Rückenpfeilers deutet darauf hin, daß der Kopf Teil einer Statue war, die zu einer Götterkomposition gehörte.
Die Gesichtszüge, die durch die fülligen Wangen, die gerade Nase mit den etwas breit angesetzten Nasenflügeln und das kräftige Kinn geprägt sind, finden unverkennbare Übereinstimmungen mit den Bildnissen des Königs Tutanchamun. Die stilistischen Merkmale sind der künstlerischen Tradition der Endphase der Amarnazeit verpflichtet, die auf eine – unästhetisch wirkende – Übertreibung der individuellen Züge verzichtete und eine idealisierende Darstellungsweise bevorzugte.
MPG

Publikation: unveröffentlicht.
Parallelen: maßgebende Objekte, die als Grundlage für den Vergleich dienten: Edwards, Tutanchamun (1978), 44–45 (sog. «mannequin», Handlist, no. 116: «painted wooden lifesize portrait bust of Tutankhamun». Unserem Kopf entsprechend greift der Saum der Krone tief über die Stirn bis knapp über die Augenbrauen, spart die Ohren aus, von denen die Krone gestützt wird); Ägyptisches Museum Berlin (1991), Nr. 72 (Die skulpturale Ausführung des Gesichtes unseres Kopfes entspricht dieser «Modellbüste»); Ägyptisches Museum Kairo (1986), Nr. 40 (gleiche Gesichtszüge, wenn auch bei unserem Porträt deutlich gereifter. Jedoch ist bei unserem Kopf auf die übertriebene Verlängerung des kahl geschorenen Schädels verzichtet worden); Seidel, Statuengruppen I, 209–232, besonders Dok. 88, Taf. 53–54 (Die eine Seite des Rückenpfeilers am Hinterkopf des Tutanchamun ist zu einer Stütze für die Hand einer Gottheit, die in schützendem Gestus ihre Hände über den Kopf des Königs legt, ausgearbeitet worden, vgl. auch Taf. 58, Dok. 92).

Literatur: Carter, Tut-ench-Amun I–III, besonders Taf. 17; Reeves, Complete Tutankhamun, 155; Vandier, Manuel III, 353–367: zum Rückenpfeiler vgl. pl. CXVII,3–4. Zur skulpturalen Ausführung vgl. p. 361 n. 8, pl. CXVIII,5. J. Phillips, The Composite Sculpture of Akhetaten. Some Initial Thoughts and Questions, in: Amarna Letters 3, 1994, 59–71; W. R. Johnson, Hidden Kings and Queens of the Luxor Temple Cachette, in: Amarna Letters 3, 1994, 129–149, bes. 134–135.

103
Falkenköpfige Endstücke eines Halskragens

Privatsammlung Schindellegi

Goldblech über Gipskern mit Einlagen mehrfarbiger Glaspasten
H. 4,4 cm; B. 6,5 cm
Intakt
Neues Reich, 18./19. Dynastie, um 1539–1190 v. Chr.
Ehemals Sammlung E. Ascher, Paris, und Dr. R. Schmidt, Solothurn

Als klassischer Körperschmuck des alten Ägypters galt der sogenannte Usech-Halskragen (vgl. Kat.-Nr. 104 C), der sowohl von Frauen als auch von Männern getragen wurde. Neben dem schmückenden Effekt hatte der Halskragen seit frühester Zeit auch eine schützende Funktion. Aus diesem Grund ersetzte man wohl im Mittleren Reich die neutralen Endglieder durch Falkenköpfe. Der Falke galt seit Beginn der geschichtlichen Zeit als Erscheinungsform des Göttlichen schlechthin; sein Bild diente als Determinativ von Götternamen. So wurde der Halskragen durch die Falkenköpfe vergöttlicht und zu einem eigenständigen, schützenden Wesen gemacht (Kat.-Nr. 171). Im Neuen Reich hatten die Endglieder teilweise auch die Form von Lotusblüten, deren regenerierende Kraft auf den Träger ausstrahlen sollte.
Die vorliegenden beiden Falkenköpfe bildeten die Endglieder eines solchen Usech-Kragens. Die Köpfe sind aus Goldblech getrieben und mit Gips gefüllt. Auge, Lidlappen und die stilisierten Kopffedern sind mit verschiedenfarbigen Glaspasten eingelegt und lassen die Falkenköpfe leuchten und lebendig erscheinen. An der Basis

104 B–D

ist ein feiner Golddraht angelötet, dessen einzelne Windungen zur Aufnahme der Kettenreihen dienten.
Aus dem Alten Ägypten sind uns relativ viele Schmuckgegenstände bekannt, doch waren nicht alle für den täglichen Gebrauch bestimmt, sondern wurden auch speziell für die jenseitige Verwendung angefertigt. Die Ausführung dieser Stücke war nicht sehr stabil, so verwendete man für die Perlen etwa die zerbrechliche Fayence. Einen Hinweis auf den jenseitigen Gebrauch gibt auch das Fehlen von funktionierenden Verschlüssen. AW

Publikation: 5000 Jahre (Zürich 1961), 81, Nr. 255f.; Geschenk des Nils, Nr. 226.
Parallelen: Winlock, Princesses, pl. IX; Vernier, Bijouterie et Joaillerie, pl. X,1. Vgl. weiter Andrews, Jewellery, 134, no. 117; Götter, Gräber und die Kunst, 120f., Nr. 87
Literatur: Aldred, Jewels, 144f.; Andrews, Jewellery, 119–126; Möller, Metallkunst, 45f.; Kayser, Kunsthandwerk, 225ff.; T. Handoussa, Le collier ousekh, SAK 9, 1981, 143–150.

104
Halsschmuck

Privatsammlung, Schweiz (A–E)

A: Doppelkonische Perlen alternierend mit Anhängern in Gestalt von Lotusblumen
Karneol, Goldblech
Lotusblumen: H. 0,9 cm – 1 cm
Neues Reich, 18.–19. Dynastie, um 1539–1190 v. Chr.

B: Scheibenförmige Perlen alternierend mit Anhängern in Gestalt von Lotusblumen und Lilien
Gold, Karneol, Fayence, Schmucksteine
Lotus, Lilien: H. 0,7 cm – 1 cm
Neues Reich, 18.–19. Dynastie, um 1539–1190 v. Chr.

C: Doppelreihe von scheibenförmigen Perlen, alternierend mit Anhängern in Gestalt von Blütenblättern
Karneol, roter Jaspis, gelbes Glas, Goldblech
Blütenblätter: H. 1,3 cm
Neues Reich, 18.–19. Dynastie, um 1539–1190 v. Chr.

104 A

D: Scheibenförmige Perlen, alternierend mit Anhängern in Gestalt von «nefer»-Zeichen
Fayence, Goldblech
«nefer»-Zeichen: H. 1,3 cm
Neues Reich, 18.–19. Dynastie, um 1539–1190 v. Chr.

E: Zwei Ketten mit Perlen in Gestalt von Kornblumen
Karneol, roter Jaspis
Kornblumen: H. 1 cm – 1,8 cm; 1,9 cm – 1,6 cm
Neues Reich, 18.–19. Dynastie, um 1539–1190 v. Chr.

Die Anfänge der ägyptischen Schmuckmanufaktur liegen in der prädynastischen Zeit (vgl. Kat.-Nr. 14). Ketten mit Perlen aus unterschiedlichsten Materialien zierten den Hals von Frauen, Männern und Kindern. Das Repertoire schlichter Perlen in Scheiben-, Tonnen-, Zylinder- oder Kugelform ergänzten figürliche Perlen, die über den bloßen Aspekt des Schmucks hinaus als Amulette eine magische Funktion wahrnahmen.

A: Die prächtige Kette besteht aus tonnenförmigen und doppelkonischen Karneolperlen, die mit goldenen Lotusblumen alternieren. Wie bei der Kette mit «nefer»-Anhängern (Kat.-Nr. 104 D) nehmen die Perlen in Gestalt von Lotusblumen neben dem Aspekt des Schmucks als Amulette eine magische Funktion wahr. Die Verwendung des in der Kleinkunst allgegenwärtigen Motivs der Lotusblume als Sinnbild der Regeneration wurzelt in dem Zyklus der Pflanze: Der Lotus schließt abends seine Blütenblätter und taucht ins Wasser ein, um am anderen Morgen erneut in voller Schönheit aufzutauchen.
B: Die winzigen scheibenförmigen Perlen aus Goldblech alternieren mit Anhängern in Form von Lotusblumen und Lilien, die aus Gold, Karneol, Fayence und Halbedelsteinen angefertigt sind. Diese Kettenelemente veranschaulichen die facettenreiche Schmuckproduktion des Neuen Reiches, die das mannigfaltige Perlenrepertoire mit großem Geschick in unterschiedlichste Materialien umsetzte.
C: Die tropfenförmigen Anhänger aus Goldblech imitieren kleine Blütenblätter, wie sie im Blumenschmuck verwendet wurden. Die beiden übereinander liegenden Ösen an der Oberseite jedes Anhängers weisen auf die ursprüngliche Verwendung der Anhänger: sie waren Teil eines breiten Halskragens (vgl. Kat.-Nr. 103), dessen einzelne Elemente durch Verwendung von Doppelösen miteinander verflochten werden konnten.
Der mehrreihige Schmuckkragen aus Fayence oder Edelmetall ist formell eine Umsetzung des vergänglichen Blumenschmucks in ein dauerhaftes Material. Bei Festlichkeiten überreichte man den Gästen farbenprächtige Halskragen aus frischen Pflanzen als Geste des Willkommens. Auch bei Totenfeiern fanden sie – wie bei der Bestattung selbst – Verwendung: Außerhalb des Grabes des Tutanchamun fanden sich mehrere Halskragen aus passend zugeschnittenem Papyrus, der mit Girlanden aus Blättern verschiedener Bäume und Lotusblütenblättern versehen war. Neben der schmückenden Eigenschaft wurde dem breiten Halskragen als Kultgegenstand mit Amulettcharakter im religiösen Bereich große Bedeutung zugeschrieben.
D: Das Kettchen setzt sich aus winzigen scheibenförmigen Fayenceperlen von leuchtend blauer Farbe zusammen, die zwischen goldenen Perlen in Gestalt des hieroglyphischen Zeichens «nefer» aufgefädelt sind. Die gezielte Wahl von «nefer»-Anhängern sollte wohl auf das erwünschte Äußere und Wesen des Trägers hinweisen, bedeutet «nefer» doch «gut, schön».
E: Die figürlichen Perlen imitieren in stilisierter Weise die Form von Blütenköpfchen der Kornblume *(Centaura*

104 E

depressa). Diese ursprünglich in Ägypten nicht heimische Blumenart fand ihren Weg ins Niltal durch Getreideimporte aus Syrien und ist erst seit der frühen 18. Dynastie belegt. Obwohl sie in der Natur von blauer Farbe ist, haben die Künstler bei der Umsetzung der Blume in Perlenanhänger auch andersfarbige Materialien berücksichtigt. MPG

Publikation: A) Ancient Jewellery from the Near East and Egypt, Katalog Nefer, Zürich, 1993, no. 71A. B) unveröffentlicht. C) Ebenda, no. 67. D) Ebenda, no. 68. E) Ebenda, no. 71 B.
Parallelen: B) Anch – Blumen für das Leben, 87, Nr. 18a–b. C) Egypt's Golden Age, 234–235, no. 307–308 und 238, no. 313. D) Egypt's Golden Age, 237, no. 310–311. E) Egypt's Golden Age, 238, no. 314; Vernier, Bijoux III, 223–224, nr. 52674, pl. XL.
Literatur: C) Andrews, Jewellery, 119–123 (zum Halskragen); Kayser, Kunsthandwerk, 226–227, Abb. 203–204; Anch – Blumen für das Leben, 59–66, bes. Abb. 41. 44–45. Zu den Pflanzenhalskragen des Tutanchamun s. Germer, Pflanzenmaterialien; Hepper, Pharaoh's Flowers. E) Keimer, Gartenpflanzen, 8–10, Abb. S. 168.

105
Gruppe von Ringen

Privatsammlung, Basel (A, B, E, F)
Privatsammlung, Schweiz (C)
Privatsammlung, Schweiz (D)

A
Gold, massiv
Dm. 1,9 cm; Siegelplatte: 1,2 x 1,6 cm
Neues Reich, 18.–19. Dynastie, 1539–1190 v. Chr.

B
Gold, massiv
Dm. 2,1 cm
Neues Reich, 18.–19. Dynastie, 1539–1190 v. Chr.

C
Gold, massiv
Dm. 1,7 cm
Neues Reich, 18.–19. Dynastie, 1539–1190 v. Chr.

105 A

105 B

105 C

105 D

105 E

105 F

D
Goldblech
Dm. 1,7 cm
Neues Reich, 18.–19. Dynastie, 1539–1190 v. Chr.

E
Karneol
Dm. 2,5 cm; H. 2,7 cm
Neues Reich, 18.–19. Dynastie, 1539–1190 v. Chr.

F
Roter Jaspis
Dm. 2,4 cm; H. 2,6 cm
Neues Reich, 18.–19. Dynastie, 1539–1190 v. Chr.

Die aufgeführten Ringe aus wertvollem Gold oder farblich attraktiven Halbedelsteinen sind besonders qualitätvolle Erzeugnisse der Schmuckmanufaktur des Neuen Reiches (vgl. Kat.-Nr. 99).
A: Die längsovale Ringplatte ist Träger eines eingepunzten und gravierten Dekors. Die zentrale Figur bildet der als hockender Pavian dargestellte Gott Thot. Links steht der Beiname «Guter Gott, Herr der beiden Länder», rechts eine Kartusche mit dem Thronnamen Thutmosis' III., «Mencheperre».
B: Die rechteckige Siegelplatte ist Träger eines eingepunzten und gravierten Dekors in Gestalt der – stark stilisierten – Göttin Thoëris oder Opet, die ein Messer hält und sich auf eine «sa»-Schleife – die Hieroglyphe für «Schutz» – stützt (zum Wesen der Thoëris vgl. Kat.-Nr. 139).
C: Die hochovale Ringplatte in Gestalt einer Kartusche spricht in der eingepunzten hieroglyphischen Inschrift die Göttin «Mut, Herrin des Himmels» an (wie E). In der Rolle als Gemahlin des Götterkönigs Amun und Mutter des Chons tritt Mut seit dem Neuen Reich innerhalb der thebanischen Triade in den Vordergrund und erhält in Karnak ihren eigenen Tempelbezirk. Neben Hathor ist sie eine der beherrschenden Göttinnengestalten dieser Epoche.
D: Der Ringschaft aus geripptem Goldblech geht in eine rechteckige Platte über, die in feinem Cloisonné (Zellenschmelztechnik mit Inkrustationen) ein Udjat-Auge zeigt. Geringe Reste der ursprünglichen Einlagen (wohl

Lapislazuli) sind zu erkennen (zum Udjat-Auge vgl. Kat.-Nr. 143).
E: Die hochovale Platte des aus Karneol geschnittenen Ringes trägt die flüchtig eingravierte hieroglyphische Inschrift «Mut, Herrin des Himmels».
F: Der aus rotem Jaspis geschnittene Ring setzt sich aus zwei identisch gearbeiteten Teilen zusammen und vermittelt so den Eindruck eines Zwillingsrings. Die beiden längsovalen Platten tragen einen eingeritzten Rautendekor. MPG

Publikation: A) Chadour, Koch Collection, 3, no. 3. B) Chadour, Koch Collection, 3, no. 4. C) unveröffentlicht. D) unveröffentlicht. E) Chadour, Koch Collection, 4, no. 5. F) Chadour, Koch Collection, 4, no. 6.
Literatur: A) Jaeger, Scarabées, 45–46, nr. 2; Skarabäen Basel, 60–63.

106
Kette mit Fliegen

Privatsammlung, Schweiz

Gold und Karneol
H. 1,1 cm; B. 0,7 cm (Fliegen)
Intakt, modern aufgezogen
Neues Reich, 18. Dynastie, um 1539–1292 v. Chr.

Die alten Ägypter schrieben ganz verschiedenen Insekten magische Kräfte zu und stellten deshalb Amulette in ihrer Gestalt her. Zu nennen ist an erster Stelle der bekannte Skarabäus (*Agrypnus notodonta*). Weniger vertraut sind uns in dieser Verwendung Schmetterlinge (vgl. Kat.-Nr. 56), Heuschrecken, Bienen und Fliegen. Doch auch von ihnen gibt es eine stattliche Anzahl kleiner Amulette aus glasiertem Steatit oder Fayence, doch gab es zu jeder Zeit auch exklusivere Ausführungen in Gold oder Silber.
Nicht weniger als 19 goldene Fliegen sind an der vorliegenden Kette aneinandergereiht, je von feinen Perlen aus Karneol unterbrochen. Mit ihrem großen Kopf und dem breiten Flügelpaar sind sie unverwechselbar charakterisiert. Der Kopf ist durchbohrt (einige besitzen zwei Querdurchbohrungen). Hergestellt wurden die Fliegen aus einer über einen harten Kern getriebenen Goldfolie.
Aus Biographien der 18. Dynastie und von Abbildungen ist uns bekannt, daß große goldene Fliegen als Auszeichnung an verdiente Soldaten verliehen wurden. Dies kann aber hier nicht gemeint sein. Kleine Fliegenamulette aus Stein gab es schon während der Vorgeschichte und dann wieder kontinuierlich seit dem ausgehenden Alten Reich. Von daher muß ihnen eine andere, allgemeinere Bedeutung zugrunde liegen. Sicher sollten sie

vor dem lästigen und quälenden Tier schützen. Wegen ihrer massenhaften Vermehrung galten sie vermutlich auch als Regenerationssymbole. AW

Publikation: Ancient Jewellery from the Near East and Egypt, Katalog Nefer, Zürich 1993, 54.
Parallelen: Winlock, Princesses, pl. XIV; Petrie – Brunton, Sedment II, pl. XLVIII,K1-5 (14); Egypt's Golden Age, 238f., no. 315; Andrews, Jewellery, 174, no. 160,a, vgl. auch 181, no. 167; Aldred, Jewels, pl. 29. 86.
Literatur: zur Bedeutung s. Skarabäen Basel, 111f.; Gott und Götter, 71f., Nr. 46.

107

Kopf eines Höflings

Fondation Jacques-Edouard Berger, Lausanne

Sandstein, Reste von Stuck
H. 18,2 cm; B. 15,5 cm
Kopf und Schultern einer unterlebensgroßen Statue. Bestoßungen über dem linken Auge. Oberfläche verwittert
Neues Reich, späte 18. Dynastie, um 1300 v. Chr.

Zu welchem Statuentyp dieser sinnliche Kopf, der noch deutlich unter dem Einfluß der späten Amarnakunst

steht, ursprünglich gehörte, läßt sich nicht mit letzter Sicherheit sagen, doch handelte es sich vermutlich um eine sogenannte Beterfigur, die im Bereich des Privatgrabes aufgestellt war: Der Beamte kniete am Boden und hatte seine Arme verehrend erhoben oder auf einem Gegenstand aufgestützt.
Obwohl noch Spuren von – einst bemaltem – Stuck vorhanden sind, ist die Oberfläche des Sandsteins ziemlich verwittert. Hinter dem Kopf erhebt sich eine Rückenplatte mit stelenförmigem Abschluß. Der Höfling trägt eine kurze, eher seltene Strähnenperücke, die die Ohrläppchen frei läßt. Seine Gesichtszüge sind sehr weich modelliert. Hervor sticht der sinnliche Mund mit den üppig geschwungenen, fleischigen Lippen. Makellos ist die Nase geformt. Die mandelförmigen Augen liegen horizontal nebeneinander. Das obere Augenlid wird durch einen nach hinten abfallenden Schminkstrich verlängert.
Während der Amarnazeit wird die Götterplastik durch Bilder Echnatons und seiner Familie ersetzt. Auch die Privatplastik ist nur spärlich vertreten, weil sie im Totenkult nicht mehr notwendig war. Unmittelbar nach dem Tode Echnatons setzt sie im alten Zentrum Theben und anderen Orten wieder ein, wobei die in der Amarnazeit errungenen Ausdrucksformen bis in die frühe 19. Dynastie nachwirkten.
AW

Publikation: abgebildet in Un regard partagé, 162, nr. 203.
Parallelen: Geschenk des Nils, Nr. 180; Bille-de Mot, Revolution, Abb. 58.
Literatur: zur Frisur s. Ägyptens Aufstieg zur Weltmacht (Hildesheim 1987), 352, Nr. 302; zum Statuentyp s. A. H. Gardiner, Another Statue of a Man Named Roy as Worshipper of the Sun-God, JEA 6, 1920, 212f., pl. 22.

108
Reliefbruchstücke mit der Darstellung Harembabs und des Gottes Amun

Privatsammlung, Schweiz (A–B)

A
Roter Granit
Dm. 120–124 cm; T. 15 cm; Öffnung: 30 x 30 cm
Relieffragment, antik zu einem Mühlstein umgearbeitet
Neues Reich, 18. Dynastie, Regierungszeit des Haremhab, um 1319–1292 v. Chr.
Aus Karnak

B
Roter Granit
H. 39,5 cm; B. 43 cm; T. 15 cm
Relieffragment
Neues Reich, 18. Dynastie, Regierungszeit des Haremhab, um 1319–1292 v. Chr.
Aus Karnak
Ehemals Sammlung Nobert Schimmel, New York

Um zwei monumentale Zeugnisse ägyptischer Reliefkunst aus der späten 18. Dynastie handelt es sich bei diesen beiden Bruchstücken einer Tempelfassade. Trotz ihres fragmentarischen Erhaltungszustandes lassen sich die beiden Fragmente ziemlich genau einordnen. Der erhaltene Königsname weist sie Haremhab zu, dem letzten König der 18. Dynastie, der bereits unter Amenophis III. geboren wurde und eine Militärlaufbahn durchlief, bis er nach der Episode von Amarna selber König wurde. Innenpolitisch trat er als Mann des Ausgleichs zwischen Tradition und Revolution auf.
Auf dem später als Mühlstein verwendeten Fragment (A) ist das bekrönte Haupt König Haremhabs erhalten. Seine ganze Figur war in einer Kombination von versenktem und erhabenem Relief wiedergegeben. Auf dem Kopf trägt er das Nemes-Kopftuch und die Doppelkrone, während sich an seiner Stirn die Uräusschlange windet. Sein Kinn ziert der typische Zeremonialbart, der durch ein fein wiedergegebenes Band befestigt ist. Ebenso fein sind die Gesichtszüge mit der subtil geschwungenen

Nase und den sinnlichen Lippen ausgearbeitet, die noch an den späten Amarnastil erinnern. Nach alter Konvention sind dagegen die Augen und Brauen mit langem, zur Schläfe gezogenem Schminkstrich wiedergegeben. Vor der Krone sind Thron- und Geburtsname des Königs in Kartuschen angebracht: «Heilig an Gestalten, Re, Auserwählter des Re» (Thronname), «Horus ist im Fest, geliebt von Amun» (Geburtsname). Darunter steht der Zusatz: «Mit Leben versehen wie Re». Der König ist im Begriff, einem Gott – wohl Amun-Re – ein Weinopfer darzubringen, was aus dem einen noch erhaltenen kugeligen Weintöpfchen hervorgeht.

Das zweite, kleinere Fragment (B) zeigt uns in gleicher Technik das erhabene Antlitz des Gottes Amun, des Herrn von Karnak. Stilistisch stimmt die Figur mit jener des Haremhab völlig überein, so daß ihre Zusammengehörigkeit nicht bezweifelt werden kann. Daß es sich um das Haupt des Reichsgottes Amun oder einer seiner Erscheinungsformen gehandelt haben muß, läßt sich anhand des hinter dem Ohr erhaltenen Kronenrestes vermuten, der auf die hohe Doppelfederkrone deutet, die ihrerseits auf die ursprüngliche Bedeutung des Amun als Luftgott verweist.

Haremhab hat sich vor allem als Bauherr in Karnak hervorgetan. Dort errichtete er den 2., 9. und 10. Pylon. Die beiden Bruchstücke dürften von der Toreinfassung des 10. Pylons stammen, die aus rotem Granit besteht und heute nur noch partiell erhalten ist. Schon im Altertum sind von dort Blöcke verschleppt worden, wie die Zweitverwendung eines der beiden Fragmente als Mühlstein deutlich zeigt. AW

Publikation: B) Sotheby's New York (The Norbert Schimmel Collection) December 1992, no. 89.
Parallelen: A) Schwaller de Lubicz, Karnak II, pl. 409 (unten). B) Schwaller de Lubicz, Karnak II, pl. 410.
Literatur: Barguet, Temple d'Amon-Rê, 243–249; Schwaller de Lubicz, Karnak I, 206, pl. 409–429. Zu Haremhab s. Schneider, Pharaonen, 125–128.

109
Sitzendes Ehepaar

De Jaager Collection

Schwarzer Serpentin
H. 21,3 cm; B. 12 cm
Weitgehend intakte Figurengruppe. Von den Knien abwärts teilweise weggebrochen. Schräger Bruch auf der Rückseite
Neues Reich, späte 18. Dynastie, um 1300 v. Chr.

Die aus schwarzem Serpentin gefertigte Statuengruppe des Sem-Priesters Hepui mit seiner Gemahlin ist ein erstklassiges Beispiel für die höfische Kleinskulptur der späten 18. Dynastie. Die Revolution Echnatons hat auf die Kunst der Folgezeit wohltuend gewirkt, obwohl man wieder auf traditionelle Darstellungsschemata zurückgriff (vgl. Kat.-Nr. 67). Die künstlerischen Neuerungen sind hier vor allem in der Körpergestaltung und der Art der Gewanddrapierung zu beobachten.

Hepui und seine Frau sitzen auf einer breiten Bank mit hoher Rückenlehne nebeneinander und sind in prächtige Festgewänder gehüllt. Liebevoll hat die Gemahlin, deren Name nicht mehr erhalten ist, ihren Arm um die Schulter ihres Gatten gelegt. Nur gerade ihre Fingerspitzen schauen unter seiner Perücke hervor. Ihre linke Hand ruht auf dem Oberschenkel. Auch Hepuis Hände ruhen auf den Oberschenkeln. Die Hausherrin ist in ein langes, plissiertes Gewand gehüllt, das von einer Schleife unter der Brust zusammengehalten wird. Ihre Perücke, die in feinen, geflochtenen Zöpfchen endet, wird von einem Band mit Blütenblättern bekrönt. Eine ganze Lotusblüte fällt auf ihre Stirn. Um den Hals trägt sie ein breites, aus mehreren Perlenreihen bestehendes Collier. Hepui trägt einen langen, plissierten Schurz, der an der Hüfte zusammengeknotet ist, und ein Obergewand mit weit ausgeschnittenen Ärmeln. Seine abgestufte Löckchenperücke fällt auf die Schultern. Ebenso prächtig ist sein Halskragen ausgeführt, unter dem – an einem Band befestigt – ein Herzamulett hängt (vgl. Kat.-Nr. 110, 123). Rechts von dem Amulett ist der Gottesname Amun eingraviert; eine weitere kurze Beischrift – wohl ein Beamtentitel – steht auf der rechten Schulter. Obwohl beide Gesichter bestoßen sind, lassen sie die einstige Qualität der Ausführung gut erkennen.

Die Rückseite ist mit einem Text versehen, der in drei vertikale, im unteren Teil zerstörte Zeilen gefaßt ist. Er lautet: «Ein Opfer, das der König gibt und Month, der Herr von Hermonthis, und die Herrin von Hermonthis – (mögen sie spenden) Freude, Lebensgenuß und Gunst jeden Tag für den Ka des Sem-Priesters (im Tempel des ...) Hepui(?)...» AW

Publikation: abgebildet bei Sotheby's London, Thursday 9–10th December 1993, no. 274.
Parallelen: Götter, Gräber und die Kunst, 284, no. 459.
Literatur: zur Opferformel s. Barta, Opferformel, 122f.

110

Personifiziertes Herz an Kette

Fondation Jacques-Edouard Berger, Lausanne

Blau glasierte Fayence
H. 6,4 cm; B. 3,5 cm
Intakt, neu aufgezogen
Neues Reich, 19. Dynastie, um 1292–1190 v. Chr.

Aus leuchtend blauer Fayence besteht dieses personifizierte Herz, das noch an der originalen Halskette hängt. Das Herz hat eine ovale Form und einen menschlichen Kopf mit dreiteiliger Perücke. Die Tragöse befindet sich direkt am Kopf. Die Details wurden mit einer Tinte aus dunkelviolett färbenden Manganoxiden aufgetragen, die beim Brennen allerdings nur schlecht reagiert haben. Spuren dieser Bemalung haben sich an der dreiteiligen Perücke und im Gesicht erhalten. Nur bei genauer Betrachtung erkennt man, daß die Hände je ein Anch-Zeichen, das Symbol des Lebens, hielten. Die Perlen der Kette besitzen die für das Neue Reich typische Form von Linsen. Den Abschluß bilden auf jeder Seite drei röhrchenförmige Perlen.

Nach der Vorstellung der Alten Ägypter war das Herz der Mittelpunkt des Menschen, so daß ihm sowohl für das Leben im Diesseits (Medizin und Religion) als auch im Jenseits (Totenglaube) eine hervorragende Bedeutung zukam. Es galt als Sitz des Verstandes, der Gefühle und der Persönlichkeit und stellte die Verbindung zu Gott her. Aus dieser Perspektive erstaunt es nicht, daß Herzamulette personifiziert wurden und – als Sitz des Lebens – Anch-Zeichen halten. Für die magische Beeinflussung des Herzens im Jenseits wurden besondere Amulette angefertigt (vgl. Kat.-Nr. 122, 123). AW

Publikation: abgebildet in Un regard partagé, 170. 173, nr. 1018.
Parallelen: Andrews, Amulets, no. 61,d; Randall – Maciver – Mace, El Amrah, pl. XLV,D28; Petrie, Amulets, pl. XXVIII,g. Zur Kette vgl. Egypt's Golden Age, 238f., no. 316.
Literatur: zur Bedeutung des Herzens s. RÄRG, 296f., s. v. Herz; J. Assmann, Zur Geschichte des Herzens im Alten Ägypten, in: Studien zur religiösen Anthropologie. Die Erfindung des inneren Menschen, Studien zum Verstehen fremder Religionen 6, hg. von J. Assmann, Gütersloh 1993, 81–113; Brunner, Herz.

111

Kolossale Doppelstatue

Privatsammlung, Schweiz

Silifizierter Sandstein (gelb-brauner Quarzit)
H. 95 cm; B. 88 cm
Kopf- und Fußpartie fehlen
Neues Reich, 19. Dynastie, Zeit Ramses' II., um 1279–1213 v. Chr.

Die eindrucksvolle Statuengruppe aus silifiziertem Sandstein zeigt ein nebeneinander stehendes Paar. Der durch Kieselsäure verfestigte Sandstein (üblicherweise als Quarzit bezeichnet), ein extrem hartes und dauerhaftes Gestein, galt als besonders wertvoll und fand vorwiegend in den königlichen Werkstätten Verwendung. Obwohl beide Figuren nicht vollständig rundplastisch gearbeitet sind – sie lehnen sich an eine gemeinsame

Rückenplatte an –, sind ihre Körper meisterhaft modelliert. Die weichen Konturen und Rundungen der weiblichen Figur, die sich durch das enganliegende Kleid hindurch erahnen lassen, stehen in schönem Kontrast zur kräftigen Gestalt des Mannes mit seinen breiten Schultern und dem muskulösen Oberkörper. Er ist mit einem plissierten «Schendit»-Schurz bekleidet, in dessen Gürtel ein Dolch mit elaboriertem Knauf in Gestalt eines Falkenkopfes steckt. Seine linke Hand umfaßt behutsam die rechte Hand der weiblichen Figur, wodurch die innige Verbundenheit des dargestellten Paares ausgedrückt wird. Ihre Handgelenke schmückt je ein breites Armband.

Obwohl die Kopfpartie des Paares zerstört ist, erlauben Indizien die Identifizierung beider Figuren. Bei der weiblichen Figur ist über den beiden bis zur Brust reichenden Haarteilen ein runder Kranz mit breiten Strähnen sichtbar, der als Löwenmähne zu deuten ist und eine Identifizierung der Figur mit der löwenköpfigen Göttin Sachmet ermöglicht. Bei der männlichen Gestalt ist an der oberen Partie des Brustkastens eine stark bestoßene, rechteckige Fläche zu erkennen, auf welcher der nun fehlende, lange Zeremonialbart lag. Die Kartusche auf dem Gürtel des Schurzes und vier weitere auf der Rückenplatte sind mit dem Thronnamen Ramses' II., Usermaatre Setepenre, versehen. An der Schmalseite des Rückenpfeilers der weiblichen Figur ist der Titel «König von Ober- und Unterägypten» sowie der obere Teil der Kartusche mit der Sonnenscheibe des Thronnamens zu erkennen.

Wie die Kolossalfiguren (vgl. Kat.-Nr. 118) sind Doppelstatuen eine Variante der göttlichen Selbstdarstellung des Königs. Sie drücken die gleichberechtigte Stellung des Herrschers mit den Göttern aus. Besonders Ramses II. schöpfte die Möglichkeit voll aus, seine Person den Göttern gleichzustellen. Bei unserer Statuengruppe wird seine Gemeinschaft mit der Göttin Sachmet durch die bildliche Nähe, die Darstellung in gleicher Größe und die zärtliche Handhaltung unterstrichen. Die Beziehung Ramses' II. zu Sachmet war von besonderer Art. In seiner Rolle als heroischer Feldherr suchte er Anlehnung an jene Charakterzüge der Sachmet, die sie als gefährliche und kämpferische Kriegsgöttin auszeichneten. Sie bemächtigte sich der Feinde und trat an die Seite des Königs, um ihm beizustehen. So findet sich unter Ramses II. die Aussage: «Seine Pfeile fliegen hinter ihnen her wie die der Sachmet». MPG

Publikation: unveröffentlicht.
Literatur: vgl. Kat.-Nr. 77; Germond, Sekhmet; Habachi, Deification; Hoenes, Sachmet; Schneider, Pharaonen, 228–233; H. Sternberg, LÄ V, 323–333, s. v. Sachmet (zur Aussage über Ramses II. als Pfeilschütze: Sp. 331, Anm. 47); D. Wildung, Göttlichkeitsstufen des Pharao, OLZ 68, 1973, 550–565; ders., Ramses, die große Sonne Ägyptens, ZÄS 99, 1973, 33–41, besonders S. 35 Anm. 23.

112
Miniaturbüste von Ramses II.

Privatsammlung, Schweiz

Karneol
H. 2,53 cm
Oberteil einer Statuette, Bruch auf der Höhe des Bauchnabels. Minimale Bestoßungen
Neues Reich, 19. Dynastie, Regierungszeit Ramses' II., um 1279–1213 v. Chr.

Ramses II. war mit Sicherheit einer der ruhmvollsten Könige des Alten Ägypten. Keiner hat nachweislich so lange regiert wie er, keiner hat so viele Denkmäler errichtet. Unter ihm erlangte auch die Staatspropaganda einen später nie mehr erreichten Höhepunkt. Dies ging soweit, daß die effektive Niederlage in der Schlacht bei Qadesch gegen die Hethiter in den ägyptischen Quellen als Sieg dargestellt wurde, bewerkstelligt durch den mit

der Hilfe Amuns allein kämpfenden, von seinen Truppen verlassenen König. Der Zweck war wohl die Diskreditierung der Armeeführung, damit Ramses II. mit den Hethitern eine Friedenspolitik betreiben konnte.
Ein wahres Kleinod stellt diese Miniaturbüste von Ramses II. dar, gerade im Hinblick darauf, daß wir von diesem König eine Vielzahl kolossaler Statuen kennen, die ihn schon zu Lebzeiten als Gott verherrlicht haben. Die Steigerung der Skulptur ins Monumentale brachte eine Vergröberung mit sich, die an vielen Stauen und Statuengruppen zu beobachten ist. Um so erstaunlicher ist, daß die Kleinkunst eine Reihe von Werken herausragender Qualität hervorbrachte, die ebenfalls Zeugen der zeitgenössischen Königspropaganda sind.
Die Figur stellte den König ursprünglich wohl stehend mit seitlich herabhängenden Armen dar. Auf dem Haupt trägt er das Königskopftuch mit dem Uräus an der Stirn. Sein Kinn ziert der geflochtene Zeremonialbart. Auf den Oberarmen sind in Kartuschen der Geburts- und Thronname des Königs eingraviert: links «Ramessu Meriamun» und rechts «Usermaatre Setepenre». Trotz der Kleinheit der Figur und des harten Materials sind die Gesichtszüge des Königs von einer unvergleichlichen Feinheit. Jedes Detail ist zu erkennen – Augen, Nase, Mund und Ohren.
Möglicherweise handelt es sich hier um ein Abbild bzw. die verkleinerte Ausgabe einer vergöttlichten Kolossalstatue Ramses' II., die verschiedene Eigennamen aufweisen, z.T. aber auch nur «die große Statue» genannt werden. In ihnen ist ein göttlicher Aspekt des Königs verselbständigt. Selbst auf Siegelamulette wurden Eigennamen und sogar Bilder von vergöttlichten Statuen übertragen, um die lebendige Göttlichkeit des Königs zu propagieren. AW

Publikation: unveröffentlicht.
Parallelen: D. Wildung, Ramses, die große Sonne Ägyptens, ZÄS 99, 1972, 33–41, Taf. IV.
Literatur: zum König allgemein s. Kitchen, Pharaoh Triumphant; Schlögl, Ramses II.; Desroches Noblecourt, Ramsès II; Schneider, Pharaonen, 228–233. Zur Vergöttlichung Ramses' II. s. Habachi, Deification, 27–39. Zu Ramses II. in der Kleinkunst vgl. Wiese, Bild des Königs, 38–40. 89-103 (mit weiterer Literatur).

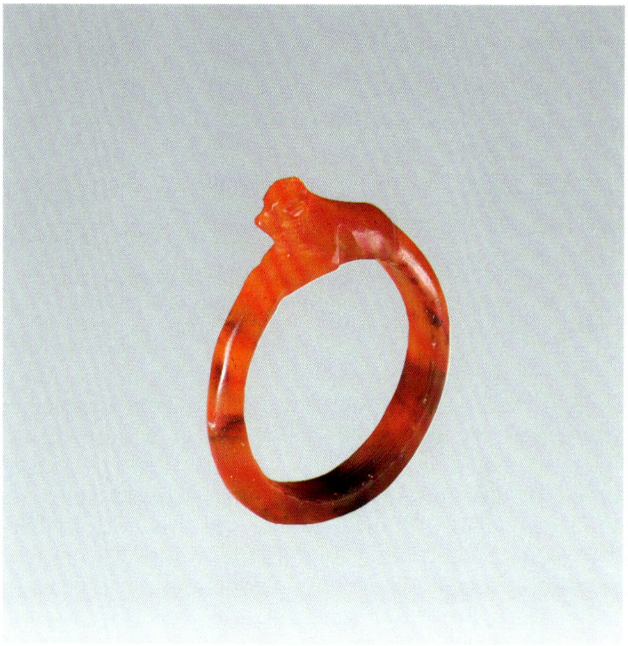

113
Zwei Karneolringe

Privatsammlung, Schweiz (A)
Privatsammlung, Schweiz (B)

A
Karneol
Dm. 2,5 cm
Intakt. Benutzungsspuren
Neues Reich, 19. Dynastie, Regierungszeit Ramses' II., um 1279–1213 v. Chr.

B
Karneol
Dm. 2 cm
Benutzungsspuren. Rechtes Ohr des Kalbes abgesplittert
Neues Reich, 19. Dynastie, Regierungszeit Ramses' II., um 1279–1213 v. Chr.

Erst im Neuen Reich kam das Tragen von Ringen in Mode. Das beliebteste Modell war das in Gold oder Bronze gefaßte Siegelamulett, vornehmlich in Gestalt des Skarabäus. Seit Amenophis III. trug man auch gerne den Fayencering mit ovaler Platte, die entweder figürliche Darstellungen oder die Kartusche eines Königs tragen konnte (vgl. Kat.-Nr. 99, 105A). Häufig vertreten waren auch Ringe, die ganz aus einem Schmuckstein wie Jaspis oder Karneol herausgeschnitten wurden. Neben diesen eher einfachen Formen gab es auch sehr gewagte Ausführungen mit plastisch aufgesetzten Figuren.
Außergewöhnlich sind die beiden vorliegenden Karneolringe aus der Zeit Ramses' II., die direkt aus dem Schmuckstein herausgeschnitten sind. Der eine (A) trägt eine Kartusche mit dem Thronnamen Ramses' II. und ist damit sicher in seine Regierungszeit zu datieren. Die feine Riffelung, die die Kartusche oben und unten umgibt, ahmt vermutlich eine Drahtumwicklung aus Gold nach. Der andere Ring (B) trägt zwar keinen Namen, weist dafür aber die plastische Figur eines liegenden Kälbchens auf, das zusammen mit dem Ring aus dem Karneol herausgeschnitten wurde. Es hat alle vier Beine von sich gestreckt und seinen Kopf erhoben. Die religiöse und symbolische Bedeutung des Kalbes ist komplex. Es kann als Symbol des neugeborenen Lebens, ja der Lebensfrische verstanden werden, damit aber auch der Inbegriff von Reinheit und Unschuld sein.
Fingerringe wurden von Personen beiderlei Geschlechts getragen und hatten Amulett- wie Schmuckcharakter. Einzelne Ringe dienten sicher auch als Siegel oder waren Würdezeichen hoher Beamter. AW

Publikation: A–B) unveröffentlicht.
Parallelen : A) vgl. z. B. Aldred, Jewels, 96, pl. 91 (Mitte unten, Bsp. aus Gold). B) exakte Parallele in Egypt's Golden Age, 247, no. 338 (fälschlich als Löwe bezeichnet).
Literatur: Williams, Gold and Silver, 76–111; Andrews, Jewellery, 163–169. Zur Bedeutung des Kalbes vgl. Wiese, Stempelsiegel-Amulette, 163.

114
Würfelhocker des Chaemwese

Fondation Jacques-Edouard Berger, Lausanne

Serpentin
H. 9,4 cm; B. 5,1 cm; T. 7,3 cm (Basis)
Kopf weggebrochen. Figur mehrfach bestoßen. Teile der Basis weggebrochen
Neues Reich, 19. Dynastie, Regierung Ramses' II., um 1279–1213 v. Chr.
Vermutlich aus Memphis

Chaemwese war ein Sohn Ramses' II. und nahm in Memphis als Hoherpriester des Ptah eine herausragende Stellung ein. Im Auftrag seines Vaters entfaltete er dort eine große Bautätigkeit. Zum einen errichtete er den Ptahtempel von Memphis neu; zum andern erweiterte er die Grüfte und den Tempel der Apisstiere (Serapeum) in Sakkara. Nach den Funden zu urteilen, muß sich auch das Grab des Prinzen in Sakkara befunden haben. Chaemwese zeigte reges Interesse an der pharaonischen Vergangenheit. So stellte er verschiedene Königsbestattungen aus dem Alten Reich wieder her und ließ Restaurierungsinschriften anbringen. Obwohl von Chaemwese sehr viele Zeugnisse – vor allem Inschriften, Statuenfragmente und Stelen – erhalten sind, scheint dies der einzige Beleg der Statuenform des Würfelhockers zu sein.
Die Entwicklung des kuboiden Statuentypus geht auf das Mittlere Reich zurück. Obwohl der Würfelhocker des Chaemwese nur fragmentarisch erhalten ist, kann man die typisch ramessidischen Stilmerkmale gut erkennen: Die gesamte Form ist aufgelockert, nicht mehr so blockhaft wie im Mittleren Reich, die Füße und Arme sind frei und die Tracht dekorativ ausgestaltet. Der Prinz sitzt mit angezogenen Knien, über denen die Arme verschränkt sind, auf einem runden Kissen. Während die rechte Hand flach ausgestreckt ist, hält die Linke eine Lattichpflanze. Der Kopf der Figur fehlt, doch trug Chaemwese möglicherweise eine kurze Löckchenperücke mit Seitenlocke. Dekorativ ist der trapezförmige Schurz-

vorbau mit der reichen Plissierung. An den Füßen trägt er Sandalen. Der linke Oberarm ist mit dem Thronnamen seines Vaters in einer Kartusche versehen. Vor dem Prinzen befindet sich die Figur eines stehenden Gottes, dessen Kopf fehlt. Es wird sich um den memphitischen Schöpfergott Ptah handeln (vgl. Kat.-Nr. 178), der eine mumienförmige Gestalt aufweist. Vor sich hält er ein Kompositszepter. Der kleine Würfelhocker besitzt einen Rückenpfeiler und eine schildförmige Basis, die mit Name und Titel des Prinzen beschriftet sind: «(...) Sem-Priester des Ptah, Chaemwese selig» (Rückenpfeiler). AW

Publikation: abgebildet in Un regard partagé, 169, nr. 206.
Parallelen: Schulz, Würfelhocker I, Nr. 146. 155. 200; II, Taf. 63. 68. 89.
Literatur: Schulz, Würfelhocker I–II. Gomaà, Chaemwese.

115
Würfelhocker des Rindervorstehers Maja

Privatsammlung, Schweiz

Kalkstein
H. 38 cm; B. 21,6 cm; T. 20,5 cm
Intakt. Oberfläche vielfach bestoßen, v. a. im Gesicht, am Körper, an den Füßen
Neues Reich, 2. Hälfte der 19. Dynastie, um 1200 v. Chr.

Würfelhocker (vgl. Kat.-Nr. 114, 121, 154) wurden sowohl im Grabbereich als auch im Tempel aufgestellt. Die Interpretationen ihrer Bedeutung gehen auseinander. Zum einen stellt dieser kuboide Statuentyp den Beamten in einer Demutshaltung vor Gott und dem König dar, zum andern gibt er ihn in idealer Ruhepose wieder. Wahrscheinlich fanden verschiedene Vorstellungen im Würfelhocker ihre plastische Verwirklichung. Mit der idealen Ruhestellung könnte auch eine Auferstehungssymbolik verbunden sein. Darauf weist jedenfalls die Lattichpflanze – ein Fruchtbarkeitssymbol, das der Beamte oft in der Hand hält.
Der Rindervorsteher des Herrn beider Länder Maja, dem dieser Würfelhocker gehörte, scheint nicht weiter bekannt zu sein. Stilistisch gehört die Statue in die fortgeschrittene 19. Dynastie. Durch die erheblichen Bestoßungen der Oberfläche läßt sich die ursprünglich sehr qualitätvolle Ausführung gerade des sehr weich modellierten Gesichts kaum mehr nachvollziehen. Im Gegensatz dazu stehen die etwas unbeholfen eingravierten Hieroglyphen auf der Vorder- und Rückseite.
Der Würfelhocker weist weder einen Rückenpfeiler noch eine richtige Basis auf. Möglicherweise sitzt Maja auf einem flachen Kissen, das sich unter seinem Gesäß abzeichnet. Sein Körper ist nicht vollständig verhüllt, da die Konturen der Arme, des Oberkörpers und der Beine gut sichtbar sind. Bedeckt waren dagegen die Füße des Beamten. Maja trägt eine Strähnenperücke mit gelocktem Unterschnitt sowie ein kurzes Bärtchen. Seine Arme sind über den Knien überkreuzt; in der linken Hand hält er eine Lattichpflanze. Die Vorderseite der Statue ist mit einer figürlichen Szene dekoriert, die in der Mitte von einer senkrechten Inschriftzeile unterbrochen wird – sie enthält die Opferformel, den Titel und den Namen des Verstorbenen. Links und rechts von dieser Inschriftzeile steht je ein Gott, dessen Umriß in den Stein eingraviert ist. Beide halten das Herrschaftsszepter Was. Rechts handelt es sich um den alten Jäger- und Kriegsgott Onuris-Schu, der eine kurze Löckchenperücke und

eine hohe Doppelfederkrone trägt. Praktisch gänzlich zerstört ist die Gottheit links. Erhalten sind gerade noch die Füße und Teile der Krone. Den Gott identifiziert aber die zweizeilige Inschrift auf der Rückseite, die auf die beiden Darstellungen der Vorderseite Bezug nimmt. Die rechte Inschriftzeile lautet: «Ein Opfer, das der König gibt und Onuris-Schu, möge er das Hineingehen und Hinauskommen ermöglichen im Königshaus, versehen mit den Kühlungen des guten Gottes, für den Ka des gerechtfertigten Rindervorstehers Maja». Die linke Zeile, die sich nun auf die zerstörte Gottheit bezieht, lautet: «Ein Opfer, das der König und Somtus spenden, der große Gott, Herrscher der Ewigkeit, er möge geben Leben, Heil und Gesundheit und daß der Mund gefüllt sei mit Speise jeden Tag, für den Ka des gerechtfertigten Rindervorstehers Maja.» Den hier vorliegenden Somtus, einen Gott aus Herakleopolis mit Schöpfereigenschaften, muß man sich falkenköpfig mit Doppelfederkrone vorstellen. AW

Publikation: unveröffentlicht.
Parallelen: Schulz, Würfelhocker II, Nr. 003. 087. 154.
Literatur: allgemein s. Schulz, Würfelhocker I–II; Barta, Opferformel, 149: Bitte 115,a–g. 156: Bitte 215,b.

116
Bruchstück eines Grabreliefs mit Beamten

Privatsammlung M. und E. Ebnöther

Kalkstein
H. 33,2 cm; B. 30,2 cm
Bruchstück einer Reliefplatte. Verschiedene Bestoßungen und Abplatzungen. Keine Farbspuren
Neues Reich, 19. Dynastie, um 1292–1190 v. Chr.

Obwohl seit Amenophis III. die alte memphitische Nekropole bei Sakkara wieder belegt wurde, setzt eine kontinuierliche Benutzung erst nach der Amarnazeit ein. Besonders viele Anlagen stammen aus der Ramessidenzeit. Damals entstanden auf dem flachen Wüstenplateau südlich des Unasaufwegs monumentale Grabbauten mit Pylonen, Höfen und Kapellen sowie unterirdischen Felskammern. Die Reliefdekoration wurde nicht direkt aus dem Fels gehauen, sondern es wurden separat gearbeitete Platten dem Mauerwerk vorgeblendet. Diese Technik erfüllte zwar ihren Zweck, förderte aber in späterer Zeit den Steinraub. Auch im 19. Jahr-

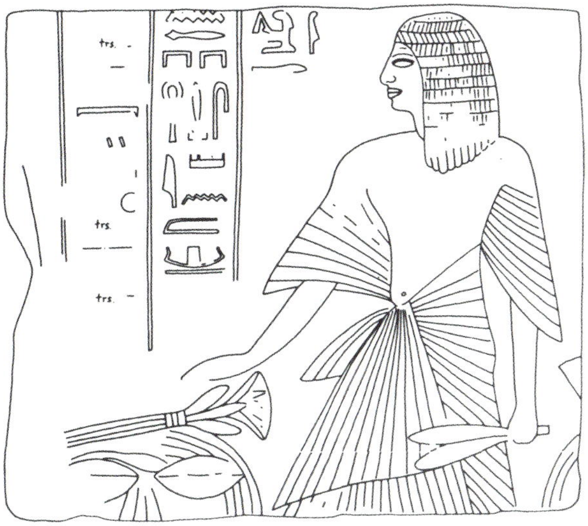

hundert wurden viele der z.T. herumliegenden Reliefblöcke in europäische Sammlungen gebracht. Einige der damals freigelegten Gräber sind heute wieder versandet und gelten als verschollen. Erst in den letzten beiden Jahrzehnten hat man mit beachtlichem Erfolg die Suche nach diesen Grabanlagen wieder aufgenommen, von deren Dekoration nur einzelne Reliefblöcke bekannt sind.

Das vorliegende Bruchstück eines Grabreliefs aus Kalkstein stammt vermutlich von einem solchen ramessidischen Grab in Saqqara. Dargestellt sind in versenktem Relief zwei aufrecht stehende Beamte in wallenden, reich plissierten Gewändern. Der vordere Beamte, der nur noch zur Hälfte erhalten ist, hält eine Schreiberpalette in der linken Hand. Der hintere Beamte steht vor einem niedrigen, aber dennoch reich beladenen Opfertisch, der mit Blumengirlanden geschmückt ist. Die Gesichtszüge sind fein ausgearbeitet. Auge und Nase besitzen eine individuelle Form. Eine lange Strähnenperücke, die in kleinen, geflochtenen Zöpfchen endet, bedeckt sein Haupt. Vor ihm sind zwei senkrechte Inschriftzeilen erhalten, die die besser erhaltene Person identifizieren: «(...) Sein Bruder, der Schreiber des Schatzhauses des starken Königs, Raja, der Gerechtfertigte».

In Sakkara sind mehrere Grabinhaber mit dem Namen Raja belegt, was die Vermutung stützt, daß dieses Reliefbruchstück ebenfalls von dort stammt. Im Bibel-Museum in Jerusalem befindet sich ein ähnliches Fragment, das aus dem gleichen Grab stammen und sogar die Fortsetzung unseres Bruchstücks sein könnte (Abb.). AW

Publikation: Werke Ägyptischer Kunst von der Frühzeit bis zur Spätantike, Auktion 46, Freitag, den 28. April 1972, Basel, 35, Nr. 56.

Parallelen: Martin, Corpus, 38, pl. 35,97 und S. 41, pl. 38,108. Zum Namen s. Ranke, PN I, 220, Nr. 7; Ägyptische Reliefs (Hannover 1989), 134, Nr. 46. Zum Titel s. Helck, Verwaltung, 186 mit Anm.1.

Literatur: zu den Gräbern des Neuen Reichs in Saqqara s. Martin, Auf der Suche.

117

Kopf einer Göttin (?)

Privatsammlung, Basel

Granodiorit
H. 14,3 cm; B. 17,2 cm; T. 13,3 cm
Kopf einer Statue(?), auf der Höhe des Halses und der Stirn weggebrochen. Nase bestoßen
Neues Reich, Ramessidisch, 19.–20. Dynastie, um 1292–1070 v. Chr.

Der vorliegende Kopf aus dunklem Granodiorit gehörte ursprünglich zu einer Frauengestalt. Ob es sich um eine Göttin, Königin oder Privatperson gehandelt hat, läßt sich heute nicht mehr sagen, denn die entscheidenden Teile sind weggebrochen. Die zeitliche Einordnung des Kopfes erweist sich als ebenso schwierig. Stilistisch steht er ramessidischen Gesichtern der Göttin Hathor auf Naophoren oder Stelophoren nahe, doch um Hathor kann es sich nicht handeln, da die Kuhohren fehlen.

Das ganze Gesicht ist flach gearbeitet und der Hinterkopf offensichtlich nicht fertiggestellt. Auffällig ist auch die asymmetrische Wiedergabe der Ohren: Das linke Ohr setzt viel tiefer an als das rechte. Trotz der erheblichen Zerstörungen wirkt das weibliche Antlitz anmutig. Besonders reizvoll ist der kleine Schmollmund. Augen und wohl auch Brauen sind mit einem Schminkstrich versehen. Umrahmt wird das Gesicht von einer dreiteiligen Strähnenperücke. AW

Publikation: unveröffentlicht.
Parallelen: vgl. Schulz, Würfelhocker II, Taf. 12,a. 48,a. 95,d.

118
Monumentale Uräusschlange

Privatsammlung, Schweiz

Granodiorit
H. 46,5 cm; B. 23 cm; L. 36,5 cm
Neues Reich, 19. Dynastie, Zeit Ramses' II., um 1279–1213 v. Chr.
Ehemals Sammlung Norbert Schimmel, New York

Die hochgefährliche Speikobra richtet sich im Erregungszustand auf, um ihr Gift auszuspeien. Ihre ägyptische Bezeichnung, die lateinisch als Uräus umschrieben wird, lautet daher auch «Die sich aufrichtet». Seit frühester Zeit wird sie mit der Schlangengöttin Uto (Wadjet) in Verbindung gebracht, die den unterägyptischen Landesteil verkörpert. Als Symbol dieser Landeshälfte ist sie an den Kronen der Götter und Könige anzutreffen und nimmt an dieser Stelle die zusätzliche Funktion eines apotropäischen Stirnschmucks wahr. Die Schlange sollte den Träger des Abbildes schützen, indem sie seine Feinde vernichtete.
Der imposant aufgeblähte Vorderleib bäumt sich drohend auf. Die vollplastische Gestaltung des eindrücklichen Schlangenkopfes unterstreicht den bedrohlichen Aspekt des Tieres. Der mächtige Pfeiler an der Rückseite deutet auf den ursprünglichen Kontext der Schlange, wobei zwei Möglichkeiten in Betracht zu ziehen sind: die Figur kann entweder Bestandteil eines Frieses von Uräen oder der Kopfbedeckung einer kolossalen Königsstatue gewesen sein. Falls es sich um letztere Variante handelt, ergäbe sich angesichts der Größe des Tieres (46,5 cm) ein ungefähr 1,5 Meter großer Statuenkopf, was wiederum gemäß ägyptischem Proportionskanon eine gesamte Körpergröße von rund 12 Metern bedingen würde. Für eine der herausragendsten Herrscherpersönlichkeiten Ägyptens sind Kolossalstatuen geradezu kennzeichnend: Ramses II. Während seiner langen Regierungszeit wurden in Ägypten und Nubien gigantische Bauprojekte realisiert, in denen entsprechende Kolossalstatuen ihren festen Platz besaßen. MPG

Publikation: Sotheby's New York, The Norbert Schimmel Collection, December 1992 , no. 9.
Literatur: Desroches Noblecourt, Ramsès II; M. Eaton-Krauss, LÄ V, 108–114, s. v. Ramses, besonders Anm. 52 (zu Kolossalstatuen); Habachi, Deification, 35–36, pl. XIV (die Größe dieser Kolossalstatue beträgt 10 m und bestätigt die Hochrechnung unseres Rekonstruktionsvorschlags). Weiter: Johnson, Cobra Goddess; K. Martin, LÄ VI, 864–868, s. v. Uräus, besonders Anm. 10 (zu Uräenfriesen); Ramsès le Grand; Russmann, Sculpture, 50–51, fig. 69 (partiell erhaltene Kolossalstatue, Höhe ca. 18 Meter).

Grabstelen fertigte man seit dem Beginn der historischen Zeit im allgemeinen aus Stein an (vgl. Kat.-Nr. 62). In der Spätzeit wurden sie mehrheitlich aus Holz geschnitzt und dann bemalt. Aber schon seit dem Mittleren Reich und dann besonders im Neuen Reich stellte man gelegentlich Stelen aus ägyptischer Fayence her, die blau glasiert wurden. Großformatige Grabstelen aus Fayence sind sehr selten, Stelen kleineren Formates, die als Anhänger dienten, dagegen häufiger bezeugt. Im Unterschied zu den herkömmlichen Stelen aus Stein, die mit erhabenem oder versenktem Relief versehen und selten auch nur bemalt wurden, kam bei den Stelen aus Fayence eine neue Technik zur Anwendung, nämlich die Zeichnung. Material und Technik verbindet sie mit den Pektoralen und den Nun-Schalen aus der gleichen Zeit (vgl. Kat.-Nr. 72): Auf die luftgetrocknete, lederharte Oberfläche zeichnete man mit einer beim Brennen dunkelviolett färbenden Tinte (Manganoxid) Figuren von Göttern und Personen, die man auf dieselbe Weise beschriftete.

Die Grabstele ist in zwei gleich große Register unterteilt. Der obere Teil der Stele war bogenförmig abgeschlossen. Im oberen Bildfeld sehen wir einen nach links gewandten, thronenden Gott, der ein Anch-Zeichen in der Hand hält. Hinter ihm steht eine Göttin in enganliegendem, altertümlichem Trägerkleid und mit dreiteiliger Perücke. Vermutlich handelt es sich um den Sonnengott Re und die Göttin Maat, die hier von dem ursprünglich ganz links dargestellten Verstorbenen (heute verloren) verehrt werden. Name und Titel des Verstorbenen sind verloren. Nur der Anfang eines längeren Textes im unteren Register ist erhalten. Dabei handelt es sich um die Kurzfassung eines Sonnenhymnus, der den Sonnengott bei seinem Auf- und Untergang preist und den Verstorbenen in den ewigen Lauf der Sonne einbindet.

Die Stele war vermutlich im Vorhof eines thebanischen Grabes der 19. Dynastie oder in der über dem Grab befindlichen Kapelle aufgestellt. AW

119
Fragment einer Fayencestele

Fondation Jacques-Edouard Berger, Lausanne

Blau glasierte Fayence. Rückseite unglasiert
H. 26,4 cm; B. 15 cm; T. 2,3 cm
Aus zwei Fragmenten zusammengesetzt
Neues Reich, 19. Dynastie, um 1292–1190 v. Chr.

Publikation: abgebildet in Un regard partagé, 169, nr. 355.
Parallelen und Literatur: G. Castel – G. Soukiassian, Dépôt de stèles dans le sanctuaire du Nouvel Empire au Gebel Zeit, BIFAO 85, 1985, 285–293, bes. 290, pl. LXII; E. Warmenbol – F. Doyen, Le chat et la maitresse: les visages multiples d'Hathor, in: L. Delvaux – E. Warmenbol, Les divins chats d'Egypte, Leuven 1991, 66, fig. 32. Kleine Stelen: Egypt's Golden Age, 289, no. 400. Pektorale: Götter, Gräber und die Kunst, 239, Nr. 398. Zu den Sonnenhymnen s. Assmann, Liturgische Lieder; ders., Hymnen.

120
Fragment eines Totenbuchpapyrus

Privatsammlung M. und E. Ebnöther

Papyrus
H. 22,3 cm; B. 12,9 cm
Fragment einer Papyrusrolle. Farben gut erhalten
Neues Reich, erste Hälfte 18. Dynastie, um 1539–1350 v. Chr.

Das ägyptische Totenbuch entstand zu Beginn des Neuen Reiches auf der Basis älterer religiöser Texte. Es handelt sich um eine Sammlung von rund 190 Sprüchen, die nach Bedarf ausgewählt und auf einer Papyrusrolle zusammengestellt werden konnten. Das Totenbuch kann in gewissem Sinn als Einführung in die Welt des Jenseits verstanden werden, wobei die Mehrzahl der Sprüche auf magische Weise das Fortleben des Verstorbenen absichern und ihn vor Gefahren schützen sollte. Das vorliegende Papyrusfragment aus der 18. Dynastie stammt von einer solchen Schriftrolle und zeigt uns eine Handschrift in Totenbuchkursive sowie den Rest einer figürlichen Illustration.
Auf dem Fragment ist das Ende von Spruch 124 erhalten, dem «Spruch, um hinabzusteigen zum Tribunal des Osiris». Er faßt verschiedene Themen zusammen und findet sich deshalb bei den älteren Totenbüchern oft am Anfang. U.a. soll er absichern, daß der Verstorbene nichts Unreines zu sich nimmt, sondern nur richtige Nahrung in Form von Brot und Bier. Außerdem erzählt er von der Sehnsucht des Toten nach dem Reich der Sonne. Als Spruchillustration erscheint eine sogenannte Vignette mit vier nicht näher bestimmten, polychrom bemalten männlichen Gottheiten mit gekrümmtem Bart. Sie tragen ein dreiteiliges Kopftuch, die gestreifte Götterweste und einen kurzen Schurz. In den Händen halten sie Anch-Zeichen und Was-Szepter, die Symbole für Leben und Macht.
Die ägyptische Buchmalerei tritt uns eigentlich erst zu Beginn des Neuen Reiches entgegen, als die Bebilderung von Totenbuchpapyri einsetzte. Anfänglich wurden Vignetten, die den Inhalt des Spruchs illustrieren oder ergänzen, nur spärlich verwendet, doch nahm der Bildcharakter der Totenbücher ständig zu und gipfelte in den z. T. rein bildlichen mythologischen Papyri und Jenseitsführern der Spätzeit (seit der 21. Dynastie), der Blütezeit der ägyptischen Buchmalerei. AW

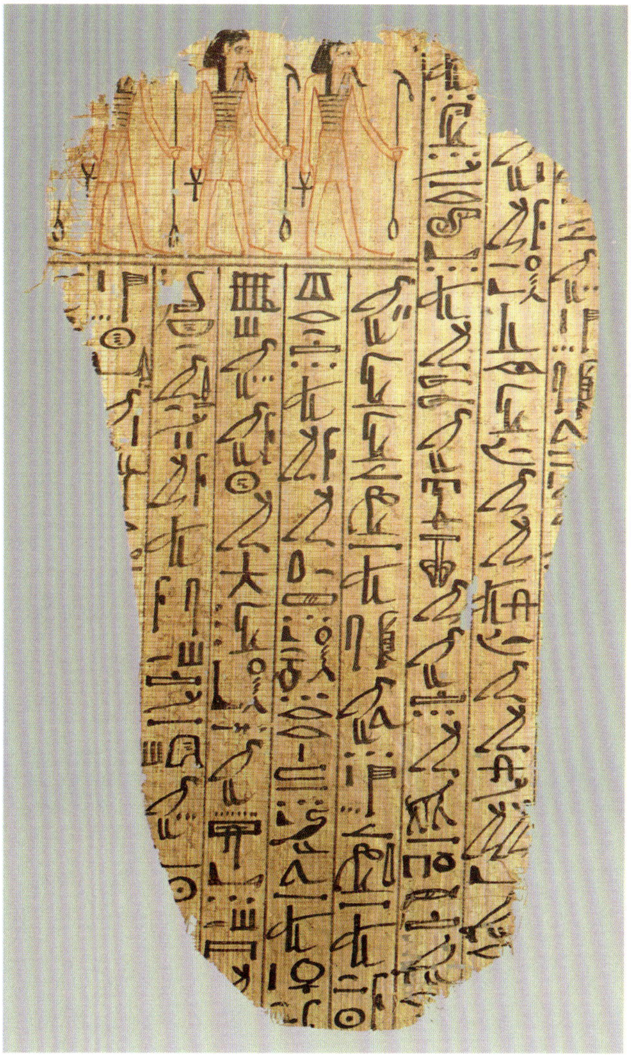

Publikation: unveröffentlicht. Der Katalogtext entstand in Zusammenarbeit mit Alice K. Heyne.
Parallelen: Naville, Tb I, Taf. CXXXII, Spr. 124; II, 270ff., Spr. 124.
Literatur: zur Buchmalerei siehe M. Pieper, Die aegyptische Buchmalerei verglichen mit der griechischen und frühmittelalterlichen, Jb. Arch. Inst. 48, 1933, 40–54; W. Helck, Die Buchmalerei im Alten Ägypten, in: Studien zur Geschichte und Kultur des Vorderen Orients. FS B. Spuler (Hg. v. H. R. Roemer – A. North), Leiden 1981, 167–170. Zu Spruch 124 s. Hornung, Totenbuch, 231f. 490f. Zur Datierung s. M. Heerma van Voss, Over het dateren van Dodenboeken, Phoenix 23, 1977, 84–89.

121
Würfelhockeramulett des Amunmes

Privatsammlung, Schweiz

Nephrit
H. 5 cm; B. 2,7 cm; T. 3 cm
Basis bestoßen, Oberfläche abgenutzt
Neues Reich, 19. Dynastie, um 1250 v. Chr.
Wohl Theben TT 373

Immer wieder begegnet man in der ägyptischen Kunst außergewöhnlichen Formen und Verbindungen, die einen zunächst verblüffen. In diesem Fall ist es das Würfelhockeramulett des Amunmes, der von vorne von einem Phönix umarmt wird. Amulette in Gestalt von Würfelhockern gab es seit dem Mittleren Reich, und zwar vor allem in Form von Stempelsiegel-Amuletten mit Namen und Titeln von Beamten. Auch im Neuen Reich und später sind immer wieder Miniaturwürfelhocker bezeugt – die vorliegende Kombination mit einem Phönix ist bis anhin aber singulär. Dieses Würfelhockeramulett gehörte dem bekannten Königsschreiber Amunmes, der unter Ramses II. lebte. Von ihm sind viele Denkmäler bekannt, u.a. auch sein Grab in Theben-West (TT 373). Sein Vater war der Richter Pendjerti und seine Mutter die Tempelsängerin Muteminet, beide Namen sind auf der Statuette partiell erhalten.

Der kleine beschriftete Würfelhocker aus dunkelgrünem Nephrit mit weißen Einsprengseln weist eine stark abgenutzte Oberfläche auf, die darauf hindeutet, daß die Figur von ihrem Besitzer zu Lebzeiten getragen wurde. Auf ihre Verwendung als Amulett deutet auch die Durchbohrung auf Schulterhöhe. Der Körper des Amunmes ist durch sein Gewand verhüllt, aus dem nur sein Kopf mit der kurzen Strähnenperücke, die die Ohren frei läßt, hervorschaut. Das Bärtchen des Beamten ist in die Oberfläche vor dem Kopf eingeritzt. Seine ausgewogenen Gesichtszüge sind fein herausgearbeitet und blieben glücklicherweise fast unbeschädigt. Auf der Vorderseite des Würfelhockers ist in erhabenem Relief ein Phönix angebracht, der schützend seine Flügel ausbreitet und Amunmes umarmt. Die Krallen des Vogels halten je einen Schen-Ring, ein wirkungsmächtiges Knotenamulett, das Schutz spenden soll. Neben Titel, Name und Filiation des Amunmes erwähnt die Aufschrift immer wieder den Phönix, der Amunmes verschiedene Wohltaten zuteil werden lassen soll, u.a. dessen Kehle mit Atem versorgen und seine beiden Flügel schützend über ihn ausbreiten.

Die Bedeutung des Phönix, dessen ägyptischer Name Benu war und der seit dem Mittleren Reich durch einen Reiher dargestellt wurde, ist äußerst vielfältig (vgl. Kat.-Nr. 150). Er galt als Sonnen- und Urvogel mit Schöpfungskräften. Eine ganz besondere Rolle kam ihm im Jenseitsglauben zu. Er wurde als Seele oder Herz des Re bzw. des Osiris verstanden und galt dadurch als Symbol der Auferstehung. So trifft man ihn häufig auf Herzskarabäen und Herzamuletten in Kombination mit den Totenbuchsprüchen 29B oder 30B an (vgl. Kat.-Nr. 122). Auch der Verstorbene wollte sich in Analogie zum Ba-Vogel in einen Phönix (Totenbuchspruch 83) oder goldenen Falken verwandeln, womit seine Bewegungsfreiheit im Jenseits garantiert bliebe: «Ich bin eingetreten (in die Unterwelt) als Falke und hervorgekommen als Benu» (Totenbuchspruch 13). Auch der Würfelhocker selbst kann als Wiederauferstehungssymbol gedeutet werden:

der Verstorbene befreit sich aus der schützenden und zugleich beengenden Mumienumhüllung und richtet sich zu voller Bewegungsfreiheit auf. Im Würfelhocker des Amunmes scheinen beide Vorstellungen zusammengeflossen zu sein. AW

Publikation: Ancient Art. Galerie Nefer, Zürich (1992), 40, Nr. 44. *Parallelen:* Herzskarabäus mit Phönix: Feucht, Pektorale, Taf. IV,38. IX,83. Herzamulette mit Phönix: Andrews, Amulets, fig. 61,f. und 100,c. Kleine Würfelhocker: Martin, Name Seals, pl. 47D,5; Ancient Art (1974), no. 207; Meisterwerke altägyptischer Keramik, 178, Nr. 293; Borchardt, Statuen III, Blatt 151, 818f. *Literatur:* zum Grabinhaber: L. Habachi, The Royal Scribe Amenmose, Son of Penzerti and Mutemonet: His Monuments in Egypt and Abroad, in: Studies in Honor of George R. Hughes, Studies in Ancient Oriental Civilizations 39, Chicago 1976, 83–103. Zu den Denkmälern: PM I,1²; KRI III, 213–218. Zum Phönix: L. Kákosy, LÄ IV, 1030–1039, s. v. Phönix; Malaise, Scarabées du coeur, 56ff.; Hornung, Totenbuch, 433–434. Ferner: Schulz, Würfelhocker II, 694–698 (Zusammenfassung der verschiedenen Auffassungen zum Würfelhocker).

122
Zwei Herzskarabäen

Privatsammlung Elsa und Dr. Pierre Henri Bloch-Diener, Bern (A, B)

A
Serpentin
L. 5,1 cm; B. 3,8 cm; H. 2,4 cm
Intakt bis auf geringe Bestoßungen am Basisrand
Neues Reich oder später, um 1292–1000 v. Chr.

B
Serpentin
L. 6,2 cm; B. 4,5 cm; H. 2,9 cm
Intakt bis auf geringe Bestoßungen am Basisrand
Neues Reich oder später, um 1292–1000 v. Chr.

Eine besondere Variante der herkömmlichen Siegelamulette in Gestalt des Skarabäus bilden die sogenannten Herzskarabäen. Sie sind stets viel größer als diese, in

der Regel nicht durchbohrt und tragen einen längeren Text auf der Basis, der ihre Funktion bestimmt. Obwohl es sich um Amulette handelt, können Herzskarabäen zur Kleinkunst gerechnet werden, denn oft sind sie aus besonderen Steinen gefertigt, etwa in Pektorale eingelegt oder in Gold gefaßt und vorzüglich gearbeitet. Sie wurden um den Hals getragen oder einfach in die Mumie eingewickelt.
Als Sitz des Verstandes und der persönlichen Verantwortung wird das Herz (vgl. Kat.-Nr. 110) im jenseitigen Totengericht geprüft und gegen eine Figur der Göttin Maat abgewogen, die die bei der Schöpfung gesetzte Weltordnung verkörpert. Bleiben beide im Gleichgewicht, gilt das Herz als rechtschaffen und der Verstorbene kann sein jenseitiges Leben antreten. Ist das Herz zu schwer und entspricht damit nicht der Maat, verspeist es die «Fresserin», der ägyptische Höllendrache, und der Verstorbene erleidet den endgültigen Tod. Diese eben geschilderte Szene dient als Vignette für den Totenbuchspruch 125. In dem dazugehörigen Text spricht der Verstorbene das sogenannte Negative Sündenbekenntnis – die Beteuerung, nichts Unrechtes getan zu haben. Damit das Herz seinem Besitzer während des Verhörs nicht als Zeuge entgegentritt, versuchten die Ägypter, es magisch zu beeinflussen, indem sie Skarabäen, das ägyptische Regenerationssymbol par excellence, mit dem Totenbuchspruch 30B versahen und dem Verstorbenen mitgaben.
Die Oberseiten unserer beiden Herzskarabäen aus Serpentin sind naturgetreu wiedergegeben. Beim kleineren Skarabäus (A) sind die Details auf dem Rücken in feinen Linien eingraviert, beim größeren (B) z.T. in erhabenem Relief ausgeführt. Die Flügeldeckel sind bei (B) längsgestreift, bei (A) weisen sie auf beiden Seiten Zwickel auf. Solche stilistischen Unterschiede geben allerdings kaum Hinweise auf die Datierung. Einzig die Inschrift auf der Basis kann hier weitere Aufschlüsse geben. Es handelt sich bei (A) um eine Kurzfassung, bei (B) um die Normalfassung des oben genannten Totenbuchspruchs 30B mit dem Titel: «Spruch, um zu veranlassen, daß das Herz des NN sich ihm nicht widersetzt im Totenreich». Der eigentliche Spruch lautet bei A: «Iri-Hor spricht: Mein Herz meiner Mutter, mein Herz meiner Mutter, mein Herz meiner Erscheinungsformen. Erhebe dich nicht als Zeuge gegen mich. Widersetze dich mir nicht im Gerichtshof. Mache nichts Krummes gegen mich vor dem Wägemeister. Du bist mein Herz, das in meinem Körper ist». Die Version auf dem größeren Herzskarabäus ist ausführlicher und nennt als Besitzer einen Kammerherrn namens Amenemhat. AW

Publikation: unveröffentlicht. Für Hinweise sei Alexandra Küffer gedankt.
Parallelen: zum Namen (A) vgl. Ranke, PN I, 39, Nr. 1.
Literatur: Malaise, Scarabées du coeur; Brunner, Herz, 140f.; Skarabäen Basel, 184–187.

123
Dekoriertes Herzamulett

Fondation Jacques-Edouard Berger, Lausanne

Speckstein
H. 4,9 cm; B. 3,1 cm; T. 1,1 cm
Intakt
Neues Reich, 19. Dynastie, um 1292–1190 v. Chr.

Das vorliegende Herzamulett aus Steatit stellt eine außergewöhnliche Variante des Herzskarabäus dar (vgl. Kat.-Nr. 122). Herzarterie und Herzvene, die bei der Herzhieroglyphe als Fortsätze angedeutet sind, sind hier zu Tragösen ausgebildet. Während die Basis mit dem üblichen Totenbuchspruch 30B versehen ist, «Spruch, um zu veranlassen, daß das Herz des NN sich ihm nicht widersetzt im Totenreich», ist in die gewölbte Oberseite eine figürliche Szene eingraviert. Als Basis der Darstellung dient ein Halskragen, die Hieroglyphe für Gold, die den Ort als reine Stätte ausweist. Im Zentrum ist der schakalgestaltige Totengott Anubis auf seinem Schrein abgebildet. Über Anubis schwebt ein schützender Geier, der Schen-Ringe – Schutzsymbole – in seinen Krallen hält. Anubis wird von zwei Klagefrauen flankiert, die je eine Hand im Trauergestus über ihr Haupt erhoben haben. Mit ziemlicher Sicherheit dürfen wir in den beiden Frauen Isis (links) und Nephthys (rechts) erkennen. Seit der späten 18. Dynastie wird das Herz des Verstorbenen (bzw. der Herzskarabäus) in den Sonnenlauf eingebunden oder direkt mit der Sonne identifiziert. Die Sonne bzw. das Herz, das von Isis und Nephthys beklagt wird, ist ein Motiv, das oft auf den zeitgleichen Pektoralen erscheint. Die klagenden Göttinnen weisen aber auf die Gegenwart von Osiris hin. Obwohl Osiris und Re gegensätzlicher nicht sein könnten, vereinen sie sich doch in der Unterwelt für einen kurzen Augenblick zu einer Gottheit. Dargestellt ist also auf unserem Herzamulett nicht die Klage um Anubis, sondern die Klage um das tote Herz des Osiris-Re, das mit dem Herzen des Verstorbenen gleichzusetzten ist. In den Tiefen der Unterwelt soll es sich wieder verjüngen und unter dem Schutz des Anubis und des Geiers zu neuem Leben erwachen. AW

Publikation: abgebildet in Un regard partagé, 181, nr. 353.
Parallelen: Säve-Söderbergh – Troy, Pharaonic Sites, 144f., pl. 31,4. Vgl. weiter Feucht-Putz, Königliche Pektorale, 122–125; Feucht, Pektorale, 4f., Taf. I,23ff.; Malaise, Scarabées du coeur, 53–58.
Literatur: vgl. die Kat.-Nr. 122.

124
Totenfigur des Hesimeref

Privatsammlung, Schweiz

Holz
H. 19 cm
Risse im Holz, Teil der Füße weggebrochen. Augeneinlagen fehlen
Neues Reich, späte 18. Dynastie, um 1320 v. Chr.
Ehemals Sammlung Omar Pascha

Die Blütezeit der ägyptischen Totenfiguren ist das Neue Reich, obwohl die Mehrzahl solcher Figuren aus der Spätzeit stammt. Während letztere aber eine stereotype Ausführung zeigen, sind die Figuren des Neuen Reichs sowohl hinsichtlich des Materials als auch der Form besonders vielfältig. Neben verschiedenen Steinen wie Kalk, Steatit, Quarzit und Granit wurden Holz, Bronze, glasierter Steatit und Fayence verwendet. Außerdem konnten die Statuetten bemalt oder mit Glas und Farbpaste eingelegt werden. Die Statuetten unterscheiden sich auch stark in der dargestellten Tracht und spiegeln die zeitgenössische Mode wider. Sie haben nicht mehr nur Mumienform, sondern weisen auch die Kleidung der Lebenden mit plissiertem Schurz und abgestufter Löckchenperücke auf. Um der starken Nachfrage gerecht zu werden, wurden die Figuren in Serie hergestellt und die Namen der Besitzer individuell eingesetzt. Die vorliegende Totenfigur aus dunklem Holz gehörte

einem gewissen Hesimeref, der den Titel eines Dieners trägt. Die altägyptische Bezeichnung heißt wörtlich «Der das Rufen hört» und ist erst seit der 18. Dynastie belegt, häufig dann am Ende der 18. Dynastie und in der Ramessidenzeit als Titel der mit den Arbeiten an den Königsgräbern betrauten Arbeiter in Deir el-Medineh. Die Figur hat Mumienform, doch sind die Arme sichtbar über der Brust gekreuzt. Eigenartigerweise halten sie keine Arbeitsgeräte. Möglicherweise waren sie aufgemalt. Um den Hals trägt Hesimeref einen breiten Perlenkragen, den eine Reihe Tropfenperlen beschließt. Das Gesicht ist im sinnlichen Stil der späten 18. Dynastie geformt, makellos sind die Züge mit den üppigen Lippen, den großen Augen und den hochgezogenen Brauen. Augen und Brauen waren wohl mit Farbpasten eingelegt. Auf dem Kopf trägt er die dreiteilige Perücke. Von Hesimeref sind insgesamt sechs prächtige Totenfiguren bekannt, die sich in Material und Tracht nicht wenig unterscheiden. Verwendet wurden verschiedene Hölzer und Bronze!

Die in das Holz eingeschnittene elfzeilige Inschrift nennt eine Variante des Totenbuchspruches 6. Erst seit dem Neuen Reich beschriftete man die Totenfiguren mehr oder weniger konsequent mit dieser sogenannten Uschebti-Formel. Dabei gelangten je nach dem zur Verfügung stehenden Platz unterschiedlich ausführliche Versionen zur Anwendung. Der Spruch heißt: «Spruch, um zu veranlassen, daß ein Uschebti Arbeit leistet im Totenreich.» Damit ist nicht jede Art von Arbeit gemeint, sondern nur jene Tätigkeiten, die dem Verstorbenen zu mühselig und unangenehm waren und die man den Totenfiguren als Frondienst überantworten wollte – das Bewässern der Felder und daß Wegschaffen des Sandes. Die für den Lebensunterhalt nötigen landwirtschaftlichen Arbeiten wie das Pflügen, Säen und Ernten wollte der Grabherr dagegen persönlich ausführen. AW

Publikation: unveröffentlicht. Erwähnt bei J.-F. Aubert, Les statuettes funéraires de la collection Omar Pacha, CdE 50 (101), 1976, 62, nr. 283.

Parallelen: Schlögl – Brodbeck, Totenfiguren, 82f., Nr. 27 (mit weiterer Literatur).

Literatur: vgl. die Literatur bei Kat.-Nr. 63. Zu der hier belegten Bezeichnung sḏmw-ʿš für «Diener» s. E. S. Bogoslovsky, Die Wortverbindung sḏmw-ʿš in der ägyptischen Sprache während der 18. Dynastie, ZÄS 101, 1974, 81–89; D. Valbelle, «Les ouvriers de la tombe». Deir el-Médineh à l'époque ramesside, BdE 96, 1985, 24.

125
Totenfigur von Sethos I.

Privatsammlung, Schweiz

Holz, Reste von Bitumen
H. 19,3 cm
Vorderer Teil der Füße weggebrochen
Neues Reich, 19. Dynastie, Regierungszeit Sethos' I., um 1290–1279 v. Chr.
Theben, Tal der Könige, Grab Sethos' I. (KV 17)

Die erste königliche Totenfigur stammt von König Ahmose, dem Begründer der 18. Dynastie. Ein einmaliger Fundkomplex von Königsuschebtis ist uns aus dem Grab des Tutanchamun erhalten, dem insgesamt 417 Totenfiguren von ganz verschiedener Form und Größe und aus unterschiedlichem Material mitgegeben wurden. Diese ungeheure Anzahl von Totenfiguren mag die legendäre Zahl von rund 700 Uschebtis, die im Grabe Sethos' I. vorhanden gewesen sein sollen, durchaus glaubhaft erscheinen lassen. Sicher aber ist, daß von keinem anderen König so viele Totenfiguren über Museen und Privatsammlungen auf der ganzen Welt verstreut sind. Es scheint fast so, als wären ihm zwei Serien zu je 365 Stück mitgegeben worden, so daß ihm für jeden Tag und jede Nacht des Jahres eine Totenfigur zur Verfügung gestanden hätte. Viele von den einfachen Holzfiguren sollen von den ersten Besuchern des Königsgrabes kurz nach seiner Entdeckung durch G. B. Belzoni 1817 als Brennmaterial verwendet worden sein.
Die Holzfigur Sethos' I. zeigt den König in Mumiengestalt mit dreigeteilter Perücke. Die Arme sind über der Brust gekreuzt; Arbeitsgeräte fehlen. Die Inschrift ist flüchtig eingeritzt. Sie nennt den Thron- und Geburtsnamen des Königs, Menmaatre Seti-Merienptah in Kartusche und eine kurze Version des Totenbuchspruches 6 (vgl. Kat.-Nr. 124). Die Statuette war wohl wie die meisten der Holzuschebtis des Königs mit Bitumen, einem schwarzen Lack, überzogen, der aber später z.T. absichtlich entfernt wurde, damit man die Inschrift darunter lesen konnte. In anderen Fällen wurde der mit Bitumen überzogene Körper in gleicher Weise mit gelber Tinte beschrieben, und die Arbeitsgeräte waren aufgemalt.
Neben diesen einfachen und z.T. groben Ausführungen aus Holz existieren auch 30 cm hohe Prachtstücke aus leuchtend blauer Fayence mit manganfarbener Inschrift, die den König mit Nemeskopftuch darstellen. Auch kleinere Versionen aus blauer und grüner Fayence sind bekannt. Einzelne Figuren wurden aus glasiertem Steatit bzw. aus dem gleichen Alabaster gefertigt, aus dem der Sarkophag des Königs besteht. AW

Publikation: unveröffentlicht.
Parallelen: Schlögl – Brodbeck, Totenfiguren, 87, Nr. 31 mit weiterer Literatur; Schneider, Shabtis II, 30ff.
Literatur: Sethos – Ein Pharaonengrab, bes. 84–98 mit Abb. 48–50.

Zur Tracht gehört auch der breite, über die Arme reichende Halskragen. Das Gesicht ist detailreich ausgearbeitet, Augen und Ohren sind zusätzlich farbig hervorgehoben. Die Arme sind sichtbar über der Brust gekreuzt. In den Händen hält Abgar die üblichen Arbeitsgeräte, zwei verschiedene Erdhacken. Zwei Rucksäckchen hat er über die Schultern geschlagen. Die Inschrift läuft in fünf waagrechten Zeilen fast ganz um den mumienförmigen Körper herum, auf dessen Rückseite sich eine senkrechte Inschriftzeile befindet. Der Text nennt wie üblich eine Version des Totenbuchspruches 6, der das Uschebti zur Arbeit im Jenseits verpflichtet (vgl. Kat.-Nr. 124). Der ungewöhnliche Name des Besitzers, Abgar, ist wohl semitisch, so daß es sich bei dem Besitzer offenbar um einen Ausländer handelt. Eine vor kurzem in Saqqara gefundene Weinamphore nennt einen Oberwinzer Abgar, der in der Zeit Ramses' II. lebte. Es ist wahrscheinlich, daß diese beiden Personen miteinander identisch sind. AW

Publikation: Schlögl – Meves-Schlögl, Uschebti, 18f., Nr. 4.
Parallelen: zum Namen vgl. Schneider, Personennamen, 19f., N 13. Der vorliegende Beleg und der Name der Amphorenaufschrift nachgetragen bei T. Schneider, Asiatic Personal Names in the New Kingdom. An Outline with Supplements, Acts 6th ICE Torino, II, 1993, 453–470: S. 470. Die Amphorenaufschrift publiziert bei H. Schneider et al., The Tomb of Maya and Merit: Preliminary Report on the Saqqara Excavations, 1990–1, JEA 77, 1991, 17f.
Literatur: vgl. Kat.-Nr. 63.

126
Totenfigur des Abgar

Privatsammlung R. W., Zürich

Blau glasierte Fayence
H. 14,2 cm
Auf Kniehöhe gebrochen und restauriert
Neues Reich, 19. Dynastie, Regierung Ramses' II., um 1279–1213 v. Chr.

Ein sehr qualitätvolles Beispiel eines Uschebtis aus kobaltblauer Fayence stellt die vorliegende Totenfigur des Abgar dar. Der Körper ist gut durchgebildet, und die Details wurden mit dunkelviolett färbender Tinte (Manganoxid) vor dem Brennen aufgetragen. Auf dem Haupt trägt die Figur die übliche dreigeteilte Perücke, die an den Enden der Vorderschöpfe eine Bordüre aufweist.

127
Totenfigur des Hori und der Nefertari

Privatsammlung, Schweiz

A
Holz, stuckiert und polychrom bemalt
H. 20,5 cm
Intakt, Risse im Holz, Farbe z. T. abgerieben
Neues Reich, 19./20. Dynastie, um 1290–1070 v. Chr.

B
Holz, stuckiert und bemalt
H. 22,4 cm
Intakt, Risse im Holz
Neues Reich, 19./20. Dynastie, um 1290–1070 v. Chr.

Farbig bemalte Uschebtis aus Holz oder gebranntem Ton sind typisch für die Ramessidenzeit. Meist sind

dabei die Inschrift und die übrige Bemalung auf ockerfarbenem Grund aufgetragen. Die Ausführung dieser Figuren ist zwar in der Regel flüchtig, doch sind die vorliegenden beiden Beispiele von recht ansprechender Qualität – umso mehr, als die Farben noch frisch erhalten sind.

Die erste Totenfigur (A) gehörte einem gewißen Hori, der den Titel eines «Gottesdieners» (d.h. Priesters) trägt. Die Farben sind bei dieser wie üblich mumienförmigen Statuette weniger gut erhalten als bei der zweiten. Auf dem Haupt trägt Hori die dreigeteilte blaue Götterperücke, die die Ohren frei läßt. Um den Hals schmiegt sich ein Perlenkragen. Die rot aufgemalten Hände, die nur knapp aus der Mumienumhüllung hervorragen, halten ebenfalls rot aufgemalte Erdhacken und ein Rucksäckchen, das auf dem Rücken aufliegt. Die Grundierung der Figur war ockerfarben. Die Beischrift mit einer Variante von Totenbuchspruch 6 läuft in sechs waagrechten Zeilen um die Figur herum.

Interessanter ist die zweite Figur (B), da es sich bei ihrem Eigentümer um eine Frau handelt, nämlich die Tempelsängerin des Amun Nefertari. Frauenuschebtis sind im Neuen Reich keine Seltenheit und bezeugen die hohe Stellung der Frau in der damaligen Gesellschaft. Die Figur ist nicht nur durch den beigeschriebenen Namen als Frau gekennzeichnet, sondern auch die Tracht weist unzweideutig weibliche Elemente auf. Auf dem Haupt trägt Nefertari eine dreigeteilte Perücke. Die Ohren sind zwar verdeckt, doch sind zwei runde, weiße Ohrringe zu erkennen. Um die Stirn läuft ein gelbliches Band mit rotem Blättermuster; eine Lotusblüte fällt auf die Stirn herab. Die Details des Gesichts sind rot und schwarz aufgemalt. Die auf der Brust gekreuzten Hände halten die obligaten Erdhacken, von denen allerdings nur die über die Schultern hängenden Teile auf der Rückseite wiedergegeben sind. Dort befindet sich auch ein kleines, blaues Rucksäckchen. Die Inschrift läuft in sechs waagrechten Zeilen um den mumienförmigen Körper herum und nennt neben Name und Titel auch eine Version des Totenbuchspruches 6. AW

Publikation: A–B) unveröffentlicht.
Parallelen: B) Schneider, Shabtis II, 38f., Nr. 3.1.1.18. 45, Nr. 3.1.1.35.
Literatur: Zu den Frauenuschebtis vgl. allgemein Schlögl – Brodbeck, Totenfiguren, 38f. Für weitere Literatur s. Kat.-Nr. 63.

128
Uschebti mit Paviankopf

Privatsammlung H. H., Zürich

Kalkstein mit roten und schwarzen Farbspuren
H. 27,4 cm
Intakt, abgesehen von einigen unwesentlichen Bestoßungen
Neues Reich, frühe 19. Dynastie, um 1250 v. Chr.
Aus Tuna el-Gebel

Das außergewöhnliche Erscheinungsbild dieser mumiengestaltigen Totenfigur beruht auf ihrem Paviankopf. Das kräftig durchmodellierte Gesicht mit den deutlich abgesetzten Augenhöhlen und der vorspringenden Schnauze mit langen Barthaaren ist von einer voluminösen Mähne umrahmt, die in die dreiteilige Perücke übergreift. Die beiden vorderen Haarteile bedecken partiell den breiten Halskragen, der schmückend um den Hals der Figur gelegt ist. Dem Darstellungskanon

entsprechend sind die Arme über der Brust gekreuzt. Die plastisch hervorgehobenen Hände greifen aus der Mumienumhüllung hervor und halten je einen Handpflug. Die an der Vorderseite senkrecht eingravierte Hieroglyphenzeile besagt: «Osiris-Hapi möge hell sein lassen den Vorsteher der Rinder des Amun, Thutmosis, gerechtfertigt». Auf der Rückseite steht: «Möge Re dein Gesicht öffnen, königlicher Schreiber, Vorsteher der Rinder des Amun, Thutmosis, gerechtfertigt».
Beim paviansköpfigen Hapi handelt es sich um einen der vier Horussöhne (vgl. Kat.-Nr. 163, 164), die als Schutzgötter der Eingeweide zur Regeneration des Verstorbenen im Jenseits beitrugen. Bei einer anderen Uschebtifigur desselben Grabherrn in Toledo, die auf dem menschlichen Körper einen Schakalkopf trägt, handelt es sich um einen weiteren Horussohn, Duamutef. Vermutlich gehörten zu der Grabausstattung des Thutmosis, ebenfalls in Gestalt von Uschebtis und ausgerüstet mit Arbeitsutensilien, auch die zwei verbleibenden Horussöhne Amset und Qebehsenuef. Abgesehen von den Statuetten des Thutmosis und der schakalköpfigen Uschebtifigur eines Nahuher im British Museum treten die Horussöhne nicht als Uschebtis in Erscheinung.

MPG

Publikation: Schlögl – Meves-Schlögl, Uschebti, 14–15, Nr. 3 (mit ausführlichen Literaturangaben).

129
Uschebtikasten des Monthnacht

Privatbesitz, Schweiz

Holz, stuckiert und polychrom bemalt
H. 30,6 cm; B. 14,2 cm; T. 9,5 cm
Deckel und Boden fehlen. Diverse Ergänzungen in der Malerei.
Risse im Holz
Neues Reich, 20. Dynastie, um 1190–1070 v. Chr.

Um die unzähligen Totenfiguren im Grab unterzubringen, entwickelte man im Neuen Reich sogenannte Uschebtikästen, in denen das Heer dieser «Arbeiter des Jenseits», im Idealfall 365 (für jeden Tag eine Figur), Platz fand. Diese Kästen sind in der Regel bemalt und zeigen den Verstorbenen allein oder mit seiner Gemahlin vor verschiedenen Gottheiten wie Osiris, Re, Harsiese, Isis oder der Baumgöttin.
Der vorliegende zierliche, farbig bemalte Uschebtikasten mit weißer Grundierung gehörte einem gewis-

sen Monthnacht («Month ist stark»). Boden und Deckel fehlen, ebenso ist der Knauf auf der Vorderseite abgebrochen, der zum Versiegeln des Deckels mit einer Schnur diente. Die Kanten sind rot bemalt. Die Bildfelder auf der Vorder- und Rückseite werden oben von einem Fries stilisierter Blütenblätter, unten von zwei Farbleisten umrahmt. Monthnacht ist jeweils auf den beiden Längsseiten abgebildet, wie er eine Gottheit verehrt. Er hat einen nackten Oberkörper und trägt einen weißen, plissierten Leinenschurz mit Vorbau. Um den Hals schmiegt sich ein grüner Perlenkragen. Auf der Vorderseite des Kästchens ist Monthnacht in Adoration vor dem falkenköpfigen Sonnengott Re, der in grüner Götterweste und kurzem Schurz erscheint, abgebildet. Die Rückseite zeigt den kahlköpfigen Priester in gleicher Pose vor der Göttin «Isis der Großen», die in ein ebenfalls grünes, langes Trägerkleid gehüllt ist. Die Präsenz der Isis weist auf den nächtlichen Aspekt des Sonnengottes als Re-Atum, der sich in der Unterwelt mit Osiris verbindet, und auf die vom Verstorbenen ersehnte Regeneration im Jenseits. Die Schmalseiten des Schreines zeigen je einen Horussohn und darüber ein schützendes Horusauge: Links ist es der affenköpfige Hapi, rechts der schakalköpfige Duamutef, die den Inhalt des Kästchens schützen.

AW

Publikation: unveröffentlicht.

Parallelen: Vermächtnis der Pharaonen, 222, Nr. 140; Ägyptisches Museum Berlin (1984), 66; Götter, Gräber und die Kunst, 212–215, Nr. 194. 196–198.

Literatur: D.A. Aston, The Shabti Box: A Typological Study, OMRO 74, 1994, 21–54; Schneider, Shabtis I, 267 mit Anm. 51 und S. 337ff.; Schlögl – Brodbeck, Totenfiguren, 23 mit Anm. 74.

130
Kopf eines Frauensarges

Privatsammlung Roland Cramer, Genf

Holz, stuckiert und bemalt
H. 26, 5 cm; B. 21,5 cm
Hals partiell erhalten, Haarteile von den Ohren abwärts fehlend
Ende Neues Reich (20. Dynastie) oder frühe Dritte Zwischenzeit, um 1100–1050 v. Chr.
Gefunden im Februar 1888 in Theben von Ernest Cramer (Urgroßvater des aktuellen Besitzers) in Begleitung seines Vetters, des Ägyptologen Henri-Edouard Naville

Das vorliegende plastisch gearbeitete Bildnis einer Frau war Teil eines menschenförmigen Sarges, der aus mehreren ineinandergesetzten Teilen bestand. Die anthropoide Form ersetzte die ältere Kastenform des Sarges (vgl. Kat.-Nr. 65). Die Dimensionen des Objektes deuten darauf, daß es sich um das innerste Element des Sarges handelt, d.h. das Mumienbrett, das direkt auf dem Körper der Verstorbenen lag. Während der Ramessidenzeit konnte dieses Brett, ein sogenannter Scheindeckel, auch zweiteilig aufgebaut sein – der obere, plastisch gestaltete Teil aus Holz oder Kartonage umfaßte den Kopf und die Brustpartie mit den aus der Mumienhülle herausragenden Händen, während die untere Körperhälfte mit einem flachen Brett bedeckt war. Seit der 21. Dynastie war der innerste Teil aus einem Stück und stets aus Holz gefertigt.
Bei der Darstellung des weiblichen Gesichts handelt es sich, der künstlerischen Tradition der Ramessidenzeit entsprechend, um ein altersloses Idealbildnis. Das liebliche Gesicht der Frau mit dem dezent lächelnden Mund, den leicht schräggestellten mandelförmigen Augen und den schön geschwungenen Brauen wird von einer schweren Perücke umrahmt. Die beiden vorderen – nun fehlenden – Haarteile geben den Blick auf scheibenförmige Ohrringe frei. Das farbenprächtige, breite Diadem, das auf dem Kopf aufliegt, unterstreicht das elegante Erscheinungsbild dieser vornehmen Dame. Die drei gebündelten Lotusblumen – die zentrale, geöffnete wird von je einer Knospe flankiert – auf dem Scheitel verdeutlichen den Wunsch der Verstorbenen nach einem Weiterleben im Jenseits (vgl. Kat.-Nr. 96). MPG

Publikation: unveröffentlicht.
Parallelen: Staatliche Sammlung (München 1972), 91, Nr. ÄS 12, Taf. 53, siehe auch Niwiński, Coffins, 157, no. 289.
Literatur: Geschenk des Nils, Nr. 271; Küffer, Sargensemble (zur Beschaffenheit des Mumienbrettes besonders Abb. S. 30); A. Niwiński, LÄ V, 434–468, s. v. Sarg, NR–SpZt, mit ausführlichen Literaturangaben (zu unserem Typus besonders Sp. 438–439); ders., Coffins, 7–8: zu Beschaffenheit/Material des innersten Sargteils. Zur Person von Henri-Edouard Naville: D. van Berchem, Naville; Dawson – Uphill, Who was Who, 307–308.

Die Kunst des 1. Jahrtausends v. Chr.

Die Unterteilung der Kunstgeschichte des ersten Jahrtausends v. Chr. ist noch im Fluß und wird verschieden gehandhabt. Die Dritte Zwischenzeit bildet im Gegensatz zur Ersten und Zweiten Zwischenzeit eine eigenständige Epoche, die wir hier als «Gottesstaat und Libyerzeit» bezeichnen. Sie ist geprägt von einer neuen Staatsform und von eigenen künstlerischen Entwicklungen. Auf jeden Fall ist sie von der eigentlichen Spätzeit (25.–30. Dynastie) zu unterscheiden, da sie künstlerisch noch ganz in der Tradition des Neuen Reiches steht und dessen Entwicklungen fortführt.

DIE DRITTE ZWISCHENZEIT: GOTTESSTAAT UND LIBYERZEIT (21.–24. DYNASTIE: 1069–715 V. CHR.)

Unter den Herrschern der ausgehenden 20. Dynastie brachten innen- und außenpolitische Zerwürfnisse das bis anhin etablierte gesellschaftliche Gefüge zusehends ins Wanken, womit ein wirtschaftlicher und kultureller Niedergang einherging. Mit dem Tod des letzten Ramessiden, Ramses' XI., kam es um 1070 zu einer erneuten Teilung der politischen Macht. Im Norden übernahm Smendes (1069–1043 v. Chr.) die Herrschaft und begründete die 21. Dynastie. Im oberägyptischen Theben entstand unter den Hohenpriestern des Amun-Re der Gottesstaat des Amun, der das Gebiet vom Faijum bis nach Assuan beherrschte. Durch die Etablierung von Tanis als neuer Königsresidenz im Nordostdelta verlor Theben seine traditionelle Rolle als letzte Ruhestätte der Pharaonen, die sie an die neue Hauptstadt abgeben mußte. Die fast fünfhundert Jahre alte Tradition der Königsgräber im Tal der Könige und der ihnen zugeordneten Totentempel fand so ein Ende. In diese Zeit fällt die Umbettung der thebanischen Königsmumien, deren Gräber geplündert wurden, in besondere Verstecke (Grab Amenophis' II., Cachette von Deir el-Bahari: vgl. Kat.-Nr. 144, 146). Die Königsgräber wurden nun als bescheidene Kapellen in den Vorhöfen der Göttertempel angelegt, wo man sich Schutz vor Grabräubern erhoffte. Berühmt sind die Königsgräber von Tanis aus der 21. und 22. Dynastie, die von Pierre Montet 1939 entdeckt wurden. Im Bereich der privaten Grabarchitektur traten an die Stelle der häufig prunkvollen Gräber von Privatpersonen schmucklose Sammelgräber. Dieser Umbruch erzwang auch einen anderen Anbringungsort für funeräre Texte und Darstellungen: man übertrug die prächtige einstige Grabmalerei in reduzierter und adaptierter Form auf den Sarg oder Papyri, was eine bemerkenswerte Blüte von Sarg- und Buchmalerei zur Folge hatte. Fast ausschließlich Bildcharakter haben hier die sog. mythologischen Papyri, die Vignetten aus dem Totenbuch sowie Motive aus den königlichen Unterweltsbüchern enthalten, die jetzt auch für Privatpersonen zugänglich sind.

Nachdem libysche Söldner seit der Ramessidenzeit zunehmend an Bedeutung gewannen und ein erster libyscher Herrscher schon in der tanitischen 21. Dynastie an die Macht gelangt war, begründete Scheschonk I. nach dem Tod Psusennes' II. im Jahr 945 v. Chr. die 22. Dynastie und damit die Zeit der Libyerherrschaft in Ägypten. Die folgenden zwei Jahrhunderte sind geprägt von partikularen Herrschaften, während verwandtschaftliche Bindungen und die Ämter von Priestern bzw. Gottesgemahlinnen verschiedene Landesteile gleichzeitig politisch vernetzen: es handelt sich um die 22. Dynastie mit ihrem Zentrum in Tanis, die parallele 23. Dynastie von Leontopolis und eine neuerdings postulierte thebanische 23. Dynastie neben den Hohenpriestern des Amun. Zwischen 800 und 650 v. Chr. existierten darüber hinaus zahlreiche lokale Fürstentümer in Unter- und Mittelägypten. Die Fürsten von Sais etablierten kurzzeitig in Gestalt der 24. Dynastie eine eigene Königsherrschaft über das westliche Delta bis Memphis. Die Libyerzeit wurde schließlich 728 v. Chr. durch die Eroberung Ober- und Mittelägyptens durch den kuschitischen (nubischen) König Pije (Pianchi) beendet, dem sich auch die Könige des Deltas unterwarfen.

Die als Dritte Zwischenzeit oder nach den Hauptpolen politischer Macht als «Gottesstaat und Libyerzeit» bezeichnete 21.–24. Dynastie (1069–728/715 v. Chr.) hat aufgrund der Zersplitterung der politischen Macht und der aus ihr resultierenden schlechten wirtschaftlichen und kulturellen Rahmenbedingungen nur wenige monumentale Bauten hervorgebracht. Die Hohenpriester in Oberägypten begnügten sich mit der Fertigstellung und Ausschmückung der bereits bestehenden Tempelanlagen. In Unterägypten griffen die libyschen Herrscher zur Realisierung ihrer Projekte auf das reichlich vorhandene Baumaterial der unweit gelegenen Stadt Piramesse, der Deltaresidenz der Ramessiden am pelusischen Nilarm, zurück, deren Denkmäler nun abgetragen und für eigene Bauten verwendet wurden.

Im Bereich des Kunsthandwerks, das einer delikaten Schlichtheit und klassischen Klarheit verpflichtet war, erreichte die Kleinkunst ein bemerkenswertes Niveau (vgl. Kat.-Nr. 133). Besonders das Metallhandwerk entwickelte sich zu einem neuen, glanzvollen Schwerpunkt künstlerischer Kreativität. Gold, Silber und vor allem Bronze bildeten das Ausgangsmaterial für die Herstellung einzigartiger Schmuckstücke, Götter- und Königsfiguren, deren meisterhafte Ausführung auf einer zur Perfektion entwickelten Ziertechnik basierte (vgl. Kat.-Nr. 131–132). Hervorzuheben ist aber auch die Fayenceverarbeitung, die besondere Figuren in Verbindung mit Geburt und Wochenbett hervorbrachte (vgl. Kat.-Nr. 141–142).

DIE SPÄTZEIT: DIE ZEIT DES ARCHAISMUS (25.–30. DYNASTIE: 728–343 V. CHR.)

Mit der Eroberung Ägyptens durch Pije (Pianchi) und der Begründung der – nach dem griechischen Sprachgebrauch auch als «Äthiopenzeit» bezeichneten – Kuschitenherrschaft in Ägypten ist ein Einschnitt gegeben, mit dem die Spätzeit (25.–30. Dynastie; 728/716–343 v. Chr.) einsetzt.

In Theben setzte Pije seine Schwester Amenirdis I. als «Gottesgemahlin des Amun» ein (vgl. Kat.-Nr. 144 B). Als erster König der 25. Dynastie, deren Herrschaft sich über ein riesiges Reich vom Gebiet des heutigen Khartum im Sudan bis zur Mittelmeerküste erstreckte, residierte Schabaka (716–702 v. Chr.) in Ägypten selber.

Die Regierungszeit des Taharka, des bedeutendsten Herrschers dieser Dynastie, war geprägt von einer regen Bautätigkeit in Ägypten und Nubien, wobei Karnak das Zentrum seiner baulichen Aktivitäten bildete. Das Kunstschaffen dieser kuschitischen Könige war einem schmucklosen, von einem starken Archaismus geprägten Klassizismus verpflichtet (vgl. Kat.-Nr. 148, 149). Zu dem traditionellen Formengut gesellte sich – besonders in der Privatskulptur – ein bis anhin kaum gekannter Realismus, der großen Wert auf eine realistische Wiedergabe der Physiognomie legte.

Der äthiopischen Herrschaft setzte schließlich die assyrische Eroberung Ägyptens durch Asarhaddon (671 v. Chr.) und Assurbanipal (667 v. Chr.) ein Ende; Tanwetamani als letzter kuschitischer König mußte sich nach Nubien zurückziehen. Dem von den Assyrern als Vasallenkönig eingesetzten Necho I. von Sais und seinem Sohn Psammetich I. gelang es aber, bis 656 v. Chr. die assyrische Oberherrschaft abzuschütteln und die einheimische 26. Dynastie (664–525 v. Chr.) zu begründen. Während dieser als Saïtenzeit bezeichneten Epoche erfreute sich Ägypten eines kulturellen Aufschwungs. Er brachte eindrückliche Denkmäler hervor, die sich – wie ähnlich die Werke der Kuschiten – an den Traditionen des Alten und Mittleren Reiches orientierten. Der für die Spätzeit charakteristische Archaismus, ein Rückgriff auf die kulturelle und künstlerische Eigenart der vergangenen Blütezeiten, ist ein Ausdruck gesamtgesellschaftlicher Veränderungen. Der Archaismus ist eine bewußte Anwendung des vorhandenen Wissens um die Vergangenheit, getragen von der Priesterschaft, die nach einem Erhalt ihrer Privilegien strebte.

In Theben blühte die Sitte wieder auf, Beamtengräber mit prachtvollen Reliefs anzulegen, die auf das Dekorationsrepertoire des Alten Reiches zurückgriffen (vgl. Kat.-Nr. 151). Kennzeichnend für die Plastik dieser Epoche ist die technisch virtuos ausgeführte Politur der Gesteinsoberfläche und besonders die spezifische Wiedergabe des stets lächelnden, von Sanftmut geprägten Gesichtes (vgl. Kat.-Nr. 193). Dieses zuweilen stereotyp wirkende sog. «Saïtenlächeln» erfreute sich in den darauffolgenden Dynastien einer bedeutenden Verbreitung (vgl. Kat.-Nr. 194).

Nach der Abwehr eines von Nebukadnezzar geführten babylonischen Angriffs gegen Ägypten kam es unter Amasis zu einem ägyptisch-griechischen Bündnis gegen das aufstrebende Perserreich und wurde mit Naukratis die erste griechische Polis auf ägyptischem Boden gegründet. Die Eroberung Ägyptens durch den persischen Großkönig Kambyses 525 v. Chr. setzte der «Renaissance» der Saïtenzeit ein Ende. Die persischen Herrscher dieser 27. Dynastie oder Ersten Perserherrschaft (525–402 v. Chr.), für die ein Satrap (Statthalter) in Memphis amtierte, übernahmen die Rolle des Pharao. In der Verwaltung besetzten aber auch Ägypter einflußreiche Ämter. Innere Auseinandersetzungen und Verstrickungen in die Kämpfe zwischen Griechen und

Persern führten zu der raschen Abfolge der kurzlebigen 28. und 29. Dynastie (404–380 v. Chr.). Unter den Herrschern der 30. Dynastie (380–343 v. Chr.), namentlich den Königen Nektanebis und Nektanebos (Nektanebos I./II.), blühte die ägyptische Kultur erneut auf und setzte eine rege Bautätigkeit ein. Bildniskunst und Tempelarchitektur führten die saitischen Tendenzen fort (vgl. Kat.-Nr. 196). Mit dem Einfall des persischen Großkönigs Artaxerxes' III. 343 v. Chr. fand die letzte einheimische Dynastie ihr Ende. Bis zur Eroberung Ägyptens durch Alexander den Großen im Jahre 332 v. Chr. war das Land am Nil zum zweiten Mal eine Satrapie des persischen Reiches.

Die religiösen Vorstellungen der ägyptischen Gesellschaft der Spätzeit waren von der Erfahrung der zahlreichen Fremdherrschaften geprägt. Als kulturelles Gegengewicht bildeten sich Vorstellungen aus, die sich in Form synkretistischer Überwucherungen, einer wachsenden Volksreligiosität und volkstümlicher Zauberpraktiken bemerkbar machten. Die in beträchtlichen Mengen hergestellten Bronzewerke (vgl. etwa Kat.-Nr. 184) und Amulette (vgl. etwa Kat.-Nr. 183) sind Ausdruck dieser Volksfrömmigkeit und vermitteln einen Einblick in die reiche Formenwelt des spätzeitlichen Kunstschaffens, das jedem Erzeugnis Symbolkraft zu verleihen suchte.

Von dem in der Spätzeit überhandnehmenden Tierkult zeugen die besonders zahlreichen und teilweise höchst qualitätsvollen Tierbronzen (vgl. Kat.-Nr. 166, 185, 189), etwa Figuren von Stieren und Katzen, aber auch Falken. Sie sind Ausdruck der Suche nach volkstümlichen, den Menschen zugänglicheren Mittlerwesen, die man in den heiligen Tieren der Götter fand. Die gleiche Funktion erfüllten mumifizierte Tiere, die einem Heiligtum dargebracht wurden. Von diesem Brauch zeugen die ausgedehnten Tierfriedhöfe in Form unterirdischer Galerien, in denen Hunderttausende von Tieren beigesetzt wurden – oft in kunstvoll gefertigten Bronze- und Holzsärgen bestattet (vgl. Kat.-Nr. 188). MPG

Literatur: Assmann, J., Ägypten. Eine Sinngeschichte, München – Wien 1996; Brunner, H., Zum Verständnis der archaisierenden Tendenzen in der ägyptischen Spätzeit, Saeculum 21, 1970, 151–161; Desroches Noblecourt, C. – Vercoutter, J., Un siècle de fouilles françaises en Egypte, 1880–1980, Paris 1981, 279–283; Egyptian Art (Brooklyn 1960); Eigner, Grabbauten der Spätzeit; Gomaà, F., Die libyschen Fürstentümer des Deltas vom Tod Osorkons II. bis zur Wiedervereinigung Ägyptens durch Psametik I. (B TAVO, B 6), Wiesbaden 1974; Kayser, Kunsthandwerk, 164–179; Kessler, Heilige Tiere; Kitchen, TIP; Leahy, A. (Hg.), Libya and Egypt, c1300–750 BC, London 1990; Leclant, J., L'Egypte du crépuscule, Le monde égyptien: Les Pharaons, Vol. III., Paris 1980; Montet, Tanis I–III; Neureiter, S., Eine neue Interpretation des Archaismus, SAK 21, 1994, 119–254; Niwiński, Coffins; Niwiński, Funerary Papyri; PKG, 70–81; Stierlin – Ziegler, Tanis (ausführliche Literaturangaben zu den Ausgrabungen in Tanis p. 48); Tanis (Paris 1987).

131
Gesichtsmaske eines Königs oder Gottes

Privatsammlung, Schweiz

Bronze, blaues Glas, Spuren von Blattgold
H. 15,5 cm; B. 14 cm
Oberfläche des Metalls stark zersetzt, Inkrustationen partiell fehlend
Dritte Zwischenzeit, 21.–22. Dynastie, um 1069–715 v. Chr.

Das leicht unterlebensgroße Gesicht ist aus Bronze hergestellt und weist am Hals und an den Ohren Spuren des ursprünglichen Goldüberzuges auf, der auf eine feine Stuckschicht aufgelegt wurde. Vermutlich hat die Einwirkung von Feuchtigkeit die Vergoldung abbröckeln lassen und die Oberfläche der Bronze partiell zersetzt. Trotz der Einbuße des ursprünglichen Aussehens handelt es sich bei der Maske um ein Objekt von außerordentlicher Bedeutung, das in eindrücklicher Weise das künstlerische Schaffen der Dritten Zwischenzeit dokumentiert.
Das alterslose Antlitz mit idealisierten Zügen hat schmale Augen mit verlängertem Schminkstrich, eine gerade Nase und einen kleinen Mund mit leicht hochgezogenen Mundwinkeln. Die Augenpartie war bereits im Gußmodell so ausgeformt, daß die Augenhöhlen, die heute leer sind, und die Brauen mit kostbaren Materialien eingelegt werden konnten – die Pupillen bestanden wohl aus poliertem Obsidian und das Weiße der Augen aus Quarz. Lediglich bei der linken Augenbraue ist die Inkrustation aus blauem Glas erhalten. Die von den Ohren zum Kinn laufende bandartige Vertiefung an der äußeren Seite der Wangen und die Durchbohrung unter dem Kinn weisen darauf hin, daß die Figur einen Zeremonialbart trug. Der durchbrochene, nach hinten gebogene Zapfen über der Stirn diente zur Befestigung des gesondert gearbeiteten Kopfputzes.
Die meisterhafte Verarbeitung des Metalls und der Stil haben ihre direkten Parallelen in den goldenen Gesichtsmasken der 21. und 22. Dynastie, die formal auf die Vorbilder des Neuen Reiches zurückgreifen, in ihrer akademischen Strenge jedoch die schöpferische Kraft der vorangehenden Dynastien nicht mehr erreichen.
Die vorliegende Gesichtsmaske gehörte zu einer mehrteiligen Statue, deren Elemente einzeln gegossen und zusammengefügt wurden. Dieses komplexe Arbeitsverfahren, das die technischen Fähigkeiten der Bronzegießer der Dritten Zwischenzeit unterstreicht, wurde vor allem bei der Herstellung von Großbronzen angewendet. MPG

Publikation: unveröffentlicht.
Parallelen: Montet, Tanis II, 40, nr. 214, pl. 22: Gesichtsmaske des Mitregenten von Osorkon I., Scheschonks II.; p. 73, nr. 687, pl. 47–48: Gesichtsmaske des Würdenträgers Wendjebauendjed.
Literatur: Ch. Ziegler, Les arts du métal à la Troisième Période Intermédiaire, in: Tanis (Paris 1987), 85–96. Zu den Gesichtsmasken besonders p. 270–272.

132
Gesichtsmaske eines Königs oder Gottes

Privatsammlung, Schweiz

Bronze, blaues Glas
H. 5,8 cm; B. 6,8 cm
Oberfläche des Metalls stark zersetzt, Inkrustationen partiell fehlend
Dritte Zwischenzeit, 21.–22. Dynastie, um 1069–715 v. Chr.

Wie bei der vorangehenden Gesichtsmaske handelt es sich auch bei diesem Bronzewerk – obwohl von geringeren Ausmaßen – um ein besonders kostbares Exemplar.

In einem aufwendigen Verfahren waren die Augen und Brauen ursprünglich mit Glaseinlagen versehen worden, wobei die Inkrustationen der linken Augenumrandung und des zur Schläfe hin verlängerten Schminkstriches noch partiell erhalten sind. Ein gesondert gegossener, heute fehlender Zeremonialbart war einst in die runde Öffnung unter dem Kinn eingepaßt. Die vertieften Rillen am äußeren Wangenrand imitieren die beiden Bänder, mit deren Hilfe der Bart am Kopfputz befestigt war. Im rechten Auge und in den Bartbändern sind Spuren der ursprünglichen Kittmasse zu erkennen, mit der die farbigen Einlegearbeiten fixiert wurden. Die Korrosion der Metalloberfläche läßt die einzelnen Gesichtspartien nun ohne deutlich erkennbare Abgrenzung ineinander übergehen. Schmale Augen, eine gerade Nase mit etwas breit angesetzten Nasenflügeln und ein kleiner Mund mit vollen Lippen prägen das idealisierte Gesicht. Die detailgetreue Gestaltung der Ohren mit leicht abstehender Muschel und üppigem Ohrläppchen erfolgte bereits am Gußmodell. Der Hals ist nicht in vollem Umfang, sondern lediglich in der Vorderpartie ausgeführt worden.

Die Gesichtsmaske, ein individuelles Werkstück, war Teil einer Kompositfigur, die einen König oder das Kultbild einer Gottheit darstellte. MPG

Publikation: unveröffentlicht.
Parallelen: Sotheby's New York, May 1977, no. 347; Sotheby's New York, December 1980, no. 268; Sotheby's London, December 1996, no. 76; Steindorff, Walters Art Gallery, 120, no. 485, pl. LXXVII.
Literatur: vgl. Kat.-Nr. 131.

133
Isis lactans

Privatsammlung, Schweiz

Ägyptischblau, Blattvergoldung
H. 21 cm
Kopfputz, Fuß- und Sockelpartie, die rechte Augeneinlage und der Uräus fehlen
Dritte Zwischenzeit, 21.–22. Dynastie, um 1069–715 v. Chr.

Die religiöse Vorstellung der stillenden Gottesmutter – vornehmlich Hathor und Isis – ist literarisch bereits in den Pyramidentexten belegt. Das Stillen galt nach ägyptischer Vorstellung als Inbegriff und Garant des Lebens. Das Motiv von Mutter und Kind begegnet seit dem Alten Reich in Skulptur und Relief. Rundplastische Darstellungen der thronenden Gottesmutter, die ihr Kind stillt, lassen sich jedoch erst seit der Dritten Zwischenzeit belegen und finden in der Spätzeit große Verbreitung. Diese Ikonographie bildet die Vorlage für das abendländische Bild der christlichen Madonna lactans.

Unsere Figurengruppe zeigt eine Göttin mit eng anliegendem, knöchellangem Kleid. Sie sitzt auf einem Thron mit kurzer Rückenlehne. Mit der rechten Hand umfaßt sie ihre rechte Brust, mit der linken stützt sie das Kleinkind, das quer auf ihrem Schoß sitzt. Auf dem Köpfchen des nackten Knaben ruht die Doppelkrone. Das breite, vollwangige Gesicht der Frau wird von einer dreiteiligen Perücke umrahmt, auf welcher der Ansatz des nun fehlenden Kopfputzes zu erkennen ist. Die Bruchlinie läßt vermuten, daß es sich um einen runden Kronenaufsatz handelte, der Träger eines Kuhgehörns mit Sonnenscheibe war (vgl. Kat.-Nr. 174). Die runde Vertiefung über der Stirn diente der Aufnahme einer separat hergestellten Uräusschlange.

Obwohl Mutter und Kind in ihrer Bewegung nicht direkt aufeinander Bezug nehmen, läßt sich die zärtliche Handlung des Stillens nachempfinden. Die Armhaltung der Mutter entspricht jedoch nicht dem gebräuchlichen Kanon, nach dem die rechte Hand nach der linken Brust greift (vgl. Kat.-Nr. 174).

Derart große Figuren aus dem nur wenig verwendeten Material Ägyptischblau sind selten (vgl. Kat.-Nr. 96). Die Wahl des erlesenen Materials, die feine handwerkliche Ausführung und die zusätzliche Verschönerung mit Blattgold, Einlegearbeiten und gesondert gearbeiteten Elementen lassen vermuten, daß diese bemerkenswerte Statuette in einer königlichen Werkstatt entstand. MPG

Publikation: unveröffentlicht.

Parallelen: Ancient Art (1974), no. 209: Isis mit Horusknabe, ebenfalls aus Ägyptischblau, jedoch in die 18. Dyn. datiert; M. Müller, Zwei Bildwerke aus der Dritten Zwischenzeit, in: BSEG 9–10, 1984–85, 199–222, besonders Nr. B mit Abb. S. 214: in Stil und Technik identisch; Sotheby's New York, May 1979, no. 330: Oberteil einer Göttin, ebenfall aus Ägyptischblau und mit eingelegten Augen, in die 22. Dynastie datiert.

Parallelen von Isisfiguren mit gleicher Armhaltung (rechte Hand umfaßt rechte Brust): Freiburg/Schweiz, Biblisches Institut der Universität, Inv.-Nr. M.A. 2584; Göttingen, Archäologisches Institut der Universität, Inv.-Nr. 3; London, British Museum Inv.-Nr. 23050. 26943. 57333; Cambridge, Fitzwilliam Museum, Inv.-Nr. E.8.1955 (unpubliziert; gemäß eigenen Aufzeichnungen).

Literatur: Brunner, Gottkönig; R. P. Hinks, Isis suckling Horus, BMQ 12, 1937/1938, 74–75; J. S. Karig, Die Göttinger Isisstatue, ZÄS 87, 1962, 54–59; Keel – Uehlinger, Miniaturkunst, 102–103, Abb. 133; E. Feucht, Verjüngung und Wiedergeburt, SAK 11, 1984, 401–417; H. W. Müller, Die stillende Gottesmutter in Ägypten, Materia Medica Nordmark, 2. Sonderheft, 1963; ders., Isis mit dem Horuskinde, MJbK 14, 1963, 7–38; Münster, Isis; Gott und Götter, 58, Nr. 38; K. Wessel, Die stillende Gottesmutter, SAK 6, 1977/1978, 187–200; Weis, Madonna, 97–110; Langener, Isis lactans, 264–270: zum rechtsseitigen Stillgestus.

134
Relieffragment Scheschonks III.

Privatsammlung, Schweiz

Kalkstein
H. 51,3; B. 69,8 cm; Dicke: 7,5 cm
Fragment eines Tempelreliefs, aus zwei Teilen zusammengefügt
Dritte Zwischenzeit, 22. Dynastie, Regierung Scheschonks III., um 825–773 v. Chr.
Aus Tell Umm el-Harb, beim heutigen Dorf Mustai gelegen
Ehemals Sammlung Dr. Filser, Basel

Rund- und Flachbilder aus der Dritten Zwischenzeit sind eher selten, da sich die libyschen Könige dieser Epoche zumeist Denkmäler aus früherer Zeit aneigneten. So wurden die Tempelanlagen ihrer unmittelbaren Vorgänger, der Ramessiden, richtiggehend geplündert und die Statuen in die neuen Metropolen des Deltas gebracht. Eindrücklichstes Beispiel dafür ist die neue Hauptstadt Tanis im östlichen Delta, die praktisch gänzlich aus Spolien errichtet wurde. Dort ließ Scheschonk III., der auf dem vorliegenden Relief begegnet, wie die anderen in Tanis residierenden Könige auch seine Grabkapelle anlegen und fügte dem Amuntempel in Tanis das monumentale Westtor hinzu, das heute noch als eindrückliches Granitmassiv erhalten ist.

Das vorliegende Relieffragment aus Kalkstein stammt allerdings nicht aus Tanis, sondern vom Tell Umm el-Harb, der beim heutigen Dorf Mustai im zentralen Delta in der Nähe des antiken Athribis liegt. Unser Fragment

gehörte wohl zum großen Tempel des Thot von Mustai (Mesdet), der nachweislich von Ramses II. erbaut und von Scheschonk III. erweitert wurde. Das versenkte Relief besticht durch seine einfache Linienführung und durch seine Anmut im Ausdruck des Gesichtes: Rechts ist die Göttin Isis mit dem Kuhgehörn und der Sonnenscheibe auf dem Haupt dargestellt. Erhaben sind ihre Gesichtszüge wiedergegeben, detailliert ihre Geierhaube, die über dem Haar liegt. An ihrer Stirn bäumt sich eine große Uräusschlange auf. Ihr gegenüber stand König Scheschonk III., der vor der Göttin ein Weihrauchopfer vornahm (vgl. Abb.). Erhalten ist von dem König nur noch die eine Hand, mit der er den sogenannten Räucherarm hält, ein Kultgerät aus Metall in Form eines menschlichen Armes. Am Ende des Gerätes befindet sich der Kopf eines nach vorne blickenden Falken. Auf der ausgestreckten Hand ist ein kleines Weihrauchnäpfchen befestigt, aus dem ein Flämmchen züngelt. Darin wurde der Weihrauch verbrannt. Über dem Räuchergerät stehen der Thron- und Geburtsname Scheschonks III. in einer Kartusche mit dem Zusatz «versehen mit Leben, Dauer und Macht». Die Inschriftzeile vor der Göttin bezeichnet sie als «die Große Isis, Mutter aller Götter, von Mesdet»

Im Tempel des Thot von Mesdet wurden nach den Inschriften auf den dort entdeckten Kalksteinblöcken die Gefährtin des Thot, Nehmet-awai, Horus, Atum und Mahes verehrt. Durch dieses Relief neu bezeugt ist jetzt ebenso ein Kult der Großen Isis von Mesdet. AW

Publikation: unveröffentlicht.
Parallelen und Literatur: M. C. C. Edgar, Report on an Excavation at Tell Om Harb, ASAE 12, 1911, 164–169; PM IV, 44. Zu Mesdet: Gomàa, Fürstentümer, 154. Zum König s. Schneider, Pharaonen, 251. Zur Bautätigkeit von Scheschonk III. allgemein s. Montet, Tanis III. Zur Göttin Isis: Münster, Isis.

135
Geflügelter Sphinx

Privatsammlung, Schweiz

Bronze, Vollguß, mit Goldtauschierung
L. 7,3 cm; H. 4,9 cm (ohne Dorn)
Menschliche Arme weggebrochen. Bronze korrodiert, Tauschierungen z.T. herausgefallen
Dritte Zwischenzeit, 21. Dynastie, wohl Regierung des Siamun, um 978–959 v. Chr.

Das Metallhandwerk erreichte seine Blütezeit in der Dritten Zwischenzeit und ist durch hervorragend gearbeitete Bronzewerke bezeugt (Kat.-Nr. 131, 132). Neben der Verwendung ganz verschiedener Metalle wie Gold, Silber, Elektron und Bronze für Statuen, Gefäße, Schmuck, Kultgeräte und Waffen kamen damals auch ganz verschiedene Ziertechniken zur Anwendung. Die vornehmste Art der Metallverzierung war das Tauschieren, bei dem ein edles Metall in die vorgeformten Vertiefungen eines Gegenstandes aus weniger edlem Metall eingehämmert wurde.

Ein großartiges Werk ägyptischer Bronzekunst stellt der vorliegende kleine liegende Sphinx mit Goldtauschierung dar. Dieses königliche Mischwesen aus Löwenleib und Menschenkopf, Ausdruck kraftvoller und majestätischer Erscheinung des Königs, ist uns von der monu-

mentalen Ausführung des Sphinx von Gisa aus dem Alten Reich bestens bekannt. In unserem Beispiel trägt der König ein Nemeskopftuch mit dem Uräus an der Stirn und einen Zeremonialbart. Um den Hals ist ein breiter Kragen gelegt, der in Tropfenperlen endet. Auf dem Rücken zeichnet sich ein Flügelpaar ab, dessen Federn detailliert wiedergegeben sind. Nemeskopftuch, Bart, Kragen und Flügel bestehen aus Goldtauschierungen. Die Augen sind möglicherweise mit Elektron eingelegt.

Das Gegenstück zu unserem Sphinx wird im Louvre in Paris aufbewahrt und wurde bereits um die Mitte des letzten Jahrhunderts in Tanis gefunden. Erhalten sind bei diesem Sphinx die ausgestreckten Menschenarme, die eine Opferplatte halten, die in Goldtauschierung den Geburtsnamen des Königs Siamun in einer Kartusche trägt. Die Flanken des Tieres tragen ebenso den Geburtsnamen des Königs. Siamun, dessen Grab noch nicht entdeckt wurde, betrieb eine aktive Außenpolitik und bedrohte sogar das junge israelitische Königreich. Wozu der vorliegende Aufsatz in Gestalt eines Sphinx diente, ist schwer zu sagen. Die beiden bei unserem Exemplar erhalten Bronzezapfen, von denen der hintere nach vorne gebogen ist, deuten auf eine Fixierung in Holz hin. AW

Publikation: unveröffentlicht.
Parallelen: Tanis (Paris 1987), 164f., nr. 42 (mit weiterer Literatur); Stierlin – Ziegler, Tanis, fig. 113.
Literatur: zum Sphinx s. Schweitzer, Löwe und Sphinx. Zu Siamun s. Schneider, Pharaonen, 274f. Zur Metallverarbeitung Kayser, Kunsthandwerk, 171–175; Tanis (Paris 1987), 85–101.

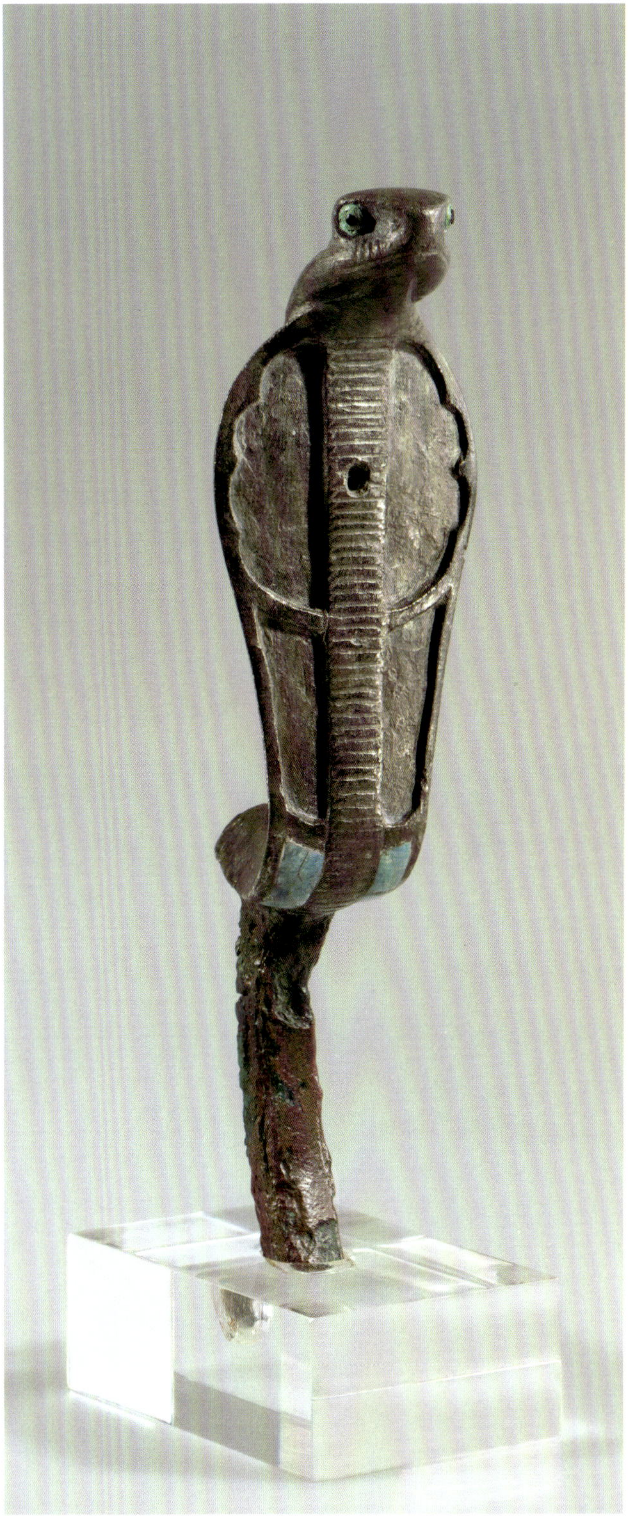

136
Aufgerichtete Uräusschlange

Privatsammlung, Schweiz

Silber/Kupfer-Legierung
H. des Tieres: 9,7 cm; B. 4 cm; H. des Zapfens: 6 cm
Einlagen partiell erhalten
Spätes Neues Reich oder Dritte Zwischenzeit, 1100–800 v. Chr.

Inhaltlich und formal enspricht diese aufgerichtete Kobra, die Bestandteil einer Krone war, der oben vorgestellten monumentalen Uräusschlange (vgl. Kat.-Nr. 118). Besonders hervorzuheben ist die kostbare Ausführung des Tieres, das aus einer Silber/Kupfer-Legierung gegossen ist. Der aufgeblähte Brustschild mit den deutlich gekennzeichneten Halswirbeln ist symmetrisch in zwei Zonen gegliedert. Die insgesamt sechs vertieften Zellen dienten der Aufnahme von farbigen Einlagearbeiten. In den beiden Feldern am Knick des Schlangenkörpers ist die ursprüngliche Inkrustation aus Türkis erhalten. Die lebhaft glänzenden Augen sind mit Glas und Obsidian eingelegt. Der Augenrand ist mit einer Blattvergoldung markiert. Die kleine Durchbohrung in der oberen Partie des Schildes deutet darauf hin, daß der Leib der Schlange durch einen Dübel mit der nun fehlenden Sonnenscheibe verbunden war. Der vertikale Eingußzapfen am kurzen Schwanzteil nimmt die Funktion eines Halterungszapfens wahr und diente der Fixierung des gesamten Kopfputzes an der Götterfigur. Die Krone muß den Kopf einer Gottheit mit Tierkopf geschmückt haben, da menschenköpfige Götter die Uräusschlange an der Stirn tragen, was einen horizontalen Halterungszapfen voraussetzt.
Nur eine meisterhafte Beherrschung der Metallverarbeitung und die Anwendung von Ziertechniken ermöglichten es, das faszinierende und zugleich erschreckende Wesen der Schlange in so realistischer Weise wiederzugeben. MPG

Publikation: Animals I, no. 48; Aus Noahs Arche, Nr. 15.
Parallelen: Hornemann, Statuary VII, no. 1847. 1849; Steindorff, Walters Art Gallery, 153–154, no. 699. 700, pl. CIV.
Literatur: Johnson, Cobra Goddess; K. Martin, LÄ VI, 864–868, s. v. Uräus; Roeder, Bronzewerke, 58–60, Taf. 35; ders., Bronzefiguren, 388–389, Taf. 55.

137
Figur der Göttin Maat

Privatsammlung, Schweiz

Bronze, Vollguß
H. 22,5 cm
Intakt
Dritte Zwischenzeit, 21.–22. Dynastie, um 1069–715 v. Chr.

Die Personifikation des Begriffes «Maat» – der richtigen Ordnung der Welt, der Wahrheit und Gerechtigkeit – ist eine hockende, selten auch stehende Frauengestalt mit dem Schriftzeichen der Straußenfeder auf dem Kopf. Unsere Bronzefigur der Göttin Maat besticht – abgesehen von ihrer schönen handwerklichen Gestaltung – besonders durch ihren tadellosen Erhaltungszustand.
Die weibliche Figur hockt mit dicht an den Körper gezogenen Beinen auf einem langbeinigen, schemelartigen Untersatz mit Hohlkehle und Rundstab. Der auf eine Silhouette reduzierte Leib ist einschließlich der Füße und Arme in ein enganliegendes Gewand gehüllt. Die dreiteilige Perücke mit den fein nachgezogenen Strähnen spart die Ohren aus. Das schlichte Stirnband ist am Hinterkopf zu einer Schlaufe verknotet. Auf dem Kopf trägt die Maat ihr Attribut – eine (im Verhältnis zur Größe der Figur überdimensionierte) Straußenfeder. Zwischen den beiden vorderen Haarteilen ist ein Halskragen zu erkennen.
Im Gegensatz zu der Mehrzahl von Bronzestatuetten ist bei unserer Figur das eigenwillige Antlitz außergewöhnlich präzise und ausdrucksvoll wiedergegeben. Die vollen Wangen, die kurze Kinnpartie, der große Mund mit den sensibel geschwungenen Lippen, die sanft gebogene Nase, die tief eingekerbten Nasolabialfalten und die großen, mandelförmigen Augen verleihen dem Gesicht eine individuell anmutende Ausstrahlung, deren Lebendigkeit zu den sonst üblichen idealisierten Götterdarstellungen kontrastiert.
Der Untersatz bildete zusammen mit der Figur bereits beim Gußmodell eine Einheit, lediglich die Straußenfeder wurde gesondert angefertigt. Die technisch einwandfreie Metallverarbeitung, die plastische Gestaltung des Gesichts und das bemerkenswerte Format sprechen für eine Datierung in die Dritte Zwischenzeit. MPG

Publikation: unveröffentlicht.
Parallelen und Literatur: Assmann, Maat, passim; Daressy, Statues I–II, 227–228, nr. 38910, pl. XLV; W. Helck, LÄ III, 1110–1119, s. v. Maat; Katalog Nefer 8, 38, no. 39; Roeder, Bronzefiguren, 215–216, Taf. 82; Geschenk des Nils, Nr. 315; Gott und Götter, 118–119, Nr. 82; Steindorff, Walters Art Gallery, 131–132, no. 553, pl. LXXXV.

138

Applike in Gestalt eines Göttinnenkopfes

Privatsammlung, Schweiz

Holz, Bronze
H. 22,2 cm; B. 6,5 cm
Dritte Zwischenzeit, 21.–22. Dynastie, um 1069–715 v. Chr.

Diese Applike in Gestalt eines Frauenkopfes ist ein schönes Beispiel für das bemerkenswerte Niveau der Kleinkunst der Dritten Zwischenzeit.
Das Gesicht mit seinen markanten Zügen wird von einer dreiteiligen Perücke umrahmt, die die Ohren freiläßt. Die mandelförmigen Augen mit verlängertem Schminkstrich und die Brauen waren ursprünglich eingelegt. Obwohl die untere Gesichtspartie Spuren einer Abnützung aufweist, sind die Nase mit den breit angesetzten Flügeln und der Mund mit den vollen Lippen schön zu erkennen. Die feine Ausführung der gesondert gearbeiteten Attribute aus Bronze, die am Holzkopf appliziert sind, unterstreichen den wertvollen Aspekt der Figur. Der Schild des Uräus an der Stirn der Göttin weist sechs vertiefte Felder auf, die zur Aufnahme farbiger Inkrustationen bestimmt waren (vgl. Kat.-Nr. 136). Das Schlangenhaupt wird von einem Kuhgehörn mit Sonnenscheibe, die ebenfalls eingelegt war, gekrönt. Der Kopfputz der Göttin ist aus zwei Teilen aufgebaut: einem Uräus-Diadem und einem Kuhgehörn mit Sonnenscheibe.
Die Gestaltung der Perücke deutet auf die ursprüngliche Verwendung der Applike. Der hintere Haarteil endet auf Nackenhöhe und steht im rechten Winkel zu den beiden vorderen langen Strähnen. Die Fläche zwischen den beiden vorderen Haarteilen weist kurz unter dem Halsansatz eine rechteckige Öffnung und drei partiell erhaltene Holzzapfen auf. Mit Hilfe dieser Dübel war die Applike wohl am oberen Ende eines Stabes befestigt, wobei die Vorderteile der Perücke am vertikalen Schaft anlagen. Die Vermutung liegt nahe, daß es sich um das Endstück eines Götterstabes oder des Halterungspfostens einer Prozessionsbarke handelt. Entsprechende Frauenköpfe mit Kuhgehörn und Sonnenscheibe kennen wir etwa von den Barken der Göttin Mut.

MPG

Publikation: unveröffentlicht.
Parallelen: M. Müller, Zwei Bildwerke aus der Dritten Zwischenzeit, BSEG 9–10, 1984–85, 199–222, besonders Nr. A mit Abb. S. 200–201; Roeder, Bronzefiguren, 237, Nr. 296,f, Taf. 34,a
Literatur: R. Stadelmann, LÄ IV, 1160–1164, s. v. Prozessionen besonders Anm. 20.

139

Figur der Göttin Thoëris

Privatsammlung, Schweiz

Bronze, Vollguß
H. 7 cm
Intakt
Dritte Zwischenzeit, 21.–22. Dynastie, um 1069–715 v. Chr.

Das furchterregende Erscheinungsbild der Göttin Thoëris setzt sich aus einzelnen Körperteilen von drei besonders gefährlichen Wildtieren – Nilpferd, Löwe und Krokodil – zusammen. Deren bedrohliche Eigenschaften und Kräfte nimmt sie so in geballter Weise in sich auf.
Bei unserem qualitätvollen Exemplar aus Bronze sind die kennzeichnenden Körperteile der einzelnen Tiere deutlich hervorgehoben und detailliert wiedergegeben: Der aufrechte und in Schrittstellung dargestellte Leib eines trächtigen Nilpferds, der sich verjüngende Schwanz eines Krokodils, der sich über den ganzen Rücken zieht, und die Löwentatzen an den kräftigen Beinen und den menschlichen Armen. Der Nilpferdkopf mit der markanten, leicht geöffneten Schnauze trägt eine dreiteilige Perücke, deren zwei vordere Haarteile auf den hängenden Brüsten aufliegen. Der Untersatz auf dem Scheitel diente der Befestigung eines nun fehlenden Kopfputzes – wohl eines Kuhgehörns mit Sonnenscheibe. Die Tragöse am Hinterkopf weist darauf hin, daß die Figur als Amulett getragen werden konnte. Thoëris-Amulette waren vorwiegend aus Fayence, farbigen Schmucksteinen wie Karneol und Lapislazuli (vgl. Kat.-Nr. 98), vereinzelt aus Glas oder Kristall und relativ selten aus Bronze hergestellt.
Die zahlreich belegten Amulette und Statuetten in Gestalt der Thoëris haben eine apotropäische Funktion. Thoëris ist aufgrund ihrer Wesenszüge auf das engste mit dem zwerggestaltigen Bes verbunden (vgl. Kat.-Nr. 141). Als Schutzgöttin steht sie vor allem den schwangeren Frauen bei der Geburt und im Wochenbett bei, indem sie alles Übel von ihnen fernhält. Sie nimmt weiter die Aufgaben einer Amme wahr, als welche sie sich um das Leben des Neugeborenen sorgt und es unter ihren Schutz stellt. MPG

Publikation: unveröffentlicht.
Parallelen: Daressy, Statues I–II, 286–287, nr. 39148–39153, pl. LV (Thoërisfiguren aus Bronze); Petrie, Amulets, 47, no. 236, pl. XL (einzig no. 236 q aus Bronze); Steindorff, Walters Art Gallery, 141–142 (nur no. 606 aus Bronze), pl. XCIII.
Literatur: Andrews, Amulets, 40–41, fig. 39; R. Gundlach, LÄ VI, 494–497, s. v. Thoëris; Skarabäen Basel, 100.

140

Pavian in anbetender Haltung

Privatsammlung, Schweiz

Bronze, Vollguß, grünbraune Patina; Elektrontauschierung
H. 7 cm
Beide Füße sowie ein Teil des Schwanzes fehlen
Neues Reich oder Dritte Zwischenzeit, ca. 1370–800 v. Chr.

Der Mantelpavian *(Papio hamadryas)* war neben dem Ibis (vgl. Kat.-Nr. 169) das heilige Tier des Gottes Thot. Pavianfiguren in der typischen hockenden Haltung sind seit der Frühzeit (vgl. Kat.-Nr. 23) belegt.
Eine weitere, jedoch weniger häufige Darstellungsmöglichkeit ist die des stehenden Pavians in Anbetungshaltung. Vollständig auf seinen Hinterbeinen aufgerichtet, hält er beide Arme angewinkelt vor der Brust. Die geöffneten Handflächen sind nach vorne gewendet. Dies stellt in der ägyptischen Kunst die kanonische Haltung des Betgestus dar.
Mit beeindruckendem Sinn für die Realität sind die langgezogenen Vorderpfoten mit den tief ansetzenden Daumen ausgeführt. Die füllige Kopf- und Schultermähne unterstreicht das respektvolle Erscheinungsbild des männlichen Affen. Ganz besonderen Wert scheint der Künstler auf eine naturgetreue Ausführung der Schnauze gelegt zu haben. (vgl. Kat.-Nr. 168). Die Kostbarkeit dieses Kultbildes wird durch das Pektoral aus Elektron, das die Brust des Tieres ziert, unterstrichen.
Die Ikonographie unserer Bronzefigur verdeutlicht die Beziehung des Pavians zum Sonnenkult. In Anbetung begrüßt er die morgendliche Sonne, die nach ihrer Fahrt durch die Unterwelt wieder am östlichen Horizont erscheint. Das Jubelgeschrei der Affen verkündete die gewaltige Erscheinung des Sonnengottes. Der Ursprung dieser religiösen Vorstellung basiert auf dem natürlichen Verhalten dieser Tiere, die am frühen Morgen bei Sonnenaufgang mit großem Lärm und Tumult ihre Schlafstätten verlassen. MPG

Publikation: Animals III, 70, no. III,97, pl. 13; Aus Noahs Arche, Nr. 57; Sotheby's London, November 1964, The Ernest Brummer Collection, no. 58.
Parallelen: Catalogue des Statues (Kopenhagen 1950), 55, nr. 93, pl. 103: Figur eines stehenden Pavians aus Kawa, Nubien. Der beschriftete Rückenpfeiler nennt den Namen des Königs Taharka.
Literatur: Assmann, Liturgische Lieder, besonders S. 208–214; Boessneck, Tierwelt, Abb. 230,a; M. Dewachter, Les cynocéphales ornant la base des deux obélisques de Louxor, CdE 47, 1972, 68–75, besonders p. 71, n. 6; Habachi, Obelisks, 96, pl. 22. 24 (die Basis des Obelisks von Luxor trägt eine Reihe von vier stehenden Pavianen mit erhobenen Pfoten); Hornung, Amduat II, 28–29; S. Sauneron, L'hymne au soleil levant, BIFAO 52, 1953, 65–90, besonders p. 69, VI,6–VII,2; Götter Menschen Pharaonen, 164, Nr. 85: Sonnenpavian mit König; L. Störk, LÄ IV, 915–920, s. v. Pavian; E. Thomas, Papio Hamadryas and the Rising Sun, BES 1, 1979, 91–94.

141
Hockender Bes mit Antilope

Privatsammlung, Schweiz

Hellgrüne Fayence
H. 5,5 cm; B. 3 cm
Der Kopfputz, die linke Hand und das linke Bein sowie beide Füße fehlen
Dritte Zwischenzeit bis 26. Dynastie, 10.–6. Jh. v. Chr.

Die außerordentliche Qualität dieser kleinen Figur beruht auf ihrer detailgetreuen und feinen handwerklichen Ausführung. Der zwergengestaltige Bes ist hockend dargestellt. Mit seinen mächtigen Händen umfaßt er die Läufe einer Antilope, die er so vor seiner Brust trägt. Das grotesk anmutende Gesicht wird von einer breiten Stupsnase, tiefliegenden Augen und den betonten Bogen der Augenbrauen geprägt. Der Bart mit den stilisierten Locken spart den großen, geöffneten Mund und das Kinn aus. Zwischen den wulstigen Lippen bleckt die obere Zahnreihe hervor. Das üppige Haupthaar, das in einer spitz auslaufenden, eingerollten Strähne endet, fällt bis in den Rücken. In den Ohrmuscheln der abstehenden Löwenohren sind je drei Haarbüschel zu erkennen. Der kompakte Körper ist lediglich mit einem Löwenfell bedeckt, dessen Tatzen auf den Schultern ruhen bzw. seitlich am Oberschenkel anliegen. Von dem nun fehlenden Kopfputz – einer hohen Straußenfederkrone – ist der Ansatz erhalten.
Der dem Menschen wohlgesinnte Bes stand vor allem Frauen und Kindern hilfreich zur Seite, indem er durch sein furchterregendes Aussehen alles Böse vertrieb und sie vor Krankheiten bewahrte. Obwohl beim Tier, das er in seinen Armen hält, ein Teil des Kopfes fehlt, handelt es sich – wie der Vergleich mit ikonographisch ähnlichen Objekten ergibt – um eine Antilope. Sie symbolisiert die apotropäischen Eigenschaften des Bes: indem er sie fest im Griff hat, besitzt er auch die Kontrolle über die ambivalenten Züge des Tieres, das sowohl als unheilabwehrendes Wesen als auch als Verkörperung des Götterfeindes Seth erscheint.
Die Statuette stellte eine Weihgabe dar, mit der man dem Hausgott Bes Dank für eine glückliche Geburt abstattete oder ihn um eine solche bat. Sie ist Ausdruck der tiefen Verwurzelung des zwergenhaften Dämons in der Volksreligiosität.
Die charakteristische Ikonographie, die stets mit der Thematik von Geburt und Wochenbett verbunden ist, sowie die handwerkliche Ausführung weisen die Figur des hockenden Bes mit Antilope einem Werkkreis im östlichen Delta, namentlich den Residenzen Tanis und Bubastis, zu. Die Herstellung dieser spezifischen Fayencen (Vgl. Kat.-Nr. 142) fällt in die Zeit der 21. bis 26. Dynastie, wobei die Mehrzahl der Objekte aus der libyschen Epoche stammt.

MPG

Publikation: unveröffentlicht.
Parallelen: Bulté, Talismans, 29, Doc. 52–54, pl. 12–13, besonders 12b. 12c. 13a. 13b (mit ausführlicher Literatur).

Literatur: J. Bulté, Fragments de figurines en «faïence» à pois découvertes à Tanis, in: Cahiers de Tanis I. Mission française des fouilles de Tanis, Paris 1987, 163–176; M. Gasser, Eine ägyptische Bronzegruppe mit dem Gott Bes, in: Altorientalische Miniaturkunst, Mainz 1990, 110–114. 118, Anm. 17–19.

142
Hockende weibliche Figur

Privatsammlung, Schweiz

Blaugrüne Fayence mit braunschwarzer Glasur
H. 5,4 cm; B. 2,2 cm
Fußpartie und Basis fehlen
Dritte Zwischenzeit bis 26. Dynastie, 10.–6. Jh. v. Chr.

In der handwerklichen Ausführung, der Wahl des Materials und dem in ihr angesprochenen Thema entspricht diese Statuette dem vorangehenden Beispiel des Bes mit Antilope (Kat.-Nr. 141).

Die weibliche Figur ist unbekleidet und in hockender Stellung dargestellt. Sie hält beide Beine eng an den Unterleib gepreßt und die Arme angewinkelt. Ihre Hände ruhen mit ausgestreckten Fingern auf den Knien. Das runde Gesicht mit fliehender Stirn ist von den großen Augen, der breiten Nase und den vollen Lippen geprägt. Der Schädel mit ausgeprägtem Hinterkopf ist bis auf je eine Seitenlocke kahl. Diese beiden voluminösen Haarbüschel sind mit einem Band zusammengebunden und je in der Mitte durchbohrt. Im Nacken ist eine dreifache Tragöse befestigt. Die Brustpartie und der bucklige Rücken sind mit schwarzen Punkten versehen, die kennzeichnende stilistische Merkmale dieser spezifischen Fayenceproduktion sind. Die Kopfhaare und das Schamdreieck sind braunschwarz gefärbt. Über der linken Brust der Figur ist das Kultinstrument der Bastet zu erkennen (vgl. Kat.-Nr. 184): eine löwenköpfige Ägis mit Sonnenscheibe und Uräus. Das Menit (Gegengewicht) ruht auf der Schulter. Um das linke Handgelenk ist ein beutelartiger, mit schwarzer Farbe hervorgehobener Gegenstand gelegt, der seitlich an ihrem linken Bein herunterhängt.

Die singuläre Frisur der Figur und die Gesichtszüge identifizieren die Frau als Nubierin – ihre Nacktheit und der zwergenhafte Körperbau entsprechen dem Erscheinungsbild des Bes. Es handelt sich um eine als Talisman verwendete Darstellung einer nubischen Dienerin oder Amme, die als Begleiterin des Bes dem Neugeborenen einen wohlbehüteten Lebensbeginn gewährt. MPG

Publikation: unveröffentlicht.
Parallelen: Bulté, Talismans, 49 (mit ausführlicher Literatur), Doc. 122, pl. 26.
Literatur: vgl. Kat.-Nr. 141; Bulté, Talismans, zu den schwarzen Punkten: 108–109; Dasen, Dwarfs, 143–155; J. Quaegebeur, Apis et la Menat, BSEF 98, 1983, 17–39, besonders note 55, fig. 1e. 5a–b.

143
Udjat-Auge

Privatsammlung Elsa und Dr. Pierre Henri Bloch-Diener, Bern

Blau glasierte Fayence
L. 3,8 cm; H. 3,7 cm; T. 1,8 cm
Intakt, wenige Bestoßungen
Spätzeit, 25. Dynastie, um 780–656 v. Chr.

Das Auftauchen und Verschwinden von Sonne und Mond im Tages-Nacht-Zyklus stellte ein erstaunliches kosmisches Phänomen dar, das täglich für jeden sichtbar war. Hinzu kamen die Zu- und Abnahme des Mondes während eines Monats, die nach einer Erklärung verlangten. Eine uralte und verbreitete Vorstellung war die, daß Sonne und Mond die Augen des Himmelsgottes Horus darstellen. Nach schon früh ausgebildeten Mythen war der Mond das linke Auge des Horus, das im Kampf um die Nachfolge des Osiris durch Seth verletzt (Halbmond) und von Thot wieder geheilt wurde (Vollmond). Daher erhielt es den Namen Udjat «das heile (Auge)».
In seiner Gestalt gleicht das Udjat-Auge einem menschlichen Auge mit Brauenbogen und am äußeren Winkel ansetzendem Schminkstrich, doch weist es auch Bestandteile des Falkenauges auf. Dazu gehört das Liniengefüge, das am unteren Lidrand ansetzt. Obwohl das Udjat-Auge nach dem Mythos das linke Auge des Gottes ist, wird in der Kunst das rechte bevorzugt.
Die Ausführung des vorliegenden Udjat-Auges ist massiv. Seine Oberseite ist leicht bombiert. Es besteht aus leuchtend blauer Fayence, wobei Braue, Auge und Schminkstrich sowie die nicht näher deutbaren Teile erhaben wiedergegeben und mit dunkelvioletter Farbe hervorgehoben sind. Material und Herstellungsart sprechen für eine Datierung in die Spätzeit, nach Parallelen am ehesten in die 25. Dynastie.
Neben dem Skarabäus war das Udjat-Auge, dessen triumphierende Kraft und Regenerationsfähigkeit jedes Übel besiegte, das beliebteste Amulett der Alten Ägypter. Die frühesten Belege gehen in die 6. Dynastie zurück, die spätesten finden wir in ptolemäischer Zeit. Neben einfachen Ausführungen begegnen auch künstlerisch originelle Lösungen wie im Fall des vierfachen Udjatauges oder des Horus-Auges mit dem darüber liegenden Löwen (Kat.-Nr. 205). AW

Publikation: unveröffentlicht.
Parallelen: Petrie, Amulets, no. 138ac. 138ae; Müller-Winkler, Objekt-Amulette, 93ff. 153f., Taf. VIII,223.
Literatur: RÄRG, 854–856, s. v. Uzatauge.

144
Zwei Totenfiguren

Privatsammlung, Schweiz (A)
Privatsammlung, Schweiz (B)

A: Uschebti des Königs Pinodjem I.
Leuchtend blaue Fayence mit schwarzer Bemalung
H. 14 cm
Unterhalb der Ellenbogen gebrochen und zusammengefügt
Dritte Zwischenzeit, 21. Dynastie, um 1054–1032 v. Chr.

B: Uschebti der Gottesgemahlin Maatkare
Leuchtend blaue Fayence mit schwarzer Bemalung
H. 10,8 cm
Intakt
Dritte Zwischenzeit, 21. Dynastie, um 1054–1032 v. Chr.

A: Der Priesterkönig Pinodjem I. übte zu Beginn der 21. Dynastie eine eigenständige Herrschaft über den oberägyptischen Landesteil aus, während in der Delta-

residenz Tanis die eigentlichen Herrscher Smendes, Amunemnesu und Psusennes I. an der Macht waren. Er vererbte sein Amt eines Hohenpriesters des Amun von Karnak einem seiner Söhne und ernannte seine Tochter Maatkare (vgl. Kat.-Nr. 144 B) zur «Gottesgemahlin des Amun». Der in einen Sarg Thutmosis' I. umgebettete Leichnam Pinodjems und die Mumie der Maatkare wurden in der Cachette von Deir el-Bahari bestattet, einem Versteck, das zur Zeit Pinodjems als Sammelgrab von Königsmumien eingerichtet wurde, deren Gräber von der Ausplünderung bedroht waren.

Gerade ein Herrscher benötigte Dienerfiguren, die stellvertretend für ihn im Totenreich Arbeit verrichteten. Der schlanke Körper des vorliegenden qualitätvollen Uschebtis des Pinodjem ist mumienförmig. Die sichtbaren Arme sind über der Brust gekreuzt und halten in den Händen je einen Handpflug. Neben der Aufschrift, die vertikal auf den Beinen angebracht ist, wird der

königliche Rang durch die plastisch gestaltete Uräusschlange an der Stirn ausgedrückt. Das fein modellierte Gesicht ist von einer dreiteiligen Perücke umrahmt, deren einzelne Strähnen mit schwarzer Farbe angegeben sind. Die Augenpartie, der kurze Bart, der breite Halskragen, die Armbänder und die Tragstange mit zwei ovalen, an Schnüren befestigten Gefäßen sind ebenfalls mit schwarzer Farbe aufgemalt. Die Inschriftzeile besagt: «Es leuchte der Osiris, König Pinodjem, geliebt von Amun, um jede Arbeit zu tun.»
B: Das Uschebti der Maatkare entspricht ikonographisch und in der Wahl des Materials der Dienerfigur ihres Vaters Pinodjem I. (vgl. Kat.-Nr. 144 A). Die kleine, gedrungen wirkende Gestalt mit breiten Schultern ist mumienförmig wiedergegeben, die Arme sind über der Brust gekreuzt, und die geschlossenen Hände halten die Arbeitsutensilien. Das etwas flüchtig modellierte Gesicht wird von einer dreiteiligen Perücke umrahmt, die die Ohren ausspart. Über der Stirn ragt ein plastisch hervorgehobener Uräus empor. Die Haare und Augenpartie, beide Handpflüge und die netzartige Tragtasche auf dem flachen Rücken sowie die vertikale Inschriftzeile über den Beinen sind mit schwarzer Farbe aufgemalt. Unterhalb der beiden vorderen Teile der Perücke sind zwei kleine Brüste angegeben, die die Figur als Frau ausweisen. Die Inschrift nennt den Namen und den Titel der Besitzerin: «Es leuchte der Osiris, Gottesgemahlin Maatkare, gerechtfertigt.»
Das Amt der «Gottesgemahlin des Amun» ist seit Beginn des Neues Reiches für Königinnen und Königstöchter belegt. Es handelt sich um die höchste klerikale Stellung, die eine Frau einnehmen konnte. Mit der Dritten Zwischenzeit bekam die Rolle der Gottesgemahlin einen neuen Aspekt: die Amtsinhaberin hatte sich dem Zölibat zu unterwerfen und stand ausschließlich dem Gott Amun zu Diensten. Maatkare gilt als die erste Vertreterin dieser jungfräulichen Gottesgemahlinnen, die ihr einflußreiches Amt, das von nun an mit königlichen Privilegien versehen war, durch Adoption vererbte. MPG

Publikation: A–B unveröffentlicht. Der Katalogtext entstand in Zusammenarbeit mit Silvia Winterhalter.
Literatur und Parallelen: A) Aubert, Statuettes, 139–142, nr. 53–58, pl. 25–26; Schlögl – Brodbeck, Totenfiguren, 149, Nr. 89 (mit Angabe weiterer Exemplare); Schneider, Shabtis II, 117, Nr. 4.3.0.3, pl. 46; Schneider, Pharaonen, 198f.; Vermächtnis der Pharaonen, 224, Nr. 143; Tanis (Paris 1987), 118, nr. 2; Entdeckungen (München 1985), 108, Nr. 88. B) Aubert, Statuettes, 137–142, nr. 61–63, pl. 28; M. Gitton – J. Leclant, LÄ II, 792–812, s. v. Gottesgemahlin, besonders Sp. 797 mit Anm. 63–64, und 804, Nr. 20; Graefe, Gottesgemahlin II, 106–108; Schneider, Shabtis II, 118, Nr. 4.3.0.5, pl. 47; Vermächtnis der Pharaonen, 224, Nr. 144; Sotheby's New York, December 1976, no. 179; Tanis, (Paris 1987), 120, nr. 4; Entdeckungen (München 1985), 108, Nr. 89; J. Yoyotte, Les adoratrices de la Troisième Période Intérmediaire, BSFE 64, 1972, 31–52, besonders 37, n. 19–21.

145
Zwei Totenfiguren des Prinzen Hornacht

Privatsammlung, Schweiz (A, B)

A: Aufseher
Türkisfarbene Fayence mit schwarzer Bemalung
H. 16,3 cm
Intakt. Aufschrift in der unteren Hälfte verwischt
Dritte Zwischenzeit, 22. Dynastie, um 945–713 v. Chr.

B: Arbeiter
Türkisfarbene Fayence mit schwarzer Bemalung
H. 15,4 cm
Gesicht und Fußpartie leicht bestoßen, Bruchlinie unterhalb der Ellenbogen
Dritte Zwischenzeit, 22. Dynastie, um 945–713 v. Chr.

Das neben der Grabanlage seines Vaters, des Königs Osorkon II., in der königlichen Nekropole von Tanis gelegene Grab des Prinzen und Ersten Propheten des Amun Hornacht, der im Kindesalter verstarb, barg über dreihundert Uschebtis. Mehrheitlich handelt es sich um Arbeiterfiguren, doch fanden sich auch solche in Gestalt von Aufsehern. Beide Gattungen sind hier durch bemerkenswert qualitätsvolle Exemplare vertreten.
A: Der Aufseher unterscheidet sich von der Arbeiterfigur durch die Haartracht und Armhaltung. Das plastisch eindrücklich gestaltete Gesicht wird von einer schulterlangen Löckchenperücke umrahmt. Der ausgestreckte linke Arm liegt an der linken Körperseite an. Der rechte Arm ist auf Bauchhöhe angewinkelt; die Hand umfaßt eine Peitsche, die über die rechte Schulter gelegt ist. Wie im Falle des Arbeiter-Uschebtis sind die Augenpartie, das Handwerkszeug und die Inschrift mit braunschwarzer Farbe hervorgehoben.
B: Die Arbeiterfigur ist gemäß der üblichen Ikonographie mumienförmig und mit über der Brust gekreuzten Armen dargestellt. Das fein modellierte Gesicht wird von einer dreiteiligen Perücke umrahmt, deren Strähnen mit schwarzer Farbe angegeben sind. Die aus der

A B

Mumienhülle herausgreifenden Hände halten je einen Handpflug. Auf dem Rücken ist ein Beutel aufgezeichnet. Beide Figuren tragen die gleiche Inschrift, die vertikal auf den Beinen angebracht ist: «Osiris, Erster Prophet des Amun-Re, des Königs der Götter, Hornacht, gerechtfertigt». MPG

Publikation: unveröffentlicht.
Literatur und Parallelen: Aubert, Statuettes, 157–160, nr. 110–111, pl. 46; P. Montet, La nécropole des rois tanites, Kemi IX, 1942, 25, nr. 78, pl. IV; ders., Tanis II, 64, pl. LV; Schneider, Shabtis II, 120, nr. 4.3.0.11, pl. 48; Ägyptische Kunstwerke (Luzern 1964), 104–105, Nr. A 146–148; Sotheby's New York, December 1976, no. 181; Tanis (Paris 1987), 148, nr. 31

146 A B C D E

146

Fünf Uschebtifiguren von Mitgliedern der Königsfamilie der 21. Dynastie

Privatsammlung, Schweiz (A–E)

A: Uschebti der Nesichons
Kobaltblaue Fayence mit schwarzer Bemalung
H. 17,2 cm
Bruchlinie auf Höhe der Hüfte, mehrere Haarrisse über der Brustpartie
Dritte Zwischenzeit, 21. Dynastie, um 990–969 v. Chr.

B: Uschebti der Nestanebascheru
Kobaltblaue Fayence mit schwarzer Bemalung
H. 15 cm
Intakt
Dritte Zwischenzeit, 21. Dynastie, um 990–969 v. Chr.

C: Uschebti der Gautseschenu
Kobaltblaue Fayence mit schwarzer Bemalung
H. 12,8 cm
Beinpartie gebrochen und zusammengefügt, Haarrisse im Rücken
Dritte Zwischenzeit, 21. Dynastie, um 990–969 v. Chr.

D: Uschebti des Hori
Kobaltblaue Fayence mit schwarzer Bemalung
H. 12,3 cm
Intakt
Dritte Zwischenzeit, 21. Dynastie, um 990–969 v. Chr.

E: Uschebti des Amenemope
Kobaltblaue Fayence mit schwarzer Bemalung
H. 10 cm
Intakt
Dritte Zwischenzeit, 21. Dynastie, um 990–969 v. Chr.

Bei allen Figuren sind die Augenpartie, die dreiteilige Perücke, die Arbeitsgeräte und die Aufschrift mit schwarzer Farbe hervorgehoben. Als Mitglieder der königlichen Familie und der Priesterschaft des Amun waren sie in der Cachette von Deir el-Bahari bestattet. Die Inschrift nennt jeweils Name und Titel des Verstorbenen, bei Nestanebascheru, Nesichons und Hori außerdem den Totenbuch-Spruch 6 (vgl. Kat.-Nr. 124).
A: Uschebtifigur der Nesichons, der Gemahlin des Hohenpriesters Pinodjem II., Tochter des Hohenpriesters des Amun Smendes II. und Mutter der unten genannten Nestanebascheru. Sie trägt bedeutende Titel, u. a. den einer «Obersten großen Dame und Vorsteherin der Haremsdamen des Amun».
B: Uschebtifigur der Nestanebascheru, Tochter des Hohenpriesters Pinodjem II. und der Nesichons, die das Amt einer «Großen Haremsvorsteherin des Amun» und «Ersten der Edelfrauen des Amun» bekleidete.
C: Uschebtifigur der Gautseschen, Tochter des Hohenpriesters Mencheperre, Schwester Pinodjems II.
D: Die Uschebtifigur des Hori weist fünf horizontale Inschriftzeilen auf, die besagen: «Es leuchte der Osiris, der Gottesdiener des Amun, Hori, selig, er sagt: ‹O ihr Uschebtis, wenn man abzählt den Osiris Hori, selig, um irgend eine Arbeit im Totenreich zu verrichten (dann sollst du es tun [?]).›»
E: Die Uschebtifigur des «Gottesvaters des Amun» Amenemope, unterscheidet sich von den Figuren A–D durch die differenziert gestaltete Haartracht in Form einer schulterlangen, voluminösen Beutelperücke. MPG

Publikation: A–E) unveröffentlicht.
Literatur und Parallelen: A) Aubert, Statuettes, 143–144. 146–149; Chappaz, Figurines funéraires, 54–55, nr. 44; Schlögl – Brodbeck, Totenfiguren, 156, Nr. 92; Tanis (Paris 1987), 126, nr. 9. B) Aubert, Statuettes, 145, nr. 67, pl. 30; Vermächtnis der Pharaonen, 224, Nr. 141; Tanis (Paris 1987), 126, nr. 10. C) Chappaz, Figurines funéraires, 60, nr. 53; Schlögl – Brodbeck, Totenfiguren, 159, Nr. 94; Tanis (Paris 1987), 138, nr. 22. D) Aubert, Statuettes, 170, nr. 95. 96, pl. 40; Schlögl – Brodbeck, Totenfiguren, 177, Nr. 109; Schneider, Shabtis II, 131, nr. 4.3.1.59–61; Tanis (Paris 1987), 138, nr. 21. E) Aubert, Statuettes, 173, nr. 98–99, pl. 41; Chappaz, Figurines funéraires, 43, nr. 24; Schneider, Shabtis II, nr. 4.3.1.4, pl. 48; Sotheby's New York, December 1976, no. 180.

147
Statue eines nubischen Königs

Privatbesitz

Granit
H. 59 cm; B. 18,5 cm; T. 37 cm
Intakt, unvollendet
Spätzeit, 25. Dynastie, um 716–656 v. Chr.

Pije, der Sohn des nubischen Königs Kaschta, dessen Reich bei Napata am 4. Nilkatarakt im Sudan lag, eroberte 728 v. Chr. Ägypten und beendete damit die Libyerherrschaft. Der erste nubische Herrscher auf dem ägyptischen Thron war Schabaka, der Bruder des Pije. Die Herrscher der 25. Dynastie fühlten sich kulturell und religiös als Ägypter und übernahmen auch die traditionellen ägyptischen Kunstformen. Der Rückgriff auf vergangene Blütezeiten wurde im Vergleich zur Libyerzeit noch intensiviert, indem die Könige dieser Dynastie in Napata die Grabform der Pyramide wiederaufleben ließen. Die Plastik, die vornehmlich Stilformen der 12. Dynastie aufnahm, erhielt neue Impulse durch eine realistische Darstellungsweise: Die Figuren sind von kräftiger Statur, ihr Äußeres etwas roh, und allfällige Beleibtheit wird schonungslos dargestellt. Der Realismus betraf auch die Physiognomie dieser dunkelhäutigen, afrikanischen Eroberer, so sind z. B. hervorstehende, leicht wulstige Lippen kennzeichnend. Einige Königsbildnisse zeichnet eine besondere Kopfbedeckung – eine Art Kappe – aus. Eine Besonderheit aller Königsdarstellungen dieser Zeit ist der Doppeluräus an der Stirn.
Die vorliegende Statue gehört aufgrund der eingangs erwähnten stilistischen und ikonographischen Merkmale zweifellos in die 25. Dynastie. Sie stellt einen thronenden nubischen König mit Nemes-Kopftuch und Doppeluräus an der Stirn dar. Die Gesichtszüge sind roh, die Nase fleischig und die wulstigen Lippen stehen hervor. Außerordentlich groß sind die Ohren des Königs. Wie deutlich zu erkennen ist, blieb die Sitzstatue unvollendet. Abgesehen vom Gesicht, das recht ausgearbeitet scheint, wurden nur die Konturen des Körpers aus dem

Granit herausgemeißelt und die Oberflächen geglättet. So erstaunt es nicht, daß auch eine Inschrift mit dem Namen des Königs fehlt.
Derartige unfertige Statuen lassen die Arbeitsweise der damaligen Künstler erkennen. Die Rundbilder wurden aus einem rechteckigen Block herausgemeißelt, wobei man die Kontur der Figur mit einem Raster auf der Oberfläche vorgezeichnet hatte. Stufenweise wurde dann die umgebende Steinmasse abgearbeitet – mit der Vorzeichnung, die deshalb immer wieder neu auf den Block projiziert werden mußte (vgl. die Einführung, *Proportionskanon*). AW

Publikation: unveröffentlicht.
Parallelen: Russmann, XXVth Dynasty, fig. 3. 12f. Vgl. weiter Myśliwiec, Royal Portaiture, 33–45, pl. XLVI,a–c; PKG, Farbtafel LVIII.
Literatur: Leclant, Mon. Thébains; PKG, 74–77; K. Myśliwiec, Das Königsporträt des Taharka in Napata, MDAIK 39, 1983, 151–157; J. Leclant, Kushites and Meroïtes: Iconography of the African Rulers in the Ancient Upper Nile, in: The Image of the Black in Western Art. I: From the Pharaohs to the Fall of the Roman Empire (hg. v. J. Vercoutter et al.), London 1991², 89–132.

148
Büste einer Göttin oder Gottesgemahlin

Privatsammlung, Schweiz

Ophikalzit
H. 8,4 cm
Nase leicht bestoßen. Der Körper unterhalb der Taille fehlt
Spätzeit, 25. Dynastie, um 780–656 v. Chr.

Obwohl lediglich der Oberkörper und die Kopfpartie erhalten sind, hat die vorliegende weibliche Figur ihre intensive Ausstrahlungskraft bewahrt. Die Qualität der handwerklichen Ausführung und die Wahl des seltenen Materials Ophikalzit tragen zu dem wertvollen Eindruck der Statuette bei.
Das enganliegende Gewand mit tiefem Ausschnitt betont die reizvoll modellierten Konturen der Frau. Zwischen den von den Schultern hinabführenden breiten Gewandträgern, die den üppigen Busen bedecken, ist ein mehrreihiger Halskragen zu erkennen. Die Arme liegen seitlich eng am Körper an. Die Gestalt lehnt sich an einen Rückenpfeiler, der über den hinteren Haarteil greift und auf Höhe der Schulterblätter endet. Das füllige Gesicht wird von einer dreiteiligen Perücke umrahmt, deren zwei vordere Teile bis zu den Brüsten reichen. Auf dem Haupt ruht ein Kronenuntersatz, der den nun fehlenden und gesondert gearbeiteten Kopfputz trug.
Trotz Idealisierung zeigt das Antlitz Merkmale nubischer Gesichtszüge – die mandelförmigen, fast schlitzartigen Augen mit den scharf abgesetzten Lidern und dem verlängerten Schminkstrich sowie die flache Nase mit den breit angesetzten Flügeln. Den Mund mit den aufgeworfenen Lippen umspielt ein feines Lächeln.
Das Bildnis weist archaisierende Elemente auf, die sich an der Kunst des Mittleren Reiches orientieren. Die Gliederung des Körpers – schön ersichtlich an der Rückenpartie – ist durch den kurzen Oberkörper mit der hochsitzenden, schmalen Taille und den ausladenden Hüften gekennzeichnet. Der plastischen Gestaltung entspricht die Betonung der großen, abstehenden und der voluminösen Perücke vorgesetzten Ohren – ein typisches Stilmerkmal der 12. Dynastie. Der Verlauf der

Bruchlinie – knapp vor dem Ellenbogen und kurz unterhalb der Taille – läßt nicht mehr eindeutig erkennen, ob die Büste Teil einer Sitz- oder Standfigur war. Es handelt sich wahrscheinlich um die Darstellung einer Göttin oder Gottesgemahlin, deren traditioneller Ornat – ähnlich unserem Statuettenfragment – aus einem enganliegenden Gewand, einer dreiteiligen Perücke mit Geierhaube (bei unserem Exemplar jedoch nicht gekennzeichnet) und einem runden Kronenuntersatz mit Doppelfeder besteht.
Die Spätzeit verwendete mit Vorliebe erlesene Materialien wie Ophikalzit oder Ägyptischblau für die Herstellung von Kleinplastiken (vgl. Kat.-Nr. 133, 152). MPG

Publikation: unveröffentlicht.
Literatur und Parallelen: Bothmer, Egyptian Sculpture, 1–2, no. 1, pl.1–2; Gott und Götter, 65, Nr. 35: Oberteil einer Frauenfigur, Ophikalzit, datiert 25.–26. Dyn., mit Angaben weiterer Vergleichsstücke, vgl. auch 204, Nr. 129: Frauenfigur aus dem Mittleren Reich; Ägyptisches Museum Kairo (1986), Nr. 244.

149
Büste des Achamenru

Privatsammlung, Schweiz

Gabbro
H. 20,5 cm
Untere Gesichtspartie bestoßen
Spätzeit, 25. Dynastie, 747–716 v. Chr.

Die vorliegende, nur bis zur Brust erhaltene Statue eines Würdenträgers zeigt besonders in der Gestaltung der idealisierten Züge des rundlichen Gesichts den charakteristischen Stil der 25. und 26. Dynastie. Die Augen mit den abgesetzten Oberlidern erscheinen mandelförmig, die betont kräftigen Brauen sind in erhabenem Relief gearbeitet. Die abgeschlagene, aber in ihrem Ansatz deutlich sichtbare Nase mit den breit angesetzten Flügeln entspricht dem nubischen Typus. Die ausladende, bis zu den Schultern reichende zweiteilige und ungelockte Perücke, die die untere Hälfte der summarisch gestalteten Ohren ausspart, findet ihren Vorläufer im Mittleren Reich. Obwohl die untere Gesichtshälfte bestoßen ist, veranschaulicht unser Bildnis die bewußte Anlehnung an das Kunstschaffen des Alten und Mittleren Reiches (vgl. Kat.-Nr. 42, 43). Mit dieser archaisierenden Tendenz versuchten die Herrscher der 25. und 26. Dynastie, die glorreichen Traditionen der Vergangenheit wiederzubeleben.

Die Büste weist einen Rückenpfeiler mit zwei Inschriftkolumnen auf. Erhalten ist davon noch «Gerechtfertigt vor Osiris...» (Kolumne 1) und «Der Obervorsteher der Gottesgemahlin, Achamen(ru) ...» (Kolumne 2). Diese Angaben und die stilistischen Merkmale erlauben eine Zuschreibung des Bildnisses an einen hohen Würdenträger der 25. Dynastie: den Obergutsverwalter der

Gottesgemahlin Schepenupet II., Tochter des Königs Pije, Achamenru, der darüber hinaus zahlreiche weitere Ämter bekleidete. Unter den von Achamenru bekannten Skulpturen finden sich unterschiedliche Statuentypen: er erscheint als Stand-, Sitz- und Schreiberfigur sowie als Würfelhocker. Er gehörte zu einer alteingesessenen thebanischen Familie, deren Angehörige sich über mehrere Generationen belegen lassen. Die enge Verbindung seiner Vorfahren mit dem nubischen Herrscherhaus bildete die Grundlage für seine ruhmreiche Laufbahn, die mit dem Verlust der kuschitischen Oberherrschaft über Ägypten und der Machtübernahme durch Psammetich I., den Begründer der saitischen 26. Dynastie, wohl ein Ende fand. Das Schicksal Achamenrus liegt im dunkeln – sein Grab im Assasif (TT 37) scheint unvollendet; weder ein Sarg noch Uschebtifiguren sind bekannt. MPG

Publikation: Katalog Nefer 8, Zürich 1990, no. 40.
Literatur: Egyptian Sculpture (Brooklyn 1960), pl. 6, fig. 13, no. 6 und pl. 32, fig. 76; W. Helck, LÄ I, 120, s. v. Domänenvorsteher; M. Lichtheim, The High Steward Akhamenru, JNES 7, 1948, 163–179, pl. IX–XVI: ausführliche Liste der bis dahin bekannten Denkmäler des Achamenru; J. Leclant, LÄ I, 52–53, s. v. Achamenrau; ders., Le prêtre Pekry et son fils, le grand majordome Akhamenrou, JNES 13, 1954, 154–184, pl. II–XIII (Vervollständigung der von M. Lichtheim erstellten Liste und Angabe der Titulaturen des Achamenru).

150
Siegelring mit heraldischen Reihern

Privatsammlung, Schweiz

Gold, massiv
L. der Ringplatte: 3,1 cm; Gewicht: 41,3 g
Intakt bis auf eine Bestoßung am oberen Drittel des Schaftes
Spätzeit, 26. Dynastie, um 664–525 v. Chr.

Die Form unseres Siegelrings ist kennzeichnend für einen Ringtypus, der mehrfach in der 26. Dynastie belegt ist. Charakteristisch für diese prächtigen und meist aus massivem Gold oder Silber gearbeiteten Ringe ist die große ovale Ringplatte, deren Unterseite konvex gewölbt ist und somit der Rundung des Schaftes entspricht.

Der im Querschnitt gleichmäßig runde Ringschaft und die Platte sind einzeln gegossen und zusammengelötet. Der scharf geschnittene Dekor der längsovalen Siegelfläche wurde bereits in der Gußvorlage berücksichtigt. Die Darstellung – zwei heraldische Stelzenvögel und fünf aus dem Wasser ragende Papyruspflanzen – wird von einem zopfartigen Band umrahmt. Mit geduldiger und ruhiger Hand wurden die Details – das Gefieder der Vögel, die Wasserlinien und die Pflanzenblätter – nachträglich eingraviert.
Die zwei dargestellten – identischen – Tiere stellen Reiher (vgl. Kat.-Nr. 121) dar, denen eine große religiöse Bedeutung zukam. Das Anliegen des Verstorbenen, sich in einen Vogel zu verwandeln, ist Ausdruck seines Wunsches nach Wiedergeburt und Verjüngung im Jenseits. Das Motiv unseres Ringes gibt das natürliche Umfeld des Reihers – das Papyrusdickicht in den Sümpfen des Deltas – wieder. MPG

Publikation: unveröffentlicht.
Parallelen: Williams, Gold and Silver, 97–106, zur Ringform besonders pl. IX, fig. 34b und pl. X, fig. 34 d,e.
Literatur: Aldred, Jewels, passim; Andrews, Jewelery, 163–170, besonders fig. 148; dies., Amulets, fig. 45; Skarabäen Basel, 135–137, Anm. 487. 492; L. Kákosy, LÄ IV, 1030–1039, s. v. Phönix, mit Literaturangaben; L. Störk, LÄ VI, 9–10, s. v. Stelzvögel.

151
Relieffragmente einer Landwirtschaftsszene

Privatsammlung Elsa und Dr. Pierre Henri Bloch-Diener, Bern (A, D)
Privatbesitz, Schweiz (B, C)

A–D: Feiner Kalkstein
A: 15 x 7,5 cm. B: 15,8 x 15,7 cm. C: 16,5 x 9,8 cm. D: 17,7 x 15,6 cm
A–D: Fragmente einer Grabdekoration in erhabenem Relief, minimale Farbreste. Fragmente A, C und D auseinandergebrochen und wieder zusammengefügt
Spätzeit, 25./26. Dynastie, um 660–640 v. Chr.
A: Grab des Monthemhat, Theben (TT 34). B–D: wohl ebenso

Seit der späten 25. Dynastie war Monthemhat Bürgermeister von Theben und de facto Machthaber in der Thebaïs. Es gelang ihm, auch den Machtwechsel zu der 26. sog. Saïtendynastie zu überstehen und sich in seinem Amt noch für einige Jahre unter Psammetich I. zu behaupten. Während seiner Amtszeit ließ er sich ein monumentales Grab in Theben anlegen, in der Ebene des Assasif nahe dem Talkessel von Deir el-Bahari. Die Architektur der Beamtengräber dieser Zeit zeichnet sich durch ihren Eklektizismus aus, der Elemente des Pyramidengrabes, der Korridorgräber und der Göttertempel vereint. Im Vergleich zu den eher bescheidenen gleichzeitigen Königsgräbern sind diese monumentalen Privatgräber geradezu Prachtbauten, die den Wohlstand ihrer Besitzer zur Schau stellen.
Auch in der Dekoration griffen die Künstler nicht nur auf das Bildprogramm, sondern ebenso auf Stilformen der vergangenen drei Blütezeiten zurück. Besonders gerne kopierte man Landwirtschaftsszenen aus den Gräbern des Alten und Mittleren Reiches. Die Nachahmungen sind z. T. so perfekt, daß man sie losgelöst von ihrem Kontext nur schwer einordnen kann. Unglücklicherweise sind viele Gräber der Spätzeit schon in antiker Zeit geplündert und die Dekoration zerschlagen worden, so auch das Grabmal des Monthemhat. Fragmente seiner Dekoration befinden sich heute über die ganze Welt verstreut in Museen und Privatsammlungen.
Eines der hier ausgestellten Fragmente ist schon länger bekannt und zeigt eine kalbende Kuh (A). Bereits haben der Kopf und die beiden Vorderbeine des Kälbchens das Tageslicht erblickt. Unter dem hochgestreckten Kuhschwanz sieht man gerade noch den Kopf und das Auge des «Geburtshelfers», der das Kälbchen sachte an den Vorderbeinen aus dem Mutterleib herauszieht. Hinter ihm folgt ein Aufseher, von dem auf diesem Fragment gerade noch ein Teil des Binsenschurzes und der vordere Teil seines Stockes zu sehen sind (Abb.). Dieses Fragment konnte einem weiteren aus dem Grab des Monthemhat angepaßt und seine Herkunft so eindeutig gesichert werden. Zu diesem Fragment sind nun weitere hinzugekommen, die vielleicht ebenfalls zu dem Landwirtschaftszyklus in der Südwestecke der Portikus im Hof des Grabes des Monthemhat gehören. Es handelt sich um eine Kuh, die ihr Kälbchen leckt (B), drei gestaffelte Kühe (zwei Köpfe erhalten), die vielleicht der Geburt zusehen (C) und einen kahlköpfigen Mann (D), der wohl zu einer Schlachtszene gehört haben dürfte, von denen es im Monthemhat-Grab eine ansehnliche Zahl gibt. AW

151 C

151 A

151 B

151 D

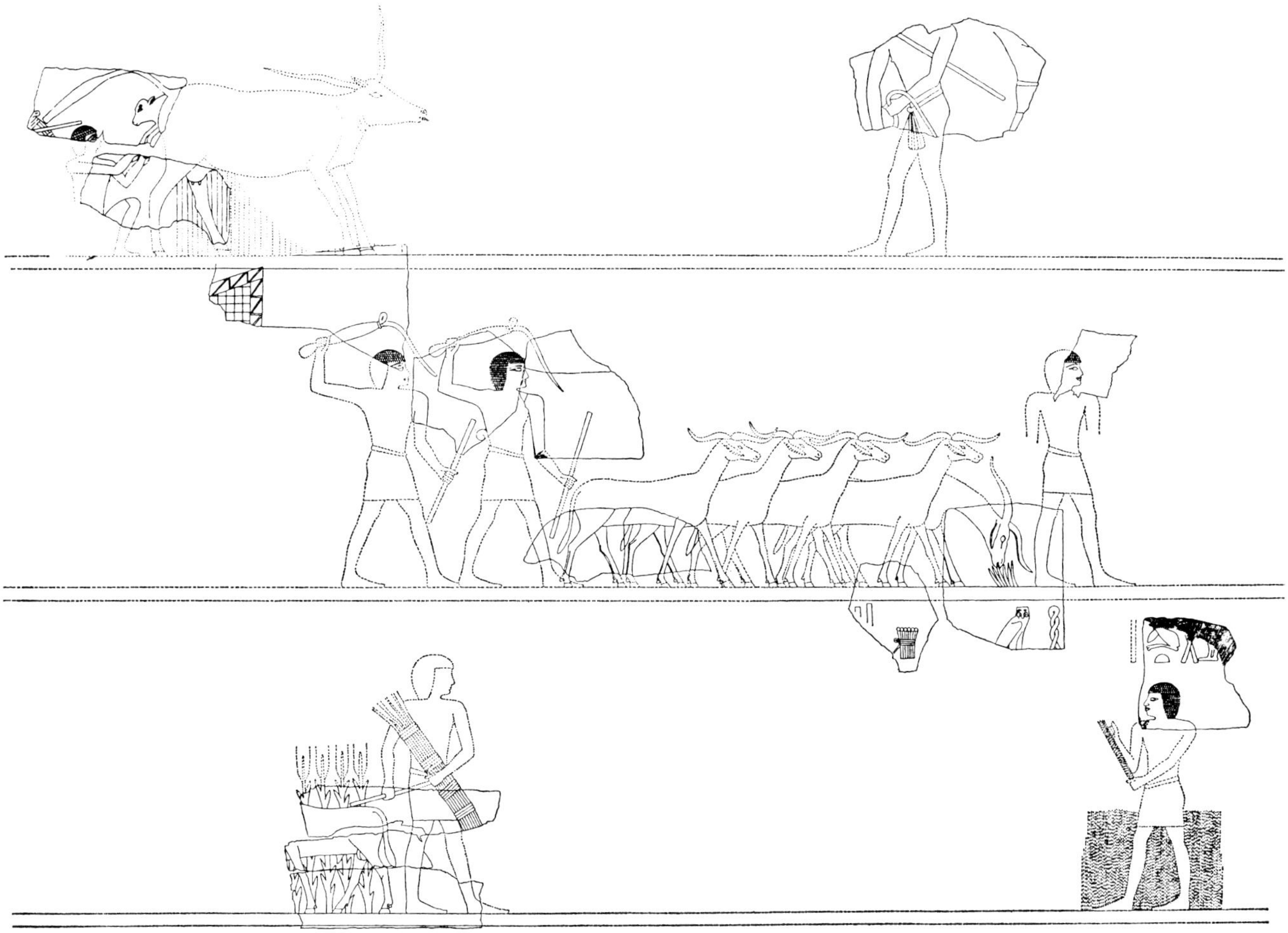

Publikation: A) Geschenk des Nils, 36, Nr. 118. B–D) unveröffentlicht.
Parallelen: A–C) J. D. Cooney, Fragments of a Great Saite Monument, JARCE 3, 1964, 79–87; P. der Manuelian, A Fragment of Relief from the Tomb of Mentuemhat attributed to the Fifth Dynasty, JSSEA 12(4), 1982, 185–188. D) Through Ancient Eyes, 114, no. 39.
Literatur: zum Grab s. Eigner, Grabbauten der Spätzeit. Eine Publikation des Grabes durch den Service des Antiquités, Kairo, ist in Vorbereitung. Vgl. V. Scheil, Le tombeau de Montou-m-hat, Mém. Miss. 5,4, 1894, 613–623, pl. If.

152
Salblöffel in Gestalt einer Schwimmerin

Privatsammlung, Schweiz

Elfenbein, Ägyptischblau
L. 14,3 cm
Mehrere Bruchlinien am rechten Bein und Bestoßungen am Gesäß, Haarrisse über der Brust und der Beckenpartie
Spätzeit, 25.–26. Dynastie, um 780–525 v. Chr.

Das charmante figürliche Motiv der nackten Schwimmerin als Griff von Salblöffeln begegnet seit der beginnenden 18. Dynastie. Der Behälter, der in den ausgestreckten Armen der Schwimmerin ruht, kann in Form eines Tieres (vorwiegend einer Ente, vereinzelt eines Fischs oder einer Gazelle) mit entsprechendem Deckel, einer schlichten Schale oder einer Kartusche gearbeitet sein.

Das Kunstgewerbe der Spätzeit, besonders der 25. und 26. Dynastie, widmete sich erneut der Herstellung figürlicher Kosmetikbehälter. Die spätzeitlichen Löffel vom Typus «Schwimmerin» unterscheiden sich von jenen des Neuen Reiches besonders in der Art der Wiedergabe des weiblichen Körpers: die gertenschlanke, mädchenhafte Gestalt weist nun weiche und betont füllige Konturen auf. Charakteristisch ist außerdem die Form der Kelle, die vorzugsweise als kleines Becken mit abgeschrägten Seitenwänden ausgestaltet ist.

Die Kostbarkeit unseres Salblöffels wird durch die Wahl der edlen Materialien und die gepflegte handwerkliche Ausführung verdeutlicht. Die Schwimmerin hat ihre Glieder graziös gestreckt und hält ihr Haupt hoch erhoben. Ihr Körper mit seinen reizvollen Rundungen und das rechteckige, sich zur Basis hin verjüngende Becken sind aus einem Stück Elfenbein gefertigt, wobei die beiden Arme in erhabenem Relief an den Längsseiten des Behälters hervortreten. Auf dem gesondert gearbeiteten und an der Schulter verzapften Köpfchen ruht eine Perücke, die separat aus kostbarem Ägyptischblau gefertigt und angesetzt ist. Die hohe Stirn, die mandelförmigen, fast schlitzartigen Augen, die breite Nase und der volle, still lächelnde Mund geben der Schwimmerin ein fremdländisches Aussehen.

Neben der vordergründigen Funktion des Salblöffels für Opferspenden (vgl. Kat.-Nr. 82) hatte die unbekleidet wiedergegebene Frau, die wohlriechende Essenzen darreicht, auch eine erotische Konnotation als Gefährtin des Verstorbenen. MPG

Publikation: unveröffentlicht.
Parallelen: Vandier d'Abbadie, Objets de toilette, 13–15, nr. 7–11.
Literatur: Wallert, Löffel; ausführliche Literatur zum Typus «Schwimmerin» 2, Anm. 8–12. 18–23. 38–41, Taf. 12–15.

153
Salbschale in Gestalt einer Antilope

Privatsammlung, Schweiz

Serpentin
L. 8,2 cm
Intakt bis auf die partiell bestoßenen Hörner
Spätzeit, 25.–26. Dynastie, um 780–525 v. Chr.

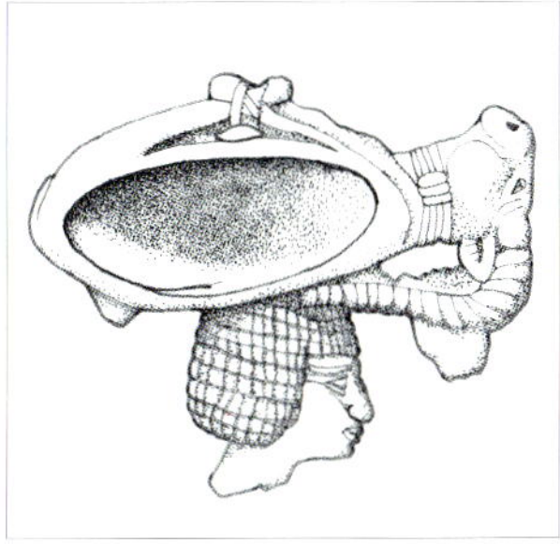

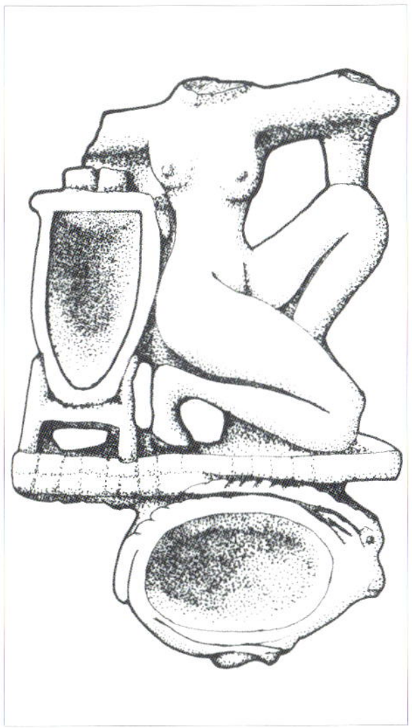

Wie die Salblöffel (vgl. Kat.-Nr. 82 und 152) war auch diese Schale zur Aufnahme kostbarer kosmetischer Produkte bestimmt. Über die speziell für den Gebrauch im Jenseits gefertigten Toilettenutensilien hinaus gab man dem Verstorbenen auch die von ihm in seinem Leben benutzten Gegenstände zur Schönheitspflege ins Grab mit.

Einmal mehr lieferte die vom Künstler präzis beobachtete Tierwelt das Motiv für die Formgebung dieser verzierten Salbschale, welche die Gestalt einer liegenden und gefesselten Antilope aufweist. Die Tierfigur ist mit außerordentlicher Liebe zum Detail beidseitig bearbeitet: die eine Körperseite ist zu einer ovalen Schale ausgehöhlt, die andere halbplastisch ausgeführt. Die Beine sind auf Höhe der Knöchel zusammengebunden. Das Fell ist in stilisierter Weise schuppenartig dargestellt. Besonderes Einfühlungsvermögen verrät die Schädelpartie: der gequälte Ausdruck des Tierkopfes wird geprägt von dem weit geöffneten Maul, den groß aufgerissenen Augen, den deutlich ausgebildeten Stirnfalten und den zurückgelegten Ohren. Die vollplastisch gearbeiteten Säbelhörner sind auf den Rücken gelegt. Die Bruchstelle entlang der Oberkante des einen Horns und der vertiefte Ansatz an den Hornspitzen weisen darauf hin, daß die Antilope Teil eines komplex aufgebauten Spendenlöffels gewesen sein könnte: er hätte so die Gestalt einer knienden Frauenfigur besessen, die gefesselte Antilopen als Opfergaben mit sich trug, deren Leiber zu einer Salbschale ausgehöhlt waren (s. Abb.).

Die Halsschlinge mit den beiden an den Vorderläufen herabhängenden Schnüren und der betont füllige Leib des in freier Wildbahn schlanken Tieres deuten darauf hin, daß es sich hier um eine domestizierte Antilope handelt (vgl. Kat.-Nr. 94, 96), die als Schlachttier für sakrale Opfer gemästet wurde. Die Wahl des fremdländischen Wüstentiers als Motiv für diese Salbschale sollte wohl auf die ausländische Herkunft der darin verwahrten Kosmetika verweisen. MPG

Publikation: unveröffentlicht.
Parallelen: Gott und Götter, Nachtrag, 238, Nr. 130 a–b; Vandier d'Abbadie, Objets de toilette, 30–31, nr. 69. 70. 72.
Literatur: Derchain, Rites égyptiens I; Eggebrecht, Schlachtungsbräuche, 245–248; P. Germond, L'oryx, un mal-aimé du bestiaire égyptien, BSEG 13, 1989, 51–55; Schönheit (München 1990), 101–103, besonders Nr. 61; L. Störk, LÄ I, 319–323, s. v. Antilope; Wallert, Löffel, 25–26.

154
Würfelhocker des Peftjauemauiiset

Privatsammlung, Schweiz

Granodiorit
H. 52 cm; Basis: 8 x 24,5 x 34 cm
Intakt. Unwesentliche Bestoßungen an den Sockelkanten
Spätzeit, 26.–30. Dynastie, um 660–340 v. Chr.

Eine höchst eigenwillige Statuenform, deren Entstehung und Bedeutung immer noch Fragen offen läßt, ist der Würfelhocker (vgl. Kat.-Nr. 114, 115, 121), der neuerdings etwas umständlich als «kuboider Statuentyp» bezeichnet wird. Dabei handelt es sich um eine typische rundplastische Darstellung nichtköniglicher Personen. Kein Gott oder König wurde je in dieser Weise abgebildet. Die Grundform dieses Statuentyps, der sich in der frühen 12. Dynastie herausbildete, zeigt einen am

Boden hockenden Beamten, der über den angezogenen Knien seine Arme verschränkt hat. Der Körper kann dabei verhüllt oder frei gestaltet sein. Größter Beliebtheit erfreute sich dieser Statuentyp in der Spätzeit, aus der unsere Figur stammt.
Bei dem vorliegenden Würfelhocker des Peftjauemauiiset («Sein Atem ist in den Händen der Isis»), des Sohnes des Gütervorstehers Horachbit und der Tainet, sind die Körperformen nur schwach zu erkennen. Auch die Hände sind nicht sichtbar, sondern durch das Gewand verdeckt. Vollständig verhüllt sind auch die Füße. Peftjauemauiiset trägt eine glatte Beutelperücke. Die Figur ist in eine rechteckige Basisplatte und einen Rückenpfeiler eingebunden. Die Gesichtsform ist rundlich, die Augen sind relativ klein und haben keinen Schminkstrich. Die Augenbrauen sind erhaben und schmal, die Nase gerade und schlank und der Mund klein. Dafür sind die Ohren deutlich hervorgehoben. Das Gesicht ist stark idealisiert und wirkt daher unpersönlich und zeitlos. Vorderseite und Rückenpfeiler sind beschriftet und nennen Name und Titel sowie die Filiation des Dargestellten. Anstelle der Hände sind zwei stehende Osirisfiguren eingraviert, die beide ein Kompositszepter halten. Dazwischen steht der Name des Vaters und des Großvaters von Peftjauemauiiset. Der eigentliche Text beginnt mit einer achtzeiligen Inschrift auf der Vorderseite. «Verklärt vor Neith, der Herrin von Sais, Peftjauemauiiset, Sohn des Gütervorstehers Horachbit (...).» Der folgende Text nennt vermutlich vier weitere Ahnen in der Vaterlinie und die Mutter des Verstorbenen. Hinzu kommen eine Opferformel und verschiedene Wünsche. Der Aufstellungsort der Mehrheit aller Würfelhocker war der Tempel. Dort konnte der Verstorbene in Form der Statue an den täglichen Götteropfern teilhaben und so seine Versorgung im Jenseits zusätzlich absichern. Die charakteristische Form des Würfelhockers wird als passive Demutshaltung vor Gott gedeutet. AW

Publikation: unveröffentlicht.
Parallelen: Egyptian Sculpture (Brooklyn 1960), 189–191, no. 76, pl. 73.
Literatur: Schulz, Würfelhocker I–II. Zum Namen: Ranke, PN I, 127, Nr. 23.

155
Grabrelief des Tjary

Privatsammlung, Schweiz

Kalkstein mit Resten polychromer Bemalung
H. 56,5 cm; B. 53 cm
Kalksteinplatten einer Grabdekoration, aus drei Teilen zusammengesetzt
Spätzeit, 26. Dynastie, um 664–525 v. Chr.
Aus Gisa
Ehemals Sammlung W. M. F. Petrie, London

Zu Beginn dieses Jahrhunderts wurden in Gisa, südlich der Pyramide des Cheops, Grabanlagen aus der Spätzeit entdeckt, von denen die Grabkapelle des Tjary aus der 26. Dynastie am besten erhalten war. Außer dem Dach war kaum etwas zerstört. Der damalige Direktor der ägyptischen Altertümerverwaltung, Gaston Maspero (1899–1914), ließ die Ostkammer des Grabes in das ägyptische Museum in Kairo bringen. Der zuständige Ausgräber W. M. F. Petrie (1853–1942) durfte weitere Teile der Dekoration abbauen und nach London mitnehmen. Heute befindet sich die kreuzförmige, oberirdisch gebaute Kapelle in einem wenig erfreulichen Zustand.
Die vorliegende Kalksteinplatte setzt sich aus drei Teilen zusammen. Sie war einst dem Mauerwerk vorgeblendet und befand sich an der Ostwand der nördlichen Kammer. Das Relief zeigt den Grabherrn Tjary, Vorsteher der Tempeleinkünfte. Mit verehrend erhobenen Armen

wendet er sich nach links. Vor ihm stand der Totengott Osiris, beschützt von der Westgöttin (s. Abb.). Zwischen ihnen war ein Gefäßständer mit einer darüber befindlichen Lotusblüte aufgestellt. Tjary trägt eine glatte Beutelperücke und einen Halskragen. Seine Hautfarbe war einst rot, jene der Perücke schwarz. Die Gesichtszüge sind in archaisierender Weise im «expressiven Realismus» des Mittleren Reiches wiedergegeben. Die Inschrift über dem Verstorbenen ist in versenkten, blau ausgefüllten Hieroglyphen ausgeführt, vielleicht in Anlehnung an die Pyramidentexte des Alten Reiches. Der Text lautet: «Der vor dem Großen Gott, dem Herrn von Rasetjau (= Sokar-Osiris), Versorgte, der Vorsteher der Tempeleinkünfte, der gerechtfertigte Tjary, Sohn des gerechtfertigten Gemefsetkap, geboren von der Hausherrin Tadihor.»

In der 26. Dynastie blühte die memphitische Nekropole noch einmal auf. Die Gräber der Spätzeit, sei es hier oder auch in Theben (Kat.-Nr. 151), sind von einem ausgesprochenen Eklektizismus geprägt. Eindrückliche Grabanlagen, von denen allerdings nur noch die tiefen Schächte mit der Sargkammer erhalten sind, befinden sich in Sakkara beim Djoser-Bezirk. Zu nennen sind die Gräber des Oberarztes Psammetich, des Admirals Tjanenhebu und des Sekretärs der königlichen Weberei Padieniset. AW

Publikation: Petrie, Gizeh, 28f., pl. XXXVI. XXXVIB.
Literatur: Dawson – Uphill, Who was Who, 275–277. 329–332, s. v. Mariette und Petrie; el-Sadeek, Twenty-Sixth Dynasty Necropolis, 13–90; Chr. M. Zivie-Coche, Giza au premier millénaire. Autour du temple d'Isis, dame des Pyramides, Boston 1991, 293–298.

156
Zierteil in Gestalt eines Königs

Privatsammlung, Schweiz

Holz
H. 23 cm
Arm- und Beinpartie fehlen partiell
Spätzeit bis ptolemäische Epoche, 2. Hälfte des 1. Jt.s v. Chr.

Diese mit größter Sorgfalt ausgeführte Figur eines Königs ist ein schönes Beispiel für das bemerkenswerte Niveau der spätzeitlichen Holzschnitzerei.
Der in Seitenansicht dargestellte König hält beide Arme

angewinkelt erhoben. Er trägt einen knielangen, reich plissierten Schurz, dessen Stoffüberschuß vorne zu einem voluminösen, gestärkten Vorbau zusammengelegt ist. Breite Armbänder schmücken das Handgelenk und den Oberarm. Das vollwangige Gesicht mit seinem ebenmäßigen Profil wird von einem Nemes-Kopftuch mit vorspringendem Uräus umrahmt. Die Darstellung des jugendlichen, kraftvollen Körpers mit schlanker Taille, breiten Schultern und muskulösen Beinen entspricht dem alterslosen, idealisierten Antlitz des Herrschers. Die tiefen Rillen des trapezförmigen Schurzvorbaus und des Nemes-Kopftuches waren ursprünglich mit farbigen Inkrustationen eingelegt.

Bei der Ergänzung des Gesamtbildes können zwei Varianten in Betracht gezogen werden. Es kann sich um eine Opfer- oder Ritualszene gehandelt haben, wobei der König entweder als Gabenbringer vor eine Gottheit trat und ihr eine Opfergabe darbrachte oder die Funktion eines Himmelsträgers einnahm. Letzteres trifft angesichts der sehr hoch erhobenen Arme – die linke Hand ist weit über die Stirn hochgezogen – wohl eher zu. Bei der Haltung des Himmelsträgers lassen sich zwei Typen unterscheiden: entweder werden die Arme – wie bei der Ikonographie des Gottes Schu – waagrecht gehalten, wobei die Unterarme im rechten Winkel abknicken und sich nach oben strecken, oder beide Arme sind – dem Anbetungsgestus vergleichbar – vor dem Körper angewinkelt und werden mit nach oben geöffneten Handflächen, die Opfergaben tragen konnten, in die Höhe gehalten. Als Himmelsträger nahm der Herrscher die Rolle des Lichtgottes Schu ein, der den Luftraum zwischen Himmel und Erde ausfüllte.

Funktional könnte die Königsfigur Teil eines größeren Möbelstücks – etwa einer durchbrochenen Rücken- oder Seitenlehne eines Zeremonialstuhles – gewesen sein oder als Applike zu einer Sänfte, einem Schrein (Naos) oder einem Barkenpodest gehört haben (Abb.).

MPG

Publikation: Sotheby's New York, December 1976, no. 268.
Parallelen: Ägyptisches Museum Berlin (1967), 57–58, Nr. 650; Ägyptens Aufstieg zur Weltmacht (Hildesheim 1987), 109–110, Nr. 8: Holzfragment einer Sänfte, Turin, Mus. Egizio, Cat. 2458; Sotheby's New York, December 1973, no. 262.
Literatur: Calverley – Gardiner, Abydos II, pl. 10: Barkenpodest mit der Darstellung von himmelsstützenden Königen; D. Kurth, Den Himmel stützen, Rites égyptiens II, Bruxelles 1975, 120–122, fig. 15; Killen, Furniture I, 37–63, bes. no. 6–11, pl. 96–102; Osiris-Kreuz-Halbmond, Abb. S. 10: Strichzeichnung eines Naos mit himmelsstützenden Königen; Wiese, Bild des Königs, 117–120, bes. 119, Anm. 9.

157
Gesichtsmaske eines Holzsarges

Privatsammlung, Schweiz

Holz
H. 33,4 cm; B. 32,3 cm; T. 17,3 cm
Die Einlagen der Augen und Augenbrauen sowie der Bart fehlen. Zwei Holzzapfen am Hals. Reste von einem Überzug aus bemaltem Stuck. Befestigungsvorrichtung auf der Rückseite. Risse im Holz
Spätzeit, 22.–26. Dynastie, um 950–550 v. Chr.

Ein Meisterwerk altägyptischer Schnitzkunst ist die vorliegende Gesichtsmaske aus dunkelbraunem, poliertem Holz. Ursprünglich präsentierte sie sich – stuckiert und bemalt – allerdings ganz anders, denn sie gehörte zu einem bunt bemalten anthropoiden Sarg (vgl. Kat.-Nr. 158). Minimale Reste der alten Fassung sind z. B. an der rechten Schläfe erhalten. Die Augen waren mit verschiedenfarbigen Glaspasten oder Schmucksteinen eingelegt. Der Stil des Gesichtes erinnert an die Gold- und Silbermasken aus den Königsgräbern von Tanis (Kat.-Nr. 131–132), doch ist ein zeitlich späterer Ansatz vielleicht plausibler. Das Gesicht ist idealisiert, zeitlos und dementsprechend schwierig zu datieren.
Obwohl Ägypten arm an Holz war, befand sich die Holzbearbeitung auf einem außerordentlich hohen Niveau. Die Tradition der Holz- und Elfenbeinschnitzerei geht bis in prähistorische Zeit zurück und ist seitdem aus dem ägyptischen Kunstschaffen nicht mehr wegzudenken. Am bedeutendsten sind die wundervoll geschnitzten Schminkutensilien – Salblöffel und Kohl-Väschen – aus dem Neuen Reich (vgl. Kat.-Nr. 82). Die Zahl der einheimischen Hölzer, die man verwenden konnte, war nicht sehr groß. Deshalb mußten die ägyptischen Schreiner und Schnitzer vorwiegend auf ausländische Hölzer zurückgreifen, die man seit Beginn der historischen Zeit importierte. Am beliebtesten war Zedernholz aus dem Libanon oder Ebenholz aus Innerafrika, das gerne im Kontrast mit Elfenbein verwendet wurde. AW

Publikation: abgebildet in Art Auction. The Year at Sotheby Parke Bernet (1976–77), 329.
Parallelen: Collection égyptienne (Amiens 1994), 41, nr. 25.
Literatur: vgl. Kat.-Nr. 158. Zum Holz s. Kayser, Kunsthandwerk, 266–317.

158

Holzsarg der Tisi, Tempelsängerin des Harsaphes

Stiftung für Kunst, Kultur und Geschichte, Winterthur

Holz, stuckiert und polychrom bemalt
H. 170 cm; B. 52 cm
Vollständig. Verschiedene Stuck- und Farbabplatzungen. Insektenbefall. In der Mitte modern getrennt. Restauriert
Spätzeit, späte 26. Dynastie, um 664–525 v. Chr.

Die Blütezeit der ägyptischen Sargmalerei liegt im 1. Jahrtausend v. Chr., genauer in der 21. und 22. Dynastie, als man die Tradition des bemalten Felsgrabes in Theben aufgab, und die Priester die Grabdekoration auf Särge übertrugen. Dabei mußte zwangsläufig eine Auswahl getroffen werden. Bei den Texten beschränkte man sich auf kurze religiöse Formeln und Beischriften zu den einzelnen Szenen und Götterfiguren. Im Vordergrund standen aber zweifellos die Darstellungen, die den Sarg über und über bedeckten – Bilder von Göttern, Vignetten aus dem Totenbuch (vgl. Kat.-Nr. 120), Regenerationssymbole und Motive aus den Unterweltsbüchern, etwa die Barkenfahrt des Sonnengottes Re durch die Unterwelt. Eine neue Entwicklung setzte in der 25./26. Dynastie ein. Die bildliche Ausgestaltung wurde sparsamer und stereotyp. Die Texte gewannen wieder an Bedeutung. Gleichzeitig änderte sich auch die Farbigkeit. Der insgesamt gelbliche Farbton wurde zugunsten eines grünen aufgegeben.
Bereits in die spätere 26. Dynastie gehört der vorliegende Sarg der Tisi. Seine Gestalt ist anthropoid (menschenförmig), wobei der Körper ungegliedert ist. Er besteht aus einer Wanne und einem Deckel. Beide Teile wurden aus mehreren Brettern zusammengesetzt, mit Holznägeln verdübelt, stuckiert und polychrom bemalt. Das breite Gesicht wird von einer grün-weiß gestreiften Strähnenperücke umrahmt. Über der Stirn und an den Enden der Schöpfe sind kleine schwarze Zöpfchen zu erkennen. Das rosa gefärbte Gesicht mit den großen Ohren wird ganz von den schwarz umrandeten Augen dominiert. Tisi besitzt einen weit nach unten ragenden Halskragen mit Falkenkopfenden (Kat.-Nr. 213). Neben verschiedenen Perlenmustern springen vor allem die weißen Rosetten ins Auge. Unter dem Kragen befindet sich ein Bild der geflügelten Himmelsgöttin Nut über einem Goldzeichen. Rechts von ihr wird der thronende Osiris, links der Widder von Mendes von Tisi angebetet,

die ein langes Trägerkleid mit Umhang trägt. Als zentrales Motiv folgt die Löwenbahre mit der Mumie (etwas zerstört). Unter dem Bett stehen die vier Eingeweidekrüge (Kat.-Nr. 164). Über dem Leichnam schwebt der Ba, die Seele der Verstorbenen, in Gestalt eines Vogels mit Menschenkopf. Gleichzeitig fallen die Strahlen der Sonne auf das Gesicht der Mumie, um sie wiederzubeleben. Anschließend folgt in fünf Kolumnen ein längerer Text mit Titel, Name und Filiation der Toten sowie einem Verklärungsspruch, in dem sich die Verstorbene mit der zaubermächtigen Himmelgöttin Nut identifiziert. Flankierend zu diesem Inschriftblock sind drei Register angebracht, die namentlich verschiedene mumiengestaltige Götter aufführen. Unter ihnen finden sich etwa auch die vier Horussöhne, die der Verstorbenen Schutz gewähren sollten. Horizontal verlaufende Schriftbänder und aufgemalte Perlenschnüre trennen die Register. In der umgekehrt angebrachten Darstellung auf dem Fußteil kniet über einem Goldzeichen die geflügelte Göttin Isis. Flankiert wird sie oben von zwei Udjat-Augen (Kat.-Nr. 143), unten von dem schakalgestaltigen Anubis, der auf seinem Schrein liegt. Auf der Fußfläche ist eine Sonnenscheibe mit zwei bekrönten Uräusschlangen aufgemalt. Den beiden Seiten entlang windet sich je eine bekrönte Wächterschlange in Richtung Kopf, die wohl dem Pfortenbuch entnommen ist. Auf der Rückseite erhebt sich ein personifizierter Djedpfeiler mit Kompositkrone als Bild des auferstandenen Osiris. In den Händen hält er wie dieser Krummstab und Geißel. Auf seinen vier Absätzen bäumen sich acht Uräusschlangen auf.
Nach der Inschrift gehörte der Sarg einer Tempelsängerin des Gottes Harsaphes, «König der beiden Länder», namens Tisi, der «geliebten Tochter» des Anchpachered und der Hathoremheb. Auf die Filiation folgen Wünsche und Verheißungen der Himmelsgöttin Nut.
Der hier vorgestellte Sarg ist nur ein Teil eines ganzen Sargensembles, das in dieser Zeit aus einem Pfostensarg sowie einem anthropoiden Außen- und Innensarg bestand. Die menschengestaltigen Särge dienten zum Schutz der Mumie, waren aber in gewissem Sinn auch Ersatzkörper. AW

Publikation: unveröffentlicht.
Parallelen: Egyptian Mummies (London 1938), 47. 52, pl. XVf. XXI; Götter, Gräber und die Kunst, 304f., Nr. 474.
Literatur: Schmidt, Sarkofager, 165–204; Niwiński, Coffins; J. Assmann, Die Inschrift auf dem äußeren Sarkophagdeckel des Merenptah, MDAIK 28, 1972, 47–73.

159

Totenfigur des Königsschreibers Horchebi

Privatsammlung R. W., Zürich

Grüne, glasige Fayence
H. 13,2 cm
Fayence, z. T. gebräunt oder ausgebleicht, Füße weggebrochen
Spätzeit, 25./26. Dynastie, um 660–650 v. Chr.
Aus Theben?

Die wunderbar geformte Totenfigur des Horchebi steht mit ihren derben Gesichtszügen noch ganz in der Tradition der 25. Dynastie, die sich an einer «realistischen» Darstellungsart orientierte. Schwer lasten die wulstigen Oberlider auf den hervorstehenden Augen. Leicht erhaben sind auch die Augenbrauen. Markant sind die Nase und die zusammengekniffenen, hervorstehenden Lippen (vgl. Kat.-Nr. 147). Das ovale Gesicht wird von einer voluminösen Perücke umrahmt. Der Verstorbene trägt einen großen, fein geflochtenen Götterbart. In den Händen hält Horchebi die üblichen Arbeitsgeräte – zwei Erdhacken und ein kleines Täschchen mit dem Saatgut. Die Inschrift in zwei vertikalen Schriftzeilen, die nicht ganz vollständig erhalten sind, nennt den Titel und die Filiation des Verstorbenen sowie eine Kurzversion des Totenbuchspruches 6, der das Uschebti im Jenseits zur Arbeit verpflichtet (dazu Kat.-Nr. 124). Titel, Name und Filiation lauten: «Der vor Osiris, dem Herrn von Busiris, Verklärte, der Königsschreiber Horchebi, Sohn des Chaemchons, geboren von Neferneith.»
Das Besondere an dieser Totenfigur ist, daß sie aus sogenannter glasiger Fayence besteht (engl. *glassy faience*), die Struktur daher kompakter und weniger porös ist als bei den herkömmlichen Fayencefiguren. Diese glasähnliche Struktur wurde dadurch erreicht, daß man der Modelliermasse aus Ton und Quarzsand mehr Quarz als üblich beimischte. AW

Publikation: unveröffentlicht.
Parallelen: Schneider, Shabtis II, 191f., no. 5.3.1.189 und III, pl. 62; Götter, Gräber und die Kunst, 217, Nr. 200.
Literatur: vgl. Kat.-Nr. 63.

160

Drei Totenfiguren des Neferibre-Saneith

Privatsammlung, Schweiz (A)
Privatsammlung (B)
Privatsammlung, Schweiz (C)

A
Grün glasierte Fayence
H. 18,8 cm
Intakt. Minimale Bestoßungen und Verfärbungen der Glasur
Spätzeit, 26. Dynastie, Regierungszeit des Königs Amasis, um 570–526 v. Chr.
Sakkara, Grab des Neferibre-Saneith

B
Grün glasierte Fayence
H. 19,3 cm
Geklebter Bruch auf Kniehöhe
Spätzeit, 26. Dynastie, Regierungszeit des Königs Amasis, um 570–526 v. Chr.
Sakkara, Grab des Neferibre-Saneith

A B C

C
Grün glasierte Fayence
H. 18,5 cm
Intakt. Minimale Bestoßungen und Verfärbungen der Glasur
Spätzeit, 26. Dynastie, Regierungszeit des Königs Amasis, um 570–526 v. Chr.
Sakkara, Grab des Neferibre-Saneith

Das Grab des Neferibre-Saneith wurde 1929 im Totentempelbezirk des Userkaf, des ersten Königs der 5. Dynastie, neben drei anderen Bestattungsanlagen entdeckt und ausgegraben. Die hohen Beamten der 26. Dynastie ließen mit Vorliebe ihre tiefen Schachtgräber in der Nähe der Pyramiden des Alten Reichs anlegen (Kat.-Nr. 155). Neben dem anthropoiden Sarkophag wurden, in Holzkisten verpackt, 336 unversehrte Totenfiguren des Neferibre-Saneith gefunden, die vom Ägyptischen Museum in Kairo stückweise verkauft wurden und sich heute in Museen und Privatsammlungen der ganzen Welt befinden. In nur vier verschiedene Matrizen – Negativformen aus Ton oder Stein – drückte man die Fayence ein, löste die getrockneten Statuetten aus den Matrizen und brannte sie. Der Fundkomplex des Neferibre-Saneith ist ein eindrückliches Beispiel für die Serienproduktionen der Spätzeit.
Trotz der ungeheuer großen Zahl von Totenfiguren des Neferibre-Saneith sind sie ausnahmslos von hervorragender Qualität, von einer Klarheit und Präzision, die unübertrefflich scheint. Dies veranschaulichen unsere

drei Totenfiguren. Die Plastik der 26. Dynastie, der Saïtenzeit, orientiert sich stärker als die der vorangegangenen Herrscherlinie am Schönheitsideal des Neuen Reiches. Die Bildnisse weisen ein leises Lächeln auf, das man in der Literatur als «Saïtenlächeln» bezeichnet. Gestochen scharf treten bei unseren drei Figuren die idealisierten Gesichtszüge hervor, vor allem die in der Mitte hochgezogen Augenbrauen und die Augenlider mit den zur Schläfe verlängerten Schminkstrichen. Tracht und Attribute haben wir schon bei der Totenfigur des Horchebi besprochen (Kat.-Nr. 159). Die Arme, die die Arbeitsgeräte halten, treten hier allerdings stärker aus der Mumienumhüllung hervor. Die in neun horizontal verlaufenden Zeilen abgefaßte Inschrift nennt den Namen und die Filiation des Verstorbenen: «Es möge leuchten der Osiris, Neferibre-Saneith, geboren von der Schepen-Bastet». Darauf folgt eine Version des Totenbuchspruchs 6, der das Uschebti im Jenseits zur Arbeit verpflichtet (Kat.-Nr. 124). Aus anderen Quellen ist uns bekannt, daß Neferibre-Saneith ein hoher Beamter am Hofe des Königs Amasis war und sein Vater Merib hieß. AW

Publikation: A) Chappaz, Figurines funéraires, 111, nr. 139. B) Schlögl – Brodbeck, Totenfiguren, 242f., Nr. 171. C) unveröffentlicht.
Parallelen: Schlögl – Brodbeck, Totenfiguren, 244f., Nr. 171,a. b; B. Peterson, Gesicht und Kunststil, Bulletin Medelhavsmuseet 12, Stockholm 1977, 12–36, Nr. 10.
Literatur: zur Herkunft der vorliegenden Uschebtis s. E. Drioton – J. P. Lauer, Les tombes jumelées de Neferibrê-Sa-Neith et Ouahibrê-Men, ASAE 51, 1951, 469–490; Aubert, Statuettes, 229f.; PM III^2, 21.

A B

161
Totenfiguren des Psammetich und des Hekaemsaf

Privatsammlung, Schweiz (A)
Privatsammlung (B)

A
Blau glasierte Fayence
H. 18,3 cm
Intakt
Spätzeit, 26. Dynastie, Regierung des Amasis, um 570–526 v. Chr.
Aus Sakkara

B
Blau glasierte Fayence
H. 18,4 cm
Am Fuß restaurierter Bruch
Spätzeit, 26. Dynastie, Regierung des Amasis, um 570–526 v. Chr.
Aus Sakkara

Psammetich und Hekaemsaf waren zwei hohe Beamte, die am Ende der 26. Dynastie unter König Amasis lebten und ein Grab in Sakkara besaßen. Neben zahlreichen Totenfiguren sind auch andere Teile ihrer Grabausstattung erhalten wie Särge, Totenbuch und Kanopen. Das Grab des Psammetich wurde bereits in der ersten Hälfte des 19. Jahrhunderts durch Einheimische in Sakkara entdeckt, allerdings läßt sich seine genaue Lage heute nicht mehr eruieren. Die Grabausstattung wurde damals in alle Himmelsrichtungen verstreut. Sein Toten-

buch, das sich heute im Vatikanischen Museum befindet, dokumentiert ausführlich seine gesellschaftliche Stellung: Danach war er Gottesvater, Aufseher der Sem-Priester, Vertrauter der Geheimnisse von Rasetjau, Nekropolenleiter und Freund des Königs. Seine Mutter hieß Sebarechit. Etwas später, 1903, wurde das Grab des Hekaemsaf in Sakkara entdeckt, der Vorsteher der königlichen Frachtschiffe war. Er besaß ein für die Spätzeit typisches Schachtgrab bei der Pyramide des Unas. Am Eingang zur Sargkammer fand man in Holzkisten 401 Totenfiguren, die alle aus grüner Fayence hergestellt waren. Die Zahl der Totenfiguren entspricht der Idealzahl, die seit dem Neuen Reich dem Verstorbenen mit ins Grab gegeben wurden – 365 Arbeiter und 36 Aufseher, die die Arbeiten zu überwachen hatten.
Die beiden Statuetten sind eindrückliche Beispiele für die hervorragende Arbeit, die im 6. Jahrhundert v. Chr. in den memphitischen Fayencewerkstätten geleistet wurde. Die prächtige Figur des Psammetich (A) ist leuchtend blau glasiert. Sein Gesicht ist wohlgeformt und wird von einer dreiteiligen Strähnenperücke umrahmt. Der gebogene Götterbart ist für alle Figuren seit der 26. Dynastie typisch. Aus der Mumienumhüllung ragen nur die Hände hervor, die Arbeitsgeräte halten: Hacke und Handpflug sowie eine Schnur, an der das Täschchen mit dem Saatgut am Rücken hängt. Die achtzeilige Inschrift nennt den Namen und die Filiation des Toten sowie eine Version des Totenbuchspruchs 6 (Kat.-Nr. 124). Etwas anders präsentiert sich die Totenfigur des Hekaemsaf (B). Die Vorderseite trägt keine Inschrift und zeigt den schlanken, hochgewachsenen Körper des Verstorbenen. Unter der Mumienumhüllung zeichnen sich die Knie ab. Tracht und Ikonographie sind identisch mit der Figur des Psammetich. Eine kurze Inschrift befindet sich auf dem Rückenpfeiler. Sie nennt Name und Titel des Verstorbenen und eine Kurzversion des Totenbuchspruchs 6: «‹Hier bin ich!› sollt ihr sagen zu jeder Zeit.»

AW

Publikation: A) Chappaz, Figurines funéraires, 105f., nr. 128. B) Schlögl – Brodbeck, Totenfiguren, 246f., Nr. 172a.
Parallelen: A) eine Zusammenstellung der bekannten Exemplare bei Aubert, Statuettes, 230f. Vgl. auch Götter, Gräber und die Kunst, 218, Nr. 201–204. B) eine Zusammenstellung der bekannten Exemplare bei Schlögl – Brodbeck, Totenfiguren, 246; B. Peterson, Gesicht und Kunststil, Bulletin Medelhavsmuseet 12, Stockholm 1977, 12–36, Nr. 11.
Literatur: zum Grab des Psammetich s. J. Yoyotte, La sépulture du père divin Psamétik, fils de la dame Sbarekhy, BSFE 60, 1971, 8–27. Zum Grab des Hekaemsaf s. A. Barsanti – G. Maspero, Le tombeau de Hikaoumsaf, ASAE 5, 1904, 69–83.

C B A

162
Totenfiguren des Imhotep, Psammetich-Saneith und Nachtheneb

Privatsammlung, Basel (A)
Privatsammlung, Schweiz (B)
Privatsammlung, Schweiz (C)

A
Grün glasierte Fayence
H. 15,4 cm
Intakt
Spätzeit, späte 26. Dynastie, um 550 v. Chr.
Aus Sakkara

B
Grün glasierte Fayence
H. 16,2 cm
Intakt
Spätzeit, späte 26. Dynastie, um 550 v. Chr.
Aus Sakkara

C
Grün glasierte Fayence
H. 20,6 cm
Rußspuren
30. Dynastie, um 380–343 v. Chr.

Drei weitere qualitativ hochstehende Totenfiguren gehörten Imhotep (A), Psammetich-Saneith (B) und Nachtheneb (C). Imhotep, dessen Name an den vergöttlichten Architekten des Djoser erinnert (Kat.-Nr. 202), war Siegelbewahrer des unterägyptischen Königs und Sohn einer Isisweret. Sein Grab wurde 1860 in Sakkara entdeckt. Er besaß zwei verschiedene Typen von Totenfiguren: einen ersten mit vertikaler Inschrift – dazu gehört unser Beispiel (A) – und einen mit horizontalen Inschriftzeilen, die eine Version von Totenbuchspruch 6 umfassen. Die zweite Figur (B) gehörte dem General Psammetich-Saneith, Sohn der Neithemhat, der ganz am Ende der 26. Dynastie gelebt haben dürfte.
Höchst interessant ist die dritte Totenfigur (C), die einem gewissen Nachtheneb gehörte, der uns namentlich von einer Stele der 30. Dynastie bekannt ist. Er besaß wie Imhotep zwei verschiedene Typen von Totenfiguren – einen, der nur Titel, Name und Filiation (Sohn der Wadjet) nennt, und einen größeren mit einer ausführlichen Version von Totenbuchspruch 6, der in unserem Exemplar vorliegt. Nachtheneb war offenbar Bruder oder Onkel des Somtutefnacht, der nach seinem Naos in Neapel Augenzeuge der Schlacht von Issos 333 v. Chr. war, in der Alexander der Große das Perserreich besiegte.
Der Vergleich der Totenfiguren des Imhotep bzw. des Psammetich-Saneith mit derjenigen des Nachtheneb zeigt, wie stilistisch nahe die Figuren der 30. zur 26. Dynastie sind. AW

Publikation: unveröffentlicht.
Parallelen: A) Aubert, Statuettes, 235. B) Aubert, Statuettes, 231.
Literatur: C) Von Känel, Prêtres-ouâb, 120–125; O. Perdu, Le monument de Samtoutefnakht à Naples, RdE 36, 1995, 89–113.

163
Die Horussöhne Duamutef und Amset

Fondation Jacques-Edouard Berger, Lausanne

A
Holz
H. 17,5 cm; B. 4,2 cm, T. 0,5 cm
Intakt
Spätzeit, 26. Dynastie, um 664–525 v. Chr.

B
Holz
H. 17,5 cm; B. 3,1 cm; T. 0,3 cm
An den Füßen Termitenbefall. Farbspuren
Spätzeit, 26. Dynastie, um 664–525 v. Chr.

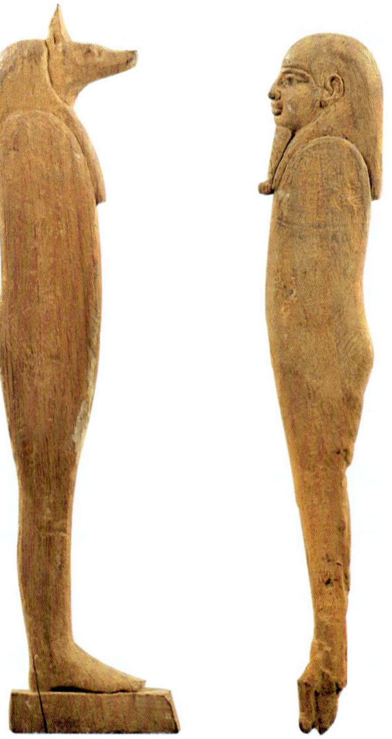

Amset, Hapi, Duamutef und Kebehsenuef galten seit alters als Söhne des Horus und traten als Schutzgottheiten des Sonnengottes und des Königs in Erscheinung. Ihrer Vierzahl entsprechend konnten sie die vier Himmelsrichtungen vertreten und damit umfassenden Schutz spenden. Ihre vornehmste Aufgabe war deshalb die Wache am Leichnam des Osiris, indem sie «den Schutz des Lebens über ihn ausüben», wie es in den Pyramidentexten heißt. Davon leitete sich auch ihre spezifische Funktion als Schutzgottheiten der Eingeweidekrüge ab (Kat.-Nr. 164). Etwa seit der Mitte des Neuen Reiches wurden die vier Horussöhne nicht mehr einheitlich mit Menschenkopf dargestellt, sondern ikonographisch differenziert. Nur noch Amset wurde mit Menschenkopf wiedergegeben, die anderen erhielten Tierköpfe: Hapi einen Paviankopf, Duamutef einen Schakalskopf und Kebehsenuef einen Falkenkopf.
Bei unseren beiden Figuren handelt es sich demnach um Amset (rechts) und Duamutef (links). Sie sind aus Holz geschnitzt, aber nicht rundplastisch, sondern flach im Profil. Ihre Körper sind mumienförmig. Amset trägt

eine dreiteilige Perücke und den gebogenen Götterbart, Duamutef dieselbe Perücke, die auf elegante Weise den Übergang zwischen Tierkopf und Menschenleib verdeckt. Bei Amset sind am Auge, an der Wange und am Götterbart Reste einer Zeichnung in schwarzer Tinte erhalten. Gut zu erkennen ist auch der schwarz aufgemalte Perlenkragen.
Entsprechend ausgeführte Figuren von Horussöhnen aus Fayence wurden zusammen mit einem geflügelten Skarabäus und anderen schützenden Amuletten auf die Mumie aufgelegt (vgl. Kat.-Nr. 214). Ob dies auch bei unseren beiden hölzernen Figuren der Fall war, ist fraglich. Möglicherweise handelte es sich um Zierelemente eines Möbelstückes, das sich nicht mehr rekonstruieren läßt. AW

Publikation: abgebildet in Un regard partagé, 49. 179, nr. 318 u. 621.
Parallelen: Götter, Gräber und die Kunst, 186, Nr. 152.
Literatur: RÄRG, 315f., s. v. Horuskinder. Vgl. die Lit. bei Kat.-Nr. 164.

164
Kanopensatz des Chakare

Privatsammlung, Schweiz

Kalzit-Alabaster
A: H. 35,6 cm. B: H. 34,5 cm. C: H. 38,7 cm. D: H. 34,9 cm
A–D: Komplett und intakt. Inschrift versenkt und mit schwarzer Farbe ausgefüllt
A–D: Spätzeit, 26. Dynastie, um 664–525 v. Chr.

Die später so ausgefeilte Technik der Mumifizierung hat sich erst im Verlauf des Alten Reichs entwickelt. Gleichzeitig entstanden eine Reihe spezifischer Geräte und Möbel, die man für die Einbalsamierung des Leichnams benötigte. Seit der 4. Dynastie ist die separate Bestattung der Eingeweide, die man mit Natronlauge konservierte, in speziellen Kästen bezeugt. Seit der 5. Dynastie verwendete man dann insgesamt vier sog. Kanopenkrüge. Damals waren sie noch unbeschriftet und nur mit einem einfachen Deckel versehen. Erst im frühen Mittleren Reich hat man die Krüge personifiziert, indem man den Deckeln die Form von Menschenköpfen gab. Seit diesem Zeitpunkt stellte man die Eingeweidekrüge auch unter den Schutz der Horussöhne (s. Kat.-Nr. 163). Schon in den Pyramidentexten heißt es von ihnen, daß sie den verstorbenen König stützen und tragen, seine Gliedmaßen zusammenfügen, sein Gesicht waschen, seinen Mund öffnen, Hunger und Durst aus seinem Leib vertreiben und ihren Schutz ausüben. Die Kanopenaufschriften greifen denn auch Aspekte des Schutzes und der Gliedervereinigung auf, wobei jedem Horussohn ein bestimmter Teil der Eingeweide anvertraut wurde. Etwa seit der Mitte der 18. Dynastie wurden die menschenköpfigen Deckel der Krüge durch die Köpfe der Horussöhne ersetzt: Pavians-, Schakals-, Falken- bzw. Menschenkopf. Die Kanopen wurden nun auch der Obhut der vier Schutzgöttinnen Isis, Nephthys, Neith und Selkis anvertraut.

Die hier gezeigten Kanopen aus Kalzit-Alabaster mit Deckeln in Form der Köpfe der vier Horuskinder Amset (A), Hapi (B), Kebehsenuef (C) und Duamutef (D) stammen aus der 26. Dynastie und bilden einen kompletten Satz. Die Krüge sind meisterhaft geformt, und die Oberfläche ist glatt poliert, so daß die Struktur des Kalzit-Alabasters hervortritt. Die spärliche Bemalung wurde geschickt eingesetzt: Nur die Augen der Schutzgötter sind mit schwarzer Farbe hervorgehoben. Beim Pavian wurden noch Mund und Nasenlöcher mit roter Farbe versehen. Mit schwarzer Farbe sind auch die eingeritzten Inschriften ausgefüllt – je vier Kolumnen, die von einem Rechteck eingefaßt sind. Die Krüge enthielten die Eingeweide eines gewissen Chakare, eines Priesters des Harsaphes (wohl in Herakleopolis). Seine Mutter war als Tempelsängerin ebenfalls mit dem Kult dieses Gottes verbunden. Die Kruginschriften weisen auf den Schutz durch die Horussöhne: «Worte zu sprechen durch Amset: ich bin dein Sohn, den du liebst, Fürst und Graf, Osiris, sein geliebter Sohn, der Gottesdiener des Harsaphes, des Herrschers beider Ufer, Chakare, Sohn des Jahtefnacht, geboren von der Hausherrin und Tempelsängerin des Harsaphes, des Königs beider Länder, Meretites. Ich bin gekommen, indem ich dein Schutz bin, der deinen Leib zusammenbindet und dir deine Glieder zusammenfügt, ewiglich.» Die Inschrift auf den anderen Krügen ist mehr oder weniger identisch: Der falkenköpfige Kebehsenuef tritt jeden Feind nieder, der schakalsköpfige Duamutef fügt alle Knochen zusammen und der affenköpfige Hapi vereinigt abermals die Knochen und die Glieder des Chakare. AW

Publikation: unveröffentlicht.
Parallelen: z. B. Kanopensatz des Wahibre aus der 26. Dynastie, vgl. Dolzani, Vasi Canopi, 29–31, n. 1028–1031.
Literatur: zur Einbalsamierung s. K. Sethe, Zur Geschichte der Einbalsamierung bei den Ägyptern und einiger damit verbundener Bräuche, SBPAW phil.-hist. Klasse 1934, 211–239; Reisner, Canopics; Dodson, Canopic Equipment; Lüscher, Kanopenkästen. Zu den Horussöhnen s. P. Munro, Bemerkungen zum Gestaltwandel und zum Ursprung der Horuskinder, in: Festschrift Berlin, 195–204.

165
Apisstele des Psammetich-Senefertaui

Privatsammlung H. H., Zürich

Kalkstein
H. 12 cm; B. 7,8 cm; T. 3,2 cm
Intakt, Bestoßungen und Absplitterungen an den Kanten und auf der Rückseite
Spätzeit, späte 26. Dynastie, um 550 v. Chr.
Ehemals Sammlung Per-neb

Seit der Frühzeit wurde Apis als Gott der Fruchtbarkeit in Memphis verehrt. Später galt er als Erscheinungsform des Ptah und Mittler zwischen Mensch und Gott. Der Apisstier (Kat.-Nr. 166) war im Grunde nichts anderes als das lebende Kultbild dieses Gottes, in dem der Gott einwohnte. Der tote Apisstier wurde wie die Verstorbenen zu einem Osiris und erhielt, einem ägyptischen König gleich, eine Bestattung im Serapeum in Memphis. Nach bestimmten Kennzeichen, die ihn als Gott charakterisierten, wählten dann die Priester einen neuen Apisstier aus.

Unter dem Begriff «Serapeum» versteht man heute die unterirdische Anlage aus dem 7./6. Jh. v. Chr., in denen die heiligen Apisstiere dieser Zeit bestattet wurden. Von dem dazugehörigen oberirdischen Totentempel, dem

griechischen Apieion, in dem man den Totenkult für die verstorbenen Stiere vollzog, ist nichts erhalten. Entdeckt wurden die Grüfte von dem französischen Ägyptologen Auguste Mariette (1821–1881) im Jahre 1851. Von großer Bedeutung für die ägyptische Chronologie ist die Entdeckung der sog. Apisstelen, die von der 18. Dynastie bis in ptolemäische Zeit bezeugt sind und von denen uns einige genaue Daten (König, Regierungsjahr) über die Geburt, die Inthronisation und den Tod der Stiere überliefern.
Zur Gattung der Apisstelen gehört die vorliegende kleine, äußerst fein gearbeitete Kalksteinstele des Psammetich-Senefertaui, Vorsteher der Sänger im Tempel des Ptah in Memphis. In versenktem Relief ist in zwei Registern die Verehrung des Apis dargestellt. Das obere Register überspannt eine geflügelte Sonnenscheibe, die Beischrift nennt den Himmelsgott Behedeti (Horus von Edfu). Unter seinem Schutz befindet sich Psammetich-Senefertaui, der vor dem Stier mit verehrend erhobenen Armen kniet. Vorzüglich ist der Stier mit seinen Fettpolstern im Nacken getroffen. Zwischen dem Gehörn trägt er eine Sonnenscheibe. Die Beischrift bezeichnet ihn als «Apis-Atum, der die beiden Hörner auf seinem Haupt hat». Im unteren Register steht Psammetich-Senefertaui nochmals vor dem Stiergott. Im Gegensatz zu der oberen Darstellung trägt er jetzt eine Beutelperücke. Ungewöhnlich ist die Darstellungsweise des Apis als Mann mit Stierkopf. Raffiniert verdeckt die Götterperücke den Übergang vom Tierkopf auf den Menschenleib. Er trägt die Götterweste und einen plissierten Schurz. In den Händen hält er Herrschaftsszepter und Lebenszeichen. Auf der rechten Seite der Stele befinden sich zwei Inschriftzeilen, die auf der Basis enden und weitere Personen aus dem Umfeld des Psammetich-Senefertaui nennen. AW

Publikation: The 'Per-neb' Collection (Part I). Highly Important Egyptian Antiquities, Wednesday, 9 December 1992, Christie's London, no. 56; D. Devauchelle, Notes et documents pour servir à l'histoire du Sérapeum de Memphis, RdE 44, 1993, 75–86.
Parallelen: Antiquités Egyptiennes (Marseille 1978), 59, nr. 245.
Literatur: Stèles du Sérapéum; Otto, Stierkulte; Winter, Apiskult; Kessler, Heilige Tiere, 58ff.

166
Schreitender Apis-Stier

Privatsammlung, Schweiz

Bronzevollguß (Körper), Hohlguß (Sockel), einheitliche braune Patina. Silbereinlagen
H. 13,7 cm (ohne Eingußzapfen); L. 11,4 cm; B. 4,2 cm
Intakt
Spätzeit, 26. Dynastie, 664–525 v. Chr.

Diese Bronzefigur eines schreitenden Apis-Stieres ist von einer Qualität, wie sie besser kaum sein könnte: Der Metallguß ist einwandfrei, das Repertoire der möglichen Verzierungen voll ausgeschöpft, die Basis mit einer Inschrift versehen.

Als Zeichen seiner Göttlichkeit trägt das Tier auf dem Rücken eine gemusterte Decke, auf dem Steiß einen Geier mit ausgebreiteten Flügeln, auf dem Widerrist einen geflügelten Skarabäus und um die Wamme einen mehrteiligen Halskragen. Alle diese Dekorationen sind mit ruhiger und geduldiger Hand nach dem Guß eingraviert worden. Auf der breiten Stirn ist ein Dreieck angebracht, welches die Blesse markiert. Sie war eines der Merkmale, die von den Priestern für die Auswahl eines Tieres zum heiligen Apis-Stier berücksichtigt wurden. Zwischen den Hörnern ruht die Sonnenscheibe mit aufgerichteter Uräusschlange. Der starre Blick des Stiers wird durch feine Silbereinlagen betont, die das Weiße der Augen angeben und die Pupillen aussparen.
Die Inschrift, die um die vordere Schmalseite und einen Teil der rechten Längsseite der Basis läuft, besagt: «Osiris-Apis, der Leben geben möge dem Kerja, Sohn des Bakennefi».
Der Apisstier (vgl. Kat.-Nr. 165, 167) stand in enger Verbindung mit dem memphitischen Schöpfergott Ptah. Wie alle Stiergottheiten galt auch er als Garant der Fruchtbarkeit schlechthin. Die zahlreich erhaltenen Stierbronzen der Spätzeit, die als Weihfiguren dienten, sind Ausdruck der Bitte des Stifters nach lebensspendender Zeugungskraft. MPG

Publikation: Animals I, 56, no. 61; Aus Noahs Arche, Nr. 142.
Parallelen und Literatur: Kessler, Heilige Tiere, 56–90; Ranke, PN I, 91, Nr. 10; Roeder, Bronzewerke, 41–43, Taf. 27–28; ders., Bronzefiguren, 325–330, Taf. 47–48; Gott und Götter, 94–96, Nr. 65.

167
Apisstele des Psammetich

Privatsammlung H. H., Zürich

Kalkstein, rote und schwarze Bemalung
H. 10,8 cm; B. 7,2 cm; L. 2,4 cm
Intakt, Bestoßungen an Kanten und Ecken
Spätzeit, 26. Dynastie, um 664–525 v. Chr.
Ehemals Sammlung Per-neb

Eine ungeheure Fülle von kleinen, z. T. sehr qualitätvollen Kalksteinstelen und Bronzestatuetten des Stieres (Kat.-Nr. 166) bezeugen den in der Spätzeit blühenden Apiskult. Apis ging im Lauf der Zeit Verbindungen mit dem Totengott Osiris und dem Schöpfergott Ptah ein, die ihn zu einem universalen Toten- und Orakelgott aufsteigen ließen. In dieser Eigenschaft und als Gottheit, die leichter als die großen Reichsgötter zugänglich war, wurde er von unzähligen Gläubigen in der Hoffnung auf Fruchtbarkeit und Wiedergeburt im Jenseits verehrt. Zu Beginn der Ptolemäerzeit um 300 v. Chr. entstand aus der Verbindung Osiris-Apis sogar der neue hellenistische Staatsgott Serapis (Kat.-Nr. 216).
Die vorliegende Stele des Psammetich hat einen etwas anderen Aufbau als die des Psammetich-Senefertaui (Kat.-Nr. 165). Sie ist zwar auch in zwei Register aufgeteilt, doch nur im oberen treffen wir auf eine figürliche Darstellung, die von einem gekrümmten Himmel und einer geflügelten Sonnenscheibe mit zwei Uräen überspannt wird. Der Beamte Psammetich ist in Verehrungshaltung vor dem Apisstier dargestellt. Zwischen ihnen steht ein kleiner Opfertisch mit aufgestellten Brothälften. Bis auf die aufgemalte Namensbeischrift hinter dem knienden Beamten ist die ganze Szene in versenktem Relief ausgeführt. Der Oberkörper des Psammetich ist rot bemalt und das Fell des Stieres schwarz-weiß gefleckt. Zwischen dem Gehörn trägt das Tier eine Sonnenscheibe mit Uräusschlange. Im unteren Register der Stele befindet sich eine vierzeilige Inschrift, die mit schwarzer Farbe aufgetragen wurde: «Der vor Osiris-Apis, dem Vorsteher des Westens, dem Großen Gott Verklärte, der Königsdiener Psammetich, Sohn des Padiatum, (gestiftet) von seinem Bruder, der seinen Namen leben läßt, dem Gottesvater, Sem-Priester(?), Atata(?) Pascheriensachmet.» AW

Publikation: The 'Per-neb' Collection (Part I). Highly Important Egyptian Antiquities, Wednesday, 9 December 1992, Christie's London no. 55; D. Devauchelle, Notes et documents pour servir à l'histoire du Sérapeum de Memphis, RdE 44, 1993, 75–86.
Parallelen: Le Louvre (1990), 79.
Literatur: vgl. die Literatur Kat.-Nr. 165. Zur Schreibung «Sem-Priester» vgl. H. Gauthier, Un nouveau monument du dieu Imhotep, BIFAO 14, 1918, 41 mit n. 2.

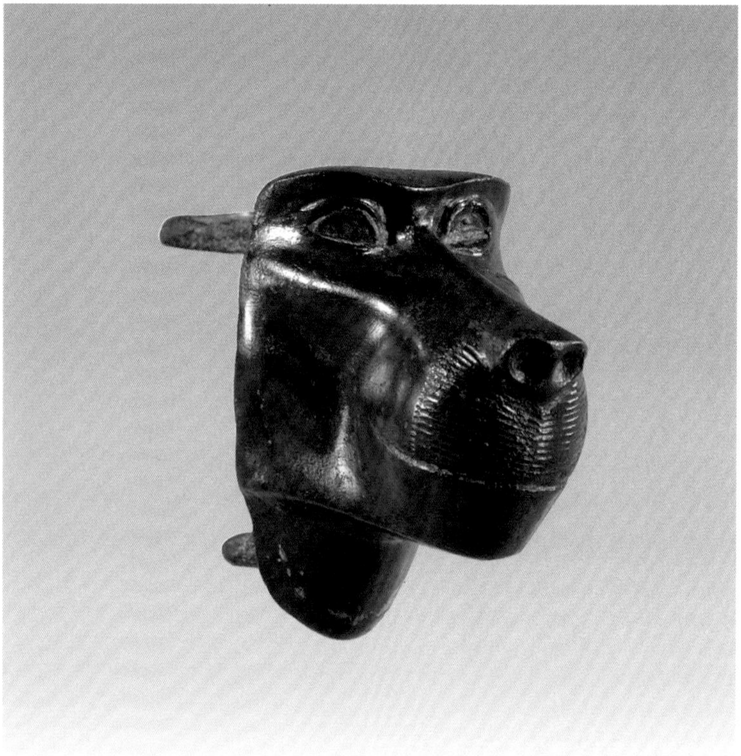

168

Gesichtsmaske einer Pavianstatuette

Privatsammlung, Schweiz

Bronze, Hohlguß
H. 5,5 cm; B. 3,2 cm; T. 4,8 cm
Augeneinlagen fehlen
Spätzeit, 30. Dynastie, 4. Jh. v. Chr.

Der Pavian spielte seit der späten Vorgeschichte eine bedeutende Rolle in Religion und Magie der alten Ägypter (Kat.-Nr. 23, 140). Bis zum Mittleren Reich muß er in Ägypten heimisch gewesen sein. Danach hat man ihn aus Nubien und Punt (an der Somaliküste) eingeführt. Im Gegensatz zur zahmen Meerkatze war der Pavian stets ein wildes und unberechenbares Tier. Dennoch hielt man ihn sich neben anderen Lieblingstieren nicht nur im Palast, sondern auch in Privathaushalten zum Zeitvertreib. In diesem Zusammenhang entstanden aber kaum rundplastische Abbildungen der Tiere, sondern diese haben ihren Ursprung im Bereich von Religion und Magie.

Sein würdevolles Aussehen, seine Gelehrigkeit und Intelligenz machten den Pavian schon früh zum Tier des Weisheitsgottes Thot, dem auch der Ibis heilig war (Kat.-Nr. 169). In diesem Zusammenhang sind die großen Pavianfriedhöfe – vornehmlich jener in Hermopolis/Tuna el-Gebel – zu erwähnen, in denen seit Amenophis III. mumifizierte Paviane und Ibisse bestattet wurden, die Gläubige gestiftet hatten. In der Spätzeit nahm der Tierkult ein monströses Ausmaß an. Abertausende von Tieren wurden dafür geopfert. Abgesehen von mumifizierten Tieren wurden aber auch zahlreiche Bronzestatuetten gestiftet.

Unsere kleine bronzene Gesichtsmaske mit herrlicher Patina war mit Sicherheit Teil einer hölzernen Pavianstatuette. Darauf deuten die beiden durchbohrten Zungen auf der Rückseite, die zur Befestigung im Holz dienten. Einen Hinweis darauf dürften auch die Reste einer Vergoldung am Halsansatz geben, mit der der Holzkern

überzogen gewesen sein mag. Der Bronzeguß des Gesichts ist ausgesprochen scharf. Die typischen Züge des Tieres – etwa der über der Augenpartie hervorstehende Knochen und die Schnauze mit der abgesetzten Nase und den großen Nasenlöchern – sind markant hervorgehoben. Die Schnauzhaare und die Kerbe, die das Maul andeutet, sind nach dem Gießen von Hand nachgearbeitet worden. AW

Publikation: Animals III, 72, Nr. 99; Aus Noahs Arche, Nr. 63.
Parallelen: Götter Menschen Pharaonen, 246f., Nr. 154.
Literatur: Boessneck, Tierwelt, 57. 142. Zur Bedeutung des Pavians s. die Lit. bei Kat.-Nr. 23, 140; Skarabäen Basel, 106; Hopfner, Tierkult, 26ff. Zu den Tiernekropolen s. Kessler, Heilige Tiere, 194ff.

169

Ruhender Ibis

Privatsammlung, Schweiz

Stuckiertes Holz, Bronze
H. (ohne Eingußzapfen) 19,9 cm; L. 25,2 cm; B. 7,1 cm
Intakt, mit Ausnahme der drei fehlenden Krallen des rechten Fußes
Spätzeit, 2. Hälfte des 1. Jt.s v. Chr.

Das elegante Erscheinungsbild des vorliegenden ruhenden Ibis strahlt die majestätische Würde des Tieres aus, das mit Thot – dem Gott der Weisheit und der Schreibkunst – in enger Verbindung stand. Die häufigste Wiedergabe zeigt Thot in Menschengestalt mit Ibiskopf. Als

Kultempfänger erscheint er in Gestalt eines hockenden oder schreitenden Ibis sowie in Gestalt eines Pavians (vgl. Kat.-Nr. 170).
Die gesondert in Bronze gegossenen Körperteile – der Kopf mit dem langen Hals, die geknickten Beine und die Schwanzfedern – sind an den hölzernen Leib appliziert. Bereits das Gußmodell der bronzenen Elemente berücksichtigte in feinster Detailarbeit die Struktur des langen, leicht abwärts gebogenen Schnabels, der schuppenartigen Haut der Beine und der reichen Verästelungen der Federn. Damit kontrastiert der summarisch gearbeitete hölzerne Rumpf mit den lediglich in Umrißlinien angedeuteten Flügeln. Die dünne, partiell noch erhaltene Stuckschicht trug die – heute fehlende – Bemalung. MPG

Publikation: Animals II, no. 37; Aus Noahs Arche, Nr. 45.
Parallelen: Roeder, Bronzewerke, 62–64, Taf. 37; ders., Bronzefiguren, 402–405, Taf. 57; Gott und Götter, 112–114, Nr. 79.
Literatur: Begelsbacher-Fischer, Götterwelt, 190–192; Boessneck, Tierwelt, 136–142; D. Kurth, LÄ VI, 497–523, s. v. Thot, besonders 511; J. Vandier, Une statue d'Ibis, RdE 7, 1950, 33–35; A.-P. Zivie, LÄ III, 115–121, s. v. Ibis.

170
Figur eines hockenden Pavians

Privatsammlung, Schweiz

Grün glasierte Fayence
H. 6 cm
Intakt
Spätzeit, 2. Hälfte des 1. Jt.s v. Chr.

Die eindrückliche Ausstrahlung dieser kleinen Affenfigur basiert – abgesehen von dem tadellosen Erhaltungszustand – auf ihrer einfühlsamen Gestaltung und realistischen Wiedergabe. Mit bewundernswerter Beobachtungsgabe gelang es dem Künstler, sowohl die ruhige und würdevolle Haltung als auch die geballte Kraft des Tieres zum Ausdruck zu bringen. Obwohl unsere Figur von geringen Ausmaßen ist, handelt es sich doch um ein erstrangiges Beispiel im Bereich der Tierdarstellungen.
Auf einer hinten halbrunden, vorne geraden Basis hockt ein Mantelpavian *(Papio hamadryas)* in jener typischen Haltung, die bereits seit der Frühzeit belegt ist. Die Vorderpfoten sind auf die zum Körper hin gezogenen Knie gelegt. Zwischen den gespreizten Hinterbeinen mit den leicht einwärts gerichteten Füssen sind die plastisch ausgestalteten männlichen Geschlechtsteile deutlich zu erkennen. Der lange Schweif schmiegt sich in einem Bogen der rechten Gesäßhälfte an. Minutiös – wenn auch stilisiert als sich überlappende schuppenförmige Haarteile – ist das dichte Fell wiedergegeben. Die voluminöse Mähne, die pelerinenartig Kopf und Schulterpartie umhüllt, unterstreicht sein respektvolles Erscheinungsbild. Das Affengesicht prägen die dominant vortretende glatte Schnauze, die gewölbten Brauenwülste und die tiefliegenden kleinen Augen.
Obwohl unsere Statuette nicht mit spezifischen Attributen versehen ist, handelt es sich hier um das heilige Tier des Gottes Thot, der tiergestaltig als Ibis (Kat.-Nr. 169) oder Mantelpavian erscheint. Oft schmückt bei ähnlichen Figuren eine Krone in Form einer Mondsichel und einer in dieser ruhenden Mondscheibe das Haupt des Tieres. Damit wird besonders der Bezug des Gottes Thot zum Mond hervorgehoben. So gilt der Pavian, dem Zyklus des Mondes entsprechend, als Sinnbild der Wiedergeburt. MPG

Publikation: unveröffentlicht.
Parallelen: Animals I, no. 56; Ancient Egyptian Art (London 1922), 66, no. 6, pl. XVIII; Entdeckungen (München 1985), Nr. 106; Steindorff, Walters Art Gallery, 152–153, pl. CII.
Literatur: siehe Kat.-Nr. 140; Boessneck, Tierwelt, 142–143, Abb. 230 b; D. Kurth, LÄ VI, 497–523, s. v. Thot, besonders Sp. 511, Anm. 240; Roeder, Bronzewerke, 55–56, Taf. 34, besonders Taf. 37; ders., Bronzefiguren, 371–373, Taf. 53; Stiftung Koradi/Berger (Zürich 1989), 12–13; Gott und Götter, 112–113, Nr. 79.

171
Personifiziertes Menit

Privatsammlung, Schweiz (A)
Privatsammlung, Basel (B)

A
Bronze, Vollguß
H. 21,5 cm; B. 23,5 cm; T. 26 cm
Der in der Ägis separat eingesetzte Kopf der Göttin fehlt. Einlagen aus Glasfluß sind herausgefallen
Spätzeit bis ptolemäisch, 600–100 v. Chr.

B
Bronze, Vollguß. Augen mit Gold und Niello eingelegt
H. 12 cm; B. 9,9 cm
Intakt
Spätzeit bis ptolemäisch, 600–100 v. Chr.

Ein höchst eigenwilliges Kunstobjekt bildet der hier gezeigte Kultgegenstand aus Bronze (A). Es handelt sich um eine Kombination von Ägis und Menit (dazu unten). Seine ursprüngliche Erscheinung wird heute zusätzlich verfälscht, weil der Kopf der Göttin, der in der Halterung in der Mitte saß, fehlt (vgl. B). Ebenso sind die Einlagen aus verschiedenfarbigem Glaßfluß allesamt aus den Vertiefungen herausgefallen. So machen die jetzt sichtbaren Aussparungen im Metall einen abstrakten, unägyptischen Eindruck, der ursprünglich nicht bestand. Vielmehr muß man sich den ganzen Kultgegenstand leuchtend bunt vorstellen, mit einem herrlichen Göttinnenkopf versehen, dessen Augen wiederum wohl mit Edelmetallen und kostbaren Steinen eingelegt waren.

Als Ägis bezeichnet man den halbkreisförmigen Schild, in dessen Mitte oben ein Götterkopf sitzt, zumeist das Haupt der Hathor (B) oder einer löwenköpfigen Göttin. Dabei handelt es sich um einen stilisierten Perlenhalskragen, der hier verschiedene Perlenreihen mit Einzelperlen in Form von Tropfen, Blüten oder Früchten aufweist (A, B). An den Enden des Kragens flankierten zwei Falkenköpfe den Kopf der Göttin (vgl. Kat.-Nr. 103). Echte Halskragen dieser Art trugen die Ägypter seit frühester Zeit, und zwar sowohl als Schmuck als auch, wie die Amulettgestalt ihrer Perlen zeigt, zum Schutz. Auch zur Tracht der Götter gehörte der Halskragen, und seit dem Mittleren Reich wurde der Götterkragen zu einem wirkungsmächtigen Amulett mit apotropäischer Kraft.

Das Menit dagegen ist ein dem Sistrum ähnliches kultisches Rasselinstrument. Es besteht aus mehreren Strängen von Perlenschnüren, die mit ihren Enden an einem länglichen Schlußstück befestigt sind. Wenn Priesterinnen das Menit um den Hals trugen, lag dieser Teil wie ein Gegengewicht auf dem Rücken auf, die Perlenstränge bildeten dann einen Halskragen. Von dieser gemeinsamen Verwendung als Halskragen her lag die Kombination von Menit und Ägis nahe.

A B

Von der Ägis führt das Gegengewicht des Menit abgewinkelt nach hinten (A). Bei der Verbindung dieser beiden Gegenstände sind die Perlenstränge des Menit weggefallen. Dafür besitzt die Ägis ein Armpaar mit nach vorne gestreckten Händen. Aufgrund der Darstellungen im Hathortempel von Dendera, wo die Perlenstränge allerdings noch sichtbar sind (Abb.), läßt sich unser Kultgegenstand als personifiziertes Menit bestimmen. Hier treffen wir auf das Phänomen, daß ein Attribut oder Kultgegenstand einer Gottheit vergöttlicht und so selber zum Gegenstand kultischer Verehrung werden kann, wie dies beim Menit der Hathor von Dendera der Fall ist. Mit großer Wahrscheinlichkeit war auch bei unserem personifizierten Menit der Kopf der Göttin Hathor vorhanden (vgl. B). Auch das Gegengewicht des Menit ist oft mit dem Kopf der Hathor verziert. Hier ist es – auf der rechteckigen Platte, die von zwei Uräen flankiert wird – allerdings ein Djedpfeiler mit zwei Wedeln.

Das Zentrum des runden Abschlußstücks bildet eine Rosette.
Menit wie Sistrum spielten im Kult der Hathor, dieser großen Fruchtbarkeits- und Regenerationsgöttin, eine große Rolle (Kat.-Nr. 180). Einerseits dienten die Rasselinstrumente zur Besänftigung der Göttin, andererseits zur Beschwörung ihrer fruchtbaren, regenerierenden Kräfte. Ein mit unserem Beispiel vergleichbares personifiziertes Menit mit ausgestreckten Armen, die einst das Lebenszeichen Anch hielten, ist mit dem Haupt der Göttin Anukis bestückt. Als kleines Amulett aus Fayence bot das personifizierte Menit dem Träger Schutz und Regeneration. AW

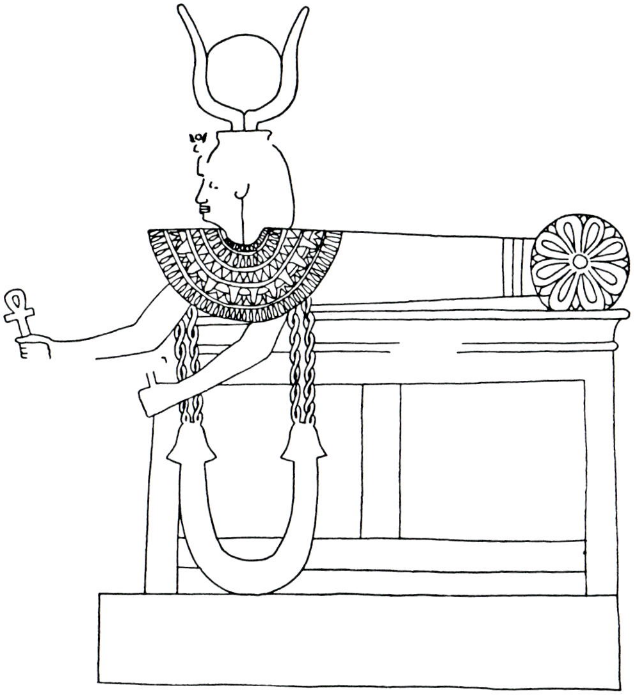

Publikation: Metallanalyse des Brussels Art Laboratory (P. H. Laycock) am 17. August 1985.
Parallelen: D. Valbelle, Une égyde d'Anoukis au musée du Caire, in: Livre du Centenaire (1880–1980), Kairo 1980, 153–156, pl. XIXf.; Ägyptisches Museum Berlin (1967), 81f., Nr. 821f. = Roeder, Bronzefiguren, Taf. 64,d; Gott und Götter, 68, Nr. 43.
Literatur: RÄRG, 8f., 450f., s. v. Ägis und Menat; J. Quaegebeur, Apis et la menat, BSFE 98, 1983, 17–39; Dendera III, 135, fig. 6, pl. CCXXIV; Dendera V, 131f., pl. CCCCXXV. Zur Einlegetechnik: Roeder, Bronzefiguren, Taf. 34,a (Göttinnenkopf). Menit: Möller, Metallkunst, Taf. 10.

172
Stehender Osiris

Privatbesitz, Schweiz

Bronze, Hohlguß. Gold, weiße Glaspaste und Obsidian (Einlagen)
H. 31,5 cm (ohne Eingußzapfen)
Restaurierte Bruchstelle auf Höhe des rechten Knies
Spätzeit, 26. Dynastie, um 664–525 v. Chr.

Osiris zählt zu den wichtigsten Gottheiten des ägyptischen Pantheons. Seit dem Neuen Reich gehörten Osirisfiguren zum festen Bestandteil der Grabausstattung. In der Dritten Zwischenzeit und der Spätzeit wurden die meisten dieser sehr zahlreich vorhandenen Statuetten aus Bronze gefertigt. Sie sind Ausdruck der Hoffnung des Verstorbenen auf eine Wiederauferstehung, in Analogie zu dem Schicksal des Osiris. Neben seiner Stellung als Herrscher des Jenseits besitzt Osiris immer auch die Funktion eines Fruchtbarkeits- und Vegetationsgottes.
Der Mythos von Osiris, Isis und Horus, die die göttliche Familie par excellence darstellen, ist in einer ausführlichen Fassung erst in dem Werk «Über Isis und Osiris» des Plutarch (46–120 n. Chr.) überliefert: Osiris wird von seinem Bruder Seth, der ihm die Königswürde mißgönnt, hinterhältig getötet und der Leichnam zerstückelt. Die trauernde Isis sucht die über das ganze Land verstreuten Körperteile und fügt sie zusammen. Es gelingt Isis, Osiris mit ihren Zauberkräften wiederzubeleben und von ihm einen Sohn – Harpokrates («Horus das Kind») – zu empfangen. Um den Knaben vor den niederträchtigen Verfolgungen des Seth zu schützen, versteckt sie ihn in den Sümpfen des Deltas, wo sie ihn großzieht. Der erwachsene Horus rächt seinen Vater und übernimmt die weltliche Herrschaft.
Die vorliegende Figur eines stehenden Osiris fällt durch die übermäßig schlanken Proportionen des Körpers auf – ein charakteristisches Merkmal des Kunststils der Spätzeit, besonders der 26. Dynastie. Der feingliedrige Leib des Gottes ist mumienartig verhüllt. Einzig die Hände der über der Brust gekreuzten Arme greifen aus dem enganliegenden Gewand heraus und umfassen die Insignien der Macht, Krummstab und Geißel. Die nach dem Gießen erfolgte Bearbeitung des Gesichts unterstreicht die technisch und künstlerisch gute Qualität der Bronzefigur. Die Augenpartie und das Bartband weisen noch die ursprünglichen Einlegearbeiten auf: die Pupillen bestehen aus poliertem Obsidian, das Augenweiß ist aus Glaspaste, der verlängerte Schminkstrich und die Brau-

en aus Blattgold. Am Kinn sitzt der geflochtene, an seiner Spitze eingerollte Götterbart. Das Haupt wird von der oberägyptischen Krone geschmückt. An der Stirn erhebt sich dominant der Uräus, dessen aufgeblähter Schild in vier Zellen einst farbige Inkrustationen aufwies und dessen Leib sich am konischen Kronenkörper emporringelt. MPG

Publikation: unveröffentlicht.
Parallelen und Literatur: Daressy, Statues I–II, 66–115, pl. XIV–XXI; J. G. Griffiths, LÄ IV, 623–633, s. v. Osiris (mit ausführlichen Literaturangaben); J. Leclant – G. Clerc, LIMC VII.1, s.v. Osiris, 107–116 und VII.2, 79–82; Roeder, Bronzewerke, 22–24, Taf. 11. 12. 14; ders., Bronzefiguren, 133–196, Taf. 76–78; Steindorff, Walters Art Gallery, 101–106, pl. LXVI–LXVIII.

173
Thronender Osiris

Privatsammlung Elsa und Dr. Pierre Henri Bloch-Diener, Bern

Bronze, Hohlguß
H. 15,7 cm
Es fehlen die Inkrustationen, die rechte Spitze des Horns des Kopfputzes, die gesondert gearbeiteten Uräen und der Thron. An der bestoßenen Fußpartie und einem (wohl modernen) Bohrloch an den Oberschenkeln ist unter der dünnen Metallepidermis das sandige Füllmaterial zu erkennen
Spätzeit, 26. Dynastie, um 664–525 v. Chr.

Diese Figur des Osiris entspricht ikonographisch und qualitätsmäßig der vorangehenden Statuette, unterscheidet sich jedoch von dieser in ihrer Haltung und in der Krone. Der Gott ist sitzend dargestellt und trägt auf seinem Haupt eine komplexe Atefkrone, bei der die oberägyptische Krone mit Sonnenscheibe und Uräusschlange beidseits von gedrehten, waagrechten Widderhörnern flankiert wird, auf denen wiederum innen je eine Straußenfeder und außen eine Uräusschlange mit Sonnenscheibe angebracht sind. Die unter den Hörnerenden erhaltenen Ösen dienten zur Aufnahme von separat gegossenen Uräen. Die jetzt leeren Augenhöhlen, die Brauen und das Bartband waren bereits im Gußmodell so vorgeformt, daß sie mit kostbaren Materialien eingelegt werden konnten.
Osiris erscheint hier wie in den Darstellungen des Totengerichtes, wo er als Totenrichter thront und dabei die Attribute seiner Herrschaft trägt. MPG

Publikation: unveröffentlicht.
Parallelen und Literatur: vgl. Kat.-Nr. 172.

174
Stillende Isis

Privatsammlung, Schweiz

Bronze, Vollguß. Augen eingelegt
H. 21,8 cm
Intakt bis auf die beiden abgebrochenen Spitzen der Hörner, Thron fehlt
Spätzeit, wohl 26. Dynastie, oder ptolemäische Epoche, 7.–1. Jh. v. Chr.
Ehemals Sammlung Dr. Filser, Basel

Isis, die Schwester und Gemahlin des Totengottes Osiris, erfreute sich in der Spätzeit großer Beliebtheit. Ihren Aufstieg zu einer Universalgöttin verdankt sie neben zahlreichen synkretistischen Verbindungen mit anderen Göttinnen vor allem ihrer Heil- und Zauberkraft. Nach dem Osirismythos beweint und beklagt sie den durch Seth verursachten Tod ihres Gatten, erweckt ihn

wieder zum Leben und empfängt von ihm Horus, den sie im Geheimen großzieht (vgl. Kat.-Nr. 172). Von hier aus wird sie zu dem Idealbild einer Muttergöttin.
Die Fremdherrschaften sowie der wirtschaftliche und kulturelle Niedergang der Spätzeit stellten eine existentielle Bedrohung dar, die das verunsicherte Volk vermehrt zu der Göttin führten, die selber Not und Schicksalsschläge erfahren hatte: Isis, die treusorgende Gattin und fürsorgliche Mutter.
Unsere qualitätvolle Bronze zeigt den «klassischen» Bildtypus der stillenden Gottesmutter (vgl. Kat.-Nr. 133). Die thronende Göttin trägt ein knöchellanges, enganliegendes Kleid, einen breiten Halskragen und Schmuckbänder an beiden Handgelenken und Oberarmen. Sie stützt mit der linken, vorgestreckten Hand das auf ihrem Schoß ruhende Kind. Mit der Rechten greift sie zur linken Brust. Das schmale Gesicht wird von einer dreiteiligen Perücke umrahmt, über die ein Geierbalg gelegt ist. An der Stirn befindet sich die Uräusschlange. Ein Uräusdiadem bildet den Untersatz für den Kopfputz aus Kuhgehörn und Sonnenscheibe.
Der nackte Knabe ist mit leicht zurückgelehntem Oberkörper, eng an den Körper gelegten Armen und geschlossenen Beinen dargestellt. Er trägt eine enganliegende Kappe mit Uräusschlange und an der rechten Schläfe die Kinderlocke. Die Sockelinschrift besagt: «Isis, die Große, die Gottesmutter, sie möge Gesundheit geben dem Padihorpre, Sohn des Pamen». MPG

Publikation: unveröffentlicht.
Parallelen: Daressy, Statues I–II, 319–342, pl. LXI–LXII; Roeder, Bronzewerke, 32–34, Taf. 20–22; ders., Bronzefiguren, 245–259, Taf. 34–37.
Literatur: vgl. Kat.-Nr. 133; J. Bergman, LÄ III, 186–203, s. v. Isis, besonders Sp. 193; DNB I.5, 326f.; R. El-Sayed, Padehorpare, un nom populaire à l'époque ptolémaïque, GM 35, 1979, 51–58; Langener, Isis Lactans, 263–264: zum vorherrschenden linksseitigen Stillgestus; Ranke, PN I, 124, Nr. 23.

175
Figur eines sitzenden Harpokrates

Privatsammlung Elsa und Dr. Pierre Henri Bloch-Diener, Bern

Bronze, Vollguß
H. 18,7 cm
Intakt
Spätzeit, zweite Hälfte des 1. Jt.s v. Chr.

Der griechische Name Harpokrates gibt die ägyptische Bezeichnung «Horpachered» («Horus das Kind») wieder, den Namen des Sohnes der Isis (vgl. Kat.-Nr. 174). Die zahlreichen Bronzefiguren dieses Gottes sind Ausdruck der großen Beliebtheit, der sich «Horus das Kind» besonders im letzten vorchristlichen Jahrtausend erfreute. Da das Horuskind zu dem erwachsenen Horus heranwuchs, der Osiris rächte und die Königsherrschaft zurückeroberte, und der König als Inkarnation des Gottes Horus auf Erden galt, ließen sich auch die Herrscher der Spätzeit gern als Harpokrates darstellen (vgl. Kat.-Nr. 203). Neben der Nacktheit gehören die Jugendlocke an der rechten Schläfe und der Gestus des Fingerlutschens zu den Charakteristika in der Darstellung dieser und anderer Kindgottheiten.
Bei der vorliegenden Figur ist der Knabe mit aneinandergepreßten Beinen in sitzender Haltung wiedergegeben worden. Die parallelgestellten Füße ruhen auf einer rechteckigen Basisplatte. Der angewinkelte linke

Arm liegt dem Oberkörper an; die Hand ist neben dem Oberschenkel flach ausgestreckt. Harpokrates führt den Zeigefinger der rechten Hand zum Mund. Das Gesicht mit dem scheu lächelnden Antlitz trägt eine Doppelkrone, die mit einem Stirnuräus und einer S-förmig geschwungenen Seitenlocke versehen ist. Die betont weichen und üppigen Konturen des Körpers unterstreichen das zarte Alter des Knaben.
Die besonders qualitätvolle Gestaltung und die Größe der Figur legen die Vermutung nahe, daß es sich hier um eine selbständige Figur des thronenden Götterkindes handelt und nicht um einen Teil einer Gruppenstatue von Isis mit dem Horuskind. MPG

Publikation: unveröffentlicht.
Parallelen und Literatur: D. Meeks, LÄ II, 1003–1011, s. v. Harpokrates; Roeder, Bronzewerke, 14–15, Taf. 6–7; ders., Bronzefiguren, 104–106; Gott und Götter, 46–47, Nr. 28 (mit Literaturangaben).

176
Zwei nackte Kindgötter

Privatsammlung Basel (A, B)

A
Bronze, Vollguß. Augen eingelegt
H. 21,5 cm
Intakt, gereinigt
Spätzeit, 26. Dynastie, bis frühe Ptolemäerzeit, 7.–3. Jh. v. Chr.
Angeblich aus Memphis

B
Bronze, Vollguß
H. 15,3 cm
Intakt, gereinigt
Spätzeit, 26. Dynastie, bis frühe Ptolemäerzeit, 7.–3. Jh. v. Chr.
Angeblich aus Dessuk

In der Spätzeit und vor allem in der hellenistischen Epoche Ägyptens gehörte Harpokrates «Horus das Kind» zu den beliebtesten und am meisten verehrten Gottheiten (Kat.-Nr. 175). In dieser Zeit hat man ihn unter ganz unterschiedlichen Aspekten verehrt und ihn mit den verschiedensten großen Göttern – etwa Re, Amun, Chons, Chnum und Somtus – verbunden, die den Menschen in dieser kindlichen, vertrauten Erscheinungsform zugänglicher waren. Dadurch erhielt er ganz verschiedene Attribute und Trachtelemente, die Hinweise auf seine Funktion geben, etwa spezielle Kronen. Eine ikonographisch ganz entzückende Form, die bis in die Spätantike weiterlebte, ist der Gott auf der Blüte, Horus als das Sonnenkind, das auf dem Lotus sitzt (vgl. Kat.-Nr. 204). In der Spätzeit stellte man solche Figuren vorwiegend aus Bronze oder Fayence her, in hellenistischer Zeit aus Terrakotta, die bunt bemalt wurde.
Die beiden nackten Kindgötter sind weder richtig thronend noch liegend wiedergegeben; ihre Körper sind stark nach hinten geneigt. Dies könnte darauf hindeuten, daß beide Kindgötter ursprünglich zu einer Gruppenstatue mit einer thronenden Göttin, wohl Isis, gehörten, die die Mutter des Harpokrates war. Harpokrates sitzt nämlich gewöhnlich auf dem Schoß seiner Mutter (Kat.-Nr. 174). Dagegen könnte allerdings sprechen, daß beide Figuren einen kleinen, fast quadratischen Sockel aufweisen, der einmal beschriftet ist. Der linke Arm der beiden Figuren folgt der Linie des angewinkelten Oberschenkels, den rechten haben sie zum Mund geführt. Dabei handelt es sich um den Gestus «Finger am Mund», der im allgemeinen die Darstellungen von Kindern charakterisiert.
Der eine Knabe (A) trägt eine hohe Doppelfederkrone

A B

mit Sonnenscheibe in der Mitte, die der Krone des Amun ähnlich ist. An seiner Stirn erhebt sich ein Uräus. Die Augen des Gottes sind mit Gold und Niello (?) eingelegt. Um den Hals trägt er ein Herzamulett. Auffallend ist die Fettfalte unter seiner Brust. Die Inschrift auf der Basis nennt: «Horus-das-Kind, Sohn des Amun, der Leben spendet (...)». Der andere Knabe (B) trägt ein Königskopftuch, aus dem auf der rechten Seite ein geflochtener Zopf hervorkommt. Dabei handelt es sich um die sogenannte Jugendlocke, die ebenfalls die meisten Kinderdarstellungen kennzeichnet. An der Stirn befindet sich eine Uräusschlange; um seinen Hals liegt ein kurzer Kragen.

Beim zweiten Kindgott scheint es sich um Harsomtus – «Horus, der die beiden Länder vereinigt» – zu handeln, der als Urgott und Schöpfer verehrt wurde. Auf diese Eigenschaft deutet das königliche Nemes-Kopftuch, das den Herrschafts-Aspekt des Gottes zum Ausdruck bringt.

AW

Publikation: A–B) unveröffentlicht.
Parallelen: A) Roeder, Bronzefiguren, Taf. 20,c. B) Roeder, Bronzefiguren, Taf. 20,f–k; Gott und Götter, 50, Nr. 31f.
Literatur: RÄRG, 273–276. 728f., s. v. Harpokrates, Harsiesis, Somtus; Roeder, Bronzefiguren, 104ff.

177 Schwangere Nilpferdgöttin und Muttersau

Privatsammlung, Schweiz (A)
Fondation Jacques-Edouard Berger, Lausanne (B)

A
Blau glasierte Fayence
H. 5,4 cm
Tragöse am Rücken gebrochen, sonst intakt
Spätzeit, 26. Dynastie, um 664–525 v. Chr.

B
Blau glasierte Fayence
L. 2,4 cm
Intakt
Spätzeit, 26. Dynastie, um 664–525 v. Chr.

«Ich bin die Reret (Sau), die angreift mit dem Gebrüll, die zerreißt, wenn sie sich nähert. Mit lauter Stimme und brüllendem Geschrei. Die den beschützt, der aus ihrem Leib kommt.»
«Ich bin die Thoëris in ihrer Mächtigkeit, die um ihren Besitz [nämlich das Kind] kämpft, die die Feinde vertreibt von ihrem Sohn Horus.»
«Ich bin die Ipet, die sich im Horizont befindet, ein Schutz des Messers für den Allherrn, die Herrin der Kraft, ausgestattet mit Gestalten, die die Rebellen für ihn enthauptet.»
(Papyrus aus der 22. Dynastie)

Thoëris, Reret und Ipet sind in der Spätzeit drei verschiedene Namen für ein und dieselbe nilpferdgestaltige Göttin (A). Bereits der Name Reret, «die Sau», weist auf ihre Verbindung mit dem Schwein (B). Ihre urtümliche Mischgestalt setzt sich aus trächtigem Nilpferd, Löwe und Krokodil zusammen, alles mächtige Tiere, die dem Menschen am Nil gefährlich werden konnten. In der Magie dagegen traten sie umgekehrt für seinen Schutz ein. Gerade das trächtige Nilpferd, das ihre Jungen schützt, wurde als Spenderin von Fruchtbarkeit und Nahrung positiv gewertet. Darin gründet die Verwandtschaft der Thoëris mit der Muttersau, die ihre Ferkel säugt. Der übelabwehrende Zug der Göttin ist besonders im wilden Löwen und im unberechenbaren Krokodil zu sehen.
Die Blütezeit der ägyptischen Fayenceamulette lag in der Spätzeit. In der Regel handelt es sich um Massenware, doch wurden zwischen der 26. und 30. Dynastie auch besonders qualitätvolle Exemplare angefertigt. Von meisterhafter Qualität, außergewöhnlich präzise in der Form und brillant in der Glasur sind die vorliegenden beiden Fayenceamulette in Gestalt der Nilpferdgöttin (A) und der Muttersau (B).

Trotz ihrer Kompositgestalt wirkt die Thoëris (A) auf ihrer kleinen rechteckigen Basis keineswegs monströs. Ihre Gestalt wird von der Komponente des trächtigen Nilpferds dominiert, während der Schwanz eines Krokodils ihren Rücken bildet und ihre Pranken die eines Löwen sind. Mit der Perücke, den menschlichen Brüsten und den langen Armen gibt sie eine stattliche Göttin ab. Mit sicherem Schritt tritt sie uns entgegen, das Maul leicht geöffnet und die Zähne bleckend. Ihre Brüste sind prall mit nährender Milch gefüllt. Die Arme hängen seitlich am Körper hinab, wobei die Löwenpranken leicht vorgestreckt sind, als würden sie einen besänftigenden Gestus ausführen. Die Oberschenkel werden von dem mächtigen Bauch der Schwangeren zurückgedrängt. Als Attribute hält die Göttin üblicherweise, aber nicht in unserem Fall, das Zeichen für Schutz oder ein Schilfmesser vor sich. Die Tragöse am Rücken ist abgebrochen.
Die Muttersau, die auf einer kleinen langrechteckigen Basis steht, hat nicht mehr ganz die typischen Körper-

formen eines ägyptischen Schweines, das gewöhnlich einen schmalen Kopf mit Stehohren, einen schlanken Körper und hohe Beine hat. Auffallend ist bei unserer Sau das Haarbüschel im Nacken. Das Tier hat den Kopf gesenkt. An der Bauchseite sind zweimal vier Zitzen angegeben. Das herunterhängende Schwänzchen steht leicht vom Hinterteil ab. Auf dem Rücken sitzt eine gerippte, längsdurchbohrte Öse.
Über den Ursprung der Thoëris ist wenig bekannt, doch ist sie bereits auf Siegelamuletten der 6. Dynastie und den zeitgleichen Figurenzylindern bezeugt. Ihr ältester Name lautet Ipet, «die (Leben oder Schutz) Zuweisende». Etwas später wird sie als Reret, «die Sau», bezeichnet. Ihr häufigster Name Thoëris, «die Große», entstand erst im Neuen Reich. Thoëris beschützt Frauen während der Schwangerschaft und Geburt und sorgt für genügend Milch während der Stillzeit.
Die Bewertung des Schweins im Alten Ägypten ist etwas unklar. Zwar wurde Schweinefleisch seit der prähistorischen Zeit als Nahrung geschätzt, doch war es im kultischen Bereich verpönt. Noch schwieriger ist die Einschätzung der religiösen Bedeutung des Tieres. Schon sehr früh sind Figuren von Schweinen bezeugt, doch erst sehr späte Texte können uns über ihre Bedeutung Auskunft geben (s. obigen Text). In die Spätzeit datieren Amulette von Muttersäuen. Verschiedene große Göttinnen des ägyptischen Pantheons konnten mit der Sau in Beziehung gebracht werden, so z.B. die Himmelsgöttin Nut, die am Abend als Muttersau ihre «Ferkel» – d.h. die Sterne – verschlingt, um sie am Morgen wieder neu zu gebären. Auch Isis konnte die Gestalt eines Schweins annehmen und als «weiße Sau» bezeichnet werden. Im allgemeinen wurden dem weiblichen Tier positive und fruchtbare Kräfte zugeschrieben, das männliche dagegen als Verkörperung des Bösen und Tier des Gottes Seth geächtet. AW

Publikation: A) unveröffentlicht. B) Un regard partagé, 174, nr. 333.
Parallelen: Gott und Götter, 102, Nr. 69; Steindorff, Walters Art Gallery, 615f., pl. XCIII.
Literatur: zu Thoëris s. RÄRG, 530ff., s. v. Nilpferdgöttin; Wiese, Stempelsiegel-Amulette, 114f.; Altenmüller, Apotropaia I, 150; Säve-Söderbergh, Hippopotamus, 45–49. Vgl. weiter W. Kaiser, Zum Ḥb Ḥḏ.t, MDAIK 44, 1988, 125–134, und H. Altenmüller, Das «Fest des Weissen Nilpferdes» und das «Opfergefilde», in: Hommage à Jean Leclant, Bd. I, Kairo 1994, 29–44. Zum Schwein s. P. Newberry, The Pig and the Cult-Animal of Set, JEA 14, 1928, 211–219; Boessneck, Tierwelt, 76–78; RÄRG, 690f., s. v. Schwein; J. Bergman, LÄ III, 191, s. v. Isis.

178
Bronzestatuette des Ptah

Privatsammlung, Schweiz

Bronze, Vollguß, Einlagen aus Elektron und Niello
H. 11 cm
Intakt
Spätzeit, 26. Dynastie, um 664–525 v. Chr.
Ehemals Sammlung Dr. Jacob Hirsch

Eine Spezialität der Spätzeit war die Herstellung hochwertiger Bronzestatuetten von Göttern und Tieren. Die Mehrzahl dieser Figuren, die in Tempelwerkstätten hergestellt und dort auch verkauft wurden, dienten als Votiv- und Weihegaben, die von Gläubigen in das Heiligtum gestiftet wurden. Die Qualität der Götterfiguren hing natürlich von den Vermögensverhältnissen der Stifter ab. Die große Masse der Bronzefiguren ist denn auch von bescheidener Qualität, doch gibt es immer wieder Götter- und Tierfiguren, die durch ihre besonders schöne Ausführung hervorstechen.
Zu einer dieser herausragenden Bronzen mit Elektrontauschierung gehört auch die hier gezeigte Statuette des Ptah, eines uralten, rein menschengestaltigen Schöpfergottes. Als Schutzgott der Handwerker wurde ihm vor allem in der Arbeitersiedlung von Deir el-Medineh in Theben große Verehrung zuteil. Sein Hauptkultort war allerdings Memphis, wo er seit dem Neuen Reich zusammen mit seiner Gemahlin Sachmet und seinem Sohn Nefertem verehrt wurde. In der Spätzeit ordnete man Ptah dann den Kult des Apisstieres (Kat.-Nr. 165–167) zu.
Erhaben steht unser Ptah auf einer rechteckigen Basis, in ein enganliegendes Mumienkleid gehüllt. Nur seine Arme schauen vorne aus der Umhüllung heraus und halten das Herrschaftsszepter Was. Im Nacken steht der Kragen des Gewandes etwas hoch. Auf dem Kopf trägt der Gott eine enganliegende Kappe, die in anderen Darstellungen blau gefärbt ist. Im Gegensatz zu allen anderen Göttern trägt er den geraden Königsbart. Seine Gesichtszüge sind ausgewogen und anmutig. Die Augen des Gottes sind mit Elektron und Niello eingelegt und wirken dadurch sehr lebendig. Ganz besonders schön ist sein elektrontauschierter Halskragen mit den Tropfenperlen und den Endstücken, die von Falkenköpfen gebildet werden (Kat.-Nr. 103). Als Gegengewicht zu dem schweren Kragen hängt auf dem Rücken eine Troddel, die am oberen Rand des Gewandkragens eingraviert ist. Die Bronzestatuette wurde im sogenannten «cire perdue»-Verfahren hergestellt, bei welchem man ein

Wachsmodell mit Ton umgab und durch Ausschmelzen einen Negativabdruck erhielt, in den man flüssiges Metall hineingoß. Nach dem Abkühlen des Metalls konnte man die Form zerschlagen, die noch ungeglättete Figur entnehmen und überarbeiten. AW

Publikation: Bedeutende Kunstwerke aus dem Nachlaß Dr. Jacob Hirsch, Auktion, Samstag, den 7. Dezember 1957, im Hotel Schweizerhof, Luzern, 11, Nr. 9, Taf. 7. Hinweise sind Alexandra Küffer zu verdanken.
Parallelen: Gott und Götter, 128f., Nr. 88; Entdeckungen (München 1985), 141, Nr. 123; Steindorff, Walters Art Gallery, pl. LXXX, no. 493; Roeder, Bronzefiguren, 195ff.
Literatur: M. Sandman-Holmberg, Ptah; RÄRG, 614–619, s. v. Ptah.

179

Figur der Göttin Neith

Privatsammlung, Schweiz

Bronze, Vollguß
H. 26 cm
Partiell erodierte Oberfläche. Das Spornende und die Spirale der Krone fehlen
Spätzeit, 26. Dynastie, um 664–525 v. Chr.

Die seit der Frühzeit belegte Göttin Neith, primär eine Kriegs- und Jagdgottheit, erhielt aufgrund ihrer Rolle als Mutter des Sonnengottes und Schöpfergottheit den Rang einer Urgöttin. Ihre bedrohlichen Eigenschaften, die sie gegen feindliche Mächte richtete, machten sie auch zur Schutzgöttin, die über heilende Kräfte verfügte. Ihr Hauptkultort war die Stadt Sais im westlichen Delta. Besonders unter der 26. Dynastie, die aus dieser Stadt stammte, erfreute sich die Göttin Neith großer Beliebtheit.
Bemerkenswert an unserer qualitätvollen Bronzefigur sind die elegante plastische Gestaltung und die nachträglich mit größter Sorgfalt eingravierten Verzierungen. Der Aufbau des feingliedrigen Körpers mit den breiten Schultern und der hoch angesetzten Taille sowie die Betonung des prallen Busens sind kennzeichnende stilistische Elemente der Saïtenzeit. Die in Schrittstellung dargestellte Frauenfigur ist mit einem enganliegenden, knöchellangen Gewand bekleidet, das ihren Oberkörper mit den reizvollen Rundungen nackt erscheinen läßt. Zwei lange Vogelschwingen – wohl die eines Geiers – umhüllen ihren Unterkörper. Beide Handgelenke, die Oberarme und die Fußgelenke sind mit einem breiten Band geschmückt. Im Gegensatz zu dem üblichen Kanon hält sie den rechten Unterarm leicht angewinkelt; der gestreckte linke Arm liegt dicht der linken Seite des Oberkörpers an. Beide Hände sind zur Faust geballt, wobei die durchbohrte, vorgestreckte rechte ursprünglich das Emblem der Göttin – zwei gekreuzte Pfeile und Bogen – hielt. Auf ihrem Haupt mit seinen markanten und etwas herben Gesichtszügen trägt Neith die unterägyptische Krone, deren Spornende abgebrochen ist; auch die Spirale fehlt. Die beiden Eingußzapfen unter den Füßen dienten der Halterung der Figur an ihrem – heute fehlenden – Sockel.
Wie alle übrigen sehr zahlreich hergestellten bronzenen Götterfiguren war auch diese Statuette der Neith entweder als Votivgabe in einen Tempel gestiftet worden oder diente der kultischen Verehrung im Wohnbereich, wo sie in einem Hausaltar aufgestellt war. MPG

Publikation: unveröffentlicht.
Parallelen und Literatur: Ägyptisches Museum Berlin (1967), Nr. 841; Ägyptisches Museum Berlin (1991), Nr. 137; Roeder, Bronzewerke, 28–29, Taf. 16; R. Schlichting, LÄ IV, 392–394, s. v. Neith (mit Literaturangaben); Gott und Götter, 149, Nr. 103–104; Steindorff, Walters Art Gallery, 129–131, pl. LXXXVI–LXXXVII.

180
Statuette der Hathor von Koptos

Privatsammlung, Schweiz

Bronze, Vollguß
H. 15,8 cm
Intakt
Spätzeit, 26. Dynastie, um 664–525 v. Chr.

Die qualitätvolle und ikonographisch interessante Bronzefigur stellt eine stehende Göttin dar. Ihr gestreckter rechter Arm liegt der Hüfte an. Der linke Arm ist zur Brust hin angewinkelt, an die sie ein Menit – den Kultgegenstand der Göttin Hathor – preßt. Sie trägt ein enganliegendes, bis zu den Knöcheln reichendes Kleid, das die femininen Rundungen des Körpers betont. Das fein gearbeitete Gesicht wird von einer dreiteiligen Perücke umrahmt. Auf dem Haupt der Göttin ruht ein mächtiger Kopfputz (1/3 ihrer Körperlänge), der aus sieben hohen Straußenfedern besteht, die säulenartig gebündelt sind und an ihrem oberen Ende einem Kapitell ähnlich auslaufen. Ob die Siebenzahl der Federn mit der Symbolik der Zahl 7 zu verbinden ist oder mit den Sieben Hathoren, die bei der Geburt eines Kindes sein Schicksal bestimmen, ist nicht sicher. Gekrönt wird der Aufsatz von einer rechteckigen Platte, auf der zwei Falken ruhen.
Der Sockel trägt auf der Frontseite und der rechten Längsseite die hieroglyphische Inschrift: «Hathor, die Leben gibt (dem) Paadjed, Sohn des Padihorpre, geboren von der (...)».
Ohne die Sockelinschrift, lediglich anhand der Ikonographie wäre die Identität der dargestellten Göttin nur schwer zu bestimmen. Die Besonderheit dieser Figur der Hathor beruht auf ihrem singulären Kopfputz, der eine Beziehung zu Koptos, der Hauptstadt des 5. oberägyptischen Gaues, nahelegt. Nach der Standarte dieses Gaues wurden hier zwei Falken verehrt, in denen man die Götter Horus und Seth erkannte. Der Ortsgott von Koptos war der Fruchtbarkeitsgott Min. Aufgrund der Gleichsetzung des Min mit Horus genoß Isis als Gottesmutter in Koptos großes Ansehen. Diese Mutterrolle

und die Wesensverwandtschaft von Hathor und Isis bildeten denn auch das Bindeglied zwischen Koptos und Hathor, der dort ein Nebenkult errichtet wurde. Wie Isis galt Hathor als Mutter des Horus. Unsere anmutige Bronzefigur ist somit ein schönes Beispiel für die Komplexität und Vielschichtigkeit der altägyptischen Religion. MPG

Publikation: unveröffentlicht.
Literatur: Allam, Hathorkult; H. G. Fischer, LÄ III, 737–740, s. v. Koptos; Hornung, Der Eine, 82–90, besonders 115; W. Helck, LÄ II, 422–426, s. v. Gauzeichen; Münster, Isis, 119–124. 162–163, besonders 172–173 mit Anm. 1843; M. Malaise, Histoire et signification de la coiffure hathorique à plumes, SAK 4, 1976, 215–236; Ranke, PN I, 103, Nr. 18; Traunecker, Coptos; zur Standarte: 79–80, fig. 5.

181
Löwenköpfige Wadjet

Privatsammlung, Genf

Bronze, Hohlguß. Augeneinlagen aus Gold und Lapislazuli
H. 38,8 cm; T. 16,7 cm
Intakt, Szepter und Kronenaufsatz fehlen
Spätzeit, 26.–30. Dynastie, um 650–350 v. Chr.

Löwe und Katze spielten in Religion und Kunst der Spätzeit eine herausragende Rolle. Die folgenden Katalognummern sollen ihre Rolle durch einige besondere Bronzen illustrieren. Zunächst wenden wir uns der vorliegenden thronenden löwenköpfigen Göttin zu. Fast alle weiblichen Gottheiten konnten Löwengestalt annehmen bzw. mit einem Löwenkopf erscheinen. In die Ikonographie sämtlicher Löwengöttinnen wurde dabei auch die Löwenmähne integriert, die eigentlich zum männlichen Tier gehört. Zu den bekannten löwengestaltigen Göttinnen zählen Sachmet, Tefnut, Wadjet, Pachet, Mut und Bastet. Die Löwengestalt bringt ihre gefährlichen, unberechenbaren Eigenschaften zum Ausdruck, die es im Kult zu besänftigen gilt.
Bei der hier dargestellten Göttin handelt es sich um Wadjet, «die Grüne» (vgl. Kat.-Nr. 182, 183). Wadjet, mit griechischem Namen Uto, war ursprünglich die schlangengestaltige Kronen- und Landesgöttin Unterägyptens und zusammen mit der geiergestaltigen Nechbet von Oberägypten eine Schutzmacht des Königs. Diese letztere Funktion war es wohl, die sie mit Isis und dem Horuskind verband. Die überwiegende Mehrzahl der spätzeitlichen Bronzestatuetten der löwenköpfigen Wadjet spielen nämlich auf ihre Funktion als Amme des Horuskin-

des in Chemmis an. Diese Verbindung wurde dadurch gefördert, weil das Papyrusdickicht von Chemmis, das in unmittelbarer Nachbarschaft von Buto lag, als mythischer Geburtsort des Horus galt. Wadjet galt zudem seit frühester Zeit als Beschützerin des Königs. Die mit den unbändigen Kräften des Löwen versehene Wadjet war deshalb dazu prädestiniert, den noch hilflosen Horus vor sämtlichen Gefahren und den Nachstellungen des Seth zu schützen.

Unsere Wadjet sitzt auf einem Thron mit niedriger Rückenlehne. Thron und Fußbasis sind durch einen flachen Steg miteinander verbunden. Die Göttin ist in ein enganliegendes Trägerkleid gehüllt, das die Arme frei läßt und oberhalb der Fußknöchel endet. Ihre rechte Hand hat sie zur Faust geballt auf den Oberschenkel gelegt. In ihrer Linken hielt sie ein heute verlorenes Papyrusszepter. Ungewöhnlich groß sind ihre Brüste, die wohl nährende Milch für das Horuskind enthalten sollten. Das Antlitz der Göttin wirkt insbesondere durch die mit Gold und Lapislazuli eingelegten Augen erhaben. Fein sind die Schnauzhaare eingeritzt. Den Übergang vom Tierkopf zum Menschenkörper verdeckt eine dreiteilige Strähnenperücke. Über ihr liegt die prachtvolle Löwenmähne, die den Kopf kreisförmig umgibt und in die flammenförmig auslaufende Haarstränge eingraviert sind. Die Krone bildet ein Uräendiadem mit einem vorne steil aufragenden Uräus.

Die Mehrzahl dieser großen bronzenen Wadjetstatuen

dienten zugleich als Särge für Ichneumone, die mumifiziert in den Hohlraum des Thrones gelegt wurden. Das Ichneumon war dem Horus-Chentiirti von Letopolis heilig. Nach dem Mythos war dieser alte Falkengott für eine gewisse Zeit ohne Augenlicht. Die blinde Seite des Gottes wurde durch die Spitzmaus verkörpert, während sein Sehaspekt durch das Ichneumon repräsentiert wurde. AW

Publikation: unveröffentlicht.

Parallelen: J. Vandier, Ouadjet et l'Horus léontocéphale de Bouto, MontPiot 55, 1967, 7–75; Gott und Götter, 62–64, Nr. 41; Roeder, Bronzefiguren, Taf. 41–43.

Literatur: de Wit, Lion; Münster, Isis, 114f.; E. Brunner-Traut, Spitzmaus und Ichneumon als Tiere des Sonnengottes, NAWG 1965 (7), 123–163.

182

Löwenköpfige Wadjet

Privatsammlung M. und E. Ebnöther

Bronze, Hohlguß
H. 38,9 cm; T.16,6 cm
Intakt, Szepter fehlt. Reperatur im Gesicht
Spätzeit bis Ptolemäerzeit, 4./3. Jh. v. Chr.

Etwas kleiner als die vorhergehende Figur ist diese löwenköpfige Wadjet, deren Name auf dem vorderen Teil der Plinthe eingeritzt ist: «Wadjet, die Leben spendet für (...)». Der Name des Stifters, der die Figur dem Heiligtum dargebracht hat, ist nicht vollständig lesbar. Ver-

schiedene stilistische Merkmale legen einen späteren zeitlichen Ansatz als bei der vorhergehenden Wadjet (Kat.-Nr. 181) nahe.
Ähnlich wie dort sitzt Wadjet auf einem Thron, dessen Seite mit figürlichen Motiven verziert ist. Ihr Körper ist in ein Trägerkleid gehüllt, in ihrer Linken hielt sie einst ein Papyrusszepter. Anders gestaltet sind das Haupt der Göttin und ihre Krone. Anstelle der Strähnenperücke trägt sie eine dreiteilige Perücke, die mit feinen Löckchen versehen ist. Über ihr liegt in Kreisform um den Kopf herum wiederum die Löwenmähne, in die Haarstränge eingraviert sind. Auf dem Kopf trägt Wadjet hier neben dem Uräendiadem und dem hoch aufgerichteten Uräus aber eine hohe Doppelfederkrone, der ein Kuhgehörn mit Sonnenscheibe vorgeblendet ist. Diese Krone spielt zweifellos auf die Verbindung der Wadjet zu Isis-Hathor und ihre Funktion als Amme des Horuskindes an (s. Kat.-Nr. 181).
Auf der Rückseite des Thrones ist im oberen Bildfeld ein Falke mit ausgebreiteten Flügeln, einer Sonnenscheibe auf dem Kopf und zwei Maatfedern in seinen Fängen eingraviert, im unteren Bildfeld ein Papyrusdickicht, das alternierend aus drei Papyrusdolden und vier Papyrusknospen besteht. Beide Darstellungen werden oben von einer Himmelshieroglyphe abgeschlossen. Die Seiten des Thrones bedeckt ein Schuppenmuster, das vermutlich ein Federkleid andeuten soll. In der rechten unteren Ecke findet sich je das Symbol der Vereinigung beider Länder. Papyrusdickicht, Federkleid und das Symbol der Herrschaft über Ägypten spielen mit ziemlicher Sicherheit auf die Geburt des Horus in Chemmis und seine spätere Herrschaft über Ägypten an. AW

Publikation: unveröffentlicht.
Parallelen und Literatur: vgl. Kat.-Nr. 181.

183
Zwei Amulette in Gestalt löwenköpfiger Göttinnen

Privatsammlung Elsa und Dr. Pierre Henri Bloch-Diener, Bern (A, B)

A
Blaue Fayence
H. 6 cm; B. 1,6 cm; T. 3,5 cm
Intakt
Spätzeit, 26.–30. Dynastie, um 650–350 v. Chr.

B
Hellgrüne Fayence
H. 1,5 cm; B. 0,6 cm; T. 0,9 cm
Öse im Nacken gebrochen. Fayence ausgebleicht
Spätzeit, 26.–30. Dynastie, um 650–350 v. Chr.

Ob es sich um große oder kleine Figuren handelt, die altägyptischen Fayencehersteller verstanden ihr Handwerk wie keine anderen. Nur gerade 1,5 cm groß ist die löwenköpfige Göttin aus hellgrüner Fayence (B). Trotz der Kleinheit der Figur ist jedes Detail wie bei der um einiges größeren Figur aus blauer Fayence (A) zu erkennen. Ohne Beischrift sind die verschiedenen löwenköpfigen Göttinnen nicht zu unterscheiden, doch war dies auch nicht unbedingt beabsichtigt. Generell verkörpern Löwinnen den wilden, gefährlichen Aspekt einer weiblichen Gottheit, während die Katze ihren Sanftmut symbolisiert (vgl. Kat.-Nr. 185). Löwe und Katze sind also nur zwei verschiedene Aspekte weiblicher Gottheiten.
Die löwenköpfige Göttin (A, B) sitzt auf einem Thron mit niedriger Rückenlehne. Die Thronseiten sind in durchbrochener Technik mit der Figur des Nehebkau, eines schlangengestaltigen Schutzgottes, und einem Bogen verziert. Hervorgehoben sind diese Zierelemente durch

eine dunkelviolette Glasur. Wie üblich ist die Göttin in ein enges Gewand gehüllt und trägt eine dreiteilige Perücke auf dem Haupt. Detailliert sind das Löwengesicht und die Mähne wiedergegeben. In ihrer Rechten hält sie ein Naos-Sistrum, in ihrer Linken ein eng am Körper anliegendes Papyrusszepter. Am Schaft des Sistrums sitzt möglicherweise ein Hathorkopf, der ebenfalls dunkelviolett glasiert ist.

Einen Hinweis auf die Bedeutung der beiden Figuren gibt das Sistrum, ein Rasselinstrument, das zur Besänftigung der Gottheit im Kult verwendet wurde. Der Löwenkopf weist bei unseren Göttinnen zwar noch auf ihren gefährlichen Charakter hin, doch zeigt zugleich das Sistrum in ihren Händen an, daß sie besänftigt sind und ihre positiven Kräfte wirken lassen. Mit dieser Symbolik ist der Mythos vom Sonnenauge verbunden, dessen älteste Version die Hathor-Tefnut-Legende ist: Das Sonnenauge, das mit der Göttin Tefnut identifiziert wird, haust als wilde Löwin in der Wüste fernab von Ägypten. Tefnut wird von ihrem Vater Re vermißt. Er sendet Schu und Thot aus, um die erzürnte Tochter zu suchen und heimzuholen. Als sie Tefnut gefunden haben, können sie sie dazu bewegen, nach Ägypten zurückzukehren. Dort verwandelt sich die wilde Löwin Tefnut in die friedliche und schöne Hathor, die aber – um ihre Sanftmut zu behalten – im Kult steter Besänftigung durch Musik und Tanz bedarf. Ebenso sollen Rauschgetränke und Fleischopfer die Göttin zufriedenstellen. AW

Publikation: unveröffentlicht.
Parallelen: Langton, Cat, pl. XVIII; Gott und Götter, 86f., Nr. 59 mit weiteren Parallelen.
Literatur: Junker, Hathor-Tefnut, 1–9; Junker, Onurislegende, 94ff.; Cenival, Mythe de l'oeil du soleil.

184
Bronzestatuette der Bastet

Privatsammlung, Schweiz

Bronze, Vollguß
H. 13,7 cm; T. 5,2 cm (Sockel)
Intakt
Spätzeit, 26.–30. Dynastie, um 650–350 v. Chr.

Völlig intakt ist diese kleine, mit vielen Attributen versehene Bronzestatuette der Göttin Bastet. Auch sie wurde früh mit den Mythen um das Sonnenauge verbunden und trat als wilde Löwin hervor (vgl. Kat.-Nr. 183). Bis

zum Ende des Neuen Reiches wurde sie wie Sachmet als Löwengöttin dargestellt. Erst in der Dritten Zwischenzeit setzte sich ihre Darstellungsweise mit Katzenkopf durch und wurde ihr die Katze als heiliges Tier zugeordnet. Davon künden ausgedehnte Katzenfriedhöfe an ihrem Hauptkultort in Bubastis.
Obwohl der Übergang vom Katzenkopf zum Frauenkörper nicht wie üblich durch eine dreiteilige Strähnenperücke cachiert wird, wirkt die Verbindung keineswegs abstoßend, im Gegenteil ist man von der Darstellung der Katze geradezu entzückt. Die Figur der Göttin steht auf einer rechteckigen Basis. Sie trägt ein enganliegendes, kurzärmliges Kleid mit V-förmigem Ausschnitt. Ungewöhnlich für ägyptische Gewänder ist die intensive Musterung, die an syrische Stoffe erinnert. Die Augen sind mit Gold und Niello eingelegt und verleihen der Katzengöttin ein bezauberndes Aussehen. Ihre Ohren sind hoch aufgestellt, als würde sie auf die Bitten der Gläubigen hören. Besonders interessant sind ihre Attribute: Mit der Linken hält sie vor ihrer Brust eine Ägis, deren Mitte der Kopf einer Löwengöttin mit Sonnenscheibe auf dem Haupt bildet (Kat.-Nr. 171). An demselben Arm hängt ein kleines Körbchen, dessen Geflecht durch Kerben in der Bronze angegeben wird. In der nach vorne gestreckten Rechten hält sie ein Bügelsistrum (Kat.-Nr. 183), an dessen Schaft zwei Hathorköpfe angebracht sind. Das Körbchen ist frei beweglich, und auch das Sistrum wurde separat gearbeitet.
Obwohl die Katze als Tier der Göttin Bastet galt, ist nicht jede Katze eine Bastet und nicht jede Löwin eine Sachmet. Vielmehr verkörpern Löwin und Katze zwei verschiedene Aspekte weiblicher Gottheiten. Während die Löwin den gefährlichen unberechenbaren Zug repräsentiert, steht die Katze für die Sanftmut. Die wilde Sachmet und die gutmütige Bastet wurden in der Spätzeit geradezu zu Personifikationen dieser beiden Aspekte. Auf den sanften Charakter der Bastet weist das Sistrum mit dem Hathorkopf, auf ihren gefährlichen die Ägis mit dem Löwenhaupt. AW

Publikation: unveröffentlicht.
Parallelen: Roeder, Bronzefiguren, 266–272, Taf. 39f.; Langton, Cat, pl. XVI; L. Delvaux, Chats de Bronze, in: Les divins chats d'Egypte (L. Delvaux – E. Warmenbol éds.), Leuven 1991, fig. 62; Malek, Cat, 104f., fig. 70–74; Gott und Götter, 14f., Nr. 4.
Literatur: RÄRG, 80–82, s. v. Bastet. Vgl. auch die Literatur der folgenden Kat.-Nr. 185.

185
Hockende Katze mit Ägis

Privatsammlung, Schweiz

Bronze, Hohlguß, grüne Patina
H. 17 cm
Intakt. Basis fehlt
Spätzeit, 26. Dynastie, um 664–525 v. Chr.
Ehemals Sammlung S. E. Jorge Ortiz Linares (1959–1965)

Nicht jede Katze ist eine Bastet, sondern die Katze ist allgemein als Bild der befriedeten und besänftigten Göttin zu verstehen! Diese Deutung legt schon die Tatsache nahe, daß es im Niltal eine ungeheure Zahl an Katzenfriedhöfen gab, die unmöglich alle der Bastet geweiht gewesen sein können.
Meisterhaft verstanden es die alten Ägypter, in der Kunst Tiere zu charakterisieren. Dabei haben sie sie in hohem Masse stilisiert oder in der für sie typischen Silhouette bzw. Haltung wiedergegeben. Der unverwechselbare Stil der ägyptischen Tierbilder wird durch die Eleganz der Linienführung und nicht durch die Exaktheit anatomischer Details erreicht. Besonders ansprechend sind die Darstellungen der Katze, die uns derart frisch aus dem Leben gegriffen scheinen, weil uns die Katze als beliebtes Haustier so vertraut ist.
Ein äußerst interessantes Exemplar bildet die vorliegende Katze aus Bronze, deren Ohren durchbohrt sind und einst mit goldenen Ohrringen geschmückt waren. Aufrecht hockt sie am Boden und hat ihren Schwanz auf der rechten Seite nach vorn geschlagen. Geschmeidig und voller Eleganz ist ihr Körper, dessen vortreffliche Linienführung erst im Profil richtig zum Tragen kommt. Auch die sonst etwas steif wiedergegebenen Vorderbeine weisen hier einen harmonischen Schwung auf und passen vorzüglich zu dem straff durchgebildeten Körper. Detailliert sind auch die Vorderpfoten und das Gesicht des Tieres ausgearbeitet.
Rundplastische Figuren und Amulette von Katzen gibt es seit dem Mittleren Reich. Das älteste, formal unserer Katze sehr nahe stehende Exemplar besteht aus Alabaster und diente als Gefäß. Alle diese Katzen besitzen allerdings keine Attribute, die man erst in der Spätzeit hinzufügte. Unsere Katze trägt eine Ägis (Kat.-Nr. 171) um den Hals, die einen Göttinnenkopf mit Sonnenscheibe aufweist. Sie wird im Nacken von einem Gegengewicht gehalten, das am oberen Ende mit einem Kuhkopf versehen ist. Die Glieder der Ägiskette bestehen aus Kaurischnecken. Auf dem Kopf der Katze liegt ein Skarabäus.

Die Attribute wirken sehr hathorisch. Man fühlt sich an die Charakterisierung der Hathor von Philae erinnert («Sie wütet als Sachmet, sie ist friedlich als Bastet»), hinter der wiederum der komplexe Mythenkreis um das Sonnenauge, der Auszug der rasenden Hathor-Tefnut und ihre Rückführung und Befriedung in Ägypten (Kat.-Nr. 183) stehen. Der Skarabäus auf dem Kopf der Katze und auch die Kaurischnecken weisen auf die fruchtbaren und regenerierenden Kräfte, die von Hathor – hier vielleicht als Katze dargestellt – ausgehen. AW

Publikation: unveröffentlicht. Herkunft: Hotel Drouot, 15 juin Paris 1959, lot 64, ill.
Parallelen: Tanis (Paris 1987), 93; Le Louvre (1990), 78; Arnold, Bestiary, 41, no. 45. Vgl. weiter Gott und Götter, 152, Nr. 105; Roeder, Bronzefiguren, 346–349, § 447–450, Taf. 50f.; Roeder, Bronzewerke, Taf. 29–32.
Literatur: Skarabäen Basel, 119–121; Kessler, Heilige Tiere, 150–154; Langton, Cat; Les divins chats d'Egypte (L. Delvaux – E. Warmenbol éds.), Leuven 1991; Malek, Cat; Chats des Pharaons.

186

Katze und Katzenkopf

Privatsammlung Elsa und Dr. Pierre Henri Bloch-Diener, Bern

A
Bronze, Hohlguß
H. 15,3 cm; B. 5,1 cm; T. 9,9 cm
Intakt, Basis fehlt
Spätzeit, 26.–30. Dynastie, um 650–350 v. Chr.

B
Bronze, Hohlguß
H. 12 cm; B. 10,2 cm; T. 8,9 cm
Kopf einer Katzenfigur, Spitze des rechten Ohres weggebrochen
Spätzeit, 26.–30. Dynastie, um 650–350 v. Chr.

Bronzefiguren von Katzen gehören zu den häufigsten und zugleich reizvollsten Tierbildern, die wir aus dem Alten Ägypten kennen. Die überwiegende Mehrzahl dieser Figuren stammt aus der Spätzeit, und noch in griechisch-römischer Zeit wurde eine Unmenge solcher Figuren von ganz unterschiedlicher Qualität hergestellt. Antike Autoren wie Herodot, Plutarch und Diodor berichten ausführlich über die Verehrung der Katzen in Ägypten, doch sind ihre Schilderungen oft abstrus. So erklärt z.B. Plutarch, Katzen würden deshalb verehrt, weil sie ein Bild der Entstehung der Rede seien, da sie sich durch das Ohr begatten und mit dem Mund gebären würden. Glaubhafter sind Schilderungen von der Tötung von Schlangen durch Katzen oder über ihre Tollheit während der Brunstzeit. Fruchtbarkeit und Schutz sind in der Tat Eigenschaften, die man schon zu

pharaonischer Zeit der Katze zuschrieb. Als Tier des Sonnengottes Re oder der Regenerationsgöttin Hathor tritt sie bereits im Neuen Reich hervor. So kann etwa der Sonnengott als Kater oder katzenköpfiger Gott dargestellt werden. Welche Bedeutung aber die beiden hier gezeigten Katzenbilder haben, läßt sich angesichts des Fehlens von Attributen nicht sagen.
Eine elegant geschwungene Linienführung weist die kleine hockende Katze (A) auf. Augen und Schnauzhaare wurden erst nach dem Guß angebracht. Ungewöhnlich groß ist der Katzenkopf (B), doch sind eine ganze Reihe solcher bronzenen Köpfe bekannt. Unser Exemplar ist von guter Qualität. Ohren, Augen und Schnauze sind detailliert ausgearbeitet. Die Durchbohrungen an den Ohren weisen auf einst vorhandene Ohrringe hin.
Die hockende Katze und der Katzenkopf waren vermutlich auf einen bronzenen oder hölzernen Reliquienbehälter aufgesetzt, der nur Teile einer Katze, etwa in Leinen eingewickelte Körperteile, enthielt. Aus späterer Zeit wurden auch verbrannte Reste einer Katze in solchen Behältern gefunden, doch ist es unwahrscheinlich, daß in pharaonischer Zeit Katzen kremiert wurden.
AW

Publikation: unveröffentlicht.
Parallelen: Roeder, Bronzefiguren, 344–346, § 444. 445, Taf. 50f.
Literatur: zur Bedeutung vgl. Hopfner, Tierkult, 35–40, und RÄRG, 371–373, s. v. Katze. Vgl. ebenso die Lit. bei Kat.-Nr. 185.

187
Katzenfamilie

Privatsammlung, Schweiz

Bronze, Vollguß
H. 6,3 cm; B. 14,8 cm; T. 8,3 cm
Intakt
Spätzeit, 26.–30. Dynastie, um 650–350 v. Chr.

Vereinzelte Belege für die Domestikation der Katze gehen bis in die prähistorische Zeit zurück. Aber noch während des Alten und Mittleren Reiches ist die Katze für uns kaum faßbar, während als Haustier damals vor allem der Hund (Kat.-Nr. 53) beliebt war. Zur Domestikation der Katze führten nicht zuletzt ihr Geschick bei der Bekämpfung von Schlangen und ihre Verwendung bei der Jagd. Erst im Neuen Reich werden Darstellungen von Katzen zahlreich. Von nun an war die Katze zweifellos eines der Lieblingstiere der Ägypter, was z. B. ihre Wiedergabe unter dem Stuhl des Grabherrn in vielen thebanischen Privatgräbern bezeugt. Allerhöchste Wertschätzung wurde ihr allerdings erst in der Spätzeit als Bild der befriedeten Göttin (vgl. Kat.-Nr. 184) zuteil. Damals hielt man Katzen auch im Tempel und verehrte sie als Verkörperungen von Gottheiten, wie dies ähnlich beim Apisstier der Fall war (Kat.-Nr. 166). Besonders reizvoll ist die Schilderung Aelians (um 200 n. Chr.), daß Katzen im Tempel mit Brot und Milch gefüttert wurden und man sie sogar nach Brotstückchen um die Wette springen ließ.
An diese anschauliche Schilderung schließt das Bild der Katzenfamilie an, von der es ganz verschiedene Fassungen gibt: mit liegender oder hockender Katzenmutter, mit einem oder mehreren Jungen, die z. T. sogar mit der Mutter spielen. Bei unserem Beispiel liegt die Katze auf der linken Seite und hat alle Viere von sich gestreckt. Die vier Jungen hocken nebeneinander auf der Bauchseite ihrer Mutter und schauen neugierig über sie hinweg, was die Gruppe auch von der Rückseite her reizvoll macht. Wachsam hat die Katzenmutter ihren Kopf erhoben und die Ohren gespitzt. Die ganze Szene ist auf eine halbkreisförmige Platte aufgesetzt.
Das Motiv der Tierfamilie rundplastisch zu gestalten, ist nicht neu. Das Bild der Kuh, die ihr Kälbchen säugt, ist seit dem ausgehenden Alten Reich bekannt. Auch andere Tiere wie Affen oder Antilopen werden beim Säugen ihrer Jungen dargestellt. Es sind dies allgemeine Bilder des mütterlichen Schutzes, Sinnbilder für Geborgenheit und mütterliche Fürsorge. Der Sinn der Katzenfamilie ist trotz des genrehaften Charakters in dieser Richtung zu suchen.
AW

Publikation: unveröffentlicht.
Parallelen: Roeder, Bronzefiguren, 356f., § 463, Taf. 51,l; Roeder, Bronzewerke, 50f., § 209.
Literatur: J. Boessneck, Die Haustiere in Altägypten, Veröffentlichungen der zoologischen Staatssammlung München 3, 1953–1956, 24f.; Wiese, Stempelsiegel-Amulette, 161–164. Vgl. die Literatur bei Kat.-Nr. 185.

188

Katzensarg mit Mumie

Privatsammlung Elsa und Dr. Pierre Henri Bloch-Diener, Bern

Zedernholz, minimale Spuren von Stuck und roter Farbe im Ohr
H. 45,5 cm; B. 17,5 cm; T. 27,6 cm
Intakt, Stukkatur und Malerei verloren. Risse im Holz
Spätzeit bis ptolemäische Epoche, 7.–3. Jh. v. Chr.

Nach den Berichten antiker Autoren war das Töten von Katzen unter Androhung der Todesstrafe verboten. Doch viele der in Bubastis in ausgedehnten Friedhöfen zu Ehren der Göttin Bastet bestatteten Katzen wurden nachweislich stranguliert. Nicht in jedem Katzensarg lag im übrigen eine domestizierte Falbkatze (*Felis silvestris libyca*), sondern es wurden auch Ichneumone und Ginsterkatzen einbalsamiert.

Bereits im Neuen Reich wurden Katzen sorgfältig bestattet. Eindrücklich ist die liebevolle Bestattung der Hauskatze Tamit in Memphis durch den Prinzen Thutmose, den ältesten Sohn Amenophis' III., unter dem der Tierkult in Ägypten seinen Anfang nahm. Thutmose ließ für seine Katze einen verkleinerten Sarkophag aus Kalk-

stein herstellen. In der Spätzeit dagegen wurden die getöteten Katzen kunstvoll mumifiziert und in Tonröhren, Holz- und Bronzekästen oder katzenförmigen Holzsärgen bestattet.
Der vorliegende stattliche Holzsarg ist aus zwei Teilen gearbeitet, wobei Vorder- und Rückenteil vertikal mit Holzdübeln verzapft sind. Im Innern des Sarges befindet sich noch eine Katzenmumie. Die überlebensgroße, wohlgenährte Katze steht auf einer rechteckigen Basis. Ihren Schwanz hat sie um die rechte Seite geschlagen. Gesicht und Körper wurden kraftvoll aus dem Holz geschnitzt. Von dem einstigen Stucküberzug sind nur noch minimale Spuren erhalten, doch muß man sich den katzenförmigen Sarg bunt bemalt vorstellen.
Vergleichbare Katzensärge fanden sich im Bubasteion in Sakkara. Nach der vorherrschenden Meinung verkaufte man schon mumifizierte Tiere an die Bevölkerung, die sie in die verschiedenen Tiernekropolen stifteten und mit denen sie Wünsche und Bitten an die betreffende Gottheit verband. AW

Publikation: Fine Egyptian, Classical, Western Asiatic and Islamic Antiquities, Sotheby Park Bernet, New York, Saturday, May 21, 1977, no. 299; Geschenk des Nils, 87f., Nr. 296.
Parallelen: Götter, Gräber und die Kunst, 319, Nr. 487; Gaillard – Daressy, Faune, pl. LVIf. (CG 29772, 29774); Chats des Pharaons, 72, nr. 45; Collections Egyptiennes (Rouen 1987), 26f., nr. 10.
Literatur: Naville, Bubastis, 52–55; Kessler, Heilige Tiere, 150–154; Malek, Cat, 123–134. Vgl. weiter die Literaturangaben bei Kat.-Nr. 185.

189
Horusfalke mit Doppelkrone

Privatsammlung, Schweiz

Bronze, Vollguß, braun-grüne Patina, Gold- und Nielloeinlagen
H. (ohne Eingußzapfen) 12 cm; L. 8,9 cm; B. 3,1 cm
Ausgezeichneter Zustand mit Ausnahme des leicht bestoßenen Schnabels und der Vertiefung an der Frontseite der Weißen Krone (fehlende Uräusschlange)
Spätzeit, 26. Dynastie, um 664–525 v. Chr.

Trotz ihrer geringen Ausmaße wirkt diese Bronzefigur eines hockenden Falken monumental (vgl. Kat.-Nr. 201). Mit größter Sorgfalt und Freude am Detail sind die Flügel und das Federkleid nach dem Guß eingraviert worden. Die mit Niello eingelegten runden Augen werden von einem feinen Goldfaden umrahmt. Auf dem Haupt des Falken ruht die aus der Weißen Krone Oberägyptens und der Roten Krone Unterägyptens zusammengesetzte Doppelkrone – die Krone des ägyptischen Königs, der in seinem Amt dem Gott Horus nachfolgt.
Die überragende Stellung des Falkengottes Horus basierte auf seiner Funktion als Himmels- und Königsgott. Während sich die Ikonographie des Horusfalken über die gesamte Dauer des ägyptischen Kunstschaffens nur wenig verändert hat, deutet die feine handwerkliche Verarbeitung dieser Falkenfigur auf eine Entstehung in der Saitenzeit. Es handelt sich hier – wie meistens bei den so zahlreichen Bronzewerken der Spätzeit – um eine Votivgabe für die Gottheit. MPG

Publikation: Animals II, no. II, 38.
Parallelen und Literatur: H. Altenmüller, LÄ II, 94–97, s. v. Falke (B); W. Schenkel, LÄ III, 14–25, s. v. Horus; W. Barta, LÄ III, 33–36, s. v. Horus von Edfu; Roeder, Bronzewerke, 61–62, Taf. 36; ders., Bronzefiguren, 395–399, Taf. 56; Gott und Götter, 42, Nr. 22; Steindorff, Walters Art Gallery, 148–151, pl. XCIX–CI.

190
Figur eines Oxyrhynchos-Fisches

Privatsammlung, Schweiz

Bronze, Fisch: Vollguß; Schrein und Sockel: Hohlguß
L. 22,8 cm; H. 19,5 cm
Intakt bis auf die fehlenden Inkrustationen der Augen und der nicht mehr vorhandenen Stifterfigur
Spätzeit bis ptolemäische Epoche, 2. Hälfte des 1. Jt.s v. Chr.

Das kennzeichnende Merkmal des Nilhechtes *(Mormyrus kannume/caschive)* – die nach unten vorgestreckte, rüsselartige Nase – stand Pate für die griechische Bezeichnung Oxyrhynchos, d.h. «Spitznase». Sein Kultzentrum hatte der Fisch in dem nach ihm benannten Hauptort des 19. oberägyptischen Gaues am Südrand des Faijums. Die göttliche Verehrung liegt in seiner Verbindung mit den Gottheiten Isis und Hathor begründet, deren Emblem – das Kuhgehörn mit Son-

nenscheibe – er auf dem Kopf trägt. Oxyrhynchos-Fische sollen die Göttin Isis bei der Suche nach den in den Nil geworfenen Körperteilen des zerstückelten Leichnams ihres Gatten Osiris unterstützt haben. Sie trugen damit entscheidend dazu bei, daß Isis Osiris wiederherstellen und wiederbeleben konnte (vgl. Kat.-Nr. 172).
Unser qualitätvolles Bronzewerk weist die für den Oxyrhynchos-Fisch typischen Merkmale auf: den schlanken Rumpf mit der langen Rückenflosse und der relativ kleinen Bauch- und Afterflosse sowie die zugespitzte und abwärts gerichtete Schnauze mit dem kleinen Maul. Mit bemerkenswerter Sorgfalt ist die Struktur der Flossen wiedergegeben. Um die nun leeren Augenhöhlen ist ein feiner Golddraht gelegt. Mit größter Sorgfalt sind die Kiemenringe nachträglich eingraviert worden. Über dem Kopf sitzt der übliche Kopfputz, der in einem runden Kronenuntersatz mit vorangesetzter Uräusschlange steckt. Das Tier ruht mit der teilweise zu Vierkantstützen umgestalteten Bauch- bzw. Afterflosse auf Papyrusdolden, deren auf einer Schiene ruhende Stengel die Verbindung zum Untersatz bilden. Mit dieser Schiene konnte die bereits im Gußmodell vorgegebene Einheit von Fischfigur und Stützen in eine entsprechende Aussparung an der Oberseite des gesondert gegossenen Untersatzes eingesetzt werden.
Der naosähnliche Untersatz mit Hohlkehle und Rundstab steht seinerseits auf einer rechteckigen Basis. Vermutlich im Zuge einer modernen Restaurierung oder Reinigung wurde bei unserer Figur der Fisch in verkehrter Blickrichtung auf dem Sockel fixiert. Die rechteckige Vertiefung an der einen Kante der Basisplatte diente höchstwahrscheinlich zur Aufnahme einer kleinen, separat gefertigten Figur des Stifters, der in der ehrfurchtsvollen Haltung eines Adoranten unter dem Kopf des Fisches kniete.
Der Oxyrhynchos-Fisch galt als Beschützer des Verstorbenen und Garant seiner Wiederbelebung. Die unzähligen Bronzefiguren in Gestalt von Nilhechten vermitteln somit den sehnlichen Wunsch eines jeden Ägypters nach einer Wiederauferstehung im Jenseits. MPG

Publikation: unveröffentlicht.
Parallelen und Literatur: Beinlich, Osirisreliquien; zu dem Phallus des Osiris, der vom Oxyrhynchos verschluckt wurde, s. 44, bes. Anm. 4; Boessneck, Tierwelt, 116–133, Abb. 213,1–2; Gamer-Wallert, Fische, 6 mit Verweis auf Taf. I, Nr. 4. II, Nr. 37. III, Nr. 5–6. sowie S. 91–95, besonders Anm. 82; Roeder, Bronzefiguren, 410–411; Geschenk des Nils, Nr. 336; Gott und Götter, 154–155, Nr. 106; Steindorff, Walters Art Gallery, 153, no. 697, pl. CIII.

191
Schlangensärglein

Privatsammlung Elsa und Dr. Pierre Henri Bloch-Diener, Bern

Bronze, Tiere Vollguß; Kästchen Hohlguß
L. 10,5 cm; B. 6 cm
Intakt bis auf die eine fehlende Hälfte der rückseitigen Schmalseite
Spätzeit bis ptolemäische Epoche, 2. Hälfte des 1. Jt.s v. Chr.

Das rechteckige Kästchen trägt zwei in identischer Weise wiedergegebene Schlangen, die sich einzig durch ihre Körpergröße voneinander unterscheiden. Obwohl die Ausmaße der Figuren gering sind, scheinen die Tiere aufgrund der detailgetreuen, naturalistisch anmutenden Gestaltung von bedrohlicher Lebendigkeit zu sein.
Der lange Schlangenleib ist in Form einer Achter-Schleife zusammengeringelt, wobei die Schwanzpartie um den aufgerichteten Vorderkörper gelegt ist. Die Halsrippen des aufgebäumten und breit aufgeblähten Schildes sind deutlich gekennzeichnet. Die summarische Wiedergabe der Köpfe mindert in keiner Weise die angsteinflößende Ausstrahlung des gefährlichen Reptils. Die sich windenden Schlangen sind als eine Einheit zusammen mit dem Kästchen gegossen worden. An der Rückseite des aufgerichteten Schildes ist je ein stützender Steg zu erkennen. Diese Verbindungselemente stellten eigentlich Gußkanäle dar, doch unterließ es der Handwerker, sie nach der Erstarrung des Metalls zu ent-

fernen. Die eine Hälfte der rückwärtigen Schmalseite des hohlen Behälters, der wohl zur Aufnahme einer Reliquie des dargestellten Tieres diente, fehlt.
Neben der Schlangengöttin Wadjet/Uto, die den unterägyptischen Landesteil verkörperte, wird auch die Fruchtbarkeits- und Erntegöttin Renenutet schlangengestaltig wiedergegeben. Die kultische Verehrung der Renenutet geht ins Alte Reich zurück; bereits in den Pyramidentexten wehrt sie als Uräus an der Stirn des Königs dessen Feinde ab.
Im Volksglauben erfreute sich Renenutet als Vegetationsgöttin großer Beliebtheit, besonders beim alljährlichen Erntedankfest. Als «Ernährerin» sicherte sie auch dem Verstorbenen im Jenseits ein Weiterleben. Die regelmäßige Häutung von Schlangen galt als ausgesprochener Beweis ihrer Regenerationsfähigkeit. So erhoffte der Verstorbene, sich – dem Sonnengott in der 12. Stunde des Amduat gleich – im Leib einer Schlange zu verjüngen. MPG

Publikation: unveröffentlicht.
Literatur und Parallelen: C. Beinlich-Seeber, LÄ V, 232–236, s.v. Renenutet; Boessneck, Tierwelt, Abb. 196; Roeder, Bronzefiguren, 387–388, Abb. 564–566, Taf. 55; Geschenk des Nils, Nr. 299; Gott und Götter, 97, Nr. 66; L. Störk, LÄ V, 644–652, s. v. Schlange.

192
Figur eines Krokodils

Privatsammlung, Schweiz

Grün glasierte Fayence
L. 12,1 cm; B. 3 cm
Intakt bis auf einige geringfügige Bestoßungen an der Basis
Spätzeit bis ptolemäische Epoche, 2. Hälfte des 1. Jt.s v. Chr.

Unser Amulett in Gestalt eines Krokodils hebt sich durch seine außerordentlich feine Qualität von den zahlreich vorhandenen Figuren der Panzerechse ab. Die bemerkenswert naturalistische Darstellung zeigt das – trotz der geringen Ausmaße der Figur – mächtig erscheinende Tier in der Ruhehaltung. Die geknickten Beine sind eng an den Körper gezogen. Der stattliche Leib weist eine je nach Körperpartie deutlich differenzierte Panzerstruktur auf: regelmäßige quadratische Felder markieren die Hornplatten des breiten Rückens sowie des sich verjüngenden Schwanzes und dicht aneinandergereihte kleine Punkte die Schuppen der ausladenden Bauchpartie. Eindrücklich ist der flache Schädel mit der langen Schnauze und das geschlossene Maul mit den seitlich überstehenden Zähnen gestaltet.

Die Durchbohrung des Steges zwischen der vorspringenden Schnauze und der Basisplatte weist darauf hin, daß diese Figur als Amulett getragen werden konnte.
Die im alten Ägypten in großer Zahl vertretenen, bis zu sechs Meter langen Krokodile besiedelten die Ufer des Nils, die Kanäle und Tümpel sowie die Sümpfe des Deltas. Wie das Nilpferd (vgl. Kat.-Nr. 55, 56) nahm auch das Krokodil in der ägyptischen Religion eine ambivalente Rolle ein – es wurde sowohl gefürchtet und bekämpft als auch unter dem Namen Sobek als Gottheit verehrt. Aufgrund seines Lebensrhythmus, der sich an den Phasen des Sonnenlaufes zu orientieren schien – das morgendliche Auftauchen, das scheinbar regungslose Verharren auf einer Sandbank während des Tages und das abendliche Eintauchen in die Fluten des Nils –, wurde das Krokodil in der Spätzeit zu einem Symbol für Regeneration und Wiedergeburt. Seiner unbändigen Kraft wegen schrieb man ihm apotropäische Eigenschaften zu, die dem Menschen in Amulettform gegen böse Mächte beistanden. MPG

Publikation: Animals III, 17, no. III,21, pl. 13; Aus Noahs Arche, Nr. 18.
Parallelen: Andrews, Amulets, 26–27. 36–37; Petrie, Amulets, 48, no. 240, pl. XLI.
Literatur: Boessneck, Tierwelt, 108–110, Abb. 183,a; E. Brunner-Traut, LÄ III, 791–801, s. v. Krokodil; Skarabäen Basel, 122–126; L. Kákosy, LÄ III, 801–811, s. v. Krokodilskulte (mit Literaturangaben); ders., Das Krokodil als Symbol der Ewigkeit und der Zeit, MDAIK 20, 1965, 116–120.

193
Kopf eines Priesters

Privatsammlung, Schweiz

Grauwacke
H. 7,3 cm
Untere Gesichtshälfte und Ohren bestoßen
Spätzeit, 25.–26. Dynastie, um 780–525 v. Chr.

Die ägyptische Kunst erlebte in der Spätzeit eine Renaissance, die einzigartige Meisterwerke der Bildhauerei hervorbrachte. Besonders die sog. Porträtplastik schuf dank einer präzisen Beobachtung und einem fundierten anatomischen Wissen der Künstler ausdrucksstarke Menschenbildnisse, die durch ihre realistische Gestaltung beeindrucken. Obwohl ihre Gesichtszüge oft individuell anmuten, handelt es sich aber nicht um Porträtdarstellungen im eigentlichen Sinne. Der schematische, lineare Aufbau des Antlitzes, die Stilisierung gewisser Elemente – etwa der scharf abgesetzten Augenränder und der zuweilen ornamental gestalteten Hautfalten – widersprechen den Kriterien einer wirklichen Porträtierung. Die beiden folgenden Köpfchen zweier Priester sind bemerkenswerte Beispiele der spätzeitlichen Privatplastik und veranschaulichen in schöner Weise den Stil dieser Kunstgattung.
Die Bestoßungen der Nasen- und Mundpartie vermögen die eindrückliche Ausstrahlungskraft des vorliegenden Bildnisses eines bereits älteren Mannes kaum zu mindern. Seine Kahlköpfigkeit kennzeichnet ihn als Angehörigen des gehobenen Priesterstandes.
Die hohe, leicht fliehende Stirn, die mandelförmigen Augen mit den betont schweren Lidern und der

regungslose, fest geschlossene Mund mit tief eingekerbten Mundwinkeln und vollen Lippen betonen den reserviert anmutenden Gesichtsausdruck. Obwohl die Nase weitgehend zerstört ist, sind die tiefen Nasolabialfalten deutlich sichtbar. Die fleischigen, leicht hängenden Wangen und die kurze Kinnpartie gehen beinahe übergangslos in den kräftigen Hals über. Die großen, kräftig durchmodellierten Ohren sind partiell bestoßen. An der Hinterseite des realistisch wiedergegebenen Schädels mit leicht eingesenkten Schläfen sind noch die Umrißlinien eines sauber abgearbeiteten Rückenpfeilers zu erkennen. Dieser sekundäre Arbeitsvorgang und das tiefe Bohrloch am Hinterkopf lassen vermuten, daß der ursprüngliche Rückenpfeiler später durch ein gesondert gearbeitetes und mit dem Kopf verzapftes Stück ersetzt werden sollte. MPG

Publikation: unveröffentlicht.
Parallelen: Egyptian Sculpture (Brooklyn 1960), 8–9, no. 7, pl. 6–7, fig. 14–16; Ägyptisches Museum Berlin (1967), Nr. 947; Gott und Götter, 212, Nr. 134; Steindorff, Walters Art Gallery, 67, no. 208, pl. XXXIV.
Literatur: R. Bianchi, The Egg-Heads. One Type of Generic Portraits from the Egyptian Late Period, in: Wissenschaftliche Zeitschrift der Humboldt-Universität zu Berlin 31, 1983, 149–151.

194
Kopf eines Priesters

Privatsammlung, Schweiz

Schwarzer Basalt
H. 10,7 cm
Nase und Ohren sind bestoßen
Spätzeit, 26.–30. Dynastie, um 650–350 v. Chr.

Wie bei dem vorangehenden Würdenträger handelt es sich auch hier um die Darstellung eines Priesters.
Die hohe Stirn, die dezent angedeuteten Backenknochen, die straffen Wangen und das kleine Kinn prägen das alterslose Antlitz dieses kahlköpfigen Mannes. Die schmalen, scharf abgesetzten Augen liegen dicht an der feinen Nasenwurzel. Die Lider sind zu einer bandartigen Umrandung reduziert. Der Künstler hat auf eine detaillierte, plastische Gestaltung der Augenbrauen verzichtet und lediglich die Wölbung der Augenwülste hervorgehoben. Die vollen Lippen des kleinen Mundes mit seinen vertieften Mundwinkeln umspielt ein leises Lächeln. An der Hinterseite des ausladenden Schädels ist ein schmaler Rückenpfeiler zu erkennen. Trotz der akademischen Strenge und der Idealisierung der Gesichtszüge strahlt der Priester eine besonnene Ruhe aus.
Die Wiedergabe des von Sanftmut geprägten Gesichtes mit dem lächelnden Mund und die mit unendlicher Geduld bis zur Vollendung polierte Oberfläche des Hartgesteins sind kennzeichnende Merkmale der spätzeitlichen Bildniskunst. MPG

Publikation: unveröffentlicht.
Parallelen: Egyptian Sculpture (Brooklyn 1960), no. 78. 98–99, pl. 75, fig. 196; Ägyptisches Museum Berlin (1967), Nr. 946; Steindorff, Walters Art Gallery, 66, no. 198, pl. XXXIII.
Literatur: vgl. Kat.-Nr. 193.

195
Kopf eines Mannes mit Beutelperücke

Privatsammlung, Schweiz

Schwarzer Basalt
H. 6,1 cm
Perücke partiell bestoßen
Spätzeit, 26. oder 30. Dynastie, um 650–350 v. Chr.

Die qualitätvolle und gepflegte, jedoch etwas konventionell wirkende Gestaltung dieses Kopfes sowie die sorgfältige Oberflächenbearbeitung sind der künstlerischen Tradition der Saïtenzeit verpflichtet. Mit dem Ende der persischen Herrschaft in Ägypten kam es in der 30. Dynastie zu einem erneuten kulturellen Aufschwung, der bemerkenswerte Denkmäler hervorbrachte. Das Kunstschaffen dieser letzten einheimischen Dynastie griff zum Teil auf das Mittlere Reich zurück, orientierte sich davon abgesehen aber am Stil der 26. Dynastie.
Die Gesichtszüge zeigen mit Ausnahme der eigenwilligen Modellierung der Wangenpartie mit den betonten Jochbeinen keine Altersmerkmale. Das Antlitz wird von einer ausladenden Perücke mit beutelartigem Abschluß umrahmt. Der Saum der Beutelperücke greift tief über die Stirn bis knapp über die Augenbrauen hinab, während die großen, fein ausgearbeiteten Ohren ausgespart bleiben. Ein scharfer Grat bildet die Umrandung der Augenlider; die durch einen Schminkstrich verlängerten Augen sind weit geöffnet. Die plastisch hervorgehobenen Brauen gehen bogenförmig in die gerade Nase mit den breit angesetzten Nasenflügeln über. Die aufgeworfenen Lippen und die betont tief eingesenkten Grübchen an den leicht nach unten geschwungenen Mundwinkeln verleihen dem Gesicht einen etwas mürrischen Ausdruck. Die breite, abgerundete Kinnpartie mündet ohne besondere plastische Durchformung in den nur noch teilweise erhaltenen Hals.
Obwohl der Künstler mit der Hervorhebung gewisser Gesichtselemente und der Andeutung möglicher Charaktereigenschaften versucht hat, individuelle Akzente zu setzen, handelt es sich auch hier um das idealisierte Bildnis eines Privatmannes von gehobenem Rang.

MPG

Publikation: unveröffentlicht.
Parallelen und Literatur: Egyptian Sculpture (Brooklyn 1960), 99–100, no. 79, pl. 75, fig. 197–198; Ägyptische Kunstwerke (Luzern 1964), 106, Nr. A 152; Ägyptisches Museum Berlin (1967), Nr. 949; Götter Menschen Pharaonen, 238–241, Nr. 150–151.

196
Bildhauermodell mit Königskopf

Privatsammlung, Schweiz

Gelblicher Quarzit
H. 20,3 cm; B. 17,8 cm; T. 3,3 cm
Intakt
Spätzeit, 30. Dynastie, 4. Jh. v. Chr. Wohl Nektanebos II. (um 360–343 v. Chr.)

Bildhauervorlagen gab es in der historischen Zeit Ägyptens wohl immer, nur sind sie bloß in den seltensten Fällen auf uns gekommen. Ein einmaliger Fundkomplex blieb uns in der Bildhauerwerkstatt des Thutmose in Amarna erhalten. Von dort stammen wunderbare Vorlagen, zu denen auch die weltberühmte Kalksteinbüste der Königin Nofretete zählt. Daneben fand sich auch eine ganze Reihe von Stuckmasken, die z.T. direkte Abgüsse von dem lebenden Vorbild darstellen. Diese Bildhauermodelle dienten als Vorlagen zur Anfertigung weiterer Statuen der königlichen Familie.

Die meisten Bildhauermodelle stammen allerdings aus ptolemäischer Zeit. Sie bestehen in der Regel aus feinem weißen Kalkstein oder Gips, seltener aus Hartgesteinen, und zeigen rundplastische oder im Relief vorgezeichnete Büsten von Königen und Göttern (Kat.-Nr. 198). Einzelne Modelle dieser Art stammen nachweislich aus der 26. und 30. Dynastie. Das vorliegende Bildhauermodell aus gelblichbraunem Quarzit mit dem Porträt eines Königs gehört wohl in die 30. Dynasie und stellt vermutlich Nektanebos II. dar, den letzten einheimischen König Ägyptens.
Das Kunstschaffen unter den Königen dieser Zeit war gewaltig, wobei Bau- und Stilformen von der 26. Dynastie übernommen wurden. Nicht durch Königsnamen datierte Kunstwerke dieser Zeit sind schwierig einzuordnen und werden oft mit solchen der Saïtenzeit verwechselt. Auch das Königsporträt der 30. Dynastie schließt an dasjenige der 26. Dynastie an, das seinerseits auf dem Schönheitsideal der 18. Dynastie basiert und in krassem Gegensatz zu den Bildnissen der 25. Dynastie steht, die sich mehrheitlich an der Plastik des Mittleren Reiches orientieren. Die in der 26. Dynastie einsetzenden naturalistischen Tendenzen – etwa das Doppelkinn oder die individuell geformte Nase – werden in der 30. Dynastie fortgeführt.
Dargestellt ist ein nach rechts blickender König, der ein Nemes-Kopftuch trägt, das allerdings unvollendet blieb. Es fehlen der Zopf im Nacken und die Uräusschlange an der Stirn. Der Stil des Königsbildnisses ist akademisch, was ebenfalls für eine Bildhauervorlage und nicht für ein Relieffragment spricht. Geprägt ist es von naturalistischen Zügen wie einer schmalen Nase und einem kleinen Kinn, das zum Hals hin abfällt. Idealisiert wirkt dagegen das schmale, mandelförmige Auge ohne Schminkstrich. Detailliert ist das Ohr ausgearbeitet. Gut sichtbar ist die erhabene Augenbraue. Der Mund mit den schmalen Lippen ist leicht hochgezogen; die Mundwinkel sind gebohrt. Insgesamt macht das Herrscherporträt einen reifen Eindruck. AW

Publikation: unveröffentlicht.
Parallelen: Steindorff, Walters Art Gallery, pl. LIV,254. LXII,337. 340; Myśliwiec, Royal Portraiture, pl. XCI,a. XCIX,c. Kleopatra (München 1989), 99, Nr. 9.
Literatur: Myśliwiec, Royal Portraiture, 79–83; Edgar, Sculptor's Studies; H. W. Müller, Der Kanon in der ägyptischen Kunst, in: Der vermessene Mensch. Anthropometrie in Kunst und Wissenschaft, München 1973, 23–28; R. S. Bianchi, Ex-Votos of Dynasty XXVI, MDAIK 35, 1979, 15–22. Zu Nektanebos II. s. Schneider, Pharaonen, 177f.

197
Monumentaler anthropoider Sarkophagdeckel

Privatsammlung, Schweiz

Kalkstein
H. 220 cm; B. 73 cm
Aus drei Fragmenten zusammengesetzt. Fußkasten teilweise abgesplittert. Sargwanne fehlt
Spätzeit, 30. Dynastie (oder etwas später), 4. Jh. v. Chr.

Als Sarkophag bezeichnet man in der Ägyptologie Särge aus Stein. Ägyptische Särge hatten zunächst kastenförmige Gestalt; erst seit der 19. Dynastie erhielten sie Menschengestalt. Die frühesten Belege für anthropoide Särge aus Holz gehen aber bereits auf das Mittlere Reich zurück, obwohl in dieser Zeit hölzerne Kastensärge vorherrschend waren (Kat.-Nr. 65). In der Dritten Zwischenzeit stellte man für den Privatbereich ausschließ-

lich anthropoide Särge her, die farbig dekoriert und beschriftet wurden (vgl. Kat-Nr. 158). Erst ab der Saïtenzeit wurden wieder anthropoide Sarkophage für Privatpersonen hergestellt. Diese Form blieb bis in griechisch-römische Zeit in Gebrauch. In dieser Zeit verwendete man vornehmlich hartes Gestein wie Basalt oder Grauwacke, aber auch Kalkstein. Unter diesen Sarkophagen finden sich außerordentlich schöne Schöpfungen wie etwa der Sarkophag des Panehemisis, der sich heute in Wien befindet. Die in seinen über zwei Meter langen Basaltdeckel eingravierten Hieroglyphen und mythologischen Szenen sind von einer unglaublichen Präzision. Typisch für die anthropoiden Sarkophage der Spätzeit sind die weit ausgreifende, ungegliederte Strähnenperücke und der angearbeitete Sockel, der auch an dem vorliegenden Sarkophagdeckel deutlich zu erkennen ist. Viele dieser Sarkophage sind undekoriert oder blieben unvollendet. Deutlich sind auch bei unserem Beispiel noch die Meißelspuren auf der Oberfläche zu erkennen. Offenbar kam es hier nicht mehr zu einer Politur und Beschriftung. Die Gesichtszüge sind jugendlich stilisiert. Die Augenbrauen sind als schmale Striche wiedergegeben, ebenso Ober- und Unterlider der Augen. Die Nase ist langgezogen und breit, die Lippen sind voll. Die großen Ohren liegen über der Perücke.
Anthropoide Särge bzw. Sarkophage waren wie Statuen eine Art Ersatzleiber für den Verstorbenen, die den mumifizierten Leichnam schützend umgaben. Eine oder mehrere senkrechte Inschriftzeilen auf dem Deckel, die Titel, Namen und Filiation des Verstorbenen nennen, bilden die Dekoration spätzeitlicher Sarkophage. Einzelne Exemplare sind auch mit figürlichen Motiven oder religiösen Texten dekoriert. Hauptsächlich erscheinen dabei einzelne Totenbuchsprüche oder Auszüge aus den königlichen Unterweltsbüchern des Neuen Reiches, wobei die Künstler der damaligen Zeit über erstaunlich genaue Vorlagen verfügten. Zu den figürlichen Darstellungen gehören z. B. das Motiv von Anubis an der Bahre, die Himmelsgöttin Nut, die schützend ihre Flügel ausbreitet, oder die Horussöhne. AW

Publikation: unveröffentlicht.
Parallelen: Buhl, Sarcophagi, E,b 11 und E,b 17; Götter, Gräber und die Kunst, 308f., Nr. 477.
Literatur: Schmidt, Sarkofager; Buhl, Sarcophagi.

Die Kunst der griechisch-römischen Zeit

DIE PTOLEMÄER (306–30 V. CHR.)

Mit dem Einzug Alexanders des Großen 332 v. Chr. in Ägypten fand die persische Besetzung ihr Ende und wurde das Land eine Provinz des makedonischen Weltreiches. 323 v. Chr. wurde Ptolemaios I. Soter, einer der Generäle Alexanders, Satrap der ägyptischen Provinz des Alexanderreiches, ließ sich 304 v. Chr. zum König krönen und eröffnete die Dynastie der Ptolemäer. Die Ptolemäer oder Lagiden (benannt nach Lagos, dem Vater des Ptolemaios) ließen sich nach ägyptischem Ritus in der alten Landeshauptstadt Memphis krönen. Sie herrschten über einen der mächtigsten hellenistischen Staaten. Um die Stabilität ihres Reiches zu sichern, übernahmen sie die bestehenden ägyptischen Institutionen und gewährleisteten die bis anhin privilegierte Stellung des Klerus und der gehobenen einheimischen Beamtenschaft. Im gleichen Zug wurden jedoch Schlüsselpositionen im Heer von griechisch-makedonischen Söldnern besetzt und jenen Griechen, die im Dienst der Krone standen, vorteilhafte Stellungen zugeteilt.

Die neuen Herrscher, ihre Kultur und die 331 v. Chr. neu gegründete Hauptstadt Alexandria, der geistige und kulturelle Mittelpunkt der hellenistischen Welt, blieben der einheimischen Bevölkerung weitgehend fremd. Der Versuch der Ptolemäer, mit Hilfe synkretistischer Kulte und Neuschöpfungen – etwa dem des Gottes Sarapis (vgl. Kat.-Nr. 216) – Brücken zwischen Ägyptern und Griechen zu schlagen, stieß bei der einheimischen Bevölkerung auf Ablehnung: Sarapis fand seine Verehrung in der hellenistischen Welt außerhalb Ägyptens. Das ägyptische Götterpantheon lebte neben fremdländischen Gottheiten weiter und wurde durch eine *Interpretatio graeca* den Vorstellungen des neuen Herrscherhauses angeglichen. Die Gestalt der Isis wirkte – wenn auch mit zusätzlichen Charakteristika orientalischer und griechisch-römischer Göttinnen versehen – weit über das Niltal hinaus. Das Bild der den Horusknaben stillenden Gottesmutter Isis (vgl. Kat.-Nr. 133, 174) wurde über koptische Zwischenglieder in den abendländisch-christlichen Kunstkanon aufgenommen.

Unter den Ptolemäern erreichte die Tempelarchitektur eine eindrucksvolle Blüte, die bis weit in die Zeit der römischen Kaiser anhielt, und brachte die heute besterhaltenen architektonischen Denkmäler des alten Ägypten hervor – die Tempel von Dendera, Edfu und Philae. Der Reichtum der Reliefdekorationen und Inschriften, mit denen die Bauten versehen wurden, waren Ausdruck des ägyptischen Gedanken- und Glaubensgutes, das von einem traditionsbewußten Priestertum getragen wurde.

Mit dem lagidischen Herrscherhaus gelangten ausländische Gelehrte und Künstler – Bildhauer, Maler und Toreuten – ins Niltal. Das Zentrum der Entfaltung griechischer Kunst und Kultur bildete Alexandria. In den alexandrinischen Münzstätten entstanden wunderschöne Bildnisse der neuen Landesherren. Erlesene Goldschmiedearbeiten (vgl. Kat.-Nr. 207) zeugen vom Reichtum und luxuriösen Leben des ptolemäischen Hofes. Im Bereich der Porträtkunst wurden die in der Saïtenzeit erarbeiteten Errungenschaften fortgeführt (vgl. Kat.-Nr. 200). Die zeitgenössische Mischkultur hatte eine Interdependenz von ägyptischer und griechischer Formensprache zur Folge, so daß Künstler je nach dem Geschmack der Auftraggeber unter Beibehaltung traditioneller ägyptischer Elemente auch solche der griechischen Kunst berücksichtigen konnten (vgl. Kat.-Nr. 208). Während sich die Werkstätten Unterägyptens vermehrt an der alexandrinischen Hofkunst orientierten, waren die Handwerkerateliers Mittel- und Oberägyptens dem einheimischen Formenkanon verpflichtet. Eine bedeutende Sondergruppe des Kunsthandwerks stellen die in großer Zahl überlieferten sog. Bildhauermodelle dar (Kat.-Nr. 198), durch die griechische Künstler sich Kanon und Formensprache der ägyptischen Kunst aneignen konnten. Häufiger als früher wurde nun als Werkstoff Terrakotta verwendet, die nun die Bronze weitgehend ablöste. Aus gebranntem Ton, der in leuchtenden Farben bemalt wurde, entstanden wunderbare Götterfiguren und Tierbilder mehrheitlich in griechisch-ägyptisierendem Stil.

Dynastische Auseinandersetzungen um den Thron und Aufstände der einheimischen Bevölkerung – v. a. im oberägyptischen Theben formierte sich ein heftiger Widerstand gegen die ptolemäische Herrschaft – leiteten schon zu Beginn des 2. Jahrhunderts v. Chr. allmählich den Niedergang des ptolemäischen Reiches ein. Gleichzeitig gewann Rom, das großes Interesse an der Kornkammer Ägypten zeigte, im Gebiet des östlichen Mittelmeerraumes zusehends an Einfluß. Die ptolemäischen Könige gerieten vermehrt in das unheilvolle Spannungsfeld der vom Bürgerkrieg geprägten römischen Innenpolitik. Letztere bestimmte auch die Beziehungen Kleopatras VII. zu den mächtigsten Männern Roms – Iulius Caesar und später Marcus Antonius – und besiegelte auch den Untergang des Ptolemäerreiches mit der Niederlage von Marcus Antonius gegen seinen Kontrahenten Octavian in der Seeschlacht von Actium im Jahre 31 v. Chr. Nach der verlorenen Schlacht von Nikopolis in der Nähe von Alexandria wählten Kleopatra VII. und Marcus Antonius im Jahre 30 v. Chr. den Freitod.

ÄGYPTEN WÄHREND DER RÖMISCHEN KAISERZEIT (30 V. – 4./5. JH. N. CHR.)

Als Provinz des Imperium Romanum und Kornkammer Roms wurde Ägypten direkt dem Imperator unterstellt und von einem Präfekt verwaltet. Alexandria verlor die Stellung einer königlichen Residenz und Memphis – erneut ein wichtiges Zentrum der Kunst und des Kunsthandwerkes – wurde Sitz der neuen Verwaltung. Im Gegensatz zu den Ptolemäern veränderte Octavian, der spätere Kaiser Augustus, die administrativen und wirtschaftlichen Strukturen Ägyptens, das als sein persönliches Herrschaftsgebiet galt. Die höheren Ämter der Verwaltung, die bis anhin in den Händen ägyptischer oder griechischer Landesbewohner lagen, wurden durch römische Beamte besetzt. Das wichtigste Interesse Roms war, aus der neuen Provinz höchstmögliche Abgaben zu erwirtschaften (Ägypten lieferte nun ein Drittel der Einnahmen des römischen Reiches und ein Drittel des Getreidebedarfs Roms), was unweigerlich zu einer Verarmung des Landes führte.

Dem traditionsverbundenen Priestertum und der tiefreligiösen Bevölkerung war es zu verdanken, daß trotz der steten Auseinandersetzung mit der griechischen und später römischen Kultur eine Kontinuität des ägyptischen Gedankengutes erhalten blieb. Dennoch kam es mit der römischen Machtübernahme zu einem markanten Einschnitt im ägyptischen Kunstschaffen, das bereits um die Zeitwende von starken italischen Einflüssen geprägt wurde. Besonders im Bereich der Sepulkralkunst gewann das römische Kunstempfinden zusehends an Bedeutung – zu erwähnen sind hier die sogenannten Mumienporträts (vgl. Kat.-Nr. 215, 219, 220, 221). Noch unter den Kaisern Marc Aurel und Commodus (161–192 n. Chr.) wurden ägyptische Tempelbauten erstellt. Aus dem 2. Jahrhundert n. Chr. lassen sich auch die letzten bedeutenden Zeugnisse ägyptischer Literatur belegen. Die späteste hieroglyphische Inschrift im Isistempel von Philae stammt aus dem Jahre 394 n. Chr. Mit der Teilung des römischen Kaiserreiches 395 n. Chr. wurde das Land am Nil Provinz des oströmisch-byzantinischen Reiches. Die rasche Verbreitung des Christentums und die Aufgabe und Verfolgung der alten Kulte führten zu einem endgültigen Ende der ägyptischen Kunst im 4. Jahrhundert n. Chr., wenn auch die letzten demotischen Inschriften in Philae aus dem Jahr 452 n. Chr. stammen und der Isiskult im Tempel von Philae noch bis zu seinem Verbot durch Kaiser Justinian 537 n. Chr. praktiziert wurde. MPG

Literatur: Alexandria. The Site and the History, ed. by G. L. Steen, New York/London 1993; Alexandrie I–VI; Cleopatra's Egypt (Brooklyn 1989), 13–55 (mit ausführlichen Literaturangaben); Grimm, Ptolemäer; Hölbl, G., Geschichte des Ptolemäerreiches. Politik, Ideologie und religiöse Kultur von Alexander dem Großen bis zur römischen Eroberung, Darmstadt 1994; Kurth, D., Treffpunkt der Götter. Inschriften aus dem Tempel des Horus von Edfu, Zürich/München 1994; Merkelbach, R., Isis regina – Zeus Serapis. Die griechisch-ägyptische Religion nach den Quellen dargestellt, Stuttgart/Leipzig 1995.

198
Bildhauermodell mit ptolemäischem Königsporträt

Privatsammlung, Schweiz

Kalkstein
H. 16,4 cm; B. 16,4 cm
Fragmentarisch, Ausblühung von Salzkristallen an der Oberfläche, restauriert
Ptolemäisch, 3. Jh. v. Chr, wohl Ptolemaios II., 282–246 v. Chr.

Die Blütezeit der ägyptischen Bildhauermodelle in der Rundplastik und im Flachbild lag unbestrittenermaßen in ptolemäischer Zeit. Neben Herrscher- und Götterbildern finden wir nun auch Studien zu einzelnen Hieroglyphen und Architekturelementen wie Säulen und Kapitellen. Aber auch einzelne Körperteile wie Füße, Hände und Torsen wurden nachgebildet. Der Grund für das Hervortreten dieser Modelle lag darin, daß das Vordringen griechischer Kunstformen unter den frühen Ptolemäern es notwendig machte, den traditionellen Kanon ägyptischer Kunstformen zu bewahren und den griechischen Künstlern zu vermitteln. An solchen Bildhauerlehrstücken konnten die ägyptische Proportionslehre und die typisch ägyptische Darstellungsweise studiert werden. Viele der Stücke blieben unvollendet und führen uns dadurch anschaulich das Werkverfahren der alten Ägypter vor Augen. Inschriften zeigen, daß Bildhauermodelle jetzt auch verschiedenen Gottheiten zum Dank für die Rettung aus einer Gefahr oder die Heilung von einer Krankheit geweiht wurden, den christlichen Exvotos vergleichbar.
Das hier vorgestellte Bildhauermodell aus feinem Kalkstein zeigt in erhabenem Relief ein Königsporträt bis zum Schulteransatz. Diese Ansicht entspricht den zeitgenössischen rundplastischen Königsbüsten. Auf der Rückseite oder an der Basis solcher Modelle ist oft ein Quadratnetz eingeritzt, das zum Übertragen des Bildnisses auf den Werkblock benötigt wurde. Der obere Teil der vorliegenden Tafel und die untere rechte Ecke sind weggebrochen. Der König trug entweder eine enganliegende Kappe oder die Blaue Krone. Wunderbar detailliert und naturalistisch ist die Ohrmuschel ausgeführt, die von der Krone ausgespart bleibt. Weiche Formen prägen das jugendlich stilisierte Gesicht. Das leise angedeutete Lächeln bewirkt einen freundlichen und milden Gesichtsausdruck. Der Mundwinkel wird durch ein breites Grübchen betont. Das mandelförmige Auge steht leicht schräg, die Augenbraue liegt waagrecht und fällt zur Seite hin ab. Die Nase ist ebenmäßig; die hochgezogenen Lippen sind sinnlich. Möglicherweise handelt es sich hier um eine Darstellung Ptolemaios' II., dem von der Forschung die meisten Bildhauermodelle zugeschrieben werden. AW

Publikation: unveröffentlicht.
Parallelen: Steindorff, Walters Art Gallery, pl. LXII,33; Ägyptisches Museum Berlin (1967), 101, Nr. 979; Through Ancient Eyes, 125ff., no. 45; Senso dell'Arte (Bologna 1990), n. 135.
Literatur: vgl. Kat.-Nr. 196; Pierre Eternelle, 206–216; R. Hostens-Deleu, Beeldhouwersmodellen in de egyptische afdeling van de Koninklijke Musea voor Kunst en Geschiedenis, BMRAH 49, 1977, 5–65.

199
Holzstatuette eines nackten Königs

Privatsammlung Kilchberg

Holz, minimale Spuren von Stuck und Blattvergoldung
H. 10,2 cm
Figur intakt, Stuck und Vergoldung verloren. Uräus, Ohren, Hände und Genitalien bestoßen
Ptolemäisch, frühes 3. Jh. v. Chr.

Höchst reizvoll und minutiös gearbeitet ist diese kleine Holzfigur eines nackten, jugendlichen Königs, der auf einer rechteckigen Basis steht. Aus einem Stück Holz geschnitzt, war die Figur einst stuckiert und vergoldet. Der Jüngling steht mit seitlich herabhängenden Armen in Schrittstellung da, den linken Fuß vorgesetzt, wie es für die ägyptische Darstellungsweise typisch ist. Dennoch ist die Statuette von der griechischen Kunst nicht unbeeinflußt. Die Ikonographie ist zwar noch ägyptisch, der Stil der Figur aber griechisch, wie die organische Gestaltung der Glieder und die Üppigkeit der Formen deutlich machen.
Der König trägt die Blaue Krone mit der Uräusschlange an der Stirn. Darüber hinaus ist die Figur unbekleidet. Die Gesichtszüge sind sehr fein ausgeführt. Erstaunlich

groß sind die Augen, die Nase ist leicht abgeplattet, die Lippen sind voll. Unübersehbar ist das markante Doppelkinn. Den Körper charakterisieren weiche Formen. Brustkorb und Bauch, wo der Nabel deutlich zu erkennen ist, sind voneinander abgehoben. Stark eingezogen ist die Taille – ein typisches Kennzeichen von Statuen aus dem 3. Jh. v. Chr.
Der ptolemäische König erscheint hier möglicherweise in der Gestalt des jugendlichen Horus. Darauf deuten seine Nacktheit und die Konstitution des Körpers. Auf den König dagegen weist die Blaue Krone. AW

Publikation: unveröffentlicht.
Parallelen: vgl. den Kopf in: Kleopatra (München 1989), 167, Nr. 45.
Literatur: Egyptian Sculpture (Brooklyn 1960), 167f.

200
Fragment eines Tempelreliefs

De Jaager Collection

Granit
H. 24 cm; B. 22 cm
Fragment eines Tempelreliefs, aus drei Teilen zusammengesetzt
Ptolemäisch, 3.–2. Jh. v. Chr.

Während der Ptolemäerzeit (3.–1. Jh. v. Chr.) entstanden in ganz Ägypten noch einmal riesige, einheitlich gestaltete Tempelhäuser. Alte architektonische Baukonzepte des Neuen Reiches fanden erst jetzt ihre Vollendung. Mit der Renaissance der ägyptischen Tempelarchitektur erwachte auch die Reliefkunst zu neuer Blüte. Dabei wurden zwar die traditionellen Darstellungsformen übernommen, der Stil der Figuren wandelte sich aber in hellenistischem Sinn: Die Formen wurden körperhafter und zugleich weicher, und die Damen erscheinen durchweg mit einer stark hervorspringenden, zitronenförmigen Brust, die auf unserem Relieffragment jedoch nicht mehr erhalten ist. Die ptolemäischen Tempelreliefs weisen stärker als in früherer Zeit regionale

Variationen auf, für die lokale Künstlerschulen verantwortlich zeichnen. Von außerordentlich hoher künstlerischer Qualität sind die Reliefs des Isistempels von Philae und des Tempels des Haroëris und Sobek von Kom Ombo.
Auf dem vorliegenden Relieffragment aus rotem Granit sind der Kopf und Teile des Oberkörpers einer nach rechts gewandten Göttin oder Königin erhalten. Ihre Gesichtszüge sind äußerst fein und lebendig gestaltet. Weiche Formen prägen unverkennbar ihr Antlitz, etwa die zart modellierte Wange oder das sanft abfallende Doppelkinn. Auf dem Kopf liegt über der dreiteiligen Perücke die sog. Geierhaube, die sowohl von Königinnen als auch Göttinnen getragen wurde. Um den Hals liegt eng eine Perlenkette.
Neuerdings konnte nachgewiesen werden, daß die typisch ptolemäische Körperauffassung mit ihren weichen Gesichtsformen, dem abfallenden Doppelkinn, der hervorspringenden Brust und den schwellenden Bäuchen bereits zu Beginn des 4. Jahrhunderts v. Chr. voll entwickelt war und sich Doppelkinn und füllige Modellierungen sogar vereinzelt schon in der 26. Dynastie finden. In Ermangelung einer datierbaren Beischrift ist eine genaue zeitliche Einordnung solcher Relieffragmente deshalb sehr schwierig. AW

Publikation: Fine Antiquities, Christie's, 8th December, London 1993, 81, no. 162.
Parallelen: Myśliwiec, Royal Portraiture, pl. XCI,c; Kleopatra (München 1989), 102f., Nr. 11.
Literatur: Arnold, Tempel, 13ff.; Myśliwiec, Royal Portraiture.

201
Horusfalke

Privatbesitz

Granit
H. 47 cm; T. 45 cm; B. 20 cm
Intakt, Schnabel bestoßen. Doppelkrone fehlt
Ptolemäisch, 3.–2. Jh. v. Chr.

Horus, «der Ferne», war seit der späten Vorgeschichte der bedeutendste ägyptische Falkengott. Er erfreute sich früh höchster Verehrung als Himmels- und Königsgott und wurde etwas später mit dem Gott Horus, dem Sohn der Isis, gleichgesetzt und damit in den Osirismythos miteinbezogen. In ganz besonderem Ausmaß verehrte man Horus in ptolemäischer Zeit und errichtete ihm als grandiosestes Bauwerk den Horustempel von Edfu, der als das besterhaltene Bauwerk der Antike gilt. Während der langen Bauzeit des Tempels von 180 Jahren (237–57 v. Chr.) fertigte man eine Fülle rundplastischer Falkendarstellungen an – nicht nur in Edfu, sondern darüber hinaus auch in Philae, Kom Ombo, Theben und Dendera. Neben sehr kleinen Amuletten aus Stein oder Fayence und Abertausenden von Bronzen (Kat.-Nr. 189) entstanden auch monumentale Skulpturen, wie sie noch heute im Tempel von Edfu zu bewundern sind. Diese Darstellungen sind oft unbeschriftet, doch darf man annehmen, daß es sich in den meisten Fällen um Horus handelt.
Der vorliegende granitene Horusfalke von stattlicher Größe ist ein meisterhaftes Beispiel einer solchen Falkenskulptur. Fest steht er auf der rechteckigen Basis, hat sein Haupt majestätisch erhoben und die Schwingen elegant auf dem Rücken gefaltet. Die einst aufragende Doppelkrone ist weggebrochen. Bis ins Detail sind die Fänge des Tieres ausgearbeitet, so daß jede einzelne

Kralle hervortritt. Auch der Kopf der Falkenskulptur ist vortrefflich dem natürlichen Vorbild nachgebildet.
In dieser Plastik dürfen wir sowohl den Himmelsgott Horus als auch den König erkennen, der sich dieser göttlichen Darstellungsform als «Horus im Palast» seit frühester Zeit bedient hat. AW

Publikation: unveröffentlicht.
Parallelen: Steindorff, Walters Art Gallery, pl. C,667.
Literatur: Arnold, Tempel, 98–102.

202
Thronender Imhotep

Privatsammlung, Schweiz

Bronze, Vollguß mit Goldtauschierung
H. 14 cm
Intakt
Ptolemäische Epoche, spätes 4.–1. Jh. v. Chr.

Die außergewöhnlichen Errungenschaften des Imhotep, des hervorragenden Gelehrten unter König Djoser und Bauherrn der Stufenpyramide, führten zu seiner postumen Verehrung und Vergöttlichung. Seit der Spätzeit galt er als Sohn des memphitischen Gottes Ptah. Als Helfer und Heilgott, der die Nöte und Sorgen des Volkes zu lindern wußte und den die Griechen mit Asklepios identifizierten, erfreute sich sein Kult besonders während der ptolemäischen Zeit großer Beliebtheit. Die unzähligen Imhotep-Bronzen sind Ausdruck dieser Bewunderung und legen Zeugnis für seine göttliche Verehrung ab. Bemerkenswert ist die Tatsache, daß die Bronzefiguren stets von guter bis außerordentlicher Qualität sind, was auf den gehobenen sozialen Rang ihrer Stifter hinweisen mag.
In Übereinstimmung mit der üblichen Ikonographie seines Kultbildes zeigt diese qualitätvolle Bronzefigur Imhotep als Gott, der auf einem durchbrochenen Thron mit kurzer Rückenlehne sitzt. Auf seinen Knien hat er ein Stück weit eine Papyrusrolle entrollt, auf der die hieroglyphische Inschrift «Imhotep, Sohn des Ptah» zu lesen ist. Imhotep ist mit einem knöchellangen Schurz bekleidet, dessen vertikaler Saum durch drei eingeritzte Linien angegeben ist. Auf dem Haupt trägt er – dem Kopfputz seines Vaters Ptah ähnlich – eine enganliegende Mütze. Die Goldtauschierung der Augenpartie betont den kostbaren Aspekt der Statuette, die als Votivgabe dargebracht wurde. MPG

Publikation: unveröffentlicht.
Parallelen: Daressy, Statues I–II, 17–23, pl. IV–V; Roeder, Bronzewerke, 1–2, Taf. I; ders., Bronzefiguren, 12–16, Taf. 1.
Literatur: Wildung, Imhotep, besonders Exkurs I, S. 47; ders., Egyptian Saints, 31–81, fig. 29.

203
Sitzfigur eines jugendlichen Gottes oder Königs

De Jaager Collection

Holz, stuckiert und vergoldet; Einlagen aus Glas
H. 49 cm
Der originale Thron und die Krone fehlen. Mehrere Finger und Zehen sind bestoßen. Die Oberfläche ist an gewissen Körperstellen in Mitleidenschaft gezogen
Ptolemäische Epoche, 3.–2. Jh. v. Chr.

Mit Ausnahme einiger ikonographischer Unterschiede entspricht diese Statue eines thronenen Knaben der Figur des sitzenden Harpokrates (vgl. Kat.-Nr. 175–176). Das sitzende Kind ist in streng frontaler Haltung dargestellt und hat die Beine aneinandergedrückt. Für den Typus des Kindgottes, der entweder auf dem Schoß der Mutter oder einem Thron sitzt, ist die Stellung der Beine charakteristisch: die Oberschenkel stehen nicht, wie bei Sitzfiguren sonst üblich, in einem rechten Winkel zum Körper, sondern gehen schräg vom Rumpf ab.
Die vorliegende, aus Holz geschnitzte Figur hatte eine nun fast vollständig verlorene Stuckfassung mit Vergoldung. Augenfällig ist die etwas disproportionierte Gestaltung und die Schwerfälligkeit des korpulenten Körpers: Der schmale Brustkasten weist einen bereits ausgeprägten Busen auf, die hochsitzende Taille geht in ein üppig gewölbtes Bäuchlein mit tiefliegendem Nabel und ausladender Gesäßpartie über. Die verschwindend kleinen Geschlechtsteile des Knaben stehen in keinem Verhältnis zu den prallen und schwer anmutenden Beinen. Die kräftigen, gesondert geschnitzten und dann angesetzten Arme liegen am Körper an, die angewinkelten Unterarme ruhen mit flach ausgestreckten Händen neben den Oberschenkeln. Die plastisch schöne Formung des Schädels des Kindes legt die Vermutung nahe, daß es sich bei der nun fehlenden, separat angefertigten Kopfbedeckung um eine einfache, enganliegende Kappe handelte, wobei der S-förmig geschwungene Zopf auf der Höhe der rechten Schläfe direkt angesetzt war. Eine bandartige Kerbe in der Stirn zeigt an, bis wo die Kappe einst hinabreichte. Größte Sorgfalt in der handwerklichen Wiedergabe verrät das runde Gesicht mit den vollen Wangen, der Stupsnase und dem kleinen, volllippigen Mund sowie der dickliche Hals mit den Falten, die das Doppelkinn verdeutlichen. Die Augenpartie ist durch farbige Inkrustationen hervorgehoben: die Augäpfel und Pupillen sind aus weißem bzw. schwarzem Glas, die Augenumrandung, die den farbigen Lidstrich imitiert, ist aus blauem Glas eingelegt. Lediglich die Einlegearbeiten der beiden Augenbrauen fehlen.
Obwohl übliche ikonographische Merkmale von Kindgöttern wie etwa der an den Mund gelegte Finger oder der Kinderzopf fehlen, weist die Nacktheit auf das zarte Alter des Knaben. Die Gestaltung des pausbäckigen Antlitzes und die ausgeprägte Modellierung des Körpers sind kennzeichnend für die künstlerische Tradition und den Stil der ptolemäischen Epoche. MPG

Publikation: unveröffentlicht.
Parallelen: Steindorff, Walters Art Gallery, 111, no. 419, pl. LXXIII

(sehr ähnliche Figur eines Kindgottes mit identischer Armhaltung, jedoch mit Nemes-Kopftuch. Holz, vergoldet, Inkrustationen der Augenpartie fehlen).
Literatur: Stiftung Koradi / Berger (Zürich 1989), 18–19; Gott und Götter, 46–54. 124.

204
Jugendlicher Gott auf Lotusblüte

Privatsammlung, Schweiz

Blaue Fayence
H. 5,3 cm
Durchgehende Bruchlinie am Hals, rechter Unterarm fehlt
Ptolemäische Epoche, 3.–1. Jh. v. Chr.

Diese kleine Statuette besticht durch ihre lebhafte und detailgetreue Gestaltung und erweist sich aufgrund ihrer komplexen Ikonographie als besonders interessant.
Der unbekleidete Knabe sitzt mit eng zum Körper gezogenen Beinen auf dem Blütenkelch einer geöffneten Lotusblume. Er führt den Zeigefinger der rechten Hand zum Mund, ein für die Darstellung von Kindern typischer Gestus. Auch die rundlichen Körperformen (wie das vorquellende Bäuchlein mit dem tiefliegenden Nabel) und der geflochtene Zopf mit eingerolltem Ende an der rechten Schläfe sind – ganz abgesehen von der Nacktheit – Kennzeichen seines kindlichen Alters. Das Haupt des Jungen bedeckt eine enganliegende Kappe, auf der als Kopfputz eine Darstellung des Mondes in seinen beiden Phasen ruht: als Scheibe und Sichel. Am Hinterkopf ist eine vierfache Tragöse befestigt.
Das Bild des Kindes auf dem Lotus symbolisiert den allmorgendlichen Aufgang des Sonnengottes am Horizont. Die Eigenheit dieser Blume, daß sie jeden Abend in die

lebensspendenden Fluten des Nils eintaucht, um am Morgen regeneriert aus ihnen emporzusteigen, entspricht dem ewigen Kreislauf der Sonne. Die bewußt hinzugefügte Krone des Knaben assoziiert den Zyklus eines weiteren Gestirns: den des sich immer wieder erneuernden Mondes. Der am Rücken des Knaben sitzende, plastisch gestaltete geflügelte Skarabäus schließlich, das ägyptische Regenerationssymbol schlechthin, stellt die jugendliche Erscheinungsform des Sonnengottes dar: die morgendliche Sonne. MPG

Publikation: unveröffentlicht.
Parallelen: Daressy, Statues I–II, 62–64, nr. 38219–38225, pl. XI–XII, besonders 38224–38225 (identische Figuren aus Fayence mit demselben Kopfputz [Mondscheibe auf Sichel] und Skarabäus auf dem Rücken); Gott und Götter, Nachtrag, 228, Nr. 31a; Steindorff, Walters Art Gallery, 116, no. 453. 454, pl. LXXIII.
Literatur: E. Feucht, Verjüngung und Wiedergeburt, SAK 11, 1984, 401–417, besonders 410, Abb. 9; Schlögl, Sonnengott, passim.

205
Komposit-Udjatauge

Privatsammlung Elsa und Dr. Pierre Henri Bloch-Diener, Bern

Grün glasierte Fayence
H. 4,6 cm; B. 3,4 cm; T. 0,7 cm
Intakt, Augenzwickel bestoßen
Ptolemäisch, 3.–2. Jh. v. Chr.

Amulette in Gestalt von Udjataugen wurden in der Spätzeit mit anderen wirkungsmächtigen Symbolen kombiniert. Hinzu treten nun Bes (Kat.-Nr. 206), Löwe, Katze, Pavian, Uräusschlange u. a. m., die aus den einfachen Udjataugen komplizierte Gebilde machen. Diese Zusätze wurden sicher nicht willkürlich gewählt, sondern stehen in engem Zusammenhang mit den Mythen vom Horusauge und vom Sonnenauge.
Von dem Auge des Horus, das diesem Gott nach dem Mythos von Seth entrissen, schließlich aber wiederher-

gestellt und ihm zurückerstattet wurde, erhielt das Udjat-Auge (udjat = «das heile» [Auge]) seinen Namen. Mit dem Mond gleichgesetzt, stellte das Horusauge das eine der zwei Augen des Himmelsgottes dar. Der Mythos vom Sonnenauge, das mit verschiedenen Göttinnen in Löwengestalt identifiziert wird, gehörte in der Spätzeit zu einer der am häufigsten bezeugten Erzählungen. Danach erzürnt sich das feurige Sonnenauge und zieht als wilde Löwin in die Ferne. Der Sonnengott Re schickt Schu und Thot aus, um sein Auge heimzuholen. Den beiden Göttern gelingt es, die Löwin zur Rückkehr nach Ägypten zu bewegen, wo sie sich in eine sanfte Katze verwandelt.

Das vorliegende Komposit-Udjatauge aus grün glasierter Fayence (vgl. Kat.-Nr. 143) setzt sich aus ganz verschiedenen Elementen zusammen. Zuoberst ruht auf einem Podest eine Löwin, die die Vorderpfoten übereinandergeschlagen hat. Ihr Körper ist detailliert ausgeführt, so erkennt man etwa die Löwenmähne und die Rippen des Tieres. Vorder- und Rückseite des Podestes sind mit je drei weiteren, kleinen Horusaugen dekoriert. Sie werden von dem eigentlichen Horusauge getragen, dessen Augenbraue auf beiden Seiten ein feines Fischgrätenmuster aufweist. Das Auge selbst hat wie üblich einen Schminkstrich. In seinem nach unten führenden Fortsatz befindet sich auf der Vorderseite ein Herz, auf der Rückseite eine Uräusschlange mit Sonnenscheibe auf dem Kopf.

In diesen Bildelementen wird die Verbindung des Udjat-Auges, das sie trägt, mit dem Mythos vom Sonnenauge deutlich. Die gelagerte Löwin über dem Horusauge assoziiert den Mythos ganz allgemein. Die Uräusschlange scheint für das wütende, feuerspeiende Sonnenauge zu stehen, das Herz als Sitz des Verstandes auf der anderen Seite für die Vernunft und Einsicht der Göttin, nach Ägypten zurückzukehren. AW

Publikation: unveröffentlicht.
Parallelen: Petrie, Amulets, pl. XXIV,141j.
Literatur: Müller-Winkler, Objekt-Amulette, 103f., Taf. XII,217f.; A. Loprieno, Der demotische «Mythos vom Sonnenauge», in: Texte aus der Umwelt des Alten Testaments III (Lieferung 5): Weisheitstexte, Mythen und Epen (Hg. O. Kaiser), Gütersloh 1995, 1038–1086.

206
Bes-Amulett

Privatsammlung, Schweiz

Ägyptische Fayence, grün glasiert
H. 6,3 cm
Intakt
Ptolemäisch, spätes 4. bis 3. Jh. v. Chr.

Seit der Spätzeit wird neben der ganzen Figur des Gottes Bes auch nur sein dämonisches Gesicht als wirkungsmächtiges Amulett verwendet. Daneben erscheint sein Kopf auch auf Horusstelen über dem Gott Harpokrates oder als Applikation auf Fayencevasen der griechisch-römischen Zeit. Damals – und schon etwas früher – verlor Bes zunehmend seine dämonische Ausstrahlung zugunsten eines anmutigeren Wesens (vgl. Kat.-Nr. 85). So wird etwa die heraushängende Zunge, die sein Gesicht fratzenhaft entstellte, zuweilen weggelassen. Auch der Aspekt des wilden Löwen tritt zurück. Man gewinnt den Eindruck, daß sich Bes von einem urtümlichen Dämon zum guten Gesellen gewandelt hat.

Das für Bes typische Attribut ist die Federkrone, die hier prächtig ausgeführt ist und sich über einem schmalen, rechteckigen Sockel erhebt. Minuziös ist jede einzelne Feder wiedergegeben. Unter dem Sockel kommt das kurzgeschnittene Haar des Bes hervor. Das Gesicht ist von der platten Nase und dem beinahe grinsenden Mund mit den wulstig aufgeworfenen Lippen, zwischen denen eine Zahnreihe sichtbar ist, geprägt. Mehrere Stirnfalten krümmen sich über den wachsamen Augen und werden von einer mächtigen Falte, die über der Nase in einem dicken Wulst endet, abgeschlossen. Die Löwenmähne ist zu einem ornamental angeordneten Bart stilisiert, dessen Bartlocken in nach außen gerichteten Löckchen enden. Noch gut zu erkennen sind die kleinen abstehenden Löwenohren und das flaumige Haar in den Ohrmuscheln. Der halbkreisförmige untere Abschluß des Amulettes nimmt die Form des Bartes wieder auf.

Unser freundliches Besgesicht hat große Ähnlichkeit mit den Besprotomen, die als Applikationen auf ptolemäischen Fayencegefäßen des 3. Jahrhunderts v. Chr. erscheinen. Ganz ähnlich sind auch die Besfiguren an den Geburtshäusern der späten Tempel ausgeführt, in denen die Geburt des Götterkindes gefeiert wurde. Der Gott Bes war von Hause aus zwar der Beschützer der Geburt, der Neugeborenen und Kleinkinder. Die zunehmende Popularisierung und gewaltige Verehrung des

Gottes in der Spätzeit brachte aber eine grundlegende Wandlung seines Wesens mit sich, indem ihm nun Eigenschaften großer Götter übertragen wurden, um seine Macht und Wirkungskraft zu erhöhen. AW

Publikation: unveröffentlicht.
Parallelen: Gott und Götter, 109, Nr. 76, mit weiteren Parallelen und Literatur; Kleopatra (München 1989), 277, Nr. 113; Dasen, Dwarfs, pl. 9,2. 10,2. 11,2; Museo Barracco (1985), 41, n. 47; Senso dell'Arte (Bologna 1990), 175, n. 122.
Literatur: Dasen, Dwarfs; RÄRG, 101–109, s. v. Bes.

207
Armband mit zwei abschließenden Besköpfen

Stiftung für ein Schweizerisches Orientmuseum

Gold
Äußerer Dm. 5,5 cm; B. des Reifs: 1,5 cm
Intakt, jedoch etwas verbeult
Ptolemäische Epoche, 3.–1. Jh. v. Chr.

Dieses kostbare Armband aus getriebenem Goldblech besticht durch seine Originalität. Der offene Reif ist mehrteilig aufgebaut: Das zentrale, glatte Band wird beidseitig von einem geflochtenen Spiralspuldraht flankiert, der an seiner äußeren Seite von einer schmalen Goldfolie abgeschlossen wird. Die figurativen Endstücke in Gestalt von Besköpfen sind zweiteilig aus dünnem Goldblech gearbeitet, wobei die reliefierte Vorder- und Rückseite über eine Matrize gepreßt und an den Schnittstellen zusammengelötet wurde. Zu ihrer Festigung wurde der Leerraum zwischen den beiden Schalen mit einer Füllmasse versehen. Die beiden Zierteile

sind je mit einem Scharnier am Reif befestigt. Die insgesamt drei ineinandergreifenden Ösen an den oberen Kanten der Federkrone dienten zur Aufnahme eines beweglichen Drahtstiftes, wodurch der Reif geschlossen werden konnte.

Das großflächige, von tiefen Falten zerfurchte Gesicht des Bes bildet einen schönen Kontrast zu dem filigranen Aspekt des Armreifs. Kennzeichnend für diesen Dämon ist sein fratzenhaftes, in Vorderansicht dargestelltes Antlitz. Es wird von einer breiten, flachgedrückten Nase und einem weit geöffneten Maul mit herausgestreckter Zunge geprägt. Zwischen den aufgeworfenen Lippen ist die obere Zahnreihe sichtbar. Die langen Strähnen des Schnurrbartes sind zu kunstvollen Locken gedreht. Über der Nasenwurzel setzen die kräftigen Brauenbogen an. Die fächerartig gebündelten Federn des Kopfputzes sind entgegen der üblichen Darstellungsweise sehr verkürzt wiedergegeben (vgl. Kat.-Nr. 206).

Neben seiner dekorativen Wirkung hat dieses Schmuckstück durch das Motiv der beiden Endstücke auch Amulettcharakter: Als Gott, der das Böse abwehrt und Schutz verleiht, sollte Bes die Trägerin des Armbandes vor jeglichem Unglück bewahren (vgl. Kat.-Nr. 141).

Die starke Ornamentalisierung der Gesichtsfalten und Bartlocken sowie die Verarbeitungstechniken gehören in das Umfeld der Ptolemäerzeit. Das Armband zeugt vom Reichtum und raffinierten Lebensstil des ausgehenden ersten vorchristlichen Jahrtausends mit all seinen luxuriösen Erzeugnissen. MPG

Publikation: Vom Euphrat zum Nil, 58–59, Nr. 30
Parallelen: Osiris, Kreuz, Halbmond, 74, Nr. 61 = Tübingen, Ägyptologisches Institut der Universität, Inv.-Nr. 300 (Appliken in Gestalt von Besköpfen aus getriebenem Gold, frühptolemäisch).
Literatur: Andrews, Amulets, 39–40; Hoffmann – Davidson, Greek Gold, passim; Hoffmann – von Claer, Gold- und Silberschmuck, 219–221 (zur Herstellungstechnik von Filigrandrähten); Romano, Bes-Image, passim.

208
Torso einer Gewandfigur

Privatsammlung Tessin

Rosengranit
H. 84,5 cm
Kopf- und Beinpartie fehlen
Ptolemäische Epoche, 3.–2. Jh. v. Chr.

Die männliche Statue ist von den Schultern bis einschließlich Oberschenkel erhalten. Der Hals ist lediglich in seinem Ansatz zu erkennen. Beide Vorderarme sind bestoßen; die Hände fehlen. Der Torso gehört zu einem gut belegten Statuentypus, der ranghohe Beamte der Ptolemäerzeit darstellt. Kennzeichnend für diese männlichen Standfiguren ist ein dreiteiliges Gewand, das bei unseren beiden Exemplaren schön veranschaulicht wird.
Das kurzärmlige Untergewand, die Tunika, ist durch den zugespitzten Halsausschnitt und den bandartigen Saum am rechten Oberarm gekennzeichnet. Die dezenten Falten unter dem Hals und über der rechten Schulterpartie lassen die Feinheit des Stoffes erahnen. Darüber ist mantelartig ein Tuch – das üblicherweise bis zu den Knöcheln reicht – von rechts nach links um den Körper gewickelt. Der breite, über die linke Schulter geworfene Schal hebt sich durch die gebauschten Falten von dem oberen Mantelabschluß ab. Die Stoffkanten weisen die für diese Tracht charakteristische Borte mit quastenartigen Fransen auf.
Dem üblichen ägyptischen Kanon entsprechend ist der Mann in Schrittstellung mit vorgestelltem linken Bein wiedergegeben. Der gestreckte rechte Arm liegt der rechten Körperseite an, während der linke Arm angewinkelt ist, so daß die Hand vor dem Bauch liegt. Das Gewand läßt die Formen des kräftig modellierten Körpers erahnen, doch nimmt die Wiedergabe der Falten nicht auf seine Bewegung Bezug – die drei gleichmäßig drapierten vertikalen Falten unter der linken Brust haben etwa rein ornamentalen Charakter. Die gezielte Alternierung von gratförmigen linearen und plastisch hervorgehobenen voluminösen Falten orientiert sich an der stilistischen Tradition der griechischen Kunst.
Da der Rückenpfeiler unbeschriftet geblieben ist, ist die Identität des Dargestellten unbekannt. MPG

Publikation: Bianchi, Draped Male Figures, fig. 82, pl. 61; Ägyptische Kunst, Münzen und Medaillen AG, Auktion 46, Basel 1972, 28. April, 66, Nr. 124, Taf. 28. Hinweise sind Diana Nickel zu verdanken.

Parallelen und Literatur: R. Bianchi, The Striding Draped Male Figure of Ptolemaic Egypt, in: Das ptolemäische Ägypten, Mainz 1978, 94–102; Borchardt, Statuen III, Nr. 696, Blatt 128; Grimm, Ptolemäer, Nr. 16, Taf. 22–23 mit Literaturangaben und Vergleichen.

209
Torso einer Gewandfigur

Privatsammlung, Schweiz

Granodiorit
H. 45 cm
Kopf- und Beinpartie fehlen
Römische Epoche, spätes 1. Jh. v. Chr.

Dieses Beamtenbildnis – wahrscheinlich aus der Zeit der frühen römischen Herrschaft in Ägypten – lehnt sich an die Tradition der ptolemäischen Gewandfiguren an, doch gelang es dem Bildhauer nicht, die Plastizität des Körpers wie bis anhin in realistischer Weise darzustellen. Er verzichtete auf die wirklichkeitsgetreue Wiedergabe der ursprünglich dreiteiligen Tracht und konzentrierte sich auf die Hervorhebung der typischen, nun formelhaft reduzierten Merkmale.
Die Tunika ist einzig durch die eingekerbte Linie am rechten Oberarm gekennzeichnet, die das Ende des kurzen Ärmels markiert. Die dicht drapierten Falten des Mantels sind mit bewundernswerter Regelmässigkeit gearbeitet, jedoch so stark schematisiert, daß sie jeglicher Körperlichkeit entbehren. Die Verzierung der Stoffkante ist in Form von zackenartigen Fransen über dem linken Bein zu erkennen. Der Schal, der von der linken Schulter zur rechten Achselhöhle läuft, hebt sich kaum von dem oberen Mantelsaum ab. Der Rückenpfeiler ist unbeschriftet.
Die Haltung des Mannes entspricht dem ptolemäischen Torso (vgl. Kat.-Nr. 208). Der weit ausgreifende Schritt des linken Beines vermag die strenge Frontalität des Oberkörpers etwas zu lindern. Der angewinkelte linke Arm erscheint bis zum Ellenbogen ungegliedert; lediglich der Vorderarm hebt sich von der Mantelumhüllung ab. Die linke Hand greift aus dem Umhang heraus und hält einen länglichen Gegenstand, bei dem es sich wohl um den traditionellen Stoffstreifen handelt.
Mit der Entscheidung des Künstlers, sich in erster Linie auf die detaillierte Gestaltung des Faltenwurfes der Kleidung zu konzentrieren und die skulpturale Gestaltung der Statue in den Hintergrund zu stellen, entfernt er

sich von der ägyptischen Tradition, die stets großen Wert auf die Modellierung der Körperformen legte.

MPG

Publikation: unveröffentlicht.
Parallelen: Cleopatra's Egypt (Brooklyn 1989), 126–127, no. 32; Ägyptisches Museum Berlin (1991), 197, Nr. 118.
Literatur: vgl. Kat.-Nr. 208.

210
Grabstele des Heribwadjet

Sammlung Alfred Richterich, Laufen

Kalkstein, keine Farbspuren
H. 44,6 cm; B. 32,9 cm; T. 6,5 cm
Rechte Ecke der Basis weggebrochen. Verschiedene Kratzspuren auf der Vorderseite. Insgesamt verwaschene Oberfläche
Ptolemäisch, 2.–1. Jh. v. Chr.

Trotz der handwerklich oft mangelhaften Ausführung der ptolemäischen Grabstelen weisen sie teilweise originelle Details auf. Zwar besitzt die vorliegende Grabstele des Heribwadjet im Grunde ein feines, versenktes Relief mit vielen Details, doch kommen diese kaum mehr zur Geltung, da die Oberfläche stark verwaschen und z.T. auch beschädigt ist. Aufgrund der Nennung des Totengottes Ptah-Sokar-Osiris dürfte die Stele in Memphis entstanden und dort auch aufgestellt worden sein.
Die Grabstele ist wie üblich oben abgerundet. Im Tympanon – dem Abschnitt im abgerundeten Giebelfeld – befindet sich eine geflügelte Sonnenscheibe. Kaum noch zu erkennen sind die beiden Uräusschlangen, die die Sonnenscheibe flankieren. Über ihr ist die in der Form des oberen Stelenabschlusses gebogene Himmelshieroglyphe angebracht. Das Himmelsgewölbe wird von zwei seitlichen Stützen getragen, die als einfache Stangen ausgeführt sind. Im Hauptbildfeld in der Mitte steht der Stelenbesitzer Heribwadjet (rechts) in Verehrungshaltung vor dem Totengott Anubis (links). Der Beamte mit kurz geschnittenem Haar trägt einen langen Schurz, sein Oberkörper bleibt frei. Ein breiter Halskragen bedeckt seine Brust. Ehrerbietig hat er seine Arme erhoben. Vor ihm befindet sich ein niedriger Opfertisch mit Fladenbroten, Gemüse und Geflügel. Beinahe darüber kniet eine kleinere Person in gleicher Tracht, die mit beiden Händen einen Korb mit Früchten oder Broten auf ihrem Kopf festhält. Auch diese Figur scheint Anubis zu opfern. Der Totengott ist in seiner Tiergestalt, als Canide (s. Kat.-Nr. 211), wiedergegeben und «thront» auf seinem Schrein. Der in zwei horizontalen Zeilen abgefaßte Text ist nicht sonderlich schön geschrieben; einige Zeichen und Schreibungen sind gar korrupt: «Der vor Ptah-Sokar-Osiris Verklärte, Heribwadjet, Sohn des (Name ist nicht vollständigt lesbar), geboren von der Anchnesites».

AW

Publikation: unveröffentlicht.
Parallelen: Kamal, Stèles I, pl. III: CG 22005. V: CG 22013. VIII: CG 22022. XIX: CG 22058. LI: CG 22170.
Literatur: Munro, Totenstelen, 155ff. 336ff. (Typ Memphis II).

211
Kopf eines Schakals

Privatsammlung, Schweiz

Roter Granit
L. 7,1 cm; B. 3,9 cm; H. 5,9 cm
Kopf einer rundplastischen Figur. Ohrenspitzen weggebrochen. Drei restaurierte Brüche
Spätzeit oder griechisch-römische Epoche, 4./2. Jh. v. Chr.

Der Schakal, der nachts am Rande der Wüste die Friedhöfe durchstreift, um die Toten aufzuspüren, gab im Verlauf des Alten Reiches den Anstoß zu der Darstellung des Totengottes Anubis als Mann mit Schakalskopf. Zu seinem Aufgabenbereich gehörte vornehmlich die Einbalsamierung des Verstorbenen. Im Totenbuch geleitet er den Verstorbenen in die Gerichtshalle des Osiris, wo über seinen Lebenswandel Gericht gehalten wird.
Ob es sich wirklich um einen Schakal handelte und nicht eher um einen Wolf oder gar einen herumstreunenden Hund, läßt sich heute nicht mehr schlüssig sagen, da schon die alten Ägypter zwischen den einzelnen Tieren nicht streng unterschieden. So sprechen wir heute am besten neutral von Caniden. In griechisch-römischer Zeit ordnete man Anubis allerdings den Hund zu. Neben Anubis haben übrigens auch Upuaut und einer der vier Horussöhne, Duamutef, einen Canidenkopf.
Die zeitliche Einordnung ägyptischer Tierdarstellungen ist äußerst schwierig, da es an spezifischen Datierungskriterien mangelt. Der vorliegende kleine Kopf eines Caniden scheint am ehesten in der Spätzeit oder gar in griechisch-römischer Zeit entstanden zu sein, als die Verehrung des Hundes am verbreitetsten war. Der Kopf des Caniden ist sehr naturalistisch gestaltet. Er besitzt eine relativ kurze Schnauze. Sein Maul ist geschlossen, was durch eine Kerbe im Gestein angedeutet wird. Die Augen sind ohne jede Stilisierung dargestellt, weder Augenbraue noch Schminkstrich sind angegeben, wie es für Canidendarstellungen im Neuen Reich üblich wäre. Die kurzen Ohren sind aufmerksam lauschend gespitzt. Das Fehlen einer Götterperücke scheint darauf hinzudeuten, daß es sich nicht um den Kopf des Gottes Anubis handelt, sondern um eine rundplastische Figur eines «Hundes».
In griechisch-römischer Zeit wurde der Hund nach dem Bericht antiker Autoren in ganz Ägypten für heilig gehalten. Mumifizierte Tiere wurden damals wie andere Tiere auch im ganzen Niltal in Tiernekropolen beigesetzt. Als Hauptkultort des Anubis galt aber die «Hundsstadt» (Kynopolis) in Oberägypten. Von den Griechen wurde Anubis und damit auch der Hund als solcher mit Hermes, dem Seelengeleiter *(Psychopompos)*, identifiziert. Deshalb bildete man den Hund wohl auch mit einem Glöckchen um den Hals ab, damit der Verstorbene ihm folgen konnte. Gleichzeitig ist er Wächter an seinem Grab. Als Hund hilft Anubis außerdem Isis beim Aufspüren der Teile der Leiche des Osiris. AW

Publikation: Animals III, 77f., no. 112 (hier in das Neue Reich datiert).
Parallelen: G. Bénédite, Un «chien» égyptien du Nouvel Empire au Musée du Louvre, Gazette des Beaux-Arts 65, 1923, 129–136 (fälschlich ins Neue Reich datiert, sicher griechisch-römisch); Montet, Tanis I, pl. X; Arnold, Bestiary, 15, no. 10; Osiris, Kreuz, Halbmond, 148, Nr. 121. Aus dem Neuen Reich vgl. Götter Menschen Pharaonen, Nr. 48.
Literatur: L. Holden, An Anubis Figure in the Boston Museum of Fine Arts, in: Studies in Ancient Egypt, the Aegean, and the Sudan. Essays in Honor of Dows Dunhum on the Occasion of his 90th Birthday, June 1, 1980 (Hg. W. K. Simpson – W. M. Davies), Boston 1981, 99–103; Hopfner, Tierkult, 47–54; H. G. Fischer, LÄ III, 77–82, s. v. Hunde.

212 A

212 A
Mumienmaske

Privatbesitz, Schweiz

Kartonage aus Leinwand. Stuckiert, vergoldet und polychrom bemalt
H. 47 cm; B. 28 cm
Intakt, restauriert
Ptolemäisch, 3.–2. Jh. v. Chr.

Als die Makedonen und später die Römer Ägypten beherrschten, haben sich weder die Jenseitsvorstellungen noch die Bestattungssitten grundsätzlich gewandelt. Die Eroberer haben im Gegenteil den altägyptischen Jenseitsglauben und die mit ihm verbundenen Bräuche vollumfänglich übernommen. Bis in das 4. Jh. n. Chr. wurde z. B. der Leichnam nach alter Tradition mumifiziert und in anthropoiden Särgen bestattet. Noch zu dieser Zeit glaubte man an die Vereinigung des Verstorbenen mit Osiris in der Unterwelt und an seine Auferstehung im Jenseits. Gewandelt hat sich allerdings die künstlerische Ausgestaltung der Särge und Mumien. Im Unterschied zu früher verwendete man jetzt nicht mehr komplette Särge aus Holz oder Kartonage, die die Mumie direkt umschlossen, sondern sogenannte Mumienauflagen, die den Körper nur partiell bedeck-

212 B

ten. Solche Ensembles von Mumienauflagen bestanden aus einer Mumienmaske (vgl. auch Kat.-Nr. 212B), einem Halskragen (Kat.-Nr. 213), mehreren Brustplatten (Kat.-Nr. 214) und einem Fußkasten. Als Material verwendete man vorzugsweise Kartonage. Die auf diese Weise «verpackte» Mumie legte man zumindest in ptolemäischer Zeit noch zusätzlich in Sarkophage aus Kalkstein (Kat.-Nr. 197).

Die vorliegende Mumienmaske besteht aus Kartonage, die aus Leinwand hergestellt und mit Stuck überzogen wurde. Gesicht, Ohren und Hals sind vergoldet, die übrigen Partien wurden polychrom bemalt. Die Farbe ist z.T. abgeplatzt, wurde aber gefestigt und retuschiert. Die dreiteilige, längsgestreifte Perücke umschließt unter Freilassung der Ohren das jugendlich idealisierte Gesicht. Die beiden vorderen Haarschöpfe werden durch eine quergestreifte Bordüre abgeschlossen. Dominiert wird das Gesicht von den großen Augen mit den weit geöffneten dunklen Pupillen, wie sie für die Masken aus dieser Zeit typisch sind. Die übrigen Gesichtsteile wie Nase oder Mund sind nicht bemalt. Auf der Brust ist zwischen den Perückenteilen ein breiter Halskragen sichtbar, der aus mehreren Perlenreihen besteht. Schulter- und Bauchansatz sind mit einem Perlennetz bedeckt, das sich aus blauen und grünen Perlen zusammensetzt.

Zur Herstellung von Kartonage verwendete man als Basismaterial entweder Leinwand oder Papyrus (Kat.-Nr. 212B). Man legte mehrere Lagen übereinander und preßte sie über eine Form. Danach überzog man das Formstück mit Stuck, bemalte und vergoldete es. Dieses Herstellungsverfahren erlaubte eine serienmäßige Fabrikation der Grundform, während die Bemalung individuell verschieden war. Nur selten wurden Mumienmasken aus anderen Materialien wie Stuck, Holz oder Ton angefertigt. AW

Publikation: unveröffentlicht.
Parallelen: Ancient Egyptian Art (Yale 1986), 160f., no. 91; Peet, Abydos II, pl. XXXVIII,3.
Literatur: Grimm, Mumienmasken; Parlasca, Mumienporträts.

212 B
Mumienmaske

Privatbesitz, Schweiz

Kartonage aus Papyrus, stuckiert, vergoldet und polychrom bemalt
H. 49 cm; B. 27,5 cm
Restauriert, Rückenteil weggebrochen
Ptolemäisch, 2.–1. Jh. v. Chr.

Die Sitte, den Kopf des Leichnams durch eine besondere Gesichtsmaske zu schützen, geht bereits auf das Alte Reich zurück. Dabei handelte es sich um die ersten Versuche, den Körper und seine Form für die Ewigkeit zu erhalten. Die Kartonagemasken der griechisch-römischen Zeit haben diesen Anspruch immer noch, waren aber mittlerweile zum religiösen Massenprodukt geworden. Neben der zunehmenden Stilisierung des Gesichtes wurde die Perücke zusätzlich als Bildträger verwendet, wie unser Beispiel deutlich zeigt.
Die vorliegende Mumienmaske ist praktisch gleich wie die vorangegangene Maske (Kat.-Nr. 212A) gestaltet, mit dem Unterschied, daß der Kopf bzw. die Perücke als Bildträger dient. Diese Sitte setzte in diesem Umfang erst in der Ptolemäerzeit ein. Das Gesicht der Maske ist sehr stilisiert, die Augen sind unnatürlich groß und dominieren das Gesicht. Das Besondere an dieser Maske ist die figürliche Dekoration der Perücke. Auf den beiden vorderen Haarschöpfen ist jeweils in symmetrischer Anordnung eine gelb gemalte Figur des Totengottes Osiris angebracht, der mit angezogenen Beinen auf einem Schrein mit Palastfassade sitzt und über den Knien das Herrschaftsszepter Was hält. Darunter befindet sich jeweils ein Fries von sechs Uräusschlangen mit Sonnenscheibe auf dem Kopf. Hinter den Ohren steht auf beiden Seiten eine weibliche Gottheit mit verehrend erhobenem Arm. Wahrscheinlich darf man die beiden Gottheiten mit Isis und Nephthys identifizieren, die Osiris bzw. den Verstorbenen schützen sollen. Über der Stirn prangt eine geflügelte Sonnenscheibe, deren Flügel in etwas unägyptischer Weise nach unten gebogen sind. Darunter befindet sich zusätzlich ein Stirnband mit vergoldeter Sonnenscheibe. Schultern und Bauchansatz sind mit einem Schachbrettmuster verziert. AW

Publikation: unveröffentlicht.
Parallelen: Grimm, Mumienmasken, Taf. 2,2.
Literatur: Z. A. Hawass, A Burial with an Unusual Plaster Mask in the Western Cemetery of Khufu's Pyramid, in: The Followers of Horus. Studies dedicated to Michael Allen Hoffman (Hg. R. Friedman – B. Adams), Egyptian Studies Association Publication No. 2, Oxford 1992, 327–335; Grimm, Mumienmasken; Parlasca, Mumienporträts.

213
Vergoldeter Halskragen

Privatbesitz, Basel

Kartonage aus Leinwand, stuckiert und blattvergoldet
H. 15 cm; B. 27,7 cm. Falkenköpfe: H. 6,3 cm; B. 6,2 cm
Intakt, Restaurierungen an den Kanten
Ptolemäisch, 2.–1. Jh. v. Chr.

Mehrreihige Halskragen waren im Alten Ägypten eine sehr beliebte und verbreitete Schmuckform und wurden seit prähistorischer Zeit sowohl von Frauen als auch von Männern getragen. Der Halskragen muß schon früh so verbreitet gewesen sein, daß seine einfachste Form zu Beginn der geschichtlichen Zeit als Hieroglyphe für «Gold» in das Schriftsystem Eingang fand. Ursprünglich setzten sich solche Halskragen aus vegetabilen Elementen, Muschel- und Schneckenschalen zusammen. Bald hat man diese Teile aber durch kunstvoll gefertigte Perlen aus Gold, Schmucksteinen und Fayence ersetzt, die diese Formen z.T. nachbilden. Im Mittleren Reich verwendete man dann mehrheitlich Amulettperlen und verzierte die Kragenenden mit Falkenköpfen. Neben dem schmückenden Charakter hatten die Halskragen immer auch Schutzfunktion. So legte man sie dem Verstorbenen auf die Brust oder

bildete sie auf Särgen ab. Der unter dem Namen Ägis bekannte Götterhalskragen wurde sogar zu einem eigenständigen Amulett.

Der vorliegende Halskragen ist eigentlich nur eine Art Attrappe. Er besteht aus vergoldeter Kartonage und war Teil eines Ensembles von Mumienauflagen (vgl. Kat.-Nr. 212A). Die Perlenreihen und der Skarabäus sind in den Stuck eingraviert. Die mit einer Sonnenscheibe bekrönten Falkenköpfe sind separat gearbeitet. Die insgesamt sechs Löcher am Rand des Kragens und der Basis der Falkenköpfe dienten zu seiner Befestigung auf der Mumie. Verschiedene Formperlen bilden eine Kette und sind übereinander angeordnet. Der Kragen wird von einer Reihe Tropfenperlen abgeschlossen. Darauf folgen Perlen in Gestalt von alternierenden Lotusblüten und -knospen, runden Perlen, Lotusblütenperlen und Rosetten. Über dem eigentlichen Kragen ist im Zentrum ein geflügelter Skarabäus dargestellt, der vor sich eine Sonnenscheibe herschiebt. Dabei handelt es sich um das wirkungsmächtige Bild der verjüngten Sonne, die aus der Unterwelt hervorkommt. AW

Publikation: unveröffentlicht.
Parallelen und Literatur: Grimm, Mumienmasken, Taf. 119,4f. Vgl. Andrews, Jewellery, 119ff., fig. 102f.

214
Mumienauflage

Privatbesitz, Basel

Kartonage aus Leinwand, stuckiert, vergoldet und bemalt. Umrahmungen aus Bitumen
H. 37,7 cm; B. 19,3 cm
Intakt
Ptolemäisch, 2.–1. Jh. v. Chr.

Vergoldete und polychrom bemalte Kartonagen sind zweifellos eine Spezialität der griechisch-römischen Zeit Ägyptens. Dieses Material wurde allerdings nur für den jenseitigen Gebrauch zur Herstellung von Mumienmasken (Kat.-Nr. 212A/B) oder Mumienauflagen, in seltenen Fällen auch ganzer anthropoider Särge verwendet.
Die Fortsetzung des Halskragens (vgl. Kat.-Nr. 213; zu den Bestandteilen eines Ensembles s. bei Kat.-Nr. 212A) bildet die Brustplatte hochrechteckiger Form. Sie ist mit einer Reihe wichtiger Schutzgottheiten des Verstorbenen dekoriert. Der Hintergrund der Platte ist rot bemalt. Figuren und Inschriftzeilen sind in den Stuck eingraviert und blattvergoldet. Die Umrahmung der beiden Inschriftzeilen und die Basis der Götterfiguren besteht aus Bitumen. Dargestellt ist zuoberst die geflügelte Himmelsgöttin Nut mit Sonnenscheibe auf dem Kopf, die auf den beiden vertikalen Inschriftzeilen kniet. Die beiden Kolumnen in der Mitte werden von den vier Horussöhnen Amset (mit Menschenkopf), Hapi (mit Paviankopf), Kebehsenuef (mit Falkenkopf) und Duamutef (mit Schakalskopf) umrahmt. Sie sind mumiengestaltig wiedergegeben und besitzen einen breiten Halskragen, der von einer Reihe Tropfenperlen abgeschlossen wird. Zuunterst knien Isis (links) und Nephthys (rechts), deren Hände je auf einem Schen-Ring – einem Amulett für Schutz – aufliegen. Der eingravierte Text nennt einen Gottesdiener des Harsaphes namens Idu-Heribesnef, Sohn des Sameref (= Titel eines Harsaphespriesters) und Gottesdieners Maatemanch, geboren von der Ubennesjah.

AW

Publikation: unveröffentlicht.
Parallelen und Literatur: Grimm, Mumienmasken; Riederer, Archäologie und Chemie, 231ff.

215
Mumienhülle mit der Darstellung einer Frau

Privatsammlung, Schweiz

Leinwand mit Grundierung, Wachsmalerei (Enkaustik) und Vergoldung
H. 80 cm; B. 33 cm
Geringfügige Retuschen
Römisch, um 100 n. Chr.

Mit der Eroberung Ägyptens 30 v. Chr. durch Octavian, den späteren Augustus, wird das Land am Nil eine Provinz des römischen Reiches, die dem Imperator direkt unterstellt ist und durch einen von Rom ernannten Präfekt verwaltet wird. Im ägyptischen Kunstschaffen treten nun italische Einflüsse hervor, und besonders im Bereich der Sepulkralkunst gewinnt das römische Kunstempfinden zusehends an Bedeutung. Die standardisierten, unpersönlichen Kartonagemasken der Ptolemäerzeit (vgl. Kat.-Nr. 212A/B) erfahren um die Zeitwende unter der Einwirkung der römischen Porträtauffassung eine Tendenz zur Individualisierung. Schon von der frühen Kaiserzeit an werden die bis anhin über einen Formkern gepreßten Masken durch gemalte Mumienbilder ersetzt, die vorerst noch aus Leinwand und später aus Holz bestehen. Dieser Brauch, das Bild des Verstorbenen auf eine Holztafel zu malen und sie anschließend in die Mumienhülle zu integrieren (vgl. Kat.-Nr. 219-221), endet im ausgehenden 4. Jh. n. Chr., als Theodosius I. per Edikt die Ausübung heidnischer Kulte unter Strafe stellt. Aufgrund ihres Hauptfundortes, der Oase Faijum, werden diese zur kostbaren Hinterlassenschaft antiker Porträtmalerei gehörenden Mumienbildnisse als «Faijum-Porträts» bezeichnet.
Unsere bis auf die fehlende Beinpartie wunderbar erhaltene mumienförmige Kartonagehülle zeigt das Bildnis einer wohlhabenden Dame von gereiftem Alter. Die mit einer feinen Stuckschicht überzogene Leinwand ist mit Wachsfarben in mehreren, teils kräftig aufgetragenen Schichten bemalt, wobei die reliefierten Elemente wie der Schmuck und die Amulette nachträglich modelliert und aufgesetzt wurden. Abgesehen von ihrer beeindruckend reichen Polychromie besticht die Mumienhülle besonders durch die hervorragende künstlerische Gestaltung.
Das schmale Antlitz der Frau wird von einem melancholischen Ausdruck geprägt. Die dezent angedeuteten Lichtreflexe in den großen dunkelbraunen Augen mit

den schweren Brauen verstärken die Lebendigkeit ihres Blickes. Das einfühlsam wiedergegebene Spiel von Licht und Schatten betont die ebenmäßigen Gesichtszüge mit den betonten Jochbeinen, die schmale, gerade Nase und den kleinen Mund mit seinen sensibel geschwungenen, von einem leisen Lächeln umspielten Lippen. Das tiefschwarze Haar der Frau ist zu einem voluminösen Knoten hochgesteckt. Die Verstorbene ist mit einem hellblauen Chiton mit Zierkante und einem purpur-lila gefärbten Himation bekleidet. Der Überwurf, der den Körper von der Taille abwärts bedeckt, imitiert ein Perlennetz aus Fayence, dessen Stäbchenperlen an den Kreuzungspunkten durch goldene Ringperlen verbunden sind. Die üblicherweise auf das Netz aufgenähten Amulette – die Sonnenscheibe über dem geflügelten Skarabäus, die vier Horussöhne und der Geier mit ausgestreckten Schwingen – sind in erhabenem Relief wiedergegeben. Besonderen Wert scheint der Künstler auf eine detailgetreue Wiedergabe des zum Teil plastisch gestalteten Schmuckes gelegt zu haben. Die durchbohrten Ohrläppchen schmückt ein elegant geschwungenes Ohrgehänge mit abschließender Perle. Um den Hals ist eine prachtvolle goldene Halskette mit einem tropfenförmigen Edelsteinanhänger gelegt. Wie bei dem runden Stein, der in das goldene Medaillon über der Brust eingefaßt ist, handelt es sich wahrscheinlich um den im ganzen römischen Imperium sehr beliebten grünen Beryll. Je ein schweres Armband umschließt die zierlichen Handgelenke. Jeder einzelne Finger der linken Hand trägt einen elaborierten Ring, während bei der rechten Hand lediglich der Ringfinger von einem schlichten bandartigen Ring geschmückt wird.

Der rosafarbene Blütenkranz, den die Verstorbene in der linken Hand hält, ist ein im Totenkult des römischen Ägypten häufig belegtes Motiv. Bei dem länglichen Gebilde von brauner Farbe, das sie in ihrer rechten Hand hält, handelt es sich vielleicht um eine Fackel, wahrscheinlicher aber um gebündelte und zusammengeschnürte Ähren. Sie weisen auf den Totengott Osiris in seiner Funktion als Vegetationsgott und stehen symbolisch für die erhoffte Auferstehung der Verstorbenen.

MPG

Publikation: unveröffentlicht.

Parallelen und Literatur: Borg, Mumienporträts, passim; Corcoran, Portrait Mummies, passim; Doxiadis, Fayum Portraits, 93–102 (zur Maltechnik); Edgar, Graeco-Egyptian Coffins, passim; Parlasca, Mumienporträts, 99–103 (zur Leinwandmalerei), Taf. 8–9; ders., Repertorio d'Arte dell'Egitto Greco-Romano, Serie B, Vol. I, Palermo 1969; Serie B, Vol. II, Palermo 1977, passim; Petrie, Hawara, passim; ders., Roman Portraits (zu den gebündelten Ähren pl. X, II); Thompson, Mummy Portraits (zu den Utensilien für Wachsmalerei fig. 10, zur Einrahmung der Porträts fig. 14–16).

216
Finger- und Ohrringe mit Büsten von Gottheiten

Privatsammlung, Schweiz

A: Fingerring
Gold, massiv
Ring: Dm. 2,1 cm
Geringfügige Bestoßung an der einen weiblichen Büste; Verbindungsstellen zwischen den beiden Köpfen gebrochen
Ptolemäisch-römische Epoche, um die Wende vom 1. Jh. v. Chr. zum 1. Jh. n. Chr.

B: Ohrringe
Gold, massiv
Isisbüste: H. 1,9 cm; Sarapisbüste: H. 1,6 cm
Isisbüste: Intakt; Sarapisbüste: Bügel kurz über dem Kopf abgebrochen
Ptolemäisch-römische Epoche, um die Wende vom 1. Jh. v. Chr. zum 1. Jh. n. Chr.

A: Der Typus der Ringe mit Götterbüsten ist vorwiegend aus der Zeit des ersten vorchristlichen und des ersten nachchristlichen Jahrhunderts belegt.

Der massive, im Querschnitt runde Ringschaft endet beidseits mit der Darstellung einer weiblichen Büste in reich drapiertem Gewand. Sowohl das Gesicht als auch der Kopfputz beider Figuren lassen sich aufgrund der Abnutzung kaum mehr erkennen. Die Frisur mit den langen seitlichen Zapfenlocken und die Gestaltung des Faltenwurfs legen jedoch die Vermutung nahe, daß es sich um die Göttin Isis handelt.

B: Ähnlich wie bei dem vorangehenden Stück ist auch bei diesem Ohrschmuck der aus Golddraht gefertigte Bügel S-förmig gebogen, wobei das gesondert gegossene und besonders qualitätsvolle Mittelstück die Form von Götterbüsten aufweist. Trotz ihres winzigen Formats lassen sich die beiden Figuren aufgrund ihrer Attribute identifizieren: es handelt sich um Isis und Sarapis.

Der Kult der Isis überstrahlt in der griechisch-römischen Zeit den aller anderen ägyptischen Göttinnen.

Vermehrt tritt sie nun in der Triade Isis-Sarapis-Harpokrates auf. Isis und Sarapis repräsentieren als Ehepaar die Stadt Alexandria und das ptolemäische Herrscherhaus.

Der von Ptolemaios I. Soter gegründete Kult des Sarapis sollte der einheimischen und der griechischen Bevölkerung einen gemeinsamen Gott geben, der Wesenszüge ägyptischer und griechischer Götter (Zeus, Hades und Dionysos) in sich vereinte. Der Name dieser künstlich geschaffenen Gottheit greift auf Osiris und Apis zurück, wobei Sarapis – ähnlich wie Osiris – ein Jenseits- und Fruchtbarkeitsgott war. Das hellenisierte Bild zeigt Sarapis in einen reich drapierten Chiton gehüllt – mit langem, gelocktem Haupthaar, einem Vollbart und einem Kalathos als Kopfputz. Sein Hauptheiligtum, das Sarapeion, befand sich in Alexandria – der neuen Landeshauptstadt an der ägyptischen Mittelmeerküste, die gleichzeitig den wirtschaftlichen und kulturellen Mittelpunkt der ganzen damaligen Welt bildete. MPG

Publikation: unveröffentlicht.

Parallelen: Andrews, Jewellery, 175, no. 161,c; Cleopatra's Egypt (Brooklyn 1989), 201–203, no. 92.93; Williams, Gold and Silver, 107–110, pl. XIV, no. 40–42.

Literatur: G. Clerc – J. Leclant, LIMC VII. 1, s. v. Sarapis, 666–692, mit ausführlicher Literatur; LIMC VII. 2, s. v. Sarapis, 504–518; G. Hölbl, LÄ VI, 920–969, besonders Sp. 922–938, s. v. Verehrung ägyptischer Götter im Ausland, bes. griech.-röm. Zt.

217
Lunula-Anhänger und Ohrringe

Privatsammlung, Schweiz (A, B)

A: Anhänger
Gold, massiv
3,3 cm x 2,6 cm
Intakt
Römisch, 1.–3. Jh. n. Chr.

B: Ohrgehänge
Gold, Perlen
H. 2,1 cm
Intakt
Römisch, 1.–3. Jh. n. Chr.

A: Die beiden Enden dieses im Gußverfahren hergestellten Lunula-Anhängers sind halbmondförmig eingedreht und mit je einer winzigen, nachträglich angefügten Rosette verziert. Die gesondert gegossene, gerippte Tragöse ist an der Oberkante fixiert, wobei eine identische kleine, sechsblättrige Rosette die Lötstelle bedeckt. Die Lunulae, die in Ägypten seit dem Neuen Reich belegt und auch im Vorderen Orient seit dem zweiten Jahrtausend v. Chr. bekannt sind, hatten eine apotropäische Funktion.

B: Das Ohrgehänge ist aus einem massiven Golddraht gearbeitet, der zu einer eleganten S-förmigen Schlaufe gebogen ist. Das Mittelstück trägt je zwei gräulich irisierende Perlen. Der abschließende Teil des Bogens verjüngt sich zusehends, so daß er problemlos durch das Ohrläppchen gezogen werden konnte.
Sowohl der Lunula-Anhänger als auch der oben beschriebene Typus von Ohrringen erfreuten sich besonders in römischer Zeit einer großen Beliebtheit. Auf den ägyptischen Mumienporträts dieser Epoche sind diese Schmuckstücke mehrfach abgebildet, so zeigt das «Porträt einer alten Dame» (München, Staatliche Sammlung Ägyptischer Kunst, Inv.-Nr. ÄS 1) einen mit unseren Exemplaren identischen Hals- und Ohrschmuck. MPG

Publikation: unveröffentlicht.
Parallelen und Litratur: Borg, Mumienportäts, 168–169, bes. Anm. 142–143; Buberl, Mumienbildnisse, Graf-Nr. 16, Taf. 14. Graf-Nr. 25, Taf. 46. Graf-Nr. 77, Taf. 36; Doxiadis, Fayum Portraits, zum Schmuck 234–235; Hoffmann – von Claer, Gold- und Silberschmuck, 80, Nr. 51: Lunula-Anhänger. 132–133, Nr. 86: S-förmige Ohrringe mit «Orientperlen»; Williams, Gold and Silver, 184, pl. XXVIII, no. 123; Cleopatra's Egypt (Brooklyn 1989), no. 82; Staatliche Sammlung (München 1971), 132, Nr. 116, ÄS 1, Taf. 76; Vernier, Bijoux II, 176, nr. 52.547, pl. XXXIII.

218
Fingerringe und Armreif in Schlangengestalt

Privatsammlung, Schweiz (A, B)

A: Armreif
Gold, massiv
Dm. 5 cm
Bis auf die fehlende Schwanzspitze intakt
Ptolemäisch-römische Epoche, 2. Jh. v. Chr. bis 1. Jh. n. Chr.

B: Ringe
Gold, massiv
Dm. 1,9 cm; 1,7 cm
Intakt
Ptolemäisch-römische Epoche, 2. Jh. v. Chr. bis 1. Jh. n. Chr.

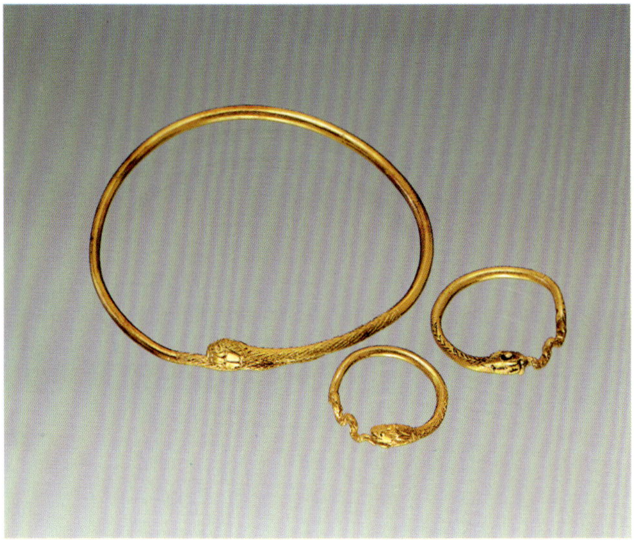

Finger gelegt wurden. Ob diese schlangenförmigen Reife und Ringe generell mit dem Isiskult in Verbindung gebracht werden können, bleibt trotz der Verbindung der Schlange mit der Göttin Isis fraglich – in Anbetracht der Gegebenheit, daß sich diese spezifische Schmuckform im gesamten griechisch-römischen Einflußbereich einer großen Beliebtheit erfreute. MPG

Publikation: unveröffentlicht.
Parallelen: Animals I, 170, no. 162–163; Andrews, Jewellery, 175, no. 161,d. h; Cleopatra's Egypt (Brooklyn 1989), 201–203, no. 95. 96; Vernier, Bijouterie et Joaillerie, pl. IV,2. 5; ders., Bijoux I, 56, nr. 52.119, pl. XV; ders., Bijoux II, 105, nr. 52.297, pl. XXV.
Literatur: V. Tran Tam Tinh, LIMC V. 1, s. v. Isis, 761–796 (zu Isis-Thermuthis 788–789); LIMC V. 2 s. v. Isis, 501–526, besonders Nr. 333–362; Hoffmann – Davidson, Greek Gold, passim.

A: Der massive Armreif – der aufgrund seines geringen Durchmessers ein sehr zierliches Handgelenk geschmückt haben muß – imitiert die Gestalt einer Schlange. Die beiden offenen Enden des Reifes überkreuzen sich spiralenartig, wobei das eine in einen Schlangenkopf ausläuft und das andere als Schwanz des Reptils wiedergegeben ist. Einzelheiten wie die eindrucksvoll modellierte Kopfpartie und die stilisierten Hautschuppen wurden mit großer Präzision nach dem Guß ziseliert.
B: Die beiden Ringe in Form einer sich in den Schwanz beißenden Schlange weisen eine dem Armeif (A) entsprechende Gestaltung auf: Die Kopfpartie und der mehrfach geringelte Schwanz des Reptils wurden in minutiöser Weise nachbearbeitet; lediglich der Ringschaft blieb undekoriert.
Wie der Lunula-Anhänger findet sich auch Schmuck mit Schlangenmotiven seit frühester Zeit im vorderasiatischen Raum; in Griechenland ist das Schlangenarmband seit der geometrischen Epoche (8./7. Jh. v. Chr.) belegt. Im Verlauf des vierten Jahrhunderts v. Chr. findet das Schlangenmotiv eine markante Verbreitung und gilt bereits im frühen Hellenismus als gängiges Standardmuster innerhalb des Schmuckrepertoires. Das natürliche Erscheinungsbild der sich zusammenrollenden Schlange erwies sich als ideales Motiv für Zierstücke, die um den Oberarm, das Handgelenk oder den

219
Mumie mit Mumienporträt

Privatsammlung, Schweiz

Leinen, stuckiert, bemalt und vergoldet. Wachsmalerei auf Holz
H. 183 cm
Intakt. Minime Risse im Leichentuch am Fußteil
Römisch, Mitte 2. Jh. n. Chr.
Möglicherweise aus el-Hibe

Die ptolemäischen Mumienmasken aus Kartonage wurden in der römischen Kaiserzeit weitgehend durch Mumienporträts und gegossene Stuckmasken abgelöst, die direkt über dem Gesicht des Verstorbenen in die Mumienwicklung eingefügt wurden. Die Motive der Mumienauflagen übertrug man auf die Leichentücher, mit denen man die kunstvoll einbandagierte Mumie umhüllte. Anstelle eines bemalten Leichentuches konnte man auch die Mumienbandagierung mit einer aufwendigen Kassettierung versehen, in die vergoldete Knöpfe eingesetzt wurden.
Ein makabres, aber durchaus eindrückliches Kunstwerk bildet die komplett erhaltene Mumie eines jungen Römers mit noch eingesetztem Mumienporträt. Nur noch wenige solcher Bildnistafeln befinden sich in dem originalen Zusammenhang, d.h. auf dem Gesicht der

Mumie. Wie die vortrefflich erhaltenen Mumienporträts mit Wachsmalerei (Kat.-Nr. 220f.) ist auch dieses mit religiösen Motiven bemalte Leichentuch in einem vorzüglichen Zustand. Nahe Parallelen, die in el-Hibe (griech. *Ankyronpolis*) in Mittelägypten gefunden wurden, machen es wahrscheinlich, daß die hier gezeigte Mumie ebenfalls von dort stammt.

Mit entrücktem Blick schaut uns ein etwa 40 Jahre alter Römer mit lockigem Haar und flaumigem Bart entgegen. Sein Kopf ist leicht nach links gewandt und in einer für den alten Ägypter unüblichen Dreiviertelansicht wiedergegeben. Im Haar trägt er einen Lorbeerkranz, der mit Blattgold aufgelegt ist. Im Nacken und an der Brust ist seine weiße Toga zu erkennen. Der Ausschnitt im Leichentuch ist am Rand mit Goldfolieplättchen dekoriert. Von dem Verstorbenen sind neben dem Gesicht auch Arme und Füße zu sehen, die auf das Leichentuch aufgemalt sind. In der rechten Hand hält er eine rosa Blumengirlande, in der linken vielleicht ein Ährenbündel. Wie Versatzstücke erscheinen die auf dem Leichentuch aufgemalten Symbole und Götterfiguren. Ein Zusammenhang ist nicht erkennbar. Zuoberst sind es zwei antithetische Falken mit weißer Krone, dann folgen zwei Udjat-Augen und die Göttin Maat sowie der ibisgestaltige Thot. Im Zentrum steht auf einem Goldzeichen die geflügelte Himmelsgöttin Nut mit Sonnenscheibe auf dem Haupt, darunter der Totengott Osiris zwischen zwei sich emporwindenden Schlangen. Den Abschluß bildet eine Sonnenscheibe mit zwei Uräusschlangen. Die Bilder auf dem Leichentuch wurden mit Temperafarben aufgetragen und partiell vergoldet. Im Gegensatz zur Enkaustik wurden die Farbpigmente der Tempera mit Eiweiß angerührt.

Die römischen Mumien mit Mumienporträts stellen so eine eigenartige Mischung altägyptischer Jenseitsvorstellungen und römischer Porträtkunst dar. Während die Mumie den Leib konservierte, sollte das Porträt über den Tod hinaus die Individualität des Verstorbenen bewahren. Für die alten Ägypter allerdings war dagegen der Name Wesensträger und nicht das Bildnis. AW

Publikation: unveröffentlicht.

Parallelen: Dioxiadis, Fayum Portraits, 158. 164f., fig. 100–102; Egyptian Art (Cambridge 1996), 134, no. 63; Parlasca, Mumienporträts, 63, Anm. 32 mit Frontispiz Brooklyn Inv. 40.386. und 152ff. (Leichentücher).

Literatur: Parlasca, Mumienporträts; Brier, Mummies; Corcoran, Portrait Mummies; Dioxiadis, Fayum Portraits; Borg, Mumienporträt.

220
Porträt-Tafel mit der Darstellung eines bärtigen Mannes

Privatsammlung J.-P. C., Genf

Holz, Wachsmalerei
H. 36,5 cm; Breite: 25,5 cm
Mehrere fehlende Farbstellen
Römisch, 2. Hälfte des 2. Jh.s n. Chr.

Ein Porträt konnte erst nach dem Tod des Dargestellten, aber auch schon zu seinen Lebzeiten angefertigt werden. Konnte man für das Mumienbildnis auf ein vorhandenes gerahmtes Porträt aus dem profanen Bereich zurückgreifen, mußte es für den funerären Gebrauch hergerichtet werden, indem man die beiden oberen Ecken zuschnitt und die Kante soweit abrundete, daß die Tafel über dem Kopf des Verstorbenen plaziert und in die Hülle eingewickelt werden konnte (vgl. Kat.-Nr. 219).

Unsere mit Wachsfarben bemalte Holztafel zeigt das Porträt eines bärtigen Mannes in der zweiten Lebenshälfte. Es handelt sich bei diesem Bildnis eher um eine idealisierte als um eine wirklich lebensnahe Darstellung. Während die Schultern leicht nach links gedreht sind, ist der Kopf frontal dargestellt. Das intensive Spiel mit dem Kontrast zwischen hell und dunkel betont den mittleren Teil des Antlitzes, wobei besonders die übergroßen Augen beleuchtet werden. Die kurze Stirn und das Kinn verlieren sich im Dunkel von Haupthaar und Vollbart, deren kleine, gekrauste Locken sich lediglich am äußeren Rand von der Haarmasse lösen. Die schmale, leicht gebogene Nase und der kleine Mund mit vollen Lippen unterstreichen die feinen Gesichtszüge. Der Künstler scheint sich aber auf die Bearbeitung der Augenpartie konzentriert zu haben. Mit viel Sensibilität sind die schweren Lider, die tiefen Augenhöhlen und die elegant geschwungenen Brauen gemalt. Die gezielte Setzung der weißen Lichtreflexe – beim rechten Auge beidseits der Pupille, beim linken am inneren Augenwinkel – und die Einrückung des linken Auges zeigen, daß der Mann offenbar schielte.

Die Abfolge von Farbabsplitterungen und bräunlichen Flecken, die das Antlitz in einem Oval umspannen, die unterschiedliche Farbgebung des Hintergrunds – heller am äußeren Bildrand, gräulich-weiß rund um den Kopf – und die angepaßten Ecken mit der unregelmäßig zugeschnittenen oberen Kante lassen erkennen, daß die Tafel als Mumienbildnis diente und in eine Kartonagehülle eingepaßt war. MPG

Publikation: unveröffentlicht.
Parallelen und Literatur: vgl. Kat.-Nr. 215; Doxiadis, Fayum Portraits, 138 (zur Einrahmung von Bildnissen zu Lebzeiten des Dargestellten), fig. 69; Parlasca, Mumienporträts, 88, Taf. 37; ders., Repertorio d'Arte dell'Egitto Greco-Romano, Serie B. Vol. I., Palermo 1969, tav. 49.

221
Mumienhülle und Porträt-Tafel mit der Darstellung eines bärtigen Mannes

Privatsammlung, Schweiz

Hülle: Leinwand, bemalt; Porträt-Tafel: Holz, Wachsmalerei
H. 50 cm; B. 38,5 cm
Obere rechte Ecke der Hülle beschädigt
Römisch, Mitte des 3. Jh.s n. Chr.

Literarische Quellen bezeugen die Sitte, die Mumie mit der integrierten Bildnistafel des Verstorbenen eine gewisse Zeit lang innerhalb des Wohnbereiches aufzustellen, wo sie für die Trauerfamilie zugänglich war. Gelegentlich soll das gemalte Porträt vor der eigentlichen Bestattung wieder entfernt worden sein. Gewisse Holztafeln wurden – unabhängig von dem Aussehen des allfälligen Besitzers – gar serienmäßig hergestellt, was ikonenhaft erstarrte Bildnisse zur Folge hatte, die für die Endphase (4. Jh. n. Chr.) der Porträtherstellung kennzeichnend sind.

Noch aus der vorhergehenden Phase stammt unsere

Holztafel, die in eine bis auf Schulterhöhe erhaltene mumienförmige Kartonagehülle eingebunden ist und das Bildnis eines in ein weißes Gewand gekleideten älteren Mannes zeigt. Die intensiven, teils mehrschichtigen Wachsfarben wurden in differenzierter Malweise aufgetragen. Die breiten Streifen am Gewand und am Hals sind mit Hilfe eines Spachtels appliziert worden. Die feinen Barthaare an den Wangen und die geschwungenen Wimpern am Augenrand wurden jedoch mit präzisen Pinselstrichen aufgemalt. Durch die geschickte Wiedergabe von Lichtreflexen erhält das nach links gedrehte Gesicht Plastizität. Die gewellten Strähnen des ungescheitelten Haupthaares fallen locker in die Stirn und bedecken das rechte Ohr. Der üppige Vollbart läßt den rosa schimmernden Mund kaum erkennen. Die leicht schräggestellten braunen Augen mit den kleinen Lichtreflexen, die sich über dem Nasenansatz berührenden buschigen Augenbrauen und besonders die Knollennase verleihen der Physiognomie des Mannes ihre Individualität. MPG

Publikation: unveröffentlicht.
Literatur: vgl. Kat.-Nr. 215; Doxiadis, Fayum Portraits, 235, zur Haar- und Barttracht; Parlasca, Mumienporträts, 46, Taf. 41.

222
Steatitschale mit Isis und Horus

Privatsammlung, Schweiz

Schwarzer Steatit
Dm. 6,5 cm; B. 8,1 cm (über Henkel)
Intakt, minimale Bestoßungen
Römische Kaiserzeit, 1.–2. Jh. n. Chr.

Das vorliegende reliefierte Schälchen aus schwarzem Steatit gehört zu einer ganzen Gruppe ähnlicher Steinschälchen, von denen wohl die meisten in Alexandria hergestellt wurden. Über ihre Verwendung und Datierung besteht noch keine Klarheit. Möglicherweise handelt es sich um Votivschälchen, die man in ein Heiligtum stiftete, vielleicht zwischen dem 2. vorchristlichen und dem 2. nachchristlichen Jahrhundert. Ikonographische Vorbilder gehen jedenfalls auf toreutische Erzeugnisse hellenistischer Zeit zurück.

Im Spiegel unseres Schälchens heben sich zwei plastisch ausgeführte Götterbüsten über einer eingravierten Lotusblüte ab. Es handelt sich um den falkenköpfigen Gott Horus und seine Mutter Isis, die in inniger Umarmung dargestellt sind und aus dem Bild herausschauen. Horus trägt eine Doppelkrone auf dem Haupt, Isis ein kleines Kuhgehörn mit Sonnenscheibe und Doppelfeder. Für die griechisch-römische Zeit ist die Zapfenlockenfrisur der Isis typisch. Umgeben ist das Götterpaar von einem Kranz lanzettförmiger Blätter. Die Schalenwandung ist kanneliert und ihr Rand wiederum mit einem Blätterkranz dekoriert. Der Ausguß ist nicht offen, sondern wird durch den Schalenrand unterbrochen. Die seitlichen Henkel haben die Gestalt springender Delphine. Auch die Gefäßunterseite ist höchst kunstvoll mit vegetabilen Elementen verziert. Im Zentrum befindet sich eine Rosette, um die ein tordiertes Band führt. Darum herum windet sich eine Wellenranke mit Weintrauben.
Das zentrale Bild im Spiegel erinnert an das altägyptische Motiv des Gottes auf der Blüte. Ob hier allerdings noch kosmogonische Aspekte eine Rolle spielen, ist fraglich. Vielmehr dient die Lotusblüte hier einfach als Basis göttlicher Erscheinung. Eine vergleichbare Schale zeigt Isis, Serapis und Harpokrates ebenfalls über einer Lotusblüte. Andere Schalen wiederum bilden Krokodile oder erotische Szenen ab, z. B. ein kopulierendes Paar (vgl. Kat.-Nr. 223). AW

Publikation: unveröffentlicht.
Parallelen: Ägyptisches Museum Berlin (1967), Nr. 1016. Vgl. Gott und Götter, 171, Nr. 114. Vgl. auch Parlasca, Griechisch-römische Steinschälchen aus Ägypten (s. Lit.).
Literatur: K. Parlasca, Griechisch-römische Steinschälchen aus Ägypten, in: Das römische und byzantinische Ägypten. Akten des internationalen Symposions 26.–30. September 1978 in Trier (Hg. G. Grimm – H. Heinen – E. Winter), AegTrev 2, Mainz 1983, 151–160.

223
Erotische Gruppe

Privatsammlung, Schweiz

Blaugrün glasierte Fayence
H. 5,8 cm; L. 9 cm
Intakt. Füße der Frau beschädigt
Römische Kaiserzeit, 1. Jh. n. Chr.

Das Verständnis altägyptischer Erotik hat sich erst in den letzten Jahren allmählich entwickelt. Ein Grund dafür war die Abneigung von Gesellschaft und Forschung gegenüber entsprechenden Fragestellungen und Themen, ein anderer die Schwierigkeit, altägyptische Erotik zu erkennen und zu verstehen. Unzweideutige Bilder kopulierender Paare führt uns z. B. der erotische Papyrus Turin aus dem Neuen Reich vor Augen. Schwieriger wird es schon mit der Deutung der nackten Frauenfiguren, der sogenannten Konkubinen (Kat.-Nr. 57, 58, 68), die man dem Verstorbenen seit dem Mittleren Reich mit ins Grab gab. Die ägyptische Erotik ist generell weniger vordergründig als die griechisch-römische. Dies ist aber keinesfalls in einer irgendwie gearteten sexuellen Scheu begründet. Im Gegenteil empfand der Ägypter durchaus Freude an der Erotik, nur ging er mit ihr subtiler um als die Griechen und Römer. Ein Ausdrucksmittel waren für ihn Anspielungen, bei deren Verständnis wir noch ganz am Anfang stehen. Dies betrifft nicht nur literarische Zeugnisse, sondern auch die bildende Kunst.

Zweifellos von griechisch-römischem Geist ist die vorliegende Gruppe aus blaugrün glasierter Fayence beseelt, die ein kopulierendes Paar zeigt. Haare und andere Details wurden mit dunkelvioletter Glasur hervorgehoben. Die Frau liegt mit dem Rücken auf einer Art Matratze. Ihr Partner steht vor ihr und hat ihre Beine über seine Schultern gelegt. Dabei drückt er ihre Oberschenkel gegen ihren Bauch, um mit überdimensionalem Glied in sie einzudringen. Die Frau trägt eine kurze Löckchenperücke. Brust und Bauch sind üppig. Der Mann hat einen deformierten Schädel und ist bis auf zwei Haarschöpfe, die auf der Höhe der Ohren wachsen, kahl. Seine Nase ist krumm, die Augen quellen hervor. Überhaupt wirkt seine ganze Erscheinung merkwürdig und erinnert an die sogenannten alexandrinischen Grotesken sowie die Männerdarstellungen des erotischen Papyrus Turin.

Aus griechisch-römischer Zeit existiert eine Fülle erotischer Amulette und Figurengruppen aus Fayence, die kopulierende Paare zeigen oder Männer mit überdimensionalem Glied. Interessant ist die Feststellung, daß es sich bei den agierenden Männern oft um Gnome oder Affen handelt, die an Bes und Meerkatze erinnern. Beide sind schon zu pharaonischer Zeit durch das Festgeschehen mit der Erotik verbunden worden. AW

Publikation: unveröffentlicht.
Parallelen: Vom Nil zum Neckar, 154, Nr. 364; Kleopatra (München 1989), 296ff., Nr. 124.
Literatur: L. Manniche, Liebe und Sexualität im alten Ägypten, Zürich 1988.

Chronologische Übersicht

VORGESCHICHTE UND FRÜHZEIT

Negade I	4000–3500 v. Chr.
Negade II	3500–3250 v. Chr.
Negade III	3250–3000 v. Chr.
1. Dynastie	3000–2850 v. Chr.
2. Dynastie	2850–2740 v. Chr.

ALTES REICH UND 1. ZWISCHENZEIT

3. Dynastie	2740–2670 v. Chr.
4. Dynastie	2670–2500 v. Chr.
5. Dynastie	2500–2350 v. Chr.
6. Dynastie	2348–2198 v. Chr.
7. Dynastie	(existiert nicht)
8. Dynastie	2198–2161 v. Chr.
9. Dynastie (Herakleopoliten)	2161–2081 v. Chr.
10. Dynastie (Herakleopoliten)	2081–1990 v. Chr.
11. Dynastie (Thebaner)	2081–1938 v. Chr.

MITTLERES REICH UND 2. ZWISCHENZEIT

12. Dynastie	1938–1759 v. Chr.
13. Dynastie	1759–1630 v. Chr.
14. und 16. Dynastie	lokale Herrscher
15. Dynastie (Hyksos)	1630–1522 v. Chr.
17. Dynastie (Thebaner)	1625–1539 v. Chr.

NEUES REICH

18. Dynastie	1539–1292 v. Chr.
Amarnazeit	1353–1332 v. Chr.
19. Dynastie (Ramessiden)	1292–1190 v. Chr.
20. Dynastie (Ramessiden)	1190–1070 v. Chr.

3. ZWISCHENZEIT UND SPÄTZEIT

21. Dynastie (Taniten)	1069–945 v. Chr.
22./23. Dynastie	945–713 v. Chr.
24. Dynastie	727–715 v. Chr.
25. Dynastie (Aethiopenzeit)	728/716–656 v. Chr.
Assyrische Herrschaft	671–664 v. Chr.
26. Dynastie (Saïtenzeit)	664–525 v. Chr.
27. Dynastie (1. Perserherrschaft)	525–404 v. Chr.
28. Dynastie	404–399 v. Chr.
29. Dynastie	399–380 v. Chr.
30. Dynastie	380–343 v. Chr.
2. Perserherrschaft («31. Dynastie»)	343–332 v. Chr.

MAKEDONEN, PTOLEMÄER UND RÖMER

Argeaden	332–306 v. Chr.
Ptolemäer	306–30 v. Chr.
Römische Herrschaft	ab 30/27 v. Chr.

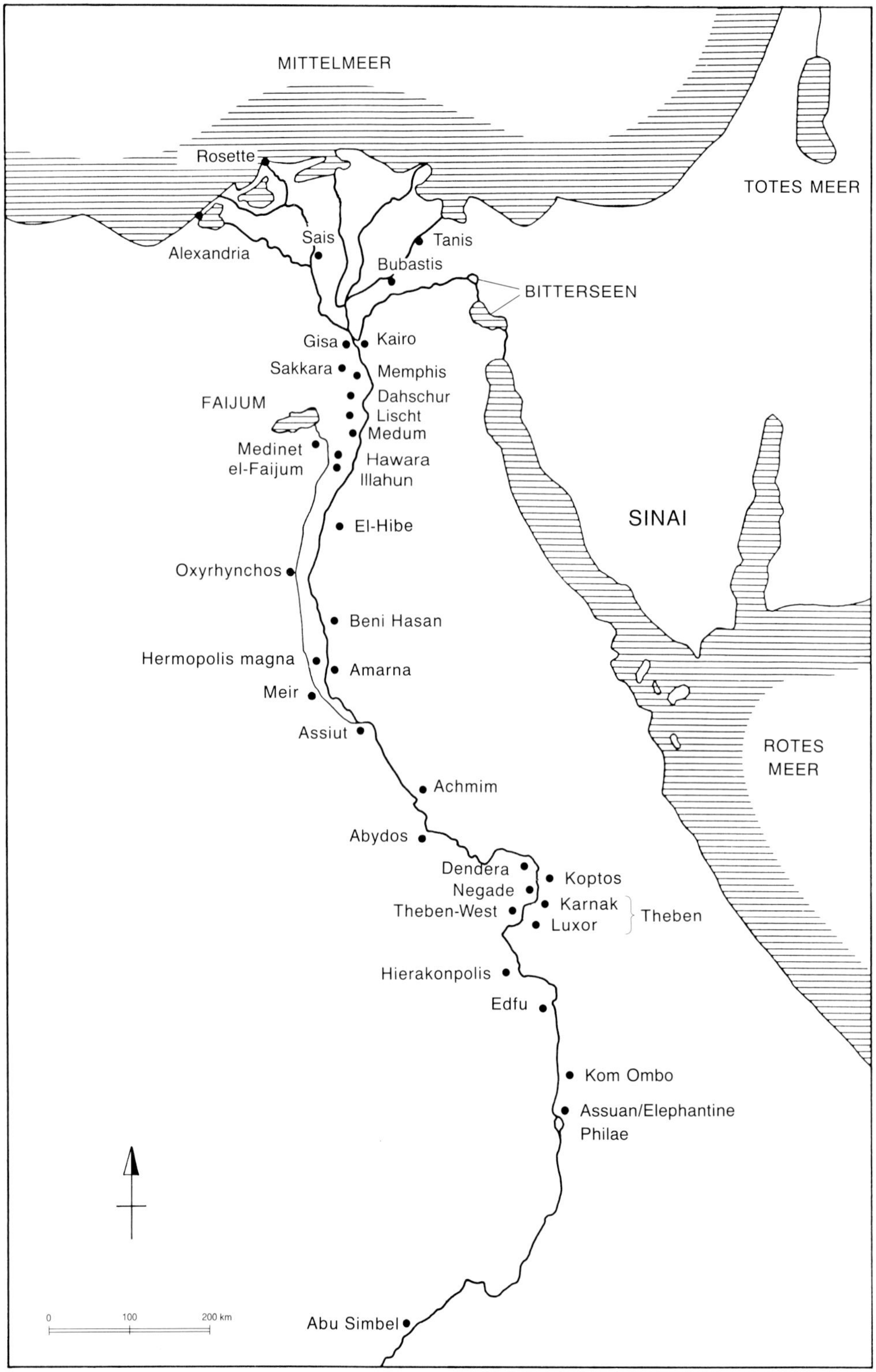
MITTELMEER
TOTES MEER
Rosette
Alexandria
Sais
Tanis
Bubastis
BITTERSEEN
Gisa
Kairo
Sakkara
Memphis
Dahschur
FAIJUM
Lischt
Medum
Medinet
el-Faijum
Hawara
Illahun
SINAI
El-Hibe
Oxyrhynchos
Beni Hasan
Hermopolis magna
Amarna
Meir
Assiut
ROTES
MEER
Achmim
Abydos
Dendera
Koptos
Negade
Karnak
Theben-West
Theben
Luxor
Hierakonpolis
Edfu
Kom Ombo
Assuan/Elephantine
Philae
0
100
200 km
Abu Simbel

Literatur – Abkürzungsverzeichnis

Afrika
Afrika. Die Kunst eines Kontinents, hg. von T. Phillips, München/New York 1995–1996.

Age d'Or
Dietrich Wildung, L'Age d'Or de l'Égypte. Le Moyen Empire, Fribourg 1984.

Ägyptens Aufstieg zur Weltmacht (Hildesheim 1987)
Ägyptens Aufstieg zur Weltmacht, Hg. A. Eggebrecht, Roemer- und Pelizaeus-Museum Hildesheim, Mainz 1987.

Ägyptische Altertümer (Hildesheim 1973)
Hans Kayser, Die ägyptischen Altertümer im Roemer-Pelizaeus-Museum in Hildesheim, Hildesheim 1973.

Ägyptische Kunst (Hamburg 1965)
Ägyptische Kunst aus der Zeit des Königs Echnaton, Ausstellung vom 14. Mai bis zum 27. Juni 1965, Hamburg 1965.

Ägyptische Kunst (Brooklyn 1976)
Ägyptische Kunst aus dem Brooklyn Museum, Berlin Ägyptisches Museum der Staatlichen Museen Preussischer Kulturbesitz, 4. September – 31. Oktober 1976.

Ägyptische Kunst (Karlsruhe 1992)
Ingrid Gamer-Wallert – Reinhard Grieshammer, Ägyptische Kunst, Bildhefte des Badischen Landesmuseum Karlsruhe, Neue Folge, Heft 1, Karlsruhe 1992.

Ägyptische Kunstwerke (Luzern 1964)
Hans W. Müller, Ägyptische Kunstwerke, Kleinfunde und Glas in der Sammlung E. und M. Kofler-Truninger, Luzern, Berlin 1964.

Ägyptische und moderne Skulptur
Ägyptische und moderne Skulptur. Aufbruch und Dauer, Leverkusen/München 1986.

Ägyptische Reliefs (Hannover 1989)
Rosemarie Drenkhahn, Ägyptische Reliefs im Kestner-Museum Hannover, Hannover 1989.

Ägyptische Sammlung (Köln 1987)
Ellen Doetsch-Amberger, Ägyptische Sammlung, Köln 1987.

Ägyptische Sammlung II (Köln 1992)
Ellen Doetsch-Amberger, Ägyptische Sammlung II, Köln 1992.

Ägyptisches Museum Berlin (1967)
Werner Kaiser, Ägyptisches Museum Berlin. Staatliche Museen Preussischer Kulturbesitz, Berlin 1967.

Ägyptisches Museum Berlin (1983)
Ägyptisches Museum Berlin. Staatliche Museen Preussischer Kulturbesitz, Berlin 1983.

Ägyptisches Museum Berlin (1984)
Ägyptisches Museum Berlin. Staatliche Museen Preussischer Kulturbesitz, Berlin 1984[2].

Ägyptisches Museum Berlin (1991)
Ägyptisches Museum Berlin. Staatliche Museen zu Berlin, Stiftung Preussischer Kulturbesitz, Hg. K. H. Priese, Mainz 1991.

Ägyptisches Museum Kairo (1986)
Mohamed Saleh – Hourig Sourouzian, Offizieller Katalog: Die Hauptwerke im Ägyptischen Museum Kairo, Mainz 1986.

Akhenaten and Nefertiti (Brooklyn 1973)
Cyril Aldred, Akhenaten and Nefertiti, Brooklyn Museum, Brooklyn 1973.

Aldred, Jewels
Cyril Aldred, Jewels of the Pharaohs. Egyptian Jewellery of the Dynastic Period, London 1971.

Aldred, Middle Kingdom Art
Cyril Aldred, Middle Kingdom Art in Ancient Egypt, London 1950.

Alexandrie I–VI
Alexandrie, 6 Bde., Centre d'Archéologie Méditerranéenne de l'Académie Polonaise des Sciences, ed. K. Michalowski et al., Varsovie 1976–1992.

Allam, Hathorkult
Schafik Allam, Beiträge zum Hathorkult (bis zum Ende des Mittleren Reiches), MÄS 4, Berlin 1963.

Das Alte Reich (Hildesheim 1986)
Das Alte Reich. Ägypten im Zeitalter der Pyramiden, Hg. A. Eggebrecht, Roemer- und Pelizaeus-Museum Hildesheim, Mainz 1986.

Altenmüller, Apotropaia
Hartwig Altenmüller, Die Apotropaia und die Götter Mittelägyptens. Eine typologische und religionsgeschichtliche Untersuchung der sog. «Zaubermesser» des Mittleren Reiches, 2 Bde., Diss. München 1965.

Aménophis III (Paris 1993)
Aménophis III. Le Pharaon-Soleil, Paris 1993.

Anch – Blumen für das Leben
Sylvia Schoske, et al., »Anch« – Blumen für das Leben. Pflanzen im alten Ägypten, München 1992.

Ancient Art (1974)
Ancient Art. The Norbert Schimmel Collection, Ed. by O. White Muscarella, Mainz 1974.
Ancient Egypt (Boston 1960)
William S. Smith, Ancient Egypt as Represented in the Museum of Fine Arts, Boston, Boston 1960.
Ancient Egypt (Oxford 1992)
P. R. S Moorey, Ancient Egypt, Ashmolean Museum, second rev. ed., Oxford 1992.
Ancient Egyptian Art (London 1922)
Catalogue of an Exhibition of Ancient Egyptian Art, Burlington Fine Arts Club, London 1922.
Ancient Egyptian Art (Yale 1986)
Gerry D. Scott, Ancient Egyptian Art at Yale, Yale University Art Gallery, Yale 1986.
Anderson, Musical Instruments
R. D. Anderson, Musical Instruments. Catalogue of Egyptian Antiquities in the British Museum III, London 1976.
Andrews, Amulets
Carol Andrews, Amulets of Ancient Egypt, London 1994.
Andrews, Jewellery
Carol Andrews, Ancient Egyptian Jewellery, London 1990.
Animals I
Tierbilder aus vier Jahrtausenden. Antiken der Sammlung Mildenberg, Amerikanische Ausgabe von Arielle P. Kozloff, Deutsche Ausgabe von Ulrich Gehrig, Mainz 1983.
Animals II
A. P. Kozloff – D. G. Mitten – M. Sguaitamatti, More Animals in Ancient Art from the Leo Mildenberg Collection, Mainz 1986.
Animals III
Animals in Ancient Art from the Leo Mildenberg Collection, Part III, Ed. by A. S. Walker, Mainz 1996.
Antiquités Egyptiennes (Marseille 1978)
Monique Nelson, Catalogue des Antiquités Egyptiennes. Collection des Musées d'Archéologie, Marseille 1978.
Antiquités préhistoriques (Bruxelles 1994)
Stan Hendrickx, Antiquités préhistoriques et protodynastiques d'Égypte, Musées Royaux d'Art et d'Histoire, Bruxelles 1994.
Antiquities from the Bomford Collection
Antiquities from the Bomford Collection. Catalogue of an Exhibition held at the Ashmolean Museum, 10th October – 30th October 1966.
Arnold, Mentuhotep I–III
Dieter Arnold, Der Tempel des Königs Mentuhotep von Deir el-Bahari, 3 Bde., AV 8. 11. 23, Mainz 1974–1981.
Arnold, Senwosret I
Dieter Arnold, The Pyramid Complex of Senwosret I, The South Cemeteries of Lisht, vol. III, New York 1992.
Arnold, Tempel
Dieter Arnold, Die Tempel Ägyptens. Götterwohnungen, Kultstätten, Baudenkmäler, Zürich 1992.
Arnold, Bestiary
Dorothea Arnold, An Egyptian Bestiary, The Metropolitan Museum of Art, New York 1995.
Arnold – Bourriau, Pottery
Dorothea Arnold – Janine Bourriau, An Introduction to Ancient Egyptian Pottery, SDAIK 17, Mainz 1993.
Asselberghs, Chaos
Henri Asselberghs, Chaos en Beheersing. Documenten uit Aeneolithisch Egypte, Leiden 1961.
Assmann, Liturgische Lieder
Jan Assmann, Liturgische Lieder an den Sonnengott, MÄS 19, Berlin 1969.
Assmann, Maat
Jan Assmann, Maat. Gerechtigkeit und Unsterblichkeit im Alten Ägypten, München 1990.
Aston, Stone Vessels
Barbara G. Aston, Ancient Egyptian Stone Vessels. Materials and Forms, SAGA 5, Heidelberg 1994.
Aubert, Statuettes
Jacques-F. Aubert et Liliane Aubert, Statuettes égyptiennes. Chaouabtis, Ouchebtis, Paris 1974.

Baer, Rank and Title
Klaus Baer, Rank and Title in the Old Kingdom, Chicago 1960.
Baines, Fecundity Figures
John Baines, Fecundity Figures. Egyptian Personification and the Iconology of a Genre, Warminster 1985.
Barguet, Temple d'Amon-Rê
Paul Barguet, Le temple d'Amon-Rê à Karnak. Essai d'exégèse, Le Caire 1962.
Barta, Opferformel
Winfried Barta, Aufbau und Bedeutung der altägyptischen Opferformel, ÄF 24, Glückstadt/Hamburg/New York 1968.
Baumgärtel, Dolmen und Mastaba
Elise Baumgärtel, Dolmen und Mastaba, Beihefte zum Alten Orient 6, Leipzig 1926.
Beauty of Ancient Art
The Beauty of Ancient Art, The Norbert Schimmel Collection, 1964.
Begelsbacher-Fischer, Götterwelt
Barbara L. Begelsbacher-Fischer, Untersuchungen zur Götterwelt des Alten Reiches im Spiegel der Privatgräber der IV. und V. Dynastie, OBO 37, Fribourg/Göttingen 1981.
Behrmann, Nilpferd I–II
Almuth Behrmann, Das Nilpferd in der Vorstellungswelt der Alten Ägypter, 2 Bde., Europäische Hochschulschriften XXXVIII.22. XXXVIII.62, Frankfurt/Bern/New York/Paris/Wien 1989–1996.
Beinlich, Osirisreliquien
Horst Beinlich, Die »Osirisreliquien«. Zum Motiv der Körperzergliederung in der altägyptischen Religion, ÄA 42, Wiesbaden 1984.

Bénédite, Miroirs
Georges Bénédite, Miroirs, CG 44001–44102, Le Caire 1907.
Bénédite, Objets de toilette
Georges Bénédite, Objets de toilette I, CG 44301–44638, Le Caire 1911.
van Berchem, Naville
Denis van Berchem, L'égyptologue genevois Edouard Naville. Années d'études et premiers voyages en Égypte 1862–1870, Genève 1989.
Bianchi, Draped Male Figures
R. Bianchi, The Striding Draped Male Figures of Ptolemaic Egypt, University Microfilms, Ann Arbor, University Microfilms International 1977.
Bille-de Mot, Revolution
Eléonore Bille-de Mot, Die Revolution des Pharao Echnaton, München 1965.
Bissing, Fayencegefässe
Friedrich W. von Bissing, Fayencegefässe, CG 3618–4000. 18001–18037. 18600. 18603, Wien 1902.
Bissing, Fussboden
Friedrich W. von Bissing, Der Fussboden aus dem Palaste des Königs Amenophis IV. zu el Hawata im Museum zu Kairo, München 1941.
Bissing, Metallgefässe
Friedrich W. von Bissing, Metallgefässe, CG 3426–3587, Wien 1901.
Bissing, Steingefässe
Friedrich W. von Bissing, Steingefäße, CG 18065–18793, Wien 1907.
Bissing, Tongefässe
Friedrich W. von Bissing, Tongefässe bis zum Beginn des Alten Reiches, CG 2001–2152, Wien 1913.
Boessneck, Tierwelt
Joachim Boessneck, Die Tierwelt des Alten Ägypten untersucht anhand kulturgeschichtlicher und zoologischer Quellen, München 1988.
Borchardt, Statuen I–V
Ludwig Borchardt, Statuen und Statuetten von Königen und Privatleuten, 5 Bde., CG 1–1294, Berlin 1911–1936.
Borg, Mumienporträts
Barbara Borg, Mumienporträts. Chronologie und kultureller Kontext, Mainz 1996.
Breasted, Servant Statues
James H. Breasted, Egyptian Servant Statues, BS XIII, Washington 1948.
Brier, Mummies
Bob Brier, Egyptian Mummies. Unraveling the Secrets of an Ancient Art, London 1994.
Brunner, Gottkönig
Hellmut Brunner, Die Geburt des Gottkönigs. Studien zur Überlieferung eines altägyptischen Mythos, ÄA 10, Wiesbaden 1964.
Brunner, Herz
Hellmut Brunner, Das hörende Herz, OBO 80, Fribourg/Göttingen 1988.
Brunner, Weisheit
Hellmut Brunner, Altägyptische Weisheit. Lehren für das Leben, Zürich/München 1988.
Brunner-Traut, Frühformen des Erkennens
Emma Brunner-Traut, Frühformen des Erkennens am Beispiel Altägyptens, Darmstadt 1990.
Brunner-Traut, Tanz
Emma Brunner-Traut, Der Tanz im Alten Ägypten nach bildlichen und inschriftlichen Zeugnissen, ÄF 6, Glückstadt/Hamburg 1938.
Brunton, Mostagedda
Guy Brunton – G. M. Morant, Mostagedda and the Tasian Culture, British Museum Expedition to Middle Egypt First and Second Years 1928, 1929, London 1937.
Brunton, Qau and Badari I–III
Guy Brunton, Qau and Badari, 3 Bde., BSAE 44. 45. 50, London 1927–1930.
Buberl, Mumienbildnisse
Paul Buberl, Griechisch-Ägyptische Mumienbildnisse der Sammlung Th. Graf, Wien 1922.
Buhl, Sarcophagi
Marie-Louise Buhl, The Late Egyptian Anthropoid Stone Sarcophagi, Nationalmuseets Skifter, Arkoelogisk-Historisk Roekke VI, Kopenhagen 1959.
Bulté, Talismans
Jeanne Bulté, Talismans égyptiens d'heureuse maternité. Faience bleu-vert à pois foncés, Paris 1991.

Calverley – Gardiner, Abydos
The Temple of King Sethos I at Abydos, copied by Amice M. Calverley, with the assistance of Myrtle F. Broome and ed. by Alan H. Gardiner, 4 Bde., London/Chicago 1933–1958.
Capart, Débuts de l'art
Jean Capart, Les débuts de l'art en Égypte, Brüssel 1904.
Carter, Tut-ench-Amun I–III
Howard Carter – A. C. Mace, Tut-ench-Amun. Ein ägyptisches Königsgrab, 3 Bde., Leipzig 1927–1934.
Catalogue des statues (Kopenhagen 1950)
Otto Koefoed-Petersen, Catalogue des statues et statuettes égyptiennes, Copenhague 1950.
Catalogue des statues (Paris 1987)
Elisabeth Delange, Catalogue des statues égyptiennes du Moyen Empire 2060–1560 avant J.–C., Paris 1987.
Catalogue des stèles
M. Malinine et al., Catalogue des stèles du Sérapéum de Memphis, Paris 1968.
Chadour, Koch Collection
Anna B. Chadour, Ringe. Die Alice und Louis Koch Sammlung I – Rings. The Alice and Louis Koch Collection I, Maney/Leeds 1994.

Chappaz, Figurines funéraires
Jean-Luc Chappaz, Les figurines funéraires égyptiennes du Musée d'Art et d'Histoire et de quelques collections privées, AH 10, Genève 1984.

Chats des Pharaons
Les Chats des Pharaons. «4000 ans de divinité féline», Catalogue 27 octobre 1989 – 25 février 1990, Institut Royal des Sciences Naturelles de Belgique, Bruxelles 1989.

Ciałowicz, Palettes égyptiennes
Krzysztof M. Cialowicz, Les palettes égyptiennes aux motifs zoomorphes et sans décoration. Etudes de l'art prédynastique, Krakow 1991.

Ciałowicz, Têtes de massue
Krzysztof M. Cialowicz, Têtes de massue des périodes prédynastique et archaïque dans la vallée du Nil, Warschau 1987.

City of Akhenaten I–III
H. Frankfort – J. D. S. Pendlebury, The City of Akhenaten, 3 Bde., EES 38. 40. 44, London 1928–1951, reprinted 1972–1979.

Cleopatra's Egypt (Brooklyn 1989)
Cleopatra's Egypt. Age of the Ptolemies, Brooklyn 1988.

Collection égyptienne (Amiens 1994)
Olivier Perdu – Elsa Rickal, La collection égyptienne du musée de Picardie, Amiens 1994.

Collections égyptiennes (Rouen 1987)
Sydney Aufrère, Collections égyptiennes. Collections des Musées départementaux de Seine-Maritime, Rouen 1987.

Cooney, Amarna Reliefs
John D. Cooney, Amarna Reliefs from Hermopolis in American Collections, The Brooklyn Museum, Mainz 1965.

Corcoran, Portrait Mummies
Lorelei H. Corcoran, Portrait Mummies from Roman Egypt (I–IV Centuries A. D.) with a Catalogue of Portrait Mummies in Egyptian Museums, Chicago 1995.

Crowfoot Payne, Predynastic Egyptian Collection
Joan Crowfoot Payne, Catalogue of the Predynastic Egyptian Collection in the Ashmolean Museum, Oxford 1993.

CT I–VII
Adriaan de Buck, The Egyptian Coffin Texts, 7 Bde., Chicago 1935–1961.

Currelly, Stone Implements
Charles T. Currelly, Stone Implements, CG 63001–64906, Le Caire 1913.

Daressy, Statues I–II
Georges Daressy, Statues de divinités, 2 Bde., CG 38001–39348, Le Caire 1905–1906.

Dasen, Dwarfs
Véronique Dasen, Dwarfs in Ancient Egypt and Greece, Oxford 1993.

Davies, Rock-Tombs I–VI
Norman de Garis Davies, The Rock Tombs of El Amarna, 6 Bde., ASE 13–18, London 1903–1908.

Davies, Two Sculptors
Norman de Garis Davies, The Tomb of Two Sculptors at Thebes, RPTMS 4, New York 1925.

Dawson – Uphill, Who was Who
Warren R. Dawson – Eric P. Uphill, Who was Who in Egyptology, 3rd rev. ed. by M. L. Bierbrier, London 1995.

Dayagi-Mendels, Perfumes
Michal Dayagi-Mendels, Perfumes and Cosmetics in the Ancient World, The Israel Museum, Jerusalem 1989.

Decker – Herb, Bildatlas
Wolfgang Decker – Michael Herb, Bildatlas zum Sport im Alten Ägypten: Corpus der bildlichen Quellen zu Leibesübungen, Spiel, Jagd, Tanz und verwandten Themen, Leiden 1994.

Dendara I–IX
Emile Chassinat, ab Bd. 9: François Daumas, Le temple de Dendara, 9 Bde., Kairo 1934–1987.

Derchain, Oryx
Philippe Derchain, Le sacrifice de l'oryx, Rites égyptiens I, Bruxelles 1962.

Desroches Noblecourt, Nubiade
Christiane Desroches Noblecourt, La Grande Nubiade ou le parcours d'une égyptologue, Paris 1992.

Desroches Noblecourt, Ramsès II
Christiane Desroches Noblecourt, Ramsès II. La véritable histoire, Paris 1996.

DNB I–XI
Demotisches Namenbuch, hg. von E. Lüddeckens, Bd. I.1–XI, Wiesbaden 1980–1992.

Dodson, Canopic Equipment
Aidan Dodson, The Canopic Equipment of the Kings of Egypt, London/New York 1994.

Dolzani, Vasi Canopi
Claudia Dolzani, Vasi Canopi N. 19001–19153. Catalogo del Museo Egizio di Torino, serie seconda – collezioni, Vol. 4, Milano 1982.

Dominicus, Gesten
Brigitte Dominicus, Gesten und Gebärden in Darstellungen des Alten und Mittleren Reiches, SAGA 10, Heidelberg 1994.

Doxiadis, Fayum Portraits
Euphrosyne Doxiadis, The Mysterious Fayum Portraits. Faces from Ancient Egypt, London 1995.

Drenkhahn, Darstellungen von Negern
Rosemarie Drenkhahn, Darstellungen von Negern in Ägypten, Diss. Hamburg, 1967.

Drenkhahn, Handwerker
Rosemarie Drenkhahn, Die Handwerker und ihre Tätigkeiten im alten Ägypten, ÄA 31, Wiesbaden 1976.

Dreyer, Satet
Günter Dreyer, Der Tempel der Satet, Elephantine VIII, AV 39, Mainz 1986.

Edgar, Graeco-Egyptian Coffins
Campbell C. Edgar, Graeco-Egyptian Coffins, Masks and Portraits, CG 33101–33285, Le Caire 1905.
Edgar, Sculptor's Studies
Campbell C. Edgar, Sculptor's Studies and Unfinished Works, CG 33301–33506, Le Caire 1906.
Edwards, Tutankhamun (1976)
I. E. S. Edwards, Tutankhamun. His Tomb and its Treasures, New York 1976.
Edwards, Tutanchamun (1978)
I. E. S. Edwards, Tutanchamun. Das Grab und seine Schätze, Bergisch Gladbach 1978.
Eggebrecht, Ägypten
Arne Eggebrecht, Das alte Ägypten. 3000 Jahre Geschichte und Kultur des Pharaonenreiches, München 1984.
Eggebrecht, Schlachtungsbräuche
Arne Eggebrecht, Schlachtungsbräuche im alten Ägypten und ihre Wiedergabe im Flachbild bis zum Ende des Mittleren Reiches, Diss. München 1973.
Eggebrecht, Faszination und Abenteuer
Eva Eggebrecht, Ägypten – Faszination und Abenteuer, Roemer- und Pelizaeus-Museum Hildesheim, Mainz 1982.
Egypt's Dazzling Sun
Arielle P. Kozloff – Betsy M. Bryan, Egypt's Dazzling Sun. Amenhotep III and His World, Cleveland 1992.
Egypt's Golden Age
Egypt's Golden Age: The Art of Living in the New Kingdom 1558–1085 B. C., Museum of Fine Arts, Boston February 3 – May 2, Boston 1982.
Egyptian Art (Brooklyn 1969)
Five Years of Collecting Egyptian Art 1951–1956. Catalogue of an Exhibition Held at the Brooklyn Museum 11 December, 1956 to 17 March, 1957, New York 1956, reprinted 1969.
Egyptian Art (Cambridge 1995)
Eleni Vassilika – Janine Bourriau, Egyptian Art, Cambridge 1995.
Egyptian and Classical Art (Brooklyn 1974)
Brief Guide to the Department of Egyptian and Classical Art, Brooklyn 1974.
Egyptian Mummies (London 1938)
A Handbook to the Egyptian Mummies and Coffins Exhibited in the British Museum, London 1938.
Egyptian Sculpture (Brooklyn 1960)
Bernard V. Bothmer et al., Egyptian Sculpture of the Late Period 700 B. C. to A. D. 100, Brooklyn 1960.
Egyptisch Kunsthandwerk
Hans D. Schneider, Egyptisch kunsthandwerk, Rijksmuseum van Oudheden, Amsterdam 1995.
Egyptomanie
Jean-Marcel Humbert, L'egyptomanie dans l'art occidental, Paris 1989.
Eigner, Grabbauten der Spätzeit
Diethelm Eigner, Die monumentalen Grabbauten der Spätzeit in der thebanischen Nekropole, DÖAW VIII, Wien 1984.
Engelbach, Riqqeh
Reginald Engelbach, Riqqeh and Memphis VI, BSAE 26, London 1915.
Entdeckungen (München 1985)
Entdeckungen. Ägyptische Kunst in Süddeutschland, Katalog von Dietrich Wildung et al., Mainz 1985.
Vom Euphrat zum Nil
Vom Euphrat zum Nil. Kunst aus dem alten Ägypten und Vorderasien, Kartause Ittingen, 28. April – 15. September, Ittingen 1985.
Excavations at Saqqara I
N. Kanawati et al., Excavations at Saqqara. North-West of Teti's Pyramid, vol. I, Sydney 1984.

Fay, Goldschmuck
Biri Fay, Altägyptischer Goldschmuck aus der Sammlung des Vereins zur Förderung des Ägyptischen Museum in Berlin-Charlottenburg e. V., Mainz 1990.
el-Fayyum
J.-E. Berger et al., El-Fayyum, Milano 1985.
Fechheimer, Kleinplastik
Hedwig Fechheimer, Kleinplastik der Ägypter, Berlin 1921.
Festschrift Berlin
Festschrift zum 150jährigen Bestehen des Berliner Ägyptischen Museums, Mitteilungen aus der Ägyptischen Sammlung VIII, Berlin 1974.
Feucht-Putz, Königliche Pektorale
Erika Feucht-Putz, Die königlichen Pektorale. Motive, Sinngehalt und Zweck, Diss. München 1967, Bamberg 1967.
Feucht, Pektorale
Erika Feucht, Pektorale nichtköniglicher Personen, ÄA 22, Wiesbaden 1971.
Firth – Gunn, Teti Pyramid I–II
Cecil M. Firth – Battiscombe Gunn, Teti Pyramid Cemeteries, 2 Bde., SAE, Excav. Saqqara, Cairo 1926.
Fischer, Turtles
Henry G. Fischer, Ancient Egyptian Representations of Turtles, The Metropolitan Museum of Art Papers 13, New York 1968.
Fischer, Varia
Henry G. Fischer, Varia. Egyptian Studies I, New York 1977.
Forman – Kischkewitz, Zeichnung
Werner Forman – Hannelore Kischkewitz, Die Altägyptische Zeichnung, Prag/Hanau 1971.

Forman – Quirke, Afterlife
Werner Forman – Stephen Quirke, Hieroglyphs and the Afterlife in Ancient Egypt, London 1996.
Franke, Personendaten
Detlef Franke, Personendaten aus dem Mittleren Reich (20.–16. Jahrhundert v. Chr.), Dossiers 1–796, ÄA 41, Wiesbaden 1984.
5000 Jahre (Zürich 1961)
Hans W. Müller, 5000 Jahre Ägyptische Kunst, Kunsthaus Zürich, 11. Februar – 16. April 1961, Zürich 1961.

Gaballa, Narrative
G. A. Gaballa, Narrative in Egyptian Art, Mainz 1976.
Gaillard – Daressy, Faune
Claude Gaillard – Georges Daressy, La faune momifiée de l'antique Égypte, CG 29501–29733 et 29751–29834, Le Caire 1905.
Gamer-Wallert, Fische
Ingrid Gamer-Wallert, Fische und Fischkulte im Alten Ägypten, ÄA 21, Wiesbaden 1970.
Garstang, el Arabah
John Garstang, El Arabah: A Cemetery of the Middle Kingdom; Survey of the Old Kingdom Temenos; Graffiti from the Temple of Sety, ERA 6, London 1901.
Garstang, Burial Customs
John Garstang, The Burial Customs of Ancient Egypt Illustrated by Tombs of the Middle Kingdom, London 1907.
Gauthier, DG I–VII
Henri Gauthier, Dictionnaire des noms géographiques, 7 Bde., Le Caire 1925–1931.
Germer, Pflanzenmaterialien
Renate Germer, Die Pflanzenmaterialien aus dem Grab des Tutanchamun, HÄB 28, Hildesheim 1989.
Germond, Sekhmet
Philippe Germond, Sekhmet et la protection du monde, AH 9, Genève 1981.
Geschenk des Nils
Geschenk des Nils. Aegyptische Kunstwerke aus Schweizer Besitz, Basel 1978.
Glanville, Model Boats
S. R. K. Glanville, Wooden Model Boats, Catalogue of Egyptian Antiquities in the British Museum II, London 1972.
Glass and Glazes
Elizabeth Riefstahl, Ancient Egyptian Glass and Glazes in the Brooklyn Museum, New York 1968.
Gomaà, Chaemwese
Farouk Gomaà, Chaemwese. Sohn Ramses II. und Hoherpriester von Memphis, ÄA 27, Wiesbaden 1973.
Gomaà, Fürstentümer
Farouk Gomaà, Die libyschen Fürstentümer des Deltas vom Tod Osorkons II. bis zur Wiedervereinigung Ägyptens durch Psametik I., TAVO 6, Wiesbaden 1974.
Gott und Götter
Sylvia Schoske – Dietrich Wildung, Gott und Götter im Alten Ägypten, Ausstellungskatalog Berlin (mit Nachtrag), Mainz 1992.
Gott Mensch Pharao
Wilfried Seipel, Gott Mensch Pharao. Viertausend Jahre Menschenbild in der Skulptur des Alten Ägypten, Wien 1992.
Götter, Gräber und die Kunst I–II
Wilfried Seipel, Ägypten – Götter, Gräber und die Kunst. 4000 Jahre Jenseitsglaube, 2 Bde., Katalog zur Ausstellung 9. April – 28. September 1989, Linz 1989.
Götter Menschen Pharaonen
Wilfried Seipel, Götter Menschen Pharaonen. 3500 Jahre ägyptische Kultur. Meisterwerke aus der Ägyptisch-Orientalischen Sammlung des Kunsthistorischen Museums Wien, Speyer 1993.
Göttlicher – Werner, Schiffsmodelle
Arvid Göttlicher – Walter Werner, Schiffsmodelle im Alten Ägypten, Wiesbaden 1971.
Graefe, Gottesgemahlin I–II
Erhart Graefe, Untersuchungen zur Verwaltung und Geschichte der Institution der Gottesgemahlin des Amun vom Beginn des Neuen Reiches bis zur Spätzeit, 2 Bde., ÄA 37, Wiesbaden 1981.
Grimm, Mumienmasken
Günther Grimm, Die römischen Mumienmasken aus Ägypten, Wiesbaden 1974.
Grimm, Ptolemäer
Günter Grimm, Kunst der Ptolemäer- und Römerzeit im Ägyptischen Museum Kairo, Mainz 1975.
Guidotti, Vasi
Maria C. Guidotti, Vasi dall'epoca protodinastica al Nuovo Regno. Museo Egizio di Firenze, Roma 1991.
Günther – Wellauer, Steingefässe
Peter Günther – Rudolf Wellauer, Ägyptische Steingefässe der Sammlung Rudolf Schmidt Solothurn, Ägyptische Hefte des Orientalistischen Seminars der Universität Zürich 2, (hg. von P. Kaplony), Zürich 1988.

Habachi, Deification
Labib Habachi, Features of the Deification of Ramesses II, ADAIK 5, Glückstadt 1969.
Habachi, Heqaib
Labib Habachi, The Sanctuary of Heqaib, Elephantine IV, 2 Bde., AV 33, Mainz 1985.
Habachi, Obelisks
Labib Habachi, The Obelisks of Egypt. Skyscrapers of the Past, New York 1977.
Habachi, Tavole d'offerta
Labib Habachi, Tavole d' offerta, are e bacili da libagione n. 22001–22067, Torino 1977.

Hamann, Ägyptische Kunst
Richard Hamann, Ägyptische Kunst. Wesen und Geschichte, Berlin 1944.
Hanke, Amarna-Reliefs
Rainer Hanke, Amarna-Reliefs aus Hermopolis, HÄB 2, Hildesheim 1978.
Hassan, Stöcke und Stäbe
Ali Hassan, Stöcke und Stäbe im Pharaonischen Ägypten, MÄS 33, München/Berlin 1976.
Hassan, Gîza I–X
Selim Hassan, Excavations at Gîza, 10 Bde., Oxford und Kairo 1929–1960.
Hayes, Scepter I–II
William C. Hayes, The Scepter of Egypt, 2 Bde., I: New York 1953, II: Cambridge, Mass. 1959.
Helck, Beamtentitel
Wolfgang Helck, Untersuchungen zu den Beamtentiteln des ägyptischen Alten Reiches, ÄF 18, Glückstadt/Hamburg 1954.
Helck, Materialian I–V
Wolfgang Helck, Materialien zur Wirtschaftsgeschichte des Neuen Reiches, 5 Bde., AMAW, 1961–1970.
Helck, Verwaltung
Wolfgang Helck, Zur Verwaltung des Mittleren und Neuen Reiches, Leiden/Köln 1958.
Hepper, Pharaoh's Flowers
F. Nigel Hepper, Pharaoh's Flowers. The Botanical Treasures of Tutankhamun, London 1990.
Hermann – Schwan, Kleinkunst
Alfred Hermann – Wolf Schwan, Ägyptische Kleinkunst, Berlin 1940.
Hickmann, Instruments
Hans Hickmann, Instruments de musique, CG 69201–69852, Le Caire 1949.
Hickmann, Musicologie
Hans Hickmann, Musicologie pharaonique. Etudes sur l'évolution de l'art musical dans l'Égypte ancienne, Kehl 1956.
Hickmann, Musikgeschichte in Bildern
Hans Hickmann, Ägypten, Musikgeschichte in Bildern, hg. von H. Besseler – M. Schneider, Leipzig 1961.
Hilton Price I–II
A Catalogue of the Egyptian Antiquities in the Possession of F. G. Hilton Price, 2 Bde., London 1897–1908.
Hoenes, Sachmet
Sigrid-Eike Hoenes, Untersuchungen zu Wesen und Kult der Göttin Sachmet, Bonn 1976.
Hoffmann – von Claer, Gold- und Silberschmuck
Herbert Hoffmann – Vera von Claer, Antiker Gold- und Silberschmuck. Katalog mit Untersuchung der Objekte auf technischer Grundlage, Mainz 1968.
Hoffmann – Davidson, Greek Gold
Herbert Hoffmann – Patricia F. Davidson, Greek Gold. Jewellery from the Age of Alexander, Mainz 1965.
Hölzl, Giebelfelddekoration
Regina Hölzl, Die Giebelfelddekoration von Stelen des Mittleren Reiches, Wien 1990.
Hope, Pottery
Colin A. Hope, Egyptian Pottery, Shire Egyptology 5, Aylesbury 1987.
Hopfner, Plutarch
Theodor Hopfner, Plutarch über Isis und Osirirs, Teil 1ff., Prag 1940ff.
Hopfner, Tierkult
Theodor Hopfner, Der Tierkult der alten Ägypter nach den griechisch-römischen Berichten und den wichtigeren Denkmälern, DAWW 57.2, Wien 1913.
Hornemann, Statuary I–VII
Bodil Hornemann, Types of Ancient Egyptian Statuary, 7 Bde., Kopenhagen 1951–1969.
Hornung, Echnaton
Erik Hornung, Echnaton. Die Religion des Lichtes, Zürich 1995.
Hornung, Der Eine
Erik Hornung, Der Eine und die Vielen. Ägyptische Gottesvorstellungen, Darmstadt 1971.
Hornung, Grundzüge
Erik Hornung, Grundzüge der ägyptischen Geschichte, 2. erw. Aufl., Darmstadt 1978.
Hornung, Ramses IV. und VII.
Erik Hornung, Zwei ramessidische Königsgräber: Ramses IV. und Ramses VII., Theben XI, Mainz 1990.
Hornung, Totenbuch
Erik Hornung, Das Totenbuch der Ägypter, Zürich/München 1979.
Hornung – Staehelin, Sedfest
Erik Hornung – Elisabeth Staehelin et al., Studien zum Sedfest, AH I, Genève 1974.
Houlihan, Birds
Patrick F. Houlihan, The Birds of Ancient Egypt, Warminster 1986.
Husson, Miroir
Constance Husson, L'offrande du miroir dans les temples égyptiens de l'époque gréco-romaine, Lyon 1977.
Hüttner, Mumienamulette
Michaela Hüttner, Mumienamulette im Totenbrauchtum der Spätzeit. Eine Untersuchung an Objekten in der ägyptischen Sammlung des Kunsthistorischen Museums, Wien 1995.

Image of the Black
J. Vercoutter et al., The Image of the Black in Western Art. I: From the Pharaohs to the Fall of the Roman Empire, Cambridge, Mass./London 1976.

Jaeger, Scarabées
Bertrand Jaeger, Essai de classification et datation des scarabées Menkhéperrê, OBO SA 2, Fribourg/Göttingen 1982.

James – Davies, Sculpture
T. G. H. James – W. V. Davies, Egyptian Sculpture, British Museum Publications, London 1983.

Jaroš-Deckert, Jnj-jtj.f
Brigitte Jaroš-Deckert, Grabung im Asasif 1963–1970 V: Das Grab des Jnj-jtj.f. Die Wandmalereien der XI. Dynastie, AV 12, Mainz 1984.

Jaroš-Deckert, Statuen, CAA Wien 1
Brigitte Jaroš-Deckert, Statuen des Mittleren Reichs und der 18. Dynastie, CAA Wien, Lieferung 1, Mainz 1987.

Jewellery I
Carol A. R. Andrews, Catalogue of Egyptian Antiquities in the British Museum VI: Jewellery I, from the earliest times to the Seventeenth Dynasty, London 1981.

Johnson, Cobra Goddess
Sally B. Johnson, The Cobra Goddess of Ancient Egypt. Predynastic, Early Dynastic and Old Kingdom Periods, London/New York 1990.

Junker, Giza I–XII
Hermann Junker, Bericht über die von der Akademie der Wissenschaften in Wien auf gemeinsame Kosten mit Dr. Wilhelm Pelizaeus unternommenen Grabungen auf dem Friedhof des Alten Reiches bei den Pyramiden von Giza, 12 Bde., DAWW 69–75, 1929–1955.

Junker, Hathor-Tefnut
Hermann Junker, Der Auszug der Hathor-Tefnut aus Nubien, Berlin 1911.

Junker, Onurislegende
Hermann Junker, Die Onurislegende, DAWW 59.1–2, Wien 1917.

Kamal, Stèles I–II
Ahmed Bey Kamal, Stèles ptolémaïques et romaines, 2 Bde., CG 22001–22208, Kairo 1904–1905.

Kamal, Tables d'offrandes I–II
Ahmed Bey Kamal, Tables d'offrandes, 2 Bde., CG 23001–23256, Le Caire 1909.

Känel, Prêtres-ouab
Frédérique von Känel, Les prêtres-ouab de Sekhmet et les conjurateurs de Serket, Paris 1984.

Kaplony, Inschriften
Peter Kaplony, Kleine Beiträge zu den Inschriften der ägyptischen Frühzeit, ÄA 15, Wiesbaden 1966.

Kayser, Kunsthandwerk
Hans Kayser, Ägyptisches Kunsthandwerk. Bibliothek für Kunst- und Antiquitätenfreunde 26, Braunschweig 1969.

Keel, Böcklein
Othmar Keel, Das Böcklein in der Milch seiner Mutter und Verwandtes, OBO 33, Fribourg/Göttingen 1980.

Keel – Uehlinger, Miniaturkunst
Othmar Keel – Christoph Uehlinger, Altorientalische Miniaturkunst. Die ältesten visuellen Massenkommunikationsmittel. Ein Blick in die Sammlung des Biblischen Instituts der Universität Freiburg/CH, Mainz 1990.

Keimer, Gartenpflanzen
Ludwig Keimer, Die Gartenpflanzen im Alten Ägypten, Reprint der Ausgabe Berlin 1924, Hildesheim 1967.

Keimer, Tatouage
Louis Keimer, Remarques sur le tatouage dans l'Égypte ancienne, MIE 53, Le Caire 1948.

Kemp – Merrillees, Minoan Pottery
Barry Kemp – Robert S. Merrillees, Minoan Pottery in Second Millennium Egypt, Mainz 1980.

Kessler, Heilige Tiere
Dieter Kessler, Die heiligen Tiere und der König, Teil I: Beiträge zu Organisation, Kult und Theologie der spätzeitlichen Tierfriedhöfe, ÄAT 16, Wiesbaden 1989.

el-Khouli, Stone Vessels, Predynastic to Dyn. III, vol. I–III
Ali el-Khouli, Egyptian Stone Vessels, Predynastic Period to Dynasty III. Topology and Analysis, 3 Bde., Mainz 1978.

el-Khouli, Tutankhamun
Ali el-Khouli, Stone Vessels, Pottery and Sealings from the Tomb of Tutankhamun, Oxford 1993.

Killen, Furniture I–II
Geoffrey Killen, Ancient Egyptian Furniture, 2 Bde., Warminster 1980–1994.

Killen, Woodworking
Geoffrey Killen, Egyptian Woodworking and Furniture, Shire Egyptology Series 21, London 1994.

Kitchen, Pharaoh Triumphant
Kenneth A. Kitchen, Pharaoh Triumphant. The Life and Times of Ramesses II, King of Egypt, Warminster 1982.

Kitchen TIP
Kenneth A. Kitchen, The Third Intermediate Period in Egypt (1100–650 B. C.), Warminster 1973.

Klemm – Klemm, Steine
Rosemarie Klemm – Dietrich D. Klemm, Steine und Steinbrüche im Alten Ägypten, Berlin/Heidelberg 1993.

Kleopatra (München 1989)
Kleopatra. Ägypten um die Zeitenwende, Kunsthalle der Hypo-Kulturstiftung, München 16. Juni – 10. September München 1989, Mainz 1989.

KRI I–VII
Kenneth A. Kitchen, Ramesside Inscriptions, 7 Bde., Oxford 1968ff.

Küffer, Sargensemble
Alexandra Küffer, Das Sargensemble einer Noblen aus Theben, Bern 1996.

Kunst des Alten Reiches
Kunst des Alten Reiches. Symposium im Deutschen Archäologischen Institut Kairo am 29. und 30. Oktober 1991, SDAIK 28, 1995.

LÄ I–VII
Lexikon der Ägyptologie, hg. von W. Helck und E. Otto/W. Westendorf, 7 Bde., Wiesbaden 1975–1992.

Landa – Lapis, Egyptian Antiquities (Leningrad 1974)
Natalja B. Landa – Irma A. Lapis, Egyptian Antiquities in the Hermitage, Leningrad 1974.

Landström, Ships
Björn Landström, Ships of the Pharaohs. 4000 Years of Egyptian Shipbuilding, London 1970.

Lange, Amarna-Zeit
Kurt Lange, König Echnaton und die Amarna-Zeit. Die Geschichte eines Gottkünders, München 1951.

Langener, Isis Lactans
Lucia Langener, Isis Lactans – Maria Lactans. Untersuchungen zur koptischen Ikonographie, Altenberge 1996.

Langton, Cat
N. and B. Langton, The Cat in Ancient Egypt illustrated from the collection of Cat and other Egyptian figures formed by N. & B. Langton, Cambridge 1940.

Lapp, Opferformel
Günther Lapp, Die Opferformel des Alten Reiches, SDAIK 21, Mainz 1986.

Lapp, Särge
Günther Lapp, Typologie der Särge und Sargkammern von der 6.–13. Dynastie, SAGA 7, Heidelberg 1993.

Lapp, Särge der Sammlung Khashaba
Günther Lapp, Särge des Mittleren Reiches aus der ehemaligen Sammlung Khashaba, ÄA 43, Wiesbaden 1985.

Lauer, Saqqara
Jean-Philippe Lauer, Saqqara. The Royal Cemetery of Memphis. Excavations and Discoveries since 1850, London 1976.

Lauer – Lacau, Pyramide I–V
Jean-Philippe Lauer – Pierre Lacau, La pyramide à degrés, 5 Bde., Fouilles à Saqqarah, Le Caire 1936–65.

Lauffray, Karnak
Jean Lauffray, Karnak d'Égypte. Domaine du divin, Paris 1979.

LD I–XII
Karl R. Lepsius, Denkmaeler aus Aegypten und Aethiopien, 12 Bde. u. Erg.bd, Berlin 1849–1858, Leipzig 1913.

Leclant, Mon. Thébains
Jean Leclant, Recherches sur les monuments thébains de la XXVe dynastie dite éthiopienne, 2 Bde., BdE 36, Le Caire 1965.

Leclant, Montouemhat
Jean Leclant, Montouemhat, quatrième prophète d'Amon, prince de la ville, BdE 35, Le Caire 1961.

Leclant, Temps des Pyramides
Jean Leclant, Le temps des pyramides, Le monde égyptien: Les Pharaons, vol. 1, Paris 1978.

Lilyquist, Mirrors
Christine Lilyquist, Ancient Egyptian Mirrors from the Earliest Times through the Middle Kingdom, MÄS 27, München/Berlin 1979.

Lilyquist, Stone Vessels
Christine Lilyquist, Egyptian Stone Vessels: Khian through Thutmosis IV, New York 1995.

LIMC
Lexicon Iconographicum Mythologiae Classicae, Bd. I ff., Zürich/München 1981ff.

Loat, Gurob
L. Loat, Gurob, BSAE 10, London 1905.

Le Louvre (1990)
Christiane Ziegler et al., Le Louvre. Les antiquités égyptiennes, Paris 1990.

Lucas – Harris, Materials
Alfred Lucas, 4. Aufl. rev. von John R. Harris, Ancient Egyptian Materials and Industries, London 1962[4].

Lüscher, Kanopenkästen
Barbara Lüscher, Untersuchungen zu ägyptischen Kanopenkästen. Vom Alten Reich bis zum Ende der Zweiten Zwischenzeit, HÄB 31, Hildesheim 1990.

Luxor Museum (1979)
The Luxor Museum of Ancient Art. Catalogue, ARCE, Cairo 1979.

Malaise, Scarabées de coeur
Michel Malaise, Les scarabées de coeur dans l'Égypte ancienne, MRE 4, Bruxelles 1978.

Málek, Cat
Jaromir Málek, The Cat in Ancient Egypt, London 1993.

Martin, Corpus
Geoffrey T. Martin, Corpus of Reliefs of the New Kingdom from the Memphite Necropolis and Lower Egypt, London 1987.

Martin, Name Seals
Geoffrey T. Martin, Egyptian Administrative and Private-Name Seals Principally of the Middle Kingdom and Second Intermediate Period, Oxford 1971.

Martin, Royal Tomb I–II
Geoffrey T. Martin, The Royal Tomb at El-Amarna, 2 Bde., ASE 35. 39, London 1974–1989.

Martin, Auf der Suche
Geoffrey T. Martin, Auf der Suche nach dem verlorenen Grab. Neue Ausgrabungen verschollener und unbekannter Grabanlagen aus der Zeit des Tutanchamun und Ramses II. in Memphis, Mainz 1994.

Martin, Reliefs I, CAA Hildesheim 3
Karl Martin, Reliefs des Alten Reiches, Teil I, CAA Pelizaeus-Museum Hildesheim, Lieferung 3, Mainz 1978.

Martin-Pardey, Grabbeigaben, CAA Hildesheim 6
Eva Martin-Pardey, Grabbeigaben, Nachträge und Ergänzungen, CAA Pelizaeus-Museum Hildesheim, Lieferung 6, Mainz 1991.

Martin-Pardey, Plastik I–II, CAA Hildesheim 3–4
Eva Martin-Pardey, Plastik des Alten Reiches, 2 Bde., CAA Pelizaeus-Museum Hildesheim, Lieferung 3–4, Mainz 1978.

Meisterwerke Altägyptischer Keramik
Meisterwerke altägyptischer Keramik. 5000 Jahre Kunst und Kunsthandwerk aus Ton und Fayence, Höhr-Grenzhausen 16. September – 30. November 1978, Montabaur 1978.

Mekhitarian, Misère des tombes
Arpag Mekhitarian, La misère des tombes thébaines, MonAeg 6, Bruxelles 1994.

Menschenbild (Hamburg 1982)
Das Menschenbild im Alten Ägypten. Porträts aus vier Jahrtausenden, Hamburg (12. August – 29. Oktober) 1982.

Möller, Metallkunst
Georg Möller, Die Metallkunst der alten Ägypter, Berlin 1924.

Möller – Scharff, Abusir el-Meleq
Georg Möller, Die Archaeologischen Ergebnisse des Vorgeschichtlichen Gräberfeldes von Abusir el-Meleq, bearb. von Alexander Scharff, Leipzig 1926.

Montet, Art syrien
Pierre Montet, Les reliques de l'art Syrien dans l'Egypte du Nouvel Empire, Paris 1937.

Montet, Tanis I–III
Pierre Montet, La nécropole royale de Tanis, 3 Bde., Paris 1947–1960.

Morgan, Dahchour
Jacques J. M. de Morgan, Fouilles à Dahchour, 2 Bde., Wien 1895–1903.

Müller, Amenophis III.
Maya Müller, Die Kunst Amenophis' III. und Echnatons, Basel 1988.

Müller-Winkler, Objekt-Amulette
Claudia Müller-Winkler, Die ägyptischen Objekt-Amulette, OBO SA 5, Fribourg/Göttingen 1987.

Munro, Totenstelen
Peter Munro, Die spätägyptischen Totenstelen, ÄF 25, Glückstadt 1973.

Münster, Isis
Maria Münster, Untersuchungen zur Göttin Isis vom Alten Reich bis zum Ende des Neuen Reiches, MÄS 11, Berlin 1968.

Murnane – Van Siclen, Boundary Stelae
William J. Murnane – Charles C. Van Siclen III, The Boundary Stelae of Akhenaten, London/New York 1993.

Murray, Saqqara Mastabas
Margaret A. Murray, Saqqara Mastabas I, 1904, ERA 10, 1905.

Museo Barracco (1985)
Giorgio Careddu, La Collezione Egizia, Museo Barracco di Scultura Antica, Roma 1985.

Myśliwiec, Portrait Royal
Karol Myśliwiec, Le portrait royal dans le bas-relief du Nouvel Empire, Travaux du Centre d' Archéologie Méditeranéenne de l'Académie Polonaise des Sciences 18, Varsovie 1976.

Myśliwiec, Royal Portraiture
Karol Myśliwiec, Royal Portraiture of the Dynasties XXI–XXX, Mainz 1988.

Naville, Abydos
Edouard Naville, The Cemeteries of Abydos, Part I (1909–1910). The mixed cemetery and Umm el-Gaab, EEF 33, London 1914.

Naville, Bubastis
Edouard Naville, Bubastis (1877–1889), EEF 8, London 1891.

Naville, Deir el Bahari I–VI
Edouard Naville, The Temple of Deir el Bahari, 6 Bde., EEF 12–14. 16. 19. 27. 29, London 1894–1908.

Naville, XIth Dyn. Temple I–III
Edouard Naville, The XIth Dynasty Temple at Deir el-Bahari, 3 Bde., EEF 28. 30. 32, London 1907–1913.

Naville, Tb I–III
Edouard Naville, Das ägyptische Todtenbuch der XVIII.–XX. Dynastie aus verschiedenen Urkunden zusammengestellt, 3 Bde., Berlin 1886.

Needler, Predynastic and Archaic Egypt
Winifred Needler, Predynastic and Archaic Egypt in the Brooklyn Museum, Brooklyn 1984.

Newberry, Beni Hasan I–IV
Percy E. Newberry, Beni Hasan, 4 Bde., ASE 1. 2. 5. 7, London 1893–1900.

Newberry, El Bersheh I–II
Percy E. Newberry, El Bersheh, 2 Bde., ASE 3. 4, London 1895.

Nilpferd und Krokodil
Dietrich Wildung, Nilpferd und Krokodil. Das Tier in der Kunst des alten Ägypten, München 1987.

Vom Nil zum Neckar
Erika Feucht, Vom Nil zum Neckar. Kunstschätze Ägyptens aus pharaonischer und koptischer Zeit an der Universität Heidelberg, Berlin 1986.

Niwiński, Coffins
Andrzej Niwiński, 21st Dynasty Coffins from Thebes. Chronological and Typological Studies, Theben V, Mainz 1988.

Niwiński, Funerary Papyri
Andrzej Niwiński, Studies on the Illustrated Theban Funerary Papyri of the 11th and 10th Centuries B. C., OBO 86, Fribourg/Göttingen 1989.

Aus Noahs Arche
Aus Noahs Arche. Tierbilder der Sammlung Mildenberg aus fünf Jahrtausenden, Ausstellungskatalog der Prähistorischen Staatssammlung, Bd. 29, hg. von L. Wamser, Mainz 1996.

Nofret – die Schöne (Hildesheim 1985)
Nofret – die Schöne. Die Frau im Alten Ägypten, Roemer-Pelizaeus-Museum in Hildesheim (15. Juli – 4. November 1985), Mainz 1985.

Nofret – die Schöne (München 1985)
Nofret – die Schöne. Die Frau im Alten Ägypten, Haus der Kunst München (15. Dezember 1984 – 10. Februar 1985), Mainz 1985.
Nofretete – Echnaton
Nofretete – Echnaton, Haus der Kunst München, 17. Januar – 21. März 1976, München 1976.

Ortiz, George, The George Ortiz Collection – Antiquities from Ur to Byzantinum
Ortiz, George, The George Ortiz Collection – Antiquities from Ur to Byzantinum, The State Hermitage Museum, St. Petersburg, Wednesday 17 February – Sunday 11 April 1993. The State Pushkin Museum of Fine Arts Moscow, Thursday 6 May – Sunday 27 June 1993.
Ortiz, George, In Pursuit of the Absolute – Art of the Ancient World – The George Ortiz Collection
Ortiz, George, In Pursuit of the Absolute – Art of the Ancient World – The George Ortiz Collection, Royal Academy of Arts, 7 March – 30 June, London 1994, revised edition, Bern 1996.
Ortiz, George, Faszination der Antike
Ortiz, George, Faszination der Antike. The George Ortiz Collection, Bern 1996.
Osirs, Kreuz, Halbmond
E. Brunner-Traut – H. Brunner – J. Zick-Nissen, Osiris, Kreuz, Halbmond. Die drei Religionen Ägyptens, Mainz 1984.
Otto, Stierkulte
Eberhard Otto, Beiträge zur Geschichte der Stierkulte in Aegypten, UGAÄ 13, Leipzig 1938.

Page, Sculpture
Anthea Page, Egyptian Sculpture Archaic to Saite from the Petrie Collection, Warminster 1976.
Parlasca, Mumienporträts
Klaus Parlasca, Mumienporträts und verwandte Denkmäler, Wiesbaden 1966.
Parlasca, Ritratti
Klaus Parlasca, Ritratti di Mummie, 3 Bde., Repertorio d' Arte dell'Egitto Greco-Romano, Serie B, a cura di A. Adriani, Roma 1969–1980.
Peet, Abydos I–III
Thomas E. Peet, The Cemeteries of Abydos, 3 Bde., EEF 33–35, London 1913–1914.
Pelizaeus-Museum Hildesheim (1993)
Pelizaeus-Museum Hildesheim. Die Ägyptische Sammlung, Zaberns Bildbände zur Archäologie 12, Mainz 1993.
Petrie, Abydos I–III
William M. Flinders Petrie, Abydos, 3 Bde., EEF 22. 24–25, London 1902–1904.
Petrie, Amarna
William M. Flinders Petrie, Tell el Amarna, London 1894.
Petrie, Amulets
William M. Flinders Petrie, Amulets. Illustrated by the Egyptian Collection in University College, London, London 1914 (Neudruck Warminster 1972).
Petrie, Corpus
William M. Flinders Petrie, Corpus of Prehistoric Pottery and Palettes, BSAE 23, London 1917.
Petrie, Diospolis Parva
William M. Flinders Petrie, Diospolis Parva. The Cemeteries of Abadiyeh and Hu. 1898–9, London 1901.
Petrie, Funeral Furniture
William M. Flinders Petrie, The Funeral Furniture of Egypt, BSAE 59, London 1937.
Petrie, Gizeh
William M. Flinders Petrie, Gizeh and Rifeh, BSAE 13, London 1907.
Petrie, Hawara
William M. Flinders Petrie, The Hawara Portfolio: Paintings of the Roman Age, BSAE 19, London 1913.
Petrie, Kahun
William M. Flinders Petrie, Kahun, Gurob and Hawara, London 1890.
Petrie, Objects of Daily Use
William M. Flinders Petrie, Objects of Daily Use, BSAE 42, London 1927.
Petrie, Prehistoric Egypt
William M. Flinders Petrie, Prehistoric Egypt, BSAE 31, London 1920.
Petrie, Roman Portraits
William M. Flinders Petrie, Roman Portraits and Memphis (IV), BSAE 17, London 1911.
Petrie, Royal Tombs I–II
William M. Flinders Petrie, The Royal Tombs of the First Dynasties, 2 Bde., EEF 18. 21, London 1900–1901.
Petrie, Sinai
William M. Flinders Petrie, Researches in Sinai, London 1906.
Petrie, Slate Palettes
William M. Flinders Petrie, Ceremonial Slate Palettes, BSEA 66, London 1953.
Petrie, Vases
William M. Flinders Petrie, Stone and Metal Vases, BSAE 59, London 1937.
Petrie – Brunton, Sedment II
William M. Flinders Petrie – Guy Brunton, Sedment, vol. II, BSAE 35, London 1924.
Petrie – Quibell, Naqada
William M. Flinders Petrie – James E. Quibell, Naqada and Ballas. 1895, ERA 1, London 1896.
Pharaohs and Mortals
Janine Bourriau, Pharaohs and Mortals. Egyptian Art in the Middle Kingdom, Cambridge 1988.

Pharaonen und Fremde
Pharaonen und Fremde. Dynastien im Dunkel, Wien (8. Sept. – 23. Okt.) 1994.
Pierre eternelle
Pierre eternelle. Du Nil au Rhin, carrières et préfabrication, Bruxelles 1990.
Pijoan, Arte Egipcio
José Pijoan, El arte egipcio hasta la conquista romana, Summa Artis. Historia General del Arte III, Madrid/Barcelona 1932.
Pinch, Votive Offerings
Geraldine Pinch, Votive Offerings to Hathor, Oxford 1993.
PKG
Claude Vandersleyen et al., Das Alte Ägypten, Propyläen-Kunstgeschichte 15, Berlin 1975.
PM I–VII
Bertha Porter – Rosalind L. B. Moss, Topographical Bibliography of Ancient Egyptian Hieroglyphic Texts, Reliefs and Paintings, 7 Bde., Oxford 1927–52, 1960²ff.
The Pomerance Collection of Ancient Art
The Pomerance Collection of Ancient Art. Catalogue of an Exhibition held at the Brooklyn Museum, June 14th to October 2nd, New York 1966.
Poo, Wine
Mu-Chou Poo, Wine and Wine Offering in the Religion of Ancient Egypt, London/New York 1995.
Posener, Dictionnaire
Georges Posener, Dictionnaire de la civilisation égyptienne, Paris 1959.
Ptolemäisches Ägypten
Das ptolemäische Ägypten. Akten des Internationalen Symposions 27.–29. September 1976 in Berlin, hg. von H. Maehler und V. M. Strocka, Mainz 1978.

Quibell, Yuaa and Thuiu
James E. Quibell, Tomb of Yuaa and Thuiu, CG 51001–51191, Le Caire 1908.

Radwan, Kupfer- und Bronzegefässe
Ali Radwan, Kupfer- und Bronzegefässe Ägyptens (Von den Anfängen bis zum Beginn der Spätzeit), Prähistorische Bronzefunde Abteilung II, Bd. 2, München 1983.
Ramses le Grand
Ramses le Grand, Galeries Nationales du Grand Palais, Paris 1976.
Randall-Maciver – Mace, El Amrah
David Randall-Maciver – A. C. Mace, El Amrah and Abydos 1899–1901, EEF 23, 1902.
Ranke, PN I–III
Hermann Ranke, Die ägyptischen Personennamen, 3 Bde., Glückstadt 1935–1977.
RÄRG
Hans Bonnet, Reallexikon der ägyptischen Religionsgeschichte, Berlin 1953.
Redford, Akhenaten Temple Project I–II
Donald Redford, The Akhenaten Temple Project. Vol. 1: Warminster 1976; Vol. 2: Toronto 1988.
Reeves, Complete Tutankhamun
Nicholas Reeves, The Complete Tutankhamun. The King – The Tomb – The Treasure, London 1990.
Un regard partagé
Jacques-Edouard Berger, Un regard partagé, Lausanne 1995.
Reisner, Canopics
George A. Reisner, Canopics, CG 4001–4740 and 4977–5033, Le Caire 1967.
Reisner, Models
George A. Reisner, Models of Ships and Boats, CG 4798–4976. 5034–5200, Le Caire 1913.
Reisner, Mycerinus
George A. Reisner, Mycerinus. The Temple of the Third Pyramid at Giza, Cambridge 1931.
Riederer, Archäologie und Chemie
Joseph Riederer, Archäologie und Chemie – Einblicke in die Vergangenheit, Staatliche Museen Preußischer Kulturbesitz, Berlin 1987.
Roeder, Amarna-Reliefs
Günther Roeder, Amarna-Reliefs aus Hermopolis, Hildesheim 1969.
Roeder, Hermopolis
Günther Roeder, Hermopolis 1929–1939, Hildesheim 1959.
Roeder, Bronzewerke
Günther Roeder, Ägyptische Bronzewerke, Pelizaeus-Museum zu Hildesheim, Wissenschaftliche Veröffentlichungen 3, Glückstadt 1937.
Roeder, Bronzefiguren
Günther Roeder, Bronzefiguren, 2 Bde., Mitteilungen aus der Ägyptischen Sammlung VI, Berlin 1956.
Romano, Bes-Image
James F. Romano, The Bes-Image in Pharaonic Egypt, Ann Arbor 1990 (Univ. Microfilms Intern.).
Royal Women (New York 1996)
Dorothea Arnold, The Royal Women of Amarna. Images of Beauty from Ancient Egypt, The Metropolitan Museum of Art, New York 1996.
Russmann, Sculpture
Edna Russmann, Egyptian Sculpture. Cairo and Luxor, Austin Texas 1989.
Russmann, XXVth Dynasty
Edna R. Russmann, The Representation of the King in the XXVth Dynasty, MRE 3, Bruxelles/Brooklyn 1974.

el-Sadeek, Twenty-Sixth Dyn. Necropolis
Wafaa el-Sadeek, Twenty-Sixth Dynasty Necropolis at Gizeh,

Veröffentlichungen der Institute für Afrikanistik und Ägyptologie der Universität Wien 29, Beiträge zur Ägyptologie 5, Wien 1984.

Salben, Schminken und Parfüme
Emmerich Paszthory, Salben, Schminken und Parfüme im Altertum, Antike Welt Sondernummer, Mainz 1990.

Samson, Amarna
Julia Samson, Amarna. City of Akhanaten and Nefertiti. Key Pieces from the Petrie Collection, London 1972.

Sandman Holmberg, Ptah
Maj Sandman Holmberg, The God Ptah, Lund 1946.

Säve-Söderbergh, Hippopotamus
Torgny Säve-Söderbergh, On Egyptian Representations of Hippopotamus Hunting as a Religious Motive, Horae Soederblomianae III, Uppsala 1953.

Säve-Söderbergh – Troy, Pharaonic Sites
Torgny Säve-Söderbergh – Lana Troy, New Kingdom Pharaonic Sites. The Finds and the Sites, SJE 5.2–5.3, Uppsala 1991.

Scharff, Altertümer I–II
Alexander Scharff, Die Altertümer der Vor- und Frühzeit Ägyptens, 2 Bde., Mitteilungen aus der Ägyptischen Sammlung Bd. 4–5, Berlin 1931–1929.

Schätze (Basel 1953)
Schätze altägyptischer Kunst, Kunsthalle Basel, 27. Juni–13. Sept. 1953, Basel 1953.

Schlögl, Echnaton
Hermann A. Schlögl, Echnaton – Tutanchamun. Daten. Fakten. Literatur, 4. erw. Aufl., Wiesbaden 1993.

Schlögl, Ramses II.
Hermann Schlögl, Ramses II., Hamburg 1993.

Schlögl, Sonnengott
Hermann Schlögl, Der Sonnengott auf der Blüte. Eine ägyptische Kosmogonie des Neuen Reiches, AH 5, Genève 1977.

Schlögl – Brodbeck, Totenfiguren
Hermann A. Schlögl – Andreas Brodbeck, Ägyptische Totenfiguren aus öffentlichen und privaten Sammlungen der Schweiz, OBO SA 7, Fribourg/Göttingen 1990.

Schlögl – Meves-Schlögl, Uschebti
Hermann A. Schlögl – Christa Meves-Schlögl, Uschebti. Arbeiter im ägyptischen Totenreich, Wiesbaden 1993.

Schlögl – Sguaitamatti, Arbeiter des Jenseits
Hermann A. Schlögl – Michel Sguaitamatti, Arbeiter des Jenseits. Ägyptische Totenfiguren (Uschebtis), Zürcher Archäologische Hefte 2, Zürich 1984².

Schmidt, Sarkofager
Valdemar Schmidt, Sarkofager, Mumiekister og Mumiehylstre i det Gamle Aegypten. Typologisk Atlas, Kopenhagen 1919.

Schneider, Shabtis I–III
Hans D. Schneider, Shabtis, 3 Bde., Leiden 1977.

Schneider, Personennamen
Thomas Schneider, Asiatische Personennamen in ägyptischen Quellen des Neuen Reiches, OBO 114, Fribourg/Göttingen 1992.

Schneider, Pharaonen
Thomas Schneider, Lexikon der Pharaonen. Die altägyptischen Könige von der Frühzeit bis zur Römerherrschaft, Zürich 1994.

Schönheit (München 1990)
Sylvia Schoske et al., Schönheit – Abglanz der Göttlichkeit. Kosmetik im Alten Ägypten, München 1990.

Schoske, Erschlagen der Feinde
Sylvia Schoske, Das Erschlagen der Feinde: Ikonographie und Stilistik der Feindvernichtung im alten Ägypten, Diss. Heidelberg 1982.

Schulz, Würfelhocker I–II
Regine Schulz, Die Entwicklung und Bedeutung des kuboiden Statuentypus. Eine Untersuchung zu den sogenannten «Würfelhockern», 2 Bde., HÄB 33. 34, Hildesheim 1992.

Schwaller de Lubicz, Karnak I–II
R. A. Schwaller de Lubicz, Les temples de Karnak. Contribution à l'étude de la pensée pharaonique, 2 Bde., Paris 1982.

Schweitzer, Löwe und Sphinx
Ursula Schweitzer, Löwe und Sphinx im Alten Ägypten, ÄF 15, Glückstadt/Hamburg 1948.

Seidel, Statuengruppen I
Matthias Seidel, Die königlichen Statuengruppen, Bd. I: Die Denkmäler vom Alten Reich bis zum Ende der 18. Dynastie, HÄB 42, Hildesheim 1996.

Senso dell'Arte (Bologna 1990)
Il senso dell'arte nell'Antico Egitto, Bologna Museo Civico Archeologico 25 marzo – 15 luglio 1990, Milano 1990.

Sethe, Schrift
Kurt Sethe, Vom Bilde zum Buchstaben. Die Entstehungsgeschichte der Schrift, UGAÄ 12, Leipzig 1939.

Sethos (Basel 1991)
Sethos – ein Pharaonengrab, Ausstellung im Antikenmuseum Basel 5. Dezember 1991 – 29. März 1992, Basel 1991.

Shoukry, Privatgrabstatue
M. Anwar Shoukry, Die Privatgrabstatue im Alten Reich, Supplément aux SASAE 15, Le Caire 1951.

Simpson, Terrace
William K. Simpson, The Terrace of the Great God at Abydos: The Offering Chapels of Dynasties 12 and 13, PPYE 5, New Haven/Philadelphia 1974.

Skarabäen Basel
Skarabäen und andere Siegelamulette aus Basler Sammlungen, hg. von Erik Hornung und Elisabeth Staehelin, Aegyptische Denkmäler in der Schweiz 1, Mainz 1976.

Smith, Art and Architecture
W. Stevenson Smith, The Art and Architecture of Ancient Egypt, (verb. Auflage von W. K. Simpson), Harmondsworth 1981.

Smith, Sculpture and Painting
W. Stevenson Smith, A History of Egyptian Sculpture and Painting in the Old Kingdom, London 1949².

Spencer, Early Dynastic Objects
A. Jeffrey Spencer, Early Dynastic Objects. Catalogue of Egyptian Antiquities in the British Museum V, London 1980.

Spiegel, Götter von Abydos
Joachim Spiegel, Die Götter von Abydos. Studien zum ägyptischen Synkretismus, GOF IV.1, Wiesbaden 1973.

Staatliche Sammlung (München 1971)
Staatliche Sammlung Ägyptischer Kunst, München 1971.

Staatliche Sammlung (München 1972)
Staatliche Sammlung Ägyptischer Kunst, München 1972.

Staatliche Sammlung (München 1995)
Staatliche Sammlung Ägyptischer Kunst München, Zaberns Bildbände zur Archäologie 31, Mainz 1995.

Staehelin, Tracht
Elisabeth Staehelin, Untersuchungen zur ägyptischen Tracht im Alten Reich, MÄS 8, Berlin 1966.

Steindorff, Kunst
Georg Steindorff, Die Kunst der Ägypter. Bauten, Plastik, Kunstgewerbe, Leipzig 1928.

Steindorff, Walters Art Gallery
Georg Steindorff, Catalogue of the Egyptian Sculpture in the Walters Art Gallery, Baltimore 1946.

Stewart, Egyptian Stelae I–III
Harry M. Stewart, Egyptian Stelae, Reliefs and Paintings from the Petrie Collection, 3 Bde., Warminster 1976–1983.

Stierlin – Ziegler, Tanis
Henri Stierlin – Christiane Ziegler, Tanis. Trésors des Pharaons, Fribourg 1987.

Stiftung Koradi / Berger (Zürich 1989)
Stiftung Koradi / Berger. Altägyptische Statuen und Bronzen. Etruskische, grossgriechische und nordostthailändische Vasen. Römische Skulpturen und Mosaiken, Archäologische Sammlung der Universität Zürich 1989.

Störk, Nashörner
Lothar Störk, Die Nashörner. Verbreitungs- und kulturgeschichtliche Materialien unter besonderer Berücksichtigung der afrikanischen Arten und des altägyptischen Kulturbereiches, Hamburg 1977.

Strauss, Nunschale
Elisabeth-Christine Strauss, Die Nunschale – Eine Gefäßgruppe des Neuen Reiches, MÄS 30, München 1974.

Sudan (München 1996)
Sudan. Antike Königreiche am Nil, Kunsthalle der Hypo-Kulturstiftung München 1996.

Tanis (Paris 1987)
Tanis. L'or des pharaons, Galeries Nationales du Grand Palais, Paris 1987.

Tefnin, Art et Magie
Roland Tefnin, Art et Magie au temps des Pyramides, MonAeg V, Bruxelles 1991.

Theatrum Hieroglyphicum
Theatrum Hieroglyphicum. Ägyptisierende Bildwerke des Barock, Staatliche Sammlung Ägyptischer Kunst, München 1995.

Thompson, Mummy Portraits
David L. Thompson, The Artists of the Mummy Portraits, Malibu 1976.

Through Ancient Eyes
Donald Spanel, Through Ancient Eyes: Egyptian Portraiture, Birmingham Museum of Art, Birmingham, Alabama 1988.

Tier in der Antike
Das Tier in der Antike. Katalog der Ausstellung im Archäologischen Institut der Universität Zürich vom 21. Sept. – 17. Nov. 1974, Zürich 1974.

Totentempel Amenophis' III.
Untersuchungen im Totentempel Amenophis' III., hg. von G. Haeny, Beitr. Bf. 11, Wiesbaden 1981.

Traunecker, Coptos
Claude Traunecker, Coptos. Hommes et dieux sur le parvis de Geb, OLA 43, Leuven 1992.

Von Troja bis Amarna
Von Troja bis Amarna. The Norbert Schimmel Collection New York, (Hg. von J. Settgast), Mainz 1978.

Tutanchamun (Berlin 1980)
Tutanchamun, Berlin Ägyptisches Museum der Staatlichen Museen Preussischer Kulturbesitz, 16. Februar – 26. Mai 1980, Mainz 1980.

Ucko, Anthropomorphic Figurines
Peter J. Ucko, Anthropomorphic Figurines of Predynastic Egypt and Neolithic Crete with Comparative Material from the Prehistoric Near East and Mainland Greece, London 1968.

Urk. IV
1–16: Kurt Sethe, Urkunden der 18. Dynastie, Nachdr. d. 2. Aufl., Berlin/Graz 1961, nebst Übersetzung zu H. 1–4, Leipzig 1914; 17–22: Wolfgang Helck, Urkunden der 18. Dynastie, nebst Übersetzung, Berlin 1955–1961.

Valoggia, Balat I
Michel Valoggia, Balat I: Le mastaba de Medou-nefer, FIFAO XXXI.1, Le Caire 1986.

Vandier, Manuel I–V
Jacques Vandier, Manuel d'archéologie égyptienne, 5 Bde., Paris 1952–1969.

Vandier d'Abbadie, Objets de toilette
Jeanne Vandier d'Abbadie, Les objets de toilette égyptiens au Musée du Louvre, Paris 1972.

Vercoutter, Mirgissa I–III
Jean Vercoutter, Mirgissa, 3 Bde., Paris 1970–1976.
Vermächtnis der Pharaonen
Wilfried Seipel, Vermächtnis der Pharaonen. 3500 Jahre ägyptische Kultur, Meisterwerke aus der Ägyptisch-Orientalischen Sammlung des Kunsthistorischen Museums Wien, Museum Rietberg Zürich, Stuttgart 1994.
Vernier, Bijouterie et Joaillerie
Emile Vernier, La bijouterie et la joaillerie égyptiennes, MIFAO 2, Le Caire 1907.
Vernier, Bijoux I–IV
Emile Vernier, Bijoux et orfèvreries, 4 Bde., CG 53172–53855, Le Caire 1907–1927.

Wallert, Löffel
Ingrid Wallert, Der verzierte Löffel. Seine Formgeschichte und Verwendung im alten Ägypten, ÄA 16, Wiesbaden 1967.
Ward, Feminine Titles
William A. Ward, Essays on Feminine Titles of the Middle Kingdom and Related Subjects, Beirut 1986.
Ward, Index
William A. Ward, Index of Egyptian Administrative and Religious Titles of the Middle Kingdom, Beirut 1982.
Wb I–VI
Wörterbuch der ägyptischen Sprache, hg. von Adolf Erman und Hermann Grapow, 6 Bde., Berlin/Leipzig 1957[2].
Weis, Madonna Platytera
Adolf Weis, Die Madonna Platytera, Königstein 1985.
Wiese, Bild des Königs
André Wiese, Zum Bild des Königs auf ägyptischen Siegelamuletten, OBO 96, Fribourg/Göttingen 1990.
Wiese, Stempelsiegel-Amulette
André Wiese, Die Anfänge der ägyptischen Stempelsiegel-Amulette. Eine typologische und religionsgeschichtliche Untersuchung zu den «Knopfsiegeln» und verwandten Objekten der 6. bis frühen 12. Dynastie, OBO SA 12, Fribourg/Göttingen 1996.
Wildung, Ägyptische Kunst
Dietrich Wildung, Ägyptische Kunst. Die grossen Kulturen der Welt, Freiburg 1988.
Wildung, Egyptian Saints
Dietrich Wildung, Egyptian Saints. Deification in Pharaonic Egypt, New York 1977.
Wildung, Imhotep
Dietrich Wildung, Imhotep und Amenhotep, MÄS 36, München/Berlin 1977.
Wildung, Sesostris und Amenemhet
Dietrich Wildung, Sesostris und Amenemhet. Ägypten im Mittleren Reich, München 1984.
Wilkinson, Egyptian Jewellery
Alix Wilkinson, Ancient Egyptian Jewellery, London 1971.
Williams, Gold and Silver
Caroline R. Williams, Gold and Silver Jewelry and Related Objects, Catalogue of Egyptian Antiquities Numbers 1–160, New York 1924.
Winkler, Rock-Drawings I–II
Hans A. Winkler, Rock-Drawings of Southern Upper Egypt, 2 Bde., EES, London 1938–39.
Winlock, Deir el Bahri
Herbert E. Winlock, Excavations at Deir el Bahri 1911–1931, New York 1942.
Winlock, El Lahun
Herbert E. Winlock, The Treasure of el Lahun, New York 1973 (reprint).
Winlock, Princesses
Herbert E. Winlock, The Treasure of Three Egyptian Princesses, MMA, Department of Egyptian Art 10, New York 1948.
Winter, Apiskult
Erich Winter, Der Apiskult im Alten Ägypten, Mainz 1978.
de Wit, Lion
Constant de Wit, Le rôle et le sens du lion dans l'Egypte ancienne, Leiden 1951.
de Wit, Statuaire
Constant de Wit, La statuaire de Tell el Amarna, Bruxelles/Anvers 1950.
Wolf, Kunst
Walther Wolf, Die Kunst Aegyptens. Gestalt und Geschichte, Stuttgart 1957.
World of Egypt
The World of Egypt in the National Archaeological Museum, ed. O. Tzachou-Alexandri, Athen 1995.

Yoyotte, Trésors
Jean Yoyotte, Les Trésors des Pharaons, Genève 1968.

Ziegler, Instruments de musique
Christiane Ziegler, Catalogue des instruments de musique égyptiens, Paris 1979.
Zivie-Coche, Giza au premier millénaire
Christiane Zivie-Coche, Giza au premier millénaire. Autour du temple d'Isis, Dame des Pyramides, Boston 1991.

Abbildungsnachweis

Zeichnungen

Abb. 1: E. Berger et al., Der Entwurf des Künstlers. Bildhauerkanon in der Antike und Neuzeit, Antikenmuseum Basel und Sammlung Ludwig, Basel 1992, 16, Abb. 8.

Abb. 2: E. Berger et al., Der Entwurf des Künstlers. Bildhauerkanon in der Antike und Neuzeit, Antikenmuseum Basel und Sammlung Ludwig, Basel 1992, 16, Abb. 8.

Abb. 3: E. Berger et al., Der Entwurf des Künstlers. Bildhauerkanon in der Antike und Neuzeit, Antikenmuseum Basel und Sammlung Ludwig, Basel 1992, 16, Abb. 8.

Abb. 4: H. Schäfer, Von Ägyptischer Kunst, Wiesbaden 1963, 340, Abb. 326.

Abb. 5a–d: H. Schäfer, Von Ägyptischer Kunst, Wiesbaden 1963, Abb. 68. 93. 112. 265b.

Abb. 6: W. Wreszinski, Atlas zur altägyptischen Kulturgeschichte, II. Teil, Lief. 5, Leipzig 1935, Taf. 50a.

Abb. 7: E. Hornung, Zur Symmetrie in Kunst und Denken der Ägypter, in: Ägypten – Dauer und Wandel, SDAIK 18, Mainz 1985, 72, Abb. 1.

Kat.-Nr. 39 G. Jéquier, Le monument funéraire de Pepi II, t. II, Le Caire 1938, pl. 36.

Kat.-Nr. 40 P. Amiet et al., Handbuch der Formen- und Stilkunde. Antike, Fribourg 1981, 274, Abb. 80.

Kat.-Nr. 52 Fisher, Turtles, 11, no. 77, fig. 5.

Kat.-Nr. 60 Göttlicher – Werner, Schiffsmodelle, Taf. XXI.

Kat.-Nr. 66 A. M. Calverley, The Temple of King Sethos I at Abydos, vol. IV, London 1958, pl. 68,N.

Kat.-Nr. 78 Ludwig Borchardt, Das Grabdenkmal des Königs Sahu-Re, Bd. I, Leipzig 1910, Blatt 30.

Kat.-Nr. 81 Davies, Tomb of Two Sculptors, pl. V.

Kat.-Nr. 84 Zeichnung von Silvia Winterhalter, nach: Edwards, Tutanchaṃun (1978), 48–49.

Kat.-Nr. 91 Roeder, Amarna-Reliefs, Taf. 1.

Kat.-Nr. 95 Petrie, Amarna, pl. IV,6.

Kat.-Nr. 116 Martin, Corpus, pl. 35, no. 97.

Kat.-Nr. 134 A. M. Calverley, The Temple of King Sethos I at Abydos, vol. IV, London 1958, pl. 76,N und 77,E.

Kat.-Nr. 151 J. D. Cooney, Fragments of a Great Saite Monument, JARCE III, 1964, 79–87, fig. I und P. Der Manuelian, A Fragment of Relief from the Tomb of Montuemhat Attributed to the Fifth Dynasty, JSSEA XII–No. 4, 1982, 185–188, fig. 1.

Kat.-Nr. 153 Zeichnung von Silvia Winterhalter, nach: Gott und Götter – Nachtrag, 238–239, Nr. 130a–b.

Kat.-Nr. 155 Petrie, Gizeh, pl. XXXVI B.

Kat.-Nr. 156 A. M. Calverley, The Temple of King Sethos I at Abydos, vol. II, London 1935, pl. 10.

Kat.-Nr. 171 D. Valbelle, Une égide d'Anoukis au Musée du Caire, in: FIFAO, Livre du Centenaire 1880–1980, Le Caire 1980, 153–156, Fig. 2.

Photos

Claire Niggli, Antikenmuseum Basel: Kat.-Nr.1, 2, 3, 4, 5, 6, 7, 12, 15, 16, 17, 18, 19, 21, 22, 23, 24, 25, 27, 28, 29, 30, 31, 32, 33, 34, 35, 36, 37, 38, 39, 41, 42, 43, 44, 45, 46, 47, 48, 49, 51, 52, 53, 54, 56, 57, 58, 60, 61, 62, 63, 64, 67, 68, 69, 70, 72, 73, 74, 75, 77, 78, 80, 81, 82, 83, 84, 85, 86, 87, 88, 89, 90, 91, 92, 93, 94, 95, 96, 97, 100, 101, 102, 103, 107, 109, 112, 114, 116, 117, 119, 120, 122, 123, 124, 125, 126, 127, 128, 129, 130, 131, 132, 133, 134, 135, 136, 137, 138, 139, 140, 141, 142, 143, 144, 145, 146, 148, 149, 151, 152, 153, 155, 156, 157, 159, 160, 161, 162, 163, 165, 166, 167, 168, 169, 170, 171, 172, 173, 174, 175, 176, 177, 178, 179, 180, 181, 182, 183, 184, 185, 186, 187, 188, 189, 190, 191, 192, 193, 194, 196, 198, 199, 200, 202, 203, 204, 205, 206, 210, 211, 212, 213, 214, 220, 222, 223.

Andreas F. Voegelin, Basel: Kat.-Nr. 8, 9, 10, 11, 13, 14, 20, 26, 50, 59, 65, 66, 71, 79, 98, 99, 104, 105, 106, 108, 110, 111, 113, 115, 118, 121, 147, 150, 154, 158, 164, 195, 197, 201, 207, 208, 209, 215, 216, 217, 218, 219, 221.

Yoram Lehmann, Jerusalem: Kat.-Nr. 40, 55, 76.